Couserve la couverture

HISTOIRE
DE LA
VILLE DE MARLE
ET DES ENVIRONS

PAR

ÉMILE COËT & CHARLES LEFEVRE

PIUS EST PATRIÆ FACTA REFERRE LABOR

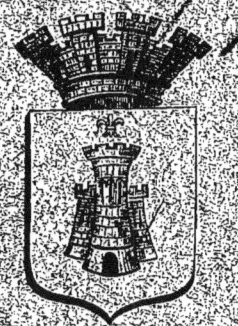

D'azur à trois tours d'or, maçonnées de sable et ajourées,
celle du milieu dominant les autres qui lui sont flanquées et surmontées
d'une fleur de lys d'argent.

COMPIÈGNE
IMPRIMERIE A. MENNECIER
17, Rue Pierre-Sauvage, 17
1897

HISTOIRE

DE LA

VILLE DE MARLE

ET DES ENVIRONS

COMPIÈGNE — IMPRIMERIE A. MENNECIER

HISTOIRE

DE LA

VILLE DE MARLE

ET DES ENVIRONS

PAR

ÉMILE COËT & CHARLES LEFÈVRE

PIUS EST PATRIÆ FACTA REFERRE LABOR

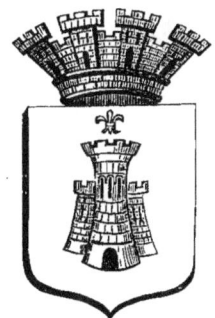

*D'azur à trois tours d'or maçonnées de sable et ajourées,
celle du milieu dominant les autres qui lui sont flanquées et surmontées
d'une fleur de lys d'argent.*

COMPIÈGNE

IMPRIMERIE A. MENNECIER

17, Rue Pierre-Sauvage, 17

1897

NOMS DES SOUSCRIPTEURS

MM. Bahin (Abbé), Archiprêtre à Château-Thierry.
   Baron, Propriétaire à Laon.
   Bart (Abbé), à Rogny.
   Berthélemy, Docteur à Braisne.
   Blanquinque, Pharmacien à Marle.
   Bourdin (Abbé), à Saint-Gobert.
   Boutroy (Gustave), à Dormicourt.
Mme Boutroy, Propriétaire à Marle.
MM. Brisset (Ch.), à Paris.
   Brucelle, Propriétaire à Marle.
Mme Cailteaux, à Reims.
MM. Carlier (Ed.), à Laon.
   Carlier (L.), à Vervins.
   Chéry, Econome à Marle.
   Coët (A.), à Maisons-Alfort.
   Coët (Léon), à Reims.
   Coffignon (Ch.), à Paris.
   Cronier (Abbé), à Bosmont.
   De Brotonne (L.), Propriétaire à Aubenton.
   Defer, Propriétaire à Hirson.
   Delamé, à Bosmont.
   Delval, Maire d'Autremencourt.
   De la Tour du Pin (Mis), à Arrancy.
   Demassieux, Négociant à Bruxelles.
Mlle Démazure (J.), à Pierrepont.
MM. Desse (Abbé), à Lizy.
   Détrait, Négociant à Marle.

NOMS DES SOUSCRIPTEURS

MM. Détrès, Libraire à Laon.
    Dubois (Jules), à Marle.
    Duflot, Propriétaire à Marle.
    Duprez, Propriétaire à Marle.
    Duprez (Charles), à Marle.
    Duprez (Raymond), à Orléans.
    Dupuy (D^r), Maire de Vervins.
    Duval (l'Abbé), à Fluquières.
    Fabrique (Conseil de), Marle.
    Famelart (Abbé), à Landifay.
    Fauvelle, Docteur à Marle.
    Fauvelle (R.), à Marle.
    Flamand (V.), Notaire à Guines.
Mmes Foucamprez, à La Capelle.
    Gagneux, Propriétaire à Marle.
MM. Gain (Léonce), à Châteauroux.
    Gain (Edmond), à Nancy.
    Galoy, Docteur à Marle.
    Gaulier, Instituteur à Sons.
    Gentilliez, Conseiller général, à Voyenne.
Mme Gentilliez-Wateau, à Marle.
MM. Gentilliez-Wateau, à Torcy.
    Gérard (Em.), Propriétaire à Marle.
    Gernel (Gaston), à Marle.
    Gosse (Abbé), à Loupeigne.
    Govin-Wateau, à La Neuville-Bosmont.
    Grave (Abbé), à Roquigny.
    Grizot (Ernest), à Marle.
    Guyenne (Abbé), Doyen à Marle.
    Hazart (Abbé), à Jussy.
    Hécart-Froment, à Marle.
    Hécart-Vuilque, à Rozoy.
Mme Hélène (Sœur S^{te}), à Montcornet.
M. Henninot-Leclère, à Cilly.
    Hôtel-Dieu de Marle.
M. Houël, Docteur à Marle.
Mme Lalouette-Fossier, à Marle.

NOMS DES SOUSCRIPTEURS

M. Lalouette (Jules), à Marle.
Mme Le Cat, Propriétaire à Maisons-Alfort.
MM. Lecertisseur, Président du Comité, à La Fère.
    Ledieu (Alcius), à Abbeville.
Mme Lefèvre-Doyet, à Marle.
MM. Leleu (O.), à Marle.
    Lemoine-Darras, à Bosmont.
Mlle Lemoine, à Bosmont.
Mgr Lesur, à Mortiers.
MM. Lesur, Château de Richemont.
    Lhotte (Alfred), à Marle.
    Lhotte (Henri), à Soissons.
    Louvet (Henri), à Paris.
Mlle Mahuteaux, à Marle.
MM. Maireau, Propriétaire à Voyenne.
    Malézieux, à Thiernu.
    Malézieux-Latour, à Voharies.
    Mareuse (Ed.), à Paris.
    Marle (la Ville).
    Masson, Notaire à Marle.
    Mennecier, Imprimeur à Compiègne.
    Minette (Emile), à Marle.
    Mesureur, à Laon.
    Monarque (Edm.), à Marle.
Mme Niay, propriétaire à Marle.
MM. Oger (Arthur), à Fressancourt.
    Opin, Ingénieur à La Seyne.
    Painvin, Négociant à Marle.
    Paquet, Maire de Bosmont.
    Paroissien (Abbé), à La Neuville-Bosmont.
    Penant, Docteur à Vervins.
    Pensionnat de la Providence, à Marle.
    Pensionnat Saint-Louis, à Marle.
    Péromet (Antoine), à Marle.
Mme Picon, Libraire à Marle.
M. Pierron, Propriétaire à Paris.

NOMS DES SOUSCRIPTEURS

MM. Polissart (Père), à Paris.
Polissart (Gabriel), à Paris.
Poupart (Abbé), à Sons.
MM. Rebouté (Emile), à Marle.
Renart, Libraire à Paris.
Mme Riche, Propriétaire à Haudreville.
MM. Riomet, Instituteur à Villeneuve-sur-Fère.
Rittener, à Soissons.
Roger, à Blérancourt.
Romagny (Abbé), à Bucilly.
Rondeaux, à Annecy.
Mme Roy, à Nancy.
MM. Rozelet (Emile), à Marle.
Saintives (Abbé), à Marle.
Mme Sézille, à Noisy-le-Sec.
M. Sorieaux, Comptable à Marle.
Mlle Tény, à Marle.
MM. Testart, Maire de Champcourt.
Tilorier, Propriétaire à Laon.
Toulot (Abbé), à Toulis.
Triqueneaux, Libraire à Saint-Quentin.
Mme Vasseur, Propriétaire à Marle.
M. Venet, Notaire à Marle.
Vervins (La Ville de).
Mlle Viéville, à Marle.
Mme Wateau (Léonce), à Marle.
MM. Wateau, Maire de Marle.
Wateau (G.), à Paris.

PRÉFACE

L'Histoire de Marle restait à faire, alors que les villes de Guise, de Laon et de Vervins avaient trouvé leur historien.

C'était une lacune qu'il appartenait à des Marlois de combler. Malgré notre insuffisance, nous avons pensé qu'enfants du pays, ce devoir nous incombait.

Nous inspirant de cette devise :

PIUS EST PATRIÆ FACTA REFERRE LABOR

nous nous sommes mis résolument à l'œuvre, et c'est le résultat de nos constants efforts que nous soumettons au public.

L'Histoire de Marle n'a pas la prétention d'exciter la curiosité d'un grand nombre de lecteurs ; néanmoins, elle est le résultat d'un travail sérieux et de recherches consciencieuses.

Nous la donnons telle qu'elle est, persuadés que nos compatriotes indulgents trouveront dans les annales de leur ville un intérêt réel. C'est là le but que nous poursuivons ; ce sera notre plus belle récompense.

En terminant, nous adressons nos remerciements à toutes les personnes qui ont bien voulu nous prêter leur concours.

INTRODUCTION

Dans le département de l'Aisne, à vingt-quatre kilomètres de Laon, à l'intersection de trois routes nationales, sur une colline adossée à un plateau fertile et dominant la vallée de la Serre, dont les poètes ont chanté les charmes et la richesse, s'étend mollement, tournée vers le soleil couchant, la petite ville de Marle. Abritée au sud et à l'est par les pentes du plateau dont nous avons parlé, elle est à découvert à l'ouest et au nord. De ce côté, et à quelque endroit qu'on se place, le coup d'œil est ravissant.

Le voyageur venant de Guise ou de Ribemont est depuis longtemps intrigué par cette flèche élancée, qui émerge toujours seule, sans laisser deviner le pays qu'elle indique, au-dessus de l'horizon qui s'étend devant lui. Mais lorsque tout à coup il débouche sur le sommet de la Monte à Cailloux ou sur celui du Blamont, le magnifique tableau qu'il a sous les yeux le captive et, s'il est Marlois, il sent son cœur battre d'aise et, frémissant, il salue avec transport le beau séjour où il a pris naissance.

A ses pieds court, de l'est à l'ouest, une vallée peu profonde, mais large de deux à trois kilomètres ; au premier plan, il aperçoit la ligne du chemin de fer de Paris à Hirson, bordée de ses deux rangées de poteaux *télégraphiques*, disparaissant brusquement au détour d'un coteau à l'est, tandis qu'à l'ouest on la voit s'allonger à perte de vue vers la montagne de Laon, qu'on aperçoit dans la brume, bornant l'horizon, et couronnée des tours de sa cathédrale. Plus loin, deux lignes de peupliers, qu'il n'est pas toujours facile de démêler l'une de l'autre, indiquent les cours sinueux du Vilpion et de la Serre. Enfin, en face, de l'autre côté de la vallée, une coquette petite ville, dont les maisons s'étagent les unes au-dessus des autres, comme si elles voulaient monter à l'assaut de la colline, débordent à droite et à gauche pour former une sorte de croissant dont les extrémités chercheraient à se rejoindre.

En bas, les cheminées fusiformes des usines ; à mi-côte, la chapelle du cimetière et son clocher ; en haut, le donjon de la maison Pelletier surmonté de son campanile, la chapelle de l'Hôtel-Dieu et son léger clocheton. Enfin, bien au sommet, l'église, dominant tout le groupement de sa masse imposante, et élevant dans les airs la tour blanche de son clocher surmonté d'une flèche élégante et hardie, paraissant se perdre dans la nue.

On distingue encore, sur les flancs de la colline, des restes de remparts et deux tours, souvenirs d'un autre âge. Le château moderne, qui s'élève sur l'emplacement même de l'ancien, semble se fondre harmonieusement avec l'église. Par un de ces étranges revirements dont l'histoire est coutumière, de ce donjon formidable et sombre, retraite autrefois d'un puissant seigneur et symbole du joug pesant qu'il faisait peser sur ses vassaux et sujets, il ne reste plus trace ; tandis que l'église, qui évoque des idées plus sereines, demeure debout et *continue, comme il y a six cents ans, à couvrir de son ombre tutélaire la demeure du manant aussi bien que celle du riche.*

Telle est la physionomie de Marle, telle elle nous est apparue bien souvent ; tout dénote ici le travail et l'aisance. Le pays n'a pas toujours eu l'aspect que nous admirons aujourd'hui. Primitivement, il y a bien longtemps, ce terrain découvert, où blanchissent aujourd'hui de si riches moissons, était enseveli sous l'épais manteau d'une forêt apparentée à celle que les chroniqueurs du moyen-âge avaient décoré du nom peu engageant de forêt sans miséricorde, *à cause de son étendue et des bêtes fauves qui la peuplaient. (Cette forêt couvrait tout le nord de la Gaule, jusqu'à Cologne et Ausone, Mosella.) Plus tard, un coin de terre fut défriché ; c'est là que se dressa d'abord le château des seigneurs, puis l'église ; ces monuments furent le noyau de la cité que nous voyons aujourd'hui parvenue à son épanouissement. Je vois aussi, à travers les siècles, la ville de Marle ceinte de ses remparts, flanquée de ses tours, défendue par le donjon de son château, devenant la demeure des seigneurs puissants et enviés, jouant son rôle dans l'Histoire de la France.*

Ce n'est pas sans une véritable émotion et sans un sentiment fait de crainte et de respect religieux, que l'Historien remue la poussière accumulée par les siècles sur la terre dont il veut retracer l'existence. Il sonde, il interroge ce sol qui a été le théâtre et le témoin de tant d'événements divers, qui a vu se succéder tant de générations et passer tant de révolutions. Il se demande si dans la poussière qu'il foule aux pieds, il n'y a pas de la cendre de ses ancêtres ou du sang de ses frères ? Voilà pourquoi il l'aime ce sol, qu'il vénère son pays et sa patrie à l'égal d'une chose sacrée. Les ruines qu'il rencontre à chaque pas évoquent mille souvenirs, et fournissent des leçons sur la vie et l'histoire des peuples, sur les hommes et les choses ; il recueille les premiers comme des reliques du passé et médite les secondes avec une mélancolie mêlée de terreur.

Ceci dit, abordons notre sujet.

VUE DE LA VILLE DE MARLE AU MOYEN-AGE

1. Château. — 2. Donjon. — 3. Chapelle Saint-Pierre. — 4. Eglise Notre-Dame. — 5. Tour du Mutte.
6. Porte Saint-Martin. — 7. Moulin. — 8. Eglise Saint-Nicolas. — 9. Vilpion.
10. Faubourg Saint-Nicolas. — 11. Porte-Marie. — 12. Froides-Rives. — 13. Pont Rouge. — 14. Poterne.

HISTOIRE

DE LA

VILLE DE MARLE

CHAPITRE PREMIER

LA VILLE DE MARLE. — SON ORIGINE. — ÉPOQUE PRÉHISTORIQUE, GALLO-ROMAINE ET FRANQUE

La ville de Marle, chef-lieu de canton du département de l'Aisne, paraît tirer son nom du sol sur lequel elle repose ; en effet, dans les anciens titres, elle est désignée sous le nom de *Marna Castellum*, *Marla*, c'est-à-dire *Marne* ou *Marle*. La colline sur laquelle sont bâtis la ville et le château appartient au terrain crétacé ou terrain secondaire, qui se compose de craie ou de marne, appelée aussi marle dans le pays, et qui sert à marner les terres comme amendement[1].

Cette étymologie ferait supposer que la ville de Marle est d'origine française ; cependant, elle remonte à une plus haute antiquité, car la montagne sur laquelle s'élève la

---

[1] L'usage d'amender les terres avec de la marne est d'invention gauloise.

ville et la vallée qui la délimite avaient des habitants à l'époque préhistorique.

Les premiers hommes n'eurent d'abord pour demeures que des cavernes ou des grottes naturelles creusées dans les anfractuosités du sol ; de là le nom de *Troglodytes*, c'est-à-dire habitants des cavernes, qu'on leur donne. Là où ils ne rencontraient pas ces refuges naturels, ils savaient bien en créer eux-mêmes ; ils ouvraient, dans la roche ou le calcaire friable, des grottes artificielles, des creuttes ou de longs couloirs souterrains assez vastes pour loger plusieurs familles. La constitution géologique du pays marlois, offrant les mêmes caractères que celle des localités où se trouvent des grottes et des creuttes habitées par les anciens Troglodytes, il est aisé d'admettre que la colline calcaire sur laquelle repose la ville et la falaise des *Froides-Rives* eurent aussi leurs cavernes et leurs creuttes, à l'instar de Laon, Mons-en-Laonnois, Saint-Gobain [1].

L'emplacement convenait d'ailleurs parfaitement à ces établissements. La vallée dans laquelle coulent la Serre et le Vilpion et les bois qui couvraient tout le pays offraient aux habitants des ressources toujours disponibles pour la pêche et pour la chasse, seuls moyens d'existence de ces hommes primitifs. Nul doute qu'ils n'aient mis à profit des avantages que la nature leur offrait en ces lieux avec tant de libéralité.

Du reste, ce n'est pas là une supposition toute gratuite, car on trouve dans les jardins de la ville, comme dans les terrains autour de la cité, des silex taillés, des fragments de haches, des instruments de toute sorte, appartenant à

---

[1] Laon et les collines voisines furent le séjour de nombreux *Troglodytes* (J. CARLIER).

l'époque néolithique, à l'âge de la pierre polie ; ce sont les armes et les outils de ces peuplades primitives.

Ces cavernes, ces grottes existent encore sous une autre forme ; la ville est sillonnée de souterrains taillés dans le calcaire, voûtés dans la partie supérieure des habitations. Ils constituent d'immenses galeries, dans lesquelles on trouve des espèces d'alcôves, des bancs et des niches taillés dans le tuf ; ces dernières, placées à hauteur de la main, servaient à loger les provisions. Ce sont généralement d'anciennes carrières desquelles on a extrait des matériaux de construction et qui, à l'époque des guerres, servaient de refuge aux habitants. Les souterrains portent, en général, des traces de foyers et des débris d'aliments. Ces caves de guerre communiquaient entre elles, elles avaient leur sortie dissimulée dans les broussailles, sur les flancs de la montagne. A leur entrée, une pente douce permettait d'y descendre des bestiaux ; elles aboutissaient à une source, aux puits des maisons, qui servaient aussi à éclairer, à aérer ces sombres demeures ; c'est par ces ouvertures que les réfugiés communiquaient avec ceux du dehors et que leur parvenaient les approvisionnements.

La position élevée de la ville, dont le plateau a cent vingt mètres d'altitude, formait une oppide, un fort défendu par des pentes, des escarpements taillés à pic d'un côté et de l'autre par des vallées marécageuses. Cette situation forte ne fut pas négligée ; les Celtes, nos premiers ancêtres, surent l'occuper. Les traces qu'ils ont laissées ne permettent guère d'en douter. Le temps et les révolutions ont sans doute détruit les monuments de cette époque, mais le peu

---

Près de Marle, sur le bord de la *Souche*, rivière qui traverse le canton, il y a toute une cité lacustre, qui va de Sissonne. Froidmont à Pierrepont ; sur les bords de la Serre et de l'Oise, il y a des agglomérations similaires.

qui nous reste suffit à attester la présence, à Marle et aux environs, de ces Celtes, à la taille et aux membres gigantesques. Ne sont-elles pas des témoins irrécusables du culte druidique, ces dénominations de : *Hautes-Bornes, Pierres levées*? A une lieue de Marle, sur le terroir de la commune de Bois-les-Pargny, près de Sons, se trouve un monument mégalithique, un menhir, dont les archéologues se sont occupés, et qu'on appelle dans le pays le *Verziau-de-Gargantua*, parce qu'il servait, d'après la tradition, de pierre à aiguiser au grand Gargantua. Ce monolithe en grès, de cinq mètres de hauteur, est planté sur le versant d'un mamelon qui domine la contrée. Cette pierre, ébréchée dans le haut, conserve sa largeur de base jusqu'à peu près la moitié de sa hauteur, tandis qu'elle s'effile de là jusqu'à son extrémité supérieure, large de plus d'un mètre. « Au commencement de ce siècle, la *Haute-Borne* de Bois-de-Pargny avait à côté d'elle une sœur jumelle qui a été détruite pour en faire des pavés. Ces deux blocs provenaient probablement des gisements considérables de grès en plaques du canton de Marle, qui, par les terroirs d'Erlon et de Châtillon-les-Sons, confine à celui de Bois-les-Pargny. Adossé à un petit taillis qui lui fait repoussoir et le met en puissant relief, le *Verziau-de-Gargantua* était sans nul doute mystérieusement caché dans les profondeurs de la forêt, aujourd'hui détruite, mais dont le nom du village de Bois-les-Pargny a consacré le souvenir. »

« Dans le pays, on assure que ce monolithe (menhir) a pour base, en terre, une largeur de grès égale à celle qu'il montre au-dessus du sol, ce que des fouilles anciennes auraient, dit-on, démontré, celà ne semble guère prouvé. Quoi qu'il en soit, une fouille devait être exécutée au pied de la borne ; ce projet n'a pas été mis à exécution. Il faut ajouter à ces détails que cette *pierre levée* est placée

MENHIR DE BOIS-LES-PARGNY

sur une terre que de toute antiquité on appelle : *Champ-de-Bataille*, sans que la tradition locale ait conservé le moindre souvenir ni de l'événement légendaire ou vrai, ni de la victoire qui en déterminèrent l'exécution. Deux triages du bois voisin de Barjaumont s'appellent la *Voie-d'Odin* et la *Fontaine-d'Odin*. L'eau de cette source avait la vertu de fortifier les enfants que l'on plongeait dans son sein ; près de là, la fontaine dite de *Saint-Pierre* était un ermitage occupé par un pieux solitaire qui se livrait à la prière et à la méditation. Sur ce même terrain se trouvaient deux autres grès fichés, d'un mètre de hauteur et de forme tabulaire : leur surface portait, dit-on, des anfractuosités que la tradition considérait comme des rigoles destinées à recueillir le sang des victimes humaines sacrifiées à Odin, dieu des anciens Danois. Comme aux vieux âges, le *Verziau-de-Gargantua* inspire encore aujourd'hui quelque vague terreur ; le soir, on ne passe pas sans émotion dans son voisinage et, autrefois, il était l'objet d'un pèlerinage qui s'est conservé de nos jours, ce qui semblerait autoriser à penser que ce menhir était consacré, dans les temps antiques, à une divinité du paganisme, à l'Hercule Gaulois, par exemple, dont il aurait été la représentation symbolique. » (*Ed. Fleury.*)

Ce menhir n'est pas le seul qui existe aux environs de Marle. On peut citer encore, celui de la Bouteille, appelé la *Haute-Bonde*.

Un autre monument, qui n'est pas un menhir, mais qui se rapproche de l'époque préhistorique par les nombreux éclats de silex taillés ou retouchés qu'on y a trouvés, c'est le *Châtelet* ou le *Catelet*. Il constituait un atelier de fabrication où travaillaient les hommes primitifs qui habitaient les cavernes environnantes. C'est une éminence qui se trouve à l'est de Marle, sur le vieux chemin de Chaourse, ancienne voie gauloise romanisée ; elle constitue une sorte de promontoire se dirigeant vers la rivière la Serre et devait servir de refuge à l'époque préhistorique, car le *Châtelet* a une grande analogie avec le camp refuge de Montigny-Lengrain. On y aperçoit aussi des restes de retranchements hauts et larges, élevés sans doute par les Romains qui en avaient fait un camp retranché. Une porte fortifiée était destinée à surveiller la voie venant de Chaourse et se dirigeant sur Marle. L'entrée du camp ou porte décumane est accusée par une éminence en forme de fer à cheval. Il peut se faire, qu'au moyen-âge, il y ait eu là une forteresse, un château-fort dont la présence est encore révélée par des débris ouvragés de construction. Le peuple voit là, comme dans d'autres monuments anciens, un couvent de Templiers.

D'après la tradition commune, le Châtelet était un lieu redouté qui avait ses légendes ; on y voyait des apparitions, des fées, des esprits, cherchant à égarer les voyageurs. Il suffisait de prononcer certaines paroles pour évoquer ces suppôts de l'Enfer ou les faire disparaître. Ces traditions vagues prouvent que le Châtelet a joué un certain rôle dans l'histoire des peuplades d'alors ; peut-être, comme d'autres monuments, rappelait-il le culte druidique ; le Christianisme l'aura fait disparaître et l'aura montré aux populations comme un lieu maudit qu'il fallait éviter.

Il en fut de même des autres superstitions du Paganisme et que rappellent les lieux dits : *le Bois-de-Croisette, la Cense-Croisette*. Les paysans avaient l'habitude de planter, à la rencontre de plusieurs chemins se croisant, des morceaux de bois en forme de croix, qu'ils considéraient comme des amulettes, comme des préservatifs contre les malins esprits. Saint Éloi, évêque de Noyon, proscrit ces superstitions : « Si, dit-il, vous rencontrez dans des chemins

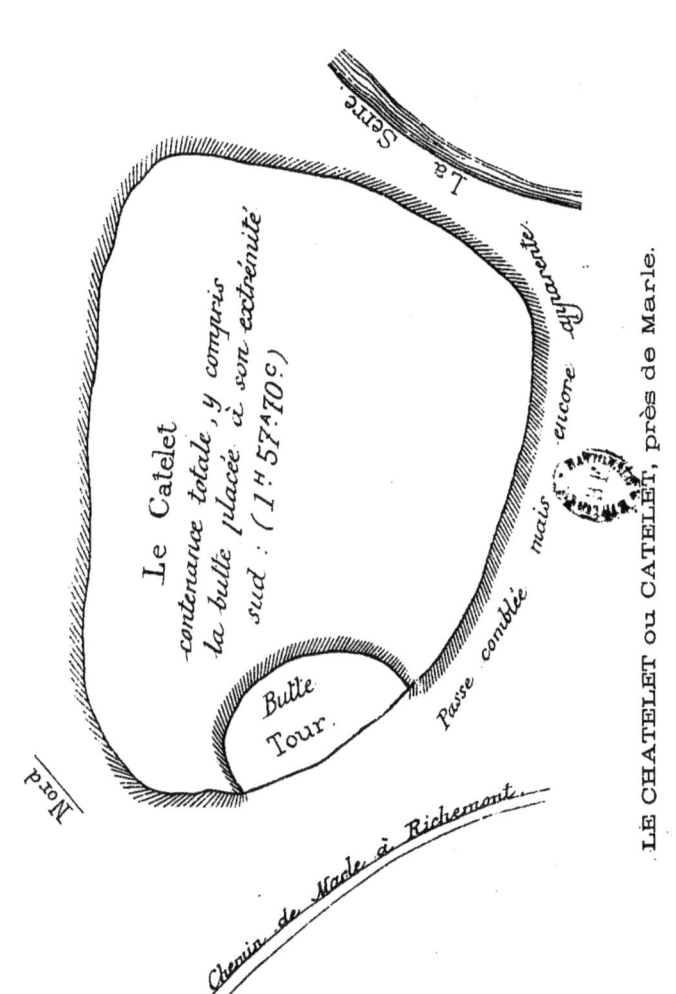

LE CHATELET ou CATELET, près de Marle.

fourchus, ces sortes d'*ex-votos*, brûlez-les quand vous les rencontrerez. » Il proscrivait de même le culte rendu aux hautes bornes, aux pierres levées, aux arbres et aux fontaines.

Un autre monument ancien et près duquel des silex ont été recueillis, mais toujours de l'époque Robenhausienne, se trouve près de la Tombelle. Au lieu dit *l'Epine*, M. Jules Lallouette a recueilli des pointes de flèches, sans pédoncule et sans ailerons, puis des lances de javelots, des grattoirs, des lames, des gouges ; près du chemin de Reims, au lieu dit *le Parc-aux-Allouettes*, ce savant a constaté de nombreux débris dénotant un atelier de fabrication. En général, les silex étaient d'un jaune pâle, d'un aspect marmoréen, qui devaient être étrangers au pays et provenir d'une exportation. Sur le terroir de Champcourt (ferme), près de Châtillon, il a été trouvé une hachette en serpentine provenant d'une importation.

Sur la route de Marle à Autremencourt, on rencontre, à gauche, un *Tumulus*, une Tombelle, qui se compose d'une éminence de terre, formant un cône irrégulier de six à sept mètres de hauteur et dont la circonférence est de soixante-dix-huit mètres à la base. Dans le voisinage, on a trouvé des squelettes provenant, sans doute, d'une sépulture enfouie dans cette tombelle ; des fouilles ont été entreprises, mais elles durent être abandonnées, la tranchée ouverte pour la traverser s'étant éboulée.

D'autres tombelles se trouvaient encore dans les environs de Marle ; on rencontrait à Marcy : *la Ferme* ou *Cense-de-la-Tombelle*, tirant son nom d'une tombelle entourée de fossés dont la terre avait servi à élever ce tumulus (*Dom Grenier*) ; puis la tombelle du bois de Rougeries, près du talus du chemin de Voharies à Marfontaine, ce tumulus a été nivelé par la culture, on n'y trouve plus que quelques monnaies romaines. Généralement ces tombelles sont considérées comme des autels druidiques, comme des sépultures, des dolmens de grands personnages, ou encore comme des buttes élevées pour servir de points d'observation ou bien pour établir des feux, des signaux télégraphiques.

Aux hommes préhistoriques succédèrent les Gaulois qui laissèrent peu de traces de leur séjour parmi nous, à Marle et dans les environs ; ils ont dû utiliser la position élevée de la colline pour y établir un *oppidum* muni de ses moyens de défense, mais ce monument disparut lors de l'invasion romaine. Toutefois, on a recueilli, près de Marle, entre Autremencourt et Cuirieux, au lieu dit le *Champ-de-l'Or*, une monnaie gauloise en or ; une médaille gauloise en bronze a aussi été trouvée au village de Marcy ; elle est reproduite dans l'ouvrage d'Ed. Fleury, mais sans détail sur son attribution.

Les Gaulois avaient une passion pour le vin, aussi tous les coteaux de Marle et des environs étaient-ils cultivés en vignobles ; la charte communale octroyée aux habitants fait mention de vignes ; elle ordonne à tout nouveau venu dans la ville d'y bâtir une maison et d'y acheter une vigne dans l'année de sa réception. Beaucoup de lieux dits dans la banlieue portent encore le nom de *Vignes*. Cette culture est aujourd'hui complètement abandonnée et les vignobles de Marle, comme ceux des environs de Laon, ont complètement disparu.

Les Gaulois du pays Marlois ont dû prêter leur concours pour repousser les invasions romaines ; ils ont dû prendre part à ces combats meurtriers livrés sous l'oppide de Bibrax, où, malgré tout leur courage, les Gaulois durent céder le terrain à la tactique romaine. Les vainqueurs pénétrèrent dans le pays conquis, installèrent leurs légions dans les camps retranchés du vieux Laon et de Macquenoise ; le consul Labiénus étendit sa domination sur tout le pays.

L'oppide de Marle, l'un des points stratégiques des Gaulois, avait été fortifiée par des palissades, des haies et des fossés pour le mettre à l'abri d'un coup de main. Malheureusement la forteresse, incapable de résister à un ennemi si puissant et si bien discipliné, dût ouvrir ses portes sans résistance, mais non sans une profonde douleur patriotique.

Epoque romaine.

Les monuments et les débris de l'époque romaine sont plus nombreux dans le Marlois. Les Romains substituèrent le culte de leurs idoles au culte druidique ; ils établirent des temples, des amphithéâtres comme à Vervins, des thermes ou bains publics comme à Marle et à Soissons, des arènes comme à Senlis, enfin des *villas* comme à Haudreville, à la Neuville-sous-Marle (*Nova Villa*), des postes (*villæ fiscales*), où les vaincus devaient aller payer leurs contributions au fisc établi à Festieux et dans d'autres localités.

On rencontre, dans beaucoup d'endroits, des débris de tuiles à rebords, des meules à bras, des fragments de poteries samiennes parmi lesquels sont mélangés des tessons de poterie noire tournée à la main ou au tour, d'une cuisson plus ou moins parfaite, en général d'une couleur noirâtre, avec quelques petits cailloux mélangés dans l'argile, et pouvant être attribués aux artisans gaulois. Du reste, peu d'observations ont été faites et peu de découvertes ont été signalées. Les trouvailles de monnaies romaines sont plus nombreuses, ce sont des bronzes du haut et bas empire.

Des objets d'art de l'époque romaine ont été signalés près de Marle ; à Bucilly, on a trouvé des objets ayant servi au culte des dieux du paganisme introduit par les Romains. Beaucoup d'usages et de fêtes institués par les vainqueurs ont survécu à la conquête romaine, comme : le *Carnaval*, grotesque mardi-gras brûlé jadis sur la place de Marle, le mercredi des Cendres ; la fête des *Brandons*, reste des fêtes de Cérès cherchant Proserpine enlevée par Pluton, cérémonie à laquelle le christianisme a substitué les Rogations, qui se faisaient à la Tombelle, autour de Marle ; les *feux de la Saint-Jean*, allumés sur des points élevés et dont le peuple se disputait les tisons carbonisés comme préservatifs contre les malins esprits et les maléfices.

D'autres objets, de la même époque, ont été recueillis à Saint-Pierremont, à Voyennes, dont la description a été donnée ; à Chalandry, où une statuette en bronze de Vénus accroupie a été trouvée ; au village de Cilly, où des statuettes ont été aussi signalées. Ailleurs, ce sont des haches en bronze, des cuillières, des coupes de même métal qui ont été rencontrées ; en général, ces objets sont assez rares dans le Marlois, ils n'ont donné lieu à aucunes recherches particulières.

La statuette trouvée à Cilly était de l'époque gallo-romaine et représentait un personnage assis, vêtu du *sagum* gaulois, tenant de la main droite un *plectum*, et que l'on croit représenter Belenus ou Apollon.

A Barenton, au lieu dit : *le Champ-au-Grès*, on a découvert une médaille en plomb, représentant Minerve armée et casquée ; puis le buste entier d'une figurine d'Iris en terre blanche, au milieu de cendres, de tuiles brisées, de fragments de poteries rouge et noire, enfin des monnaies romaines, de grands et moyens bronzes, des fioles en verre à anses.

Nous ne signalons pas toutes les monnaies romaines trouvées à Marle et dans les environs (Clermont-les-Fermes), leur nombre est trop considérable ; leur présence ne fait que confirmer le long séjour des Romains dans notre pays.

Dans le bois de la commune de Bosmont, au lieu dit : *le Châtelet*, on rencontre des retranchements en terre, entourés de fossés de circonvallation, que l'on attribue à un camp romain, et qui pouvait contenir une légion ; leur construction serait la même que celle du camp de César au vieux Laon.

Les Thermes ou bains publics établis à Marle n'avaient pas les proportions des grands établissements de ce genre que possédaient ailleurs les Romains ; ces bains, appelés plus tard *étuves*, étaient placés non loin de la rivière la Serre ; étant devenus, par la suite, des lieux de débauche, on dut les supprimer. Du reste, ces étuves n'existaient plus au xIII° siècle : on voit, en effet, par une charte de l'abbaye de Thenailles de 1264, que « partie de la maison « de Monseigneur Regnier, curé de Saint-Nicolas de Marle, « était où les étuves furent et maintenant jà fossez. »

De nouvelles divisions territoriales eurent lieu sous la domination romaine, le Marlois appartint à la Belgique seconde et au *Pagus teracensis* (Thiérache) qui fut enlevé ainsi que le pays Laonnois, à la cité des *Suessionnes* (Soissonnais), pour renforcer la cité des *Rèmes* (Reims), dont la capitale *Durocortorum* fut érigée en métropole de la seconde Belgique. Ces *Pagus* ou *Pagi* ne durent être distincts qu'au v° siècle pour former une nouvelle cité et un nouveau diocèse, celui de Laon.

Les voies romaines ont laissé plus de traces dans le Marlois ; parmi celles qui partaient de Reims, grand centre de communication, se trouvait le chemin se dirigeant sur

Bavay, capitale des Nerviens, qui a conservé la dénomination de *Chemin de César* ou *des Romains* ; un embranchement partait de Chaourse et se dirigeait sur Marle en empruntant la route actuelle de Montcornet, pour donner naissance au vieux chemin de Reims. Il passait entre la Serre et Montigny-le-Franc, venait aboutir à Marle dans la rue des *Juifs* dite du *Calvaire*, de là gagnait les *Froides-Rives*, puis la rivière de Serre qu'il traversait à gué ou sur un pont. Il y avait dans la cavée, sur une partie de son parcours, un poste d'observation, une station ; des débris de retranchements, signalés au *Champ-des-Huguenots* et aux *Froides-Rives*, ne laissent aucun doute sur l'existence d'un camp retranché de peu d'étendue, un *Castrum Stativum*. Les premières maisons, à droite en descendant le faubourg Saint-Nicolas, sont bâties sur l'emplacement de l'ancienne chaussée romaine. On pourrait croire que ce vieux chemin était d'une construction antérieure à la chaussée romaine, ce serait une voie gauloise, son peu de largeur et les traces que les roues ont laissées dans les ornières, pourraient le faire supposer ; on sait que les chars gaulois avaient des roues moins écartées que les chariots romains.

 Un autre grand chemin traversait le terroir de Marle, c'est celui de Coucy à Vervins dont les uns attribuent la construction aux seigneurs de Coucy, les autres en font remonter l'origine à une époque beaucoup plus reculée. Cette voie sortait de Coucy par la porte de Laon, passait à Crépy, Barenton-sur-Serre, Cohartille et Froidmont, franchissant la Souche sur le pont qui sert de passage à la route moderne de Laon à Marle. Au-delà de la vallée, le chemin de Coucy prend à gauche, s'avance vers la rivière du Vilpion qu'il traverse entre Dercy et Voyenne. Son tracé, bien conservé, a une largeur d'environ dix-neuf pieds, il se retrouve à Marcy où les seigneurs de Coucy avaient un château situé dans la vallée et entouré d'eau. Laissant Marle à droite, le vieux chemin s'avance sur Haudreville pour gagner Thiernu, par la route moderne de Marle à Vervins, la suit jusqu'à Lugny ; puis, obliquant vers la gauche, se dirige vers Saint-Gobert, franchit le Vilpion à Gercy où les sires de Coucy avaient un château ; enfin aboutit à Vervins (*Verbinum*) en traversant la voie romaine de Bavay à Reims (*chaussée Brunehaut*).

Époque franque.

Notre pays fut occupé, l'un des premiers, par les tribus Franques. Clodion, le premier roi Salien historique, après avoir conquis le pays jusqu'à la Somme et l'Escaut, fixa sa résidence à Tournai, puis à Cambrai. Son fils Mérovée, qui eut l'honneur de donner son nom à la première dynastie des rois de France, traversa la Thiérache pour aller combattre les Huns à Mauriac, sous l'étendard d'Aétius. De Childéric, père de Clovis, nous savons qu'il alla chasser les Saxons d'Angers, et qu'il fit plusieurs séjours à Amiens et même à Paris (*Vita sanctæ Genovefæ*). Enfin, Clovis, après avoir mis en déroute Syagrius à Juvigny, fixe sa résidence à Soissons et établit définitivement ses guerriers sur notre sol, qu'il partage avec ses leudes. Ce fut le début d'une époque brillante pour la Thiérache. Les conquérants, en se mêlant à la population gallo-romaine, lui infusèrent une nouvelle vie. Attachés désormais à la terre comme à une mamelle opulente, ils s'habituèrent à la vie laborieuse du paysan, ils prirent même le goût du travail devenu fructueux, gardant d'ailleurs, comme un héritage de race, leur passion pour la guerre et pour la chasse, qui en est une image affaiblie. Plus tard, la reine Brunehaut contribua encore à la prospérité de la contrée, en réparant les anciennes chaussées romaines et en créant à son tour de nouvelles routes, qui sont encore connues dans le pays sous le nom de *Chaussées-Brunehaut*. L'un des rares monuments qui nous restent de cette époque, ce sont les sépultures. Les Mérovingiens enterraient leurs morts dans des sarcophages en pierre plus étroits aux pieds qu'à la tête, ils mettaient, aux pieds des cadavres, des vases en terre noire contenant une monnaie pour payer la barque à Caron, le nautonier ; aux poignets, ils passaient des bracelets en or ou en bronze ; au cou, des colliers en ambre ou en verroterie ; autour du corps, ils plaçaient un ceinturon garni de plaques damasquinées et, près du corps, les armes du défunt : un scramasaxe, un couteau, un fer de lance, une francisque.

On a rencontré de ces sépultures à Chevennes, à Rozoy, où les bras des cadavres étaient croisés sur l'abdomen au lieu de l'être sur la poitrine, comme ils le sont généralement à Mons-en-Laonnois, à Chaillevet et ailleurs. A Voyenne, au lieu dit *le Tombois*, sur la rive droite de la rivière de Serre, près de la vieille chaussée de Coucy à Vervins, et en rase campagne, on a découvert des sépultures mérovingiennes. Il est bon de constater que cette inhumation, au point de vue de la situation, constitue une rare exception. En effet, toutes les sépultures de cette époque, qui ont été rencontrées dans le département et ailleurs, sont généralement placées sur le versant d'une colline.

Dans le cimetière de Voyenne, les squelettes avaient la tête tournée vers l'Ouest et les pieds à l'Orient ; ils regardaient le plein Est équinoxial. Les objets trouvés près du cadavre n'étaient pas en grand nombre, et n'annonçaient pas une population riche ; c'étaient quelques plaques de ceinturons en bronze, des instruments en fer oxidé, avec quelques pots funéraires.

Une autre sépulture, de la même époque, a été aussi mise à découvert près de la route de Marle à Vervins, sur le terroir du village de Rogny, au lieu dit : *Poton* ; elle était située à mi-côte d'une falaise exposée au midi. Près du squelette, des boucles de ceinturons, une bague en bronze, des stylets, des épingles et une monnaie de Constantin le Jeune, percée d'un trou, ont été recueillis, ainsi que des grains de colliers en terre cuite et un vase en terre grise. D'après un témoin oculaire, une croix grecque, gravée sur le chaton d'une bague en bronze trouvée dans cette sépulture, serait une indication chrétienne et ferait remonter l'inhumation aux premiers temps du Christianisme. (*Société archéologique de Vervins.*)

On a aussi découvert des sépultures franques à Thiernu, au lieu dit : *le Vieux-Cimetière*, près du terroir de Bournonville, et dans d'autres localités, sans que ces inhumations aient donné lieu à des observations particulières ; les mêmes objets ont été trouvés en plus ou moins grand nombre.

La présence de ces inhumations indique nécessairement l'existence de populations à la fois guerrières et agricoles. Le pays qu'elles occupaient au nord du Laonnois devait faire partie de la Thiérache, province englobée dans une portion de l'Austrasie.

Les rois mérovingiens habitaient des villas, des maisons de chasse, des métairies royales ou fermes qui renfermaient, outre le logis du roi, les logements de ses officiers et des leudes de sa suite ; puis, des écuries, des étables, enfin des cabanes habitées par les fiscalins ou esclaves du fisc royal. Ces établissements étaient défendus par des fossés et par des palissades. La ferme d'Haudreville, près de Marle, fut une villa royale de ce genre, une métairie sise au milieu des bois. Elle appartint au domaine royal jusqu'en 877 ;

à cette date, Charles-le-Chauve en donna une partie à l'abbaye Saint-Corneille de Compiègne, à la charge d'y édifier une église.

L'abbaye y envoya une colonie de religieux pour cultiver les terres ; ils furent remplacés, plus tard, par les moines de Fesmy qui en firent un prieuré avec une chapelle, sous le vocable de saint Etienne.

La ferme de Behaine fut aussi une villa, une métairie de l'époque mérovingienne ; dans la suite elle forma un village, un fief relevant de la châtellenie de Marle ; elle resta paroisse jusqu'en 1703, époque à laquelle elle fut réunie à celle de Marcy : l'église était dédiée à saint Hubert.

La Neuville, un faubourg de Marle, était une villa élevée près de la rivière de Serre, dont les eaux baignaient les fossés, et qui devint, dans la suite, un bourg, un *vicus*, constituant un faubourg. En 1226, un bourgeois de Marle donna à l'église Saint-Martin de Laon, une maison située sous les murs de Marle, sur la chaussée qui conduit à La Neuville *(sicut iter ad novam villam de Marlà)*, c'est-à-dire la partie comprise entre le chemin du petit Dormicourt et le pont sur la Serre.

Les communes de Châtillons-les-Sons, Cilly, La Neuville-Bosmont, Crécy-sur-Serre et autres, furent d'abord des métairies autour desquelles vinrent se grouper des laboureurs, des artisans ; la population en augmentant donna naissance à un groupe d'habitations, à un village.

Le roi mérovingien Clovis et sa femme Clotilde jouèrent un rôle important dans la Thiérache, surtout après leur conversion au christianisme, mais ils n'ont laissé aucun souvenir dans le pays, pas même dans la tradition. Nous ne parlerons ni de la légende du vase de Soissons, ni de la vie de saint Remi ; ces faits sont assez connus.

De nombreuses compétitions au trône des Francs eurent

lieu après le partage du royaume de Clovis ; le Marlois fut le théâtre de nombreux événements. Après la mort du roi Childéric (673), son frère Thierry monta sur le trône de Neustrie et choisit pour maire du palais Leudéric, au grand déplaisir d'Ebroïn, qui ambitionnait cette charge. D'un naturel violent et cruel, Ebroïn, à la tête de ses troupes, passa l'Oise à Pont-Sainte-Maxence, égorgea pendant la nuit la garnison qui en défendait le passage, marcha en diligence sur Nogent-le-Coucy, où le monarque Thierry tenait sa cour. Dans sa frayeur, Thierry prit la fuite avec ses gens et ses trésors, la ville de Laon lui ayant fermé ses portes, il se sauva du côté de la forêt appelée *la Thiérache,* s'enfuit à Bucy où il avait une villa royale, et fut rejoint par Ebroïn qui l'atteignit à Crécy-sur-Serre.

Le roi Thierry s'y tint avec confiance ; mais, battu, il fut obligé de reconnaître pour maire du palais Ebroïn, qui, plus tard, fit assassiner Leudéric, son rival (675). (*Dom Lelong.*)

Après la mort du roi Dagobert, l'un des successeurs de Clovis, les ducs Martin et Pépin prirent en mains les rênes du gouvernement et continuèrent la guerre contre Thierry ; les deux armées se rencontrèrent à Bois-Fay (*Bosco fago*), près de Marle, entre cette ville et le village de Lugny. La bataille fut très sanglante et les Austrasiens la perdirent (640) ; Pépin s'échappa par la fuite et le duc Martin alla s'enfermer dans Laon. Ebroïn conduisit son armée victorieuse du côté de cette ville, après avoir pillé tout le pays marlois : il arriva à Chéry-les-Pouilly, près de Crécy, dans le Laonnois. Sentant combien il lui serait difficile de s'em-

---

D'après Dom Lelong, dans son *Histoire du Diocèse de Laon,* les Francs avaient poussé jusqu'à la ville de Reims, en 418, au nord de laquelle Pharamond, fils de Marcomir, aurait été enterré sous une éminence appelée : *la Pyramide.*

parer de Laon, il eut recours à la perfidie et fit tuer le duc Martin ; puis, accompagné de Thierry, il entra de force dans la ville, où il exerça toutes sortes de violences. C'est à son instigation que le chanoine Baudoin fut tué à coups de fourche, dans la vallée, à côté de la montagne de Laon, alors qu'il se rendait aux plaids à Cohartille, annexe de Froidmont.

La race des Mérovingiens s'éteignit dans le sang et dans les crimes.

Pépin le Bref, tige de la dynastie des Carlovingiens, rétablit les Assemblées générales des Francs, qu'il convoquait chaque année ; ces réunions, qui portaient le nom de Màls *(Maltos)*, avaient pour but de permettre au peuple de prendre part aux affaires du royaume ; elles se tenaient dans des espèces d'enceintes, comme chez les Gaulois, et en plein air. On prétend que Marle *(Marla)* fut le centre de ces Assemblées, espèces d'Etats généraux ; de là le nom de Marle donné à la cité. C'est ainsi qu'on rencontre à Malvaux le lieu dit : *la vallée du Màlt,* et à Maubert-Fontaine, *la colline du Màlt.*

La Thiérache dont la ville faisait partie, était une région fertile et couverte de forêts avant le défrichement qui en a été fait par des colonies de religieux venues s'établir dans cette province. On prétend même que le nom de Thiérache aurait pour étymologie l'usage qu'avaient les moines de brûler sur place les racines et les broussailles, afin de rendre la terre plus fertile ; le mot Thiérache viendrait alors de *terra acra,* terre brûlée. D'autres historiens donnent pour étymologie à la Thiérache le nom d'un peuple que César appelle, dans ses Commentaires, *Essuos,* et chez lequel il plaça une légion à son retour de l'expédition de Bretagne.

Quoi qu'il en soit, les richesses de la population de la

Thiérache attirèrent la rapacité des Normands, qui, montés sur de frêles embarcations et remontant la rivière d'Oise et ses affluents, descendirent dans la contrée, qu'ils ravagèrent, sans pouvoir toutefois s'emparer de la cité de Laon, protégée par de solides fortifications. A la tête de quelques troupes, le roi Carloman, qui les poursuivait, finit par les atteindre près d'Escry (aujourd'hui Asfeld) et leur livra une bataille décisive, dans laquelle les Danois furent taillés en pièces (883) [1].

Pour échapper à la cruauté des Normands, beaucoup de religieux et d'habitants avaient cherché un refuge dans la ville de Laon ; les chanoines de Pierrepont, emportant avec eux les reliques de saint Boétien, s'étaient mis à l'abri derrière les murailles de la ville ; ils ne rentrèrent dans la collégiale que quatre années plus tard, lorsque le pays eut été délivré des incursions danoises, grâce à la valeur du roi Eudes qui, dans la journée de Montfaucon, en tua, dit-on, dix-neuf mille.

Malgré leurs pertes, les Normands recommencèrent leurs exactions, ravagèrent la Thiérache et le Laonnois. Mais dans une rencontre qui eut lieu près de Chaumont-Porcien, entre les troupes françaises, commandées par les comtes de Roucy, de Porcien et de Rethel, les Normands furent défaits complètement (815). Néanmoins, ils reparurent encore dans le pays vers 949, mais cette fois ils trouvèrent la contrée solidement défendue et ils durent se retirer sans exercer leurs déprédations habituelles.

C'est à la présence des Danois qu'est dû le peu d'objets précieux que l'on trouve dans les sépultures anciennes.

---

[1] A l'entrée du chemin conduisant de Marle à Marcy existe un lieu dit : *Champ* ou *Camp-Danois*, situé près de la rivière du Vilpion. Cette désignation pourrait confirmer l'invasion des Normands ou Danois, qui auraient établi leur campement près de la rivière, sur le bord de l'eau.

Des antiquaires prétendent que ces barbares violaient les cadavres pour enlever les matières d'or et d'argent.

Pendant le siècle écoulé, les Marlois avaient profité de ce répit pour reprendre la culture des champs et des arts, tandis que les seigneurs élevaient des forteresses sur leurs domaines, afin d'être à l'abri des attaques des Normands et de pouvoir défendre le pays. De là, le grand nombre de châteaux fortifiés élevés près des cours d'eau ; autour de ces forteresses se groupèrent les habitants des campagnes, et ces agglomérations donnèrent naissance à des villes et à des villages. Telle est l'origine probable du château et du bourg de Marle *(rue de la Ménagerie ou des Ménages)*. Du reste, Charles-le-Chauve avait prescrit ces forteresses pour défendre les cours d'eau contre les incursions des Danois.

Nous ne parlons ni du roi Charlemagne, ni de son vaste empire, ni de ses capitulaires ; ce puissant empereur d'Occident n'a laissé aucune trace de son passage dans le Marlois [1].

Vers la même époque, le comte de Vermandois *(Herbert)* faisait élever dans la Thiérache, les abbayes de Bucilly, du Mont-Saint-Michel qu'il dota richement ; les évêques ajoutèrent de nouveaux revenus : les religieux de Saint-Michel recevaient tous les ans un pain et une obole de cire de chaque maison du doyenné de Rozoy et de Thiérache.

Le château de Pierrepont, village du canton de Marle, vit, en 949, le siège épiscopal de Laon transféré dans ses murs, comme il l'avait vu déjà en 886, mais à titre provisoire, ainsi qu'il résulte d'une charte d'Adalbéron, pasteur de l'église de Laon.

A la date de 956, Josbert, de Marle, ayant été mordu par

---

[1] Charlemagne reçut à Versigny (villa royale) la visite et les présents de Hildebrand, duc de Spolette.

un chien enragé, fut conduit à Saint-Hubert, en Ardennes, et guérit. En reconnaissance, ce seigneur donna à l'abbaye quinze mines de terre qui lui appartenaient au village d'Evergnicourt avec la seigneurie.

La donation de Josbert fut l'origine du monastère d'Evergnicourt, que saint Thierry, abbé de Saint-Hubert, fit construire en 1076, avec l'aide d'Elinaud, évêque de Laon, qui, du consentement de son chapitre, lui fit don, dans le même lieu, de l'église de Sainte-Marie et de celle située entre Prouvais et Puisieux.

Deux siècles plus tard, Hugues, comte de Roucy, donna à la même abbaye, tout ce qu'il possédait au même terroir d'Evergnicourt, avec le droit de justice, marchés et péages.

Ces faits, que l'Histoire rapporte à l'année 965, sont le premier acte connu qui révèle le nom de Marle (*Castellum Marlà*).

L'empereur Charles-Chauve fit battre monnaie à Laon [1], où il existait un atelier monétaire ; on connaît un denier d'argent portant au revers une croix. Puis un autre denier d'argent de Charles le Simple, avec ces mots au revers : LVGDVNI CLAVATI ; ce prince faisait de la ville de Laon son séjour habituel.

Louis IV d'Outremer, fils de Charles le Simple, fut rappelé d'Angleterre et sacré à Laon ; il eut des guerres à soutenir contre Herbert, comte de Vermandois. Louis IV fit élever près du château de Laon une grosse tour qui portait le nom du roi ; de cette tour relevaient les principaux fiefs et les seigneuries du pays, comme : les terres, châtellenie et seigneurie de Marle, Montcornet, La Fère

---

[1] En 867, Charles le Chauve passa les fêtes de Pâques à Chaourse, le *catusiacum* de l'itinéraire d'Antonin, village sur la Serre, que le roi avait donné à l'abbaye de Saint-Denis, avec le droit de pêche dans la rivière, depuis Résigny jusqu'à Tavaux *(Tavellus)*.

et autres. La tour et les bâtiments de la cour du Roi furent jetés bas en 1831, pour faire place à l'Hôtel de Ville actuel. Louis IV mourut d'une chute de cheval en 954 ; il fut enterré à Reims dans l'église Saint-Remi, laissant un fils, Lothaire, né à Laon en 941, qui lui succéda.

L'hiver de 989 fut bien sec, il en résulta une grande disette, la famine augmenta par suite des compétitions de Charles de Lorraine et de Hugues Capet au trône de France. Ce dernier s'était fait sacrer à Noyon, et, après plusieurs tentatives infructueuses, parvint à s'emparer de la ville de Laon, où il entra le 2 avril 991, par la trahison de l'évêque.

Avant de passer au chapitre suivant, disons que le pays eut encore à subir, non seulement les désastres occasionnés par les guerres civiles entre seigneurs, mais encore les ravages causés par les Hongrois, peuple cruel, qui, entré en France par le Vermandois, ruina les populations, en dévastant les abbayes (958).

Tous ces faits forment plutôt l'histoire de la terre, que de la ville de Marle. Ce n'est qu'aux siècles suivants que la cité prend une part plus active aux événements politiques et vit de sa propre existence.

CHAPITRE II

CHATELLENIE DE MARLE. — CHATELAINS. — COMTÉ. — COMTES. GOUVERNEURS. — CHATEAU. — FORTIFICATIONS.

Le domaine de Marle, avec ses fiefs, formait une châtellenie dont le chef-lieu était le château. Cette châtellenie comprenait les fiefs de Gosse, sis à Froidmont, de Bournonville, sis à Marle, puis de Dercy, de Voyenne et de Crécy-sur-Serre ; elle relevait de la cour du roi et de la grosse tour que Philippe-Auguste se réserva comme glèbe de la puissance souveraine et royale, qu'il possédait sur le Vermandois et sur la Thiérache.

Cette tour était celle de *Louis d'Outremer*, dont nous avons déjà parlé ; les baillis royaux du Vermandois rendaient la justice dans une salle de cette grosse tour.

Les différents possesseurs de la châtellenie de Marle n'habitaient pas toujours le château ; ils chargeaient des officiers, nommés *châtelains*, du soin de veiller sur leurs intérêts et de toucher leurs revenus [1]. Les châtelains exerçaient, à la place du seigneur, le pouvoir civil et militaire dans leur domaine ; ils rendaient la justice haute, moyenne et basse dans la châtellenie. Les appels de leurs jugements devaient se faire devant le prévôt forain de Laon, dont la juridiction s'étendait sur la Thiérache et qui jugeait d'après la

---

[1] Les revenus de la châtellenie de Marle étaient fort variables ; en général, ils étaient de 5,450 livres 11 sous et 3 deniers, alors que les charges étaient de 108 livres 15 sols.

coutume du Vermandois. Les châtelains abusèrent souvent de leurs fonctions pour commettre des exactions sur les contribuables et même pour disposer à leur gré de la châtellenie, qu'ils considéraient comme une charge héréditaire et comme leur bien personnel.

C'est ainsi que, par des lettres de 1220, il est dit que « si le fief que Nicolas de Rosoy, frère de Roger, tient du « seigneur de Marle, échoit audit Roger, ou à ses hoirs, ils « pourront recevoir ledit fief du seigneur de Marle, selon « l'usage et les coutumes de France. » Ce Nicolas prenait le titre de seigneur de Marle, alors qu'il n'était que châtelain ou gardien de la châtellenie. Il alla même jusqu'à vendre la châtellenie à Gautier de Ligne, chevalier, et à Julienne de Rosoy, sa sœur, épouse de Gautier. Thomas de Coucy[1], seigneur suzerain de Marle, fut obligé de la racheter au prix de huit cent cinquante livres parisis, comme cela résulte d'une charte du mois de juin 1244, ainsi conçue :

« Je, Godefroy de Louvain, sire et duc de Braban, « et je, Marie, sa femme, faisons savoir à tous ceux qui « ces présentes lettres verront, que nous avons vendu à « Monseigneur Thomas de Coucy, seigneur de Vervins, la « châtellenie de Marle entièrement, sauf que, s'il advenait « par inadvertance que le bois que ceux de Thenelles « clamend ou partie de ce bois, échéait en la devant dite « châtellenie, nous reprenions à Monseigneur Thomas le « bois ou telle partie, comme il en écherrait parmi six « deniers de cens. Que nous l'aient mis en teneur par le « seigneur, il nous fera nostre créan de trois cents livres

---

[1] Thomas de Vervins acheta, à la même époque, la châtellenie de Bosmont à Guy, seigneur de Bosmont, avec les fiefs, appartenances et dépendances.

« et cinquante deniers parisis et finira de la droiture au
« seigneur. » (*Histoire de Vervins,* par A. Piette.)

Henri, châtelain de Marle, signa, en 1147, une charte
d'Enguerrand de Coucy, seigneur de Marle, par laquelle il
donnait à l'abbaye de Saint-Vincent de Laon des biens situés
à Saint-Gobain.

Eudes, comme châtelain pour le sire de Coucy, seigneur
de Marle, avant son départ pour la Terre-Sainte, signa la
donation que ce seigneur faisait à l'abbaye Saint-Nicolas-
aux-Bois de ce qu'il possédait sur la terre de Reneuil.

Jehan de Berlancourt, comme châtelain de Marle, signa
la charte de commune octroyée par Enguerrand de Coucy,
seigneur de Marle, aux habitants de Juvigny, et donnée au
château de Coucy, en octobre 1235.

Au mois de mai 1387, Enguerrand de Coucy, seigneur de
Marle, constitua à Robert, évêque de Laon, une rente de
deux cents livres parisis, à prendre sur le vinage de Crécy et
sur la châtellenie de Marle, pour se rédimer du droit qu'avait
l'évêque de prendre à volonté du bois dans la forêt du
seigneur. Ces conventions furent approuvées par le roi.

Les revenus de la châtellenie de Marle étaient très
variables, ainsi que les charges ; il existe aux Archives
nationales des comptes nombreux de la châtellenie, que
nous n'avons pas cru devoir analyser à cause de leur longueur et du peu d'intérêt qu'ils offrent. Il est dit que les
habitants de Dercy étaient tenus de faire le guet dans le
château du village.

Les seigneurs de Marle, comme les comtes de Vermandois, avaient des officiers, connus sous le nom de *séné-
chaux,* dont les fonctions étaient analogues à celles de
maîtres d'hôtel. On trouve, comme sénéchal de Marle, de
1145 à 1175, Henri, seigneur de Cohartille, qui donna la
terre de ce lieu à l'abbaye de Saint-Prix de Saint-Quentin.

Nous avons dit que la châtellenie de Marle passa, en 1241, dans la maison de Thomas, de Coucy, seigneur de Vervins, en vertu d'une acquisition, ainsi que le constate la pièce suivante :

« Maître Clément de Saint-Germain, chanoine et official,
« à tous ceux que ces présentes lettres verront. Salut. Sachez
« bien que, réunis devant notre ami et fidèle Thomas de Mon-
« tamesnil, clerc-juré de la commune de Laon, le seigneur
« Gautier de Ligne [1], fils de Gautier, chevalier, seigneur de
« Ligne et de dame Julienne, son épouse, jadis fille de
« Nicolas de Rozoy, chevalier défunt, ont reconnu avoir
« vendu légitimement, moyennant un juste prix, c'est-à-
« dire moyennant trois cent cinquante livres parisis, dont
« ils ont reconnu avoir été payés entièrement, argent
« comptant, et ce, ainsi qu'ils l'ont déclaré, de leur plein
« gré et sans y avoir été forcés, à noble homme, le seigneur
« Thomas de Coucy, seigneur de Vervins, la châtellenie de
« Marle, avec ses dépendances et tout le fief qu'ils tenaient,
« en vertu de la dite châtellenie et de ses dépendances, et
« tout ce qu'ils tenaient du seigneur de Coucy, laquelle
« châtellenie avec ses dépendances et le fief susdit, Gautier
« et Julienne, son épouse, la tenaient et possédaient
« comme chose à eux par droit héréditaire, leur venant
« du seigneur Nicolas, autrefois père de la dite Julienne.
« En conséquence, ils ont cédé et ont déclaré abandonner
« entièrement et à perpétuité audit seigneur Thomas et à
« ses héritiers et à ses successeurs, la châtellenie et ses
« dépendances et fiefs, et tous les droits qu'ils avaient et

---

[1] Une charte de franchise, d'octobre 1235, accordée par Enguerrand de Coucy, aux habitants de Juvigny, fait mention de la châtellenie de Marle, *castellariam Marle*.

Dans cette même charte, il est question de Jehan de Berlancourt, *Castellanus de Marle*, châtelain.

« pouvaient avoir, de quelque manière que ce fut sur les
« propriétés, et ils ont prêté serment entre les mains du
« clerc desservant. Promettant Gautier et Julienne, son
« épouse, que, si par eux-mêmes ou par d'autres, ils ne
« reviendront sur ces ventes, abandon et cession et qu'ils
« ne réclameront rien dorénavant sur ce domaine. C'est
« ainsi que le clerc, par nous désigné, nous a rapporté les
« faits ci-dessus et nous avons jugé que ce clerc méritait
« une entière confiance sur tout ce qui vient d'être émis.
« En témoin de quoi nous avons délivré les présentes
« lettres patentes fortifiées du sceau de l'église de Laon,
« sans préjudice du droit du seigneur évêque de Laon et
« d'autres droits.

« Fait, l'an de l'incarnation du Seigneur 1240, quatrième
« jour avant la fête du bienheureux Michel. »

A cette époque, les clercs remplissaient les fonctions de notaires ; ils recevaient les actes auxquels ils donnaient un caractère d'authenticité.

Un autre acte, du mois de juin 1244, que nous avons reproduit page 24, apprend que Godefroy de Louvain, sire et duc de Brabant, et Marie, sa femme, ont vendu à Thomas de Coucy, seigneur de Vervins, la même châtellenie de Marle, pour la somme de trois cent cinquante livres parisis payées à Gautier de Ligne, chevalier, et à Julienne, sa femme, comme vendeurs.

Ce qui est assez difficile à comprendre, c'est que la châtellenie de Marle ait été vendue deux fois la même année, à Thomas de Coucy, par deux seigneurs différents, pour le même prix. Une première fois par Godefroy de Louvain, lequel Godefroy, par sa quittance, avoue avoir reçu le payement de sa terre. La seconde fois, la dite châtellenie fut vendue à Thomas par Gautier de Ligne et Julienne, sa femme. Tous les deux reconnaissent avoir été payés de la même somme.

On ne peut accorder ces difficultés qu'en admettant Gautier de Ligne comme co-seigneur de la châtellenie de Marle avec Godefroy de Louvain ou qu'elle leur appartenait indivisément.

Voici un autre acte qui constitue un reçu :

« Je, Godefroy de Louvain, sire et duc de Braban, et
« Marie, ma femme, faisons savoir à tous ceux qui ces
« lettres verront, que nous avons reçu ccc livres et L livres
« parisis, par la main de Monseigneur Gérard, le chape-
« lain, de par Monseig^r Thomas de Coucy, seigneur de
« Vervins, pour la châtellenie de Marle, par le témoing de
« nos lettres, desquelles furent données le lendemain de la
« feste Saint-Michel, l'an de l'incarnation Notre-Seigneur
« 1244, au mois de septembre. » (*La Thiérache*, t. XIII.)

Les droits que les seigneurs de Vervins possédaient à Marle, à cause de la châtellenie de cette ville, étaient très importants ; en voici le dénombrement puisé dans un acte de 1358 :

« Le seigneur de Vervins a le droit de lods, de ventes et d'amendes sur toutes les maisons qui sont au dedans de la dite ville. Il prend, en outre, le douzième denier sur les maisons, excepté sur quatre, qui sont exemptes de vente et forage. De chaque chariot de vin vendu en gros ou en détail en la ville, il a quatre pots ; d'une charrette, deux pots pour péage. Il a aussi sur chacun boulanger, par an, dix-huit pains en trois termes. Il a la connaissance et justice de toutes les mesures ; et appartient à lui seul la justice de les ajouter et réformer. Il a une mesure de sel sur chacun marchand qui met le sel en vente, mais il est tenu de payer le salaire de l'exécuteur de haute justice. »

La châtellenie de Marle appartenait encore au xvIII^e siècle à la maison de Vervins, comme on le voit dans un acte d'adjudication de la terre de Vervins, prononcé le 4 mars

1734, au profit de Jean-Charles de Bonnevie. (*La Thiérache,* Mennesson.)

Evrard de La Tombelle, écuyer, seigneur du fief de la Tombelle, est désigné comme sénéchal de Marle, exerçant en 1293. Le fief de la Tombelle, qui n'est plus aujourd'hui qu'une ferme isolée, avait des habitations ; en effet, dans un acte de 1271, on voit que Pierre Clerc, fils de Gérard Le Basle de Marle, donne à l'abbaye de Foigny des rentes à prendre sur des maisons sises à la Tombelle.

La châtellenie de Marle fut érigée en comté, avec La Fère et Montcornet, par le roi Charles VI, au mois d'août 1413, en faveur de Robert de Bar. A cette époque, Montcornet fut entouré de fossés et de terrasses dont il reste, au levant et au nord, quelques traces, nommés encore les *remparts*. (*Mien.*)

Le comté de Marle passa dans la maison de Luxembourg et de Bourbon-Vendôme, puis fut réuni à la couronne par l'avènement d'Henri IV ; il fut ensuite engagé, le 9 janvier 1650, au cardinal Mazarin, moyennant cinq cent mille livres. Nous en reparlerons.

La châtellenie de Marle, qui se composait de dix-sept villages, fut, par suite des aliénations que fit le roi Henri IV, réduit à trois paroisses : Behaine, Assis-sur-Serre et Gercy. Le 6 février 1601, le roi vendit la châtellenie de Montcornet, qu'il avait recueillie dans la succession de son père, Antoine de Bourbon, roi de Navarre, à la dame de Vaudemont, moyennant vingt mille écus, plus le sou pour livre. D'après les états du domaine de Navarre en Picardie, le domaine de Marle se composait de Rogny, de Bournonville, de Montigny-sous-Marle, de Toulis, de Froidmont, de Cohartille, de Voyenne, des bois de Marle, et de ceux de Bergeaumont, sis à Sons-Ronchères.

Nous avons dit qu'aux archives, les documents étaient nombreux sur les revenus de la châtellenie de Marle ; nous citerons la copie d'un abandon fait en 1588, par Marguerite, reine de Navarre, femme du roi Henri, duchesse de Valois et d'Etampes, à Charles de Longueval, bailli, gouverneur et maître des eaux et forêts du comté de Marle, châtellenie de La Fère, des droits de reliefs qui lui étaient dus par le décès du sire de Coucy, seigneur de Vervins, à cause de la seigneurie de cette ville et d'autres fiefs qui relevaient encore de la terre de Marle.

Comté de Marle

A propos du comté de Marle, le savant La Morlière s'exprime ainsi : « Les anciens comtés du Vermandois, « du Laonnois, de Marle et autres, seraient suffisants « de lasser les plus acérées plumes des plus experts « généalogistes. »

En effet, le comté de Marle, succédant à la châtellenie, a besoin d'études sérieuses pour être compris et décrit.

Isabeau de Coucy, sœur cadette de Marie, qui avait, par arrêt du Parlement du 11 août 1408, obtenu pour sa part dans la succession de son père Enguerrand VII, la moitié du domaine de Marle, mourut ne laissant qu'une fille qui la suivit dans le tombeau peu de temps après (1412). La terre de Marle passa alors à Robert de Bar, son neveu, fils de Henri de Bar et de Marie de Coucy. Ce fut en faveur de ce Robert que, par lettres patentes, le roi Charles VI érigea en comté la seigneurie de Marle et de La Fère, sous le titre de : *Comté de Marle*.

Après la mort de Henri de Bar, tué en 1396, Marie de Coucy, sa femme, comtesse de Soissons, porta le comté de

Marle à Louis de Luxembourg, comte de Saint-Pol, qu'elle épousa et qui devint comte de Marle. Pierre (Jean) de Luxembourg, fils de Louis, fut aussi comte de Marle ; de son mariage avec Marguerite de Savoie est issue Marie de Luxembourg, qui fut comtesse de Marle ; en cette qualité, le 7 septembre 1437, elle donna quittance des droits de quint, requint, chambellage et relief à Jean Vairon, bourgeois de Laon, acquéreur de la seigneurie de la Tombelle, provenant de Colard de Mailly.

Marie de Luxembourg épousa François de Bourbon, comte de Vendôme, dont elle eût Charles de Bourbon qui devint, après son père, comte de Marle ; il se maria avec Françoise d'Alençon et eut, de son mariage, Antoine de Bourbon.

Ce comte de Marle épousa Jeanne d'Albret, reine de Navarre, de cette union naquit Henri IV. Comme comtesse de Marle, Jeanne d'Albret possédait, le 8 juillet 1572, à titre d'engagement, la moitié du domaine de Marle appartenant à son mari ; l'autre moitié était à messire Gervais, François, son chancelier. Mais, à son avènement au trône, Henri IV réunit cette portion à la Couronne (1589).

Quant à l'autre moitié du comté, elle était, depuis près d'un siècle, dans la main des rois régnants. En effet, nous voyons Marie de Coucy en traiter, le 15 novembre 1400, avec le duc d'Orléans, qui la transmit à Louis XII, son fils ; en montant sur le trône, ce roi la réunit à la Couronne.

A son avènement, Henri IV avait fait une déclaration non enregistrée au Parlement qui siégeait alors à Tours, par laquelle il déclarait que ses biens patrimoniaux ne faisaient pas partie du domaine de la Couronne. En conséquence, le 6 août 1600, les commissaires, par contrat passé devant Mes Leroyer et Briquet, notaires à Paris, vendirent à Pierre Dubouchet, conseiller au Parlement, la terre de Bournonville, moyennant seize mille livres et un fer de lance doré, estimé trente sols, payable chaque année.

Mais le roi Henri IV révoqua, en 1607, la déclaration qu'il avait faite d'abord.

En 1654, il était dû, à la mère de Louis XIV, Anne d'Autriche, ce qu'on appelait un *douaire* ; pour le former, le domaine de Marle fut vendu au Cardinal de Mazarin, avec la faculté de rentrer dans la partie du comté qui avait été aliénée.

Le duc d'Orléans, en 1766, fit un retrait de ce domaine sur le cardinal Mazarin, remplit l'engagement et le supplément ; ce que le roi approuva. Cependant, cette concession ne fut pas faite gratuitement, car le duc d'Orléans déclara que le canal de l'Ourcq et l'hôtel de Voyer d'Argenson faisaient partie du comté. Dans une autre convention, le duc, agissant en vertu de son droit d'apanagiste et d'engagiste, retira à Pierre Constantin, vicomte de Blangy, la terre de Bournonville et lui remboursa le prix de l'engagement fait par Henri IV. Mais ce prince fit, en même temps, sur ce domaine, un bail emphythéotique pour une rente de deux cent soixante-dix-sept jalois de froment, à la charge par lui de payer, à chaque mutation, les droits féodaux, à qui de droit, suivant la coutume ; ce bail fut exonéré de toutes les formalités que l'on pouvait exiger.

En 1786, le vicomte de Blangy céda une partie de ce bail emphythéotique à différents particuliers de la ville de Marle. Le duc d'Orléans resta toujours engagiste du domaine de Marle et de Bournonville. Ceci se prouve par le remboursement qu'il a fait à Mazarin et par celui qu'il a fait au comte de Blangy, devenu son fermier. Le prix de l'engagement et du supplément du comté de Marle fut d'un million deux cent mille livres.

Le comté de Marle comprenait, dans son étendue, les paroisses, fiefs ou seigneuries qui suivent :

Assis-sur-Serre. — Seigneurie du comté et du baillage de Marle.

Beaurepaire. — Hameau de la commune de Laigny, fief vassal de la châtellenie de Voulpaix et qui dépendait du comté de Marle.

Behaine. — Fief vassal du comté, il formait autrefois une paroisse, ayant son territoire distinct.

Béguines (Les) ou Béguins. — Commune de Marcy, fief vassal du comté de Marle.

Berlancourt. — Commune du canton de Sains, seigneurie vassale du comté et dont la justice fut réunie à celle de Marfontaine en 1781.

Bouteille (La). — Village relevant du comté ; son nom lui vient d'une ancienne verrerie où l'on ne fabriquait que des bouteilles. Les premières maisons bâties aux environs du four à verre, en forme de hameau, servaient de demeures et retraites aux gentilshommes verriers (Tassart et Gaspard) et à leurs serviteurs et marchands qui y abondaient pour les acheter et les porter vendre en villes et bourgades ; c'était ce lieu communément appelé : *la rue de la Bouteille* ou *la rue de la Verrerie* (Matton).

Bournonville. — Fief du comté qui a été aliéné en 1600 par les commissaires du roi Henri IV ; le château a été détruit au xviiie siècle.

Chalandry. — Seigneurie vassale du comté de Marle, qui fut aliénée en 1602 par les commissaires de Henri IV.

Chatillon-les-Sons. — Seigneurie aliénée en 1601 par les commissaires royaux.

Chéry-les-Pouilly. — Seigneurie relevant en partie du comté de Marle.

Cilly. — La rue franche et le château relevaient du comté ; autrefois marquisat vassal de celui de Vervins.

Cohartille. — Seigneurie appartenant à l'abbaye Saint-Jean, de Laon, et relevant du comté. Ce lieu est très ancien ; il y avait un prieuré fondé par l'abbaye Saint-Prix, de Saint-Quentin.

Dercy. — Seigneurie aliénée le 17 mai 1600, par les commissaires du roi Henri IV. Les habitants devaient faire le guet dans le château du village. Ils devaient, en plus du fer de lance doré, une rente dite : *Gâteau du roi,* de quatre muids de froment et de deux muids trois jalois d'avoine.

Erlon. — Seigneurie possédée en partie par l'abbaye Saint-Vincent, de Laon, et relevant du comté.

Etréaupont. — Baronnie relevant de Guise, sur la rive droite, et de Marle, sur la rive gauche.

Fontaine. — Village dépendant du marquisat de Vervins et relevant du comté de Marle. Par un acte de 1210, Thomas de Coucy exempte de toutes corvées les gens de Fontaine, à la condition d'une redevance annuelle sur chaque cheval, bœuf, âne, du consentement de son frère Enguerrand de Coucy, qui possédait l'avouerie de Fontaine (*Cartulaire.*)

Gercy. — Fief vendu le 9 décembre 1590 par le roi Henri IV, à Pierre Desyman, gouverneur de Vervins, châtelain de Gercy, moyennant quatre mille livres tournois, à la condition que le droit de porter le titre de châtelain de Gercy n'appartiendrait qu'aux aînés nobles.

Gôze ou Gasse. — Fief à Froidmond et à Cohartille relevant du comté ; il fut donné le 5 février 1744 au chapitre de Saint-Pierre et de Saint-Jean-au-Bourg, à Laon, par François-Joseph de Martigny.

Houry. — Seigneurie vassale, par moitié de la baronnie de La Ferté, l'autre moitié relevait directement du comté.

La Fère. — La prévôté de cette ville faisait partie du comté de Marle et relevait de la Tour de Louis d'Outre-mer, à Laon. Cette prévôté n'avait pas de coutume particulière ; elle fut remplacée, le 9 décembre 1607, par un bailliage royal.

Loiselet. — Petit fief de la commune de Gronard ; il relevait de la châtellenie de Marle.

Lugny. — Village près de Marle dont la seigneurie relevait du comté de Marle.

Marcy. — Seigneurie relevant du comté que possédaient les sires de Coucy. Au lieu dit : *la maladrie (maladre-rie)*, on a mis à découvert des cercueils en pierre avec des cadavres et des pots funéraires, près du chemin de Coucy.

Plumoison. — Château de la commune d'Assis-sur-Serre, aujourd'hui détruit ; il consistait en une motte entourée de fossés et constituait un fief relevant du comté.

Prisces. — Domaine faisant partie du comté, aliéné le 5 novembre 1602, par les commissaires royaux ; il dépendait, au xviie siècle, de la seigneurie de Voulpaix.

Rogny. — Seigneurie de la châtellenie et du comté de Marle, aliénée en 1600 par les commissaires du roi.

Saint-Gobert. — Seigneurie du comté, aliénée en 1601 par les commissaires royaux. Pendant la guerre de la Fronde, le village fut pillé par les troupes du prince de Condé, en 1652. Il possédait un prieuré conventuel de l'abbaye de Saint-Denis.

Saint-Pierremont. — Seigneurie dépendant du marquisat de Vervins, relevant de Marle et de Cilly.

Sons-Ronchères. — Siège d'un marquisat relevant de la châtellenie et du comté de Marle.

Thiernu. — Baronnie vassale de l'évêché de Laon ; la paroisse dépendait de la cure de Saint-Nicolas, de Marle.

Toulis-Attencourt. — Seigneurie du comté aliénée le 8 novembre 1602, par les commissaires d'Henri IV. Attencourt était une ferme appartenant à l'abbaye de Saint-Vincent, de Laon.

Voulpaix. — Châtellenie relevant du comté de Marle, comprenait aux xviie et xviiie siècles : Voulpaix, Burelles, Curbigny et Prisces. Gronard, seigneurie du comté de Marle, fut aliénée le 15 octobre 1601, par les commissaires du roi Henri IV. Par arrêté de l'administration départementale de l'Aisne, en date du 15 février 1797, la ferme de Cartigny fut réunie à Gronard.

Voharies. — Seigneurie vassale du fief de la Tombelle, relevant du comté de Marle.

Nous avons énuméré les fiefs relevant du comté de Marle, nous allons dire quels étaient les comtes.

Nous répétons que le roi Charles VI, par lettres patentes du mois d'août 1413, avait érigé en comté la châtellenie de Marle, en faveur de Robert de Bar, neveu de Marie de Coucy. Ce seigneur périt en 1415, à la défaite d'Azincourt, où il commandait l'arrière-garde. Robert portait pour armes : *d'azur semé de croix d'or, recroiseté au pied fourchu, l'écu chargé de deux bars d'or adossés*. De Bar avait épousé, le 6 février 1409, Jeanne de Béthune, alors âgée de onze ans ; il en eut une fille, Jeanne de Bar, deux ans avant de mourir.

Jeanne de Béthune, veuve à dix-sept ans, se remaria, le 23 novembre 1418, sous l'influence du duc de Bourgogne, avec Jean de Luxembourg, seigneur de Beaurevoir, chevalier de la Toison-d'Or, puis comte de Ligny et de Guise, auquel elle apporta le comté de Marle. Ce seigneur en fit hommage au roi, le 18 janvier 1428. Jean n'eut pas d'enfants ; il mourut au château de Guise et fut enterré à Cambrai.

Le roi Charles VII avait confisqué les biens de Luxembourg, parce qu'il tenait le parti des Anglais ; mais, après la mort du comte, au mois de septembre 1441, le roi en rendit la jouissance à Jeanne de Béthune. La comtesse de Marle entra en possession du comté de Marle après la mort de sa mère, en 1450 ; le 16 juillet 1435, elle maria au château de Bohain, sa fille, Jeanne de Bar, à Louis de Luxembourg, qui devint ainsi comte de Marle.

De Luxembourg, comte de Saint-Pol, né en 1418, fut un grand homme de guerre ; il fit ses premières armes sous son oncle Jean de Luxembourg qui, « pour le mettre en voie de guerre, lui fit massacrer un grand nombre de prisonniers faits dans le Laonnois. » Il refusa de reconnaître le traité d'Arras signé avec Philippe-le-Bon, duc de Bourgogne. Cependant, cédant aux instances de sa mère, il reconnut le Dauphin Charles VII qu'il accompagna au siège de Pontoise en 1441 ; il fut créé chevalier de la Toison-d'Or, et assista à la prise de Caen (1450) et à celle de Montlhéry (1465). De Luxembourg avait perdu sa femme en 1462 ; il se remaria, le 1er août 1464, à Marie de Savoie, sœur de la reine de France, et devint ainsi le beau-frère du roi ; le 5 octobre 1465, il était appelé par Louis XI à la dignité de Connétable de France, aux gages annuels de vingt-quatre mille livres.

Le comte de Marle était très lié avec le duc de Bourgogne dont il embrassa le parti dans la *Ligue du Bien public*, contre le roi ; puis il revint à Louis XI, tout en ne cessant de flatter les espérances du comte de Charolais, auquel il promit la vie du roi. Louis XI, informé de cette trahison, eut une entrevue avec le duc de Bourgogne, qui lui livra

Louis de Luxembourg, comte de Marle. Son procès fut instruit ; jugé par la Cour du Parlement, il fut convaincu du crime de lèse-majesté et condamné à mort. Il eut la tête tranchée en place de Grève, le 19 décembre 1475, à l'âge de cinquante-sept ans ; son corps fut enterré dans l'église des Cordeliers de Paris.

On rapporte qu'au moment de son exécution, le comte de Marle avait sur lui une pierre précieuse enfermée dans un petit reliquaire, il la donna au cordelier qui l'assistait en lui disant que cette relique avait la vertu de résister contre toute sorte de venin et préservait aussi de toute pestilence ; il pria le religieux de la remettre à son fils Pierre et de lui recommander qu'il la garde bien pour l'amour de lui. Mais le chancelier, ayant voulu voir cette pierre si vertueuse, la prit pour la donner au roi. Elle fut depuis perdue, sans que jamais on l'ait pu retrouver, ni savoir ce qu'elle était devenue. Les uns prétendent que Charles VIII la porta en Italie, lorsqu'il alla faire la conquête de Naples, et qu'elle ne fut plus vue depuis, au grand déplaisir des rois de France, qui en ont ouï parler. *(Compte-rendu de la Société de Numismatique et d'Archéologie.)*

De Luxembourg, comte de Marle, portait pour armes : *d'argent au lion de gueules, couronné, armé, lampassé d'or, ayant la queue nouée, passée en sautoir, à la croix d'azur sur l'épaule.*

De Luxembourg Charles, chanoine, fils de Louis et de Jeanne de Bar, fut élu évêque de Laon en 1470, n'étant âgé que de vingt-six ans, en vertu d'une dispense du pape Sixte IV. Il prit possession de son siège le 26 juin 1473, mais par suite de la trahison de son père, il fut nommé à l'évêché de Louchez, dont il ne prit jamais possession. Il resta à Laon, où il mourut le 24 novembre 1509, et fut enterré dans la cathédrale, sous une tombe en cuivre.

De Luxembourg, Jean, fils de Louis, est dit comte de Marle et de Soissons ; il fut tué à la bataille de Morat, en 1476, sans laisser d'enfants. Le comté de Marle fut saisi par Louis XI, qui le donna, en février 1476, à Pierre de Rohan, duc de Nemours, comte de Guise et Soissons, maréchal de France en 1475. Ce seigneur mourut en 1482, et le comté de Marle fut rendu à la famille de Luxembourg.

De Luxembourg, Pierre, était le second fils de Louis et de Marguerite de Savoie ; il ne jouit pas longtemps de ses comtés de Marle, de Soissons et de La Fère, car il mourut le 25 octobre 1482 et fut enterré dans l'abbaye de Cercamp, sous un magnifique mausolée en marbre, dans lequel fut aussi déposée Marguerite de Savoie, sa mère, décédée en mars de l'année suivante. Il laissa deux filles : Marie de Luxembourg, qui épousa Jacques de Savoie, comte de Romond, auquel elle apporta le comté de Marle ; mais ce dernier mourut le 30 janvier 1480 et fut inhumé dans l'église abbatiale de Ham, près du grand autel.

Devenue veuve, Marie de Luxembourg, comtesse de Marle, de Bohain et de Beaurevoir, rentra dans la possession de ses biens personnels. Certains usufruitiers ayant refusé de lui rendre les terres qu'ils occupaient, Charles VIII, par des lettres patentes du mois de juillet 1487, homologuées à la Cour du Parlement le 10 février de l'année suivante, confirma à Marie la pleine propriété de ces biens et lui en délivra la jouissance.

Marie de Luxembourg se maria en secondes noces, par contrat passé à Ham le 8 septembre 1487, avec François de Bourbon, alors fort jeune, « l'un des plus braves et des plus bons princes du monde » ; déjà comte de Vendôme, François fut comte de Marle et de La Fère. Il servit dans l'armée royale et prit une part active à la bataille de

Fornoue ; il mourut pendant la retraite de Verceil, en Italie, le 30 octobre 1495, laissant quatre enfants. On rapporte qu'il était accouru en poste, sur le bruit qu'il devait y avoir une bataille, car il n'avait pu faire le voyage avec le roi. Le comte de Marle portait son écu : *de France, au billon de gueules, chargé de trois lionceaux grimpants d'argent, et péri en bandes.* Il fut inhumé dans l'église Saint-Georges de Vendôme.

Marie de Luxembourg habitait souvent le château de Ham, où elle eut de François de Bourbon, un fils, Louis, qui fut cardinal, et une fille, Antoinette de Bourbon. Marie resta veuve pendant cinquante ans et mérita, par ses bienfaits, le surnom de *Mère des Pauvres*. Ce fut elle qui fonda la verrerie de Saint-Gobain ; elle mourut dans un âge fort avancé, le 1er avril 1546, et fut inhumée dans l'église de La Fère ; sur sa tombe était cette inscription :

A LA MÉMOIRE DE MARIE DE LUXEMBOURG, SURNOMMÉE LA MÈRE DES PAUVRES, MORTE LE 1er AVRIL M. DXLVI

DE BOURBON, Charles, duc de Vendôme[1], né le 2 juin 1489, recueillit dans la succession de sa mère le comté de Marle et de La Fère. Il épousa, le 18 mai 1515, Françoise d'Alençon, sœur du duc d'Orléans, dont il eut treize enfants, et devint chef de la maison de Bourbon par la mort du *Connétable*. Le comte habita souvent le château de La Fère, où il menait grand train. Il mourut à Amiens et fut enterré à Vendôme. Sa femme décéda à La Flèche, le 14 septembre 1550.

Ce fut à leur fils aîné, Antoine de Bourbon, que revint

---

[1] Bourbon-Vendôme portait : *d'azur, à trois fleurs de lys d'or, à la cotée ou bande de gueules.*

le comté de Marle. Ayant épousé Jeanne d'Albret, fille unique d'Henri d'Albret, roi de Navarre, Antoine fut nommé lieutenant-général du royaume, après la mort de François II (1560). Pendant la minorité du roi Charles IX, il fut blessé, au siège de Rouen, d'un coup de mousquet à l'épaule gauche ; il mourut de cette blessure, aux Andelys, le 17 novembre 1562, laissant deux enfants, Henri et Louis-Charles. Ce dernier, né en 1554, périt d'une façon singulière.

Il était encore enfant, lorsqu'on le porta au duc d'Albret, à Mont-de-Marsan. Un jour, un gentilhomme s'amusa avec la nourrice à le passer d'une fenêtre à l'autre ; le petit prince fut victime de ce jeu. Il tomba sur un perron et eut une côte brisée. Le gentilhomme s'élança sur le perron et rapporta l'enfant à sa nourrice, qui cacha l'accident ; l'enfant mourut peu de temps après.

Henri de Bourbon, qui fut depuis Henri IV, hérita du comté de Marle, de La Fère et de Ham ; il fut aussi le propriétaire de la terre de Saint-Lambert. Ce prince aimait le château de cette localité. « Il y venait souvent, dit Sully, pour manger du fruit, du lard et du fromage frais pendant les divers séjours qu'il y fit. »

Lorsqu'Henri IV entra en possession du comté de Marle, il le réunit à la couronne de France (1592) ; mais il l'aliéna bientôt avec d'autres domaines, pour payer les dettes qu'il avait contractées en défendant son trône. C'est ainsi que Noyelles Clément, chevalier, grand bailli du Hainaut, fut comte de Marle, de 1640 à 1643, par aliénation.

Anne d'Autriche, régente de France, fut comtesse de Marle, par assignation, de 1644 à 1654, à titre de douaire ; elle prit possession du comté de Marle, au mois d'août 1644, par le trésorier Giroux, intendant de sa maison.

Puis le comé de Marle passa au cardinal Jules Mazarin, par engagement, moyennant six mille livres.

Armand-Charles de la Porte, fils unique du maréchal de France, duc de la Meilleraye, et de Marie Ruzé d'Effiat, fut aussi comte de Marle, de 1662 à 1713. Il épousa, le 28 février 1680, Hortense Mancini, nièce du cardinal, fit partie de l'armée de Flandre (1649) et fut gouverneur d'Alsace. A la mort du cardinal, et suivant son testament, il prit les armes de Mazarin, qui portait : *d'azur à la hache d'armes d'argent, futée d'or, dans un faisceau d'armes aussi d'or, lié d'argent à une fasce d'argent sur le tout, chargé de trois étoiles d'or.*

Le duc de Mazarin mourut le 9 novembre 1712, à l'âge de quatre-vingt-deux ans. Avant de prendre les armes du cardinal, il portait : *de gueules au croissant montant d'argent, chargé de cinq machelures d'hermines.*

Son fils aîné, Jean-Jules de la Porte, duc de la Meilleraye, lui succéda dans le comté de Marle ; il épousa en premières noces Félicité-Armande de Duxfort et en secondes noces Françoise de Mailly.

Guy-Paul-Jules de la Porte, fils aîné du précédent, fut aussi comte de Marle ; il épousa Louise-Françoise de Rohan, dont il eut une fille mariée plus tard à Emmanuel de Duras.

Louis XIV, voulant augmenter l'apanage de son frère, le duc d'Orléans, devenu plus tard le Régent, lui fit don du domaine de La Fère et du marquisat de Coucy. En 1770, le duc d'Orléans, Philippe, petit-fils du Régent, obtint, à titre d'apanage, le domaine de Marle. A sa mort, en 1785, son fils Louis-Philippe-Joseph, duc de Chartres, lui succéda dans les biens de son apanage, et prit alors le nom de duc d'Orléans, qu'il échangea plus tard contre celui de *Philippe-Egalité*. Elu député du département de l'Aisne, Philippe siégea à la Convention et vota la mort de Louis XVI ; il périt lui-même sur l'échafaud, le 6 octobre 1793, et le domaine de Marle fut vendu comme bien national.

Des Gouverneurs.

Aux châtelains succédèrent des officiers appelés : *capitaines* ou *gouverneurs*, nommés par le roi, qui avaient le gouvernement du château et de la ville. Marle étant une ville fermée, une place de guerre, eut un gouverneur particulier relevant des gouverneurs généraux de la province. Aucune prise d'armes, aucun fait militaire ne pouvait avoir lieu sans l'assentiment du gouverneur. Après la fermeture des portes de la ville, les clés lui étaient remises ; le maire et les échevins possédaient aussi les clés de la cité : cet honneur était ainsi partagé.

Le logement du gouverneur était au château ; lorsque cette demeure devint inhabitable, la ville fut chargée de le loger, de lui meubler une maison convenable ou de lui payer une indemnité de logement.

Dans les cérémonies publiques, à l'occasion d'un *Te Deum*, le gouverneur occupait la seconde place dans le chœur de l'église Notre-Dame ; la première stalle était réservée au roi. Des gardes escortaient les gouverneurs, qui avaient le pas sur les officiers du bailliage. Lorsque le gouverneur venait prendre possession de sa charge ou de son gouvernement, l'échevinage lui offrait à son entrée des vins, des présents et les clés de la ville.

Nous donnons la liste des gouverneurs particuliers dont nous avons pu retrouver les noms [1] :

1548 — De Coucy, Jacques, seigneur de Vervins et de Chémery, chambellan et grand pannetier du roi, gouverneur de Marle et de Landrecies, capitaine de cent chevau-légers et de mille légionnaires. Accusé d'avoir, par trahison, rendu la ville de Boulogne aux Anglais, il fut condamné à mort et décapité le 2 juin 1549, à l'âge de cinquante-trois ans.

Après son décès, il fut réhabilité, et son corps fut enterré à Vervins (1576), dans le caveau de ses ancêtres, situé dans le sanctuaire de l'église. Sur son tombeau, on éleva un beau mausolée de marbre, portant des inscriptions dans lesquelles sa mort est attribuée à la jalousie de ses ennemis. Il était fils de Raoul de Coucy et d'Hélène de La Chapelle ; il avait épousé Isabelle de Riez, fille d'un maréchal de France, dont il eut un fils, mort en 1600.

1568 — Wallon, écuyer, gouverneur de Marle et du comté, nommé par Antoine de Bourbon, à la mort de Jacques de Coucy, qui avait cumulé les fonctions de gouverneur et de bailli.

1577 — De Longueval, Charles, seigneur de Crécy-au-Mont, bailli, gouverneur de Marle, maître des eaux et forêts de la châtellenie de La Fère, par suite de l'abandon à lui fait par Marguerite de Navarre, duchesse de Valois.

De Longueval donna l'autorisation de prélever deux cents

---

[1] Par un édit du mois d'août 1696, Louis XIV créa en titre d'offices les charges de gouverneur dans toutes les villes du royaume.

Par un édit du mois d'août 1722, Louis XV créa et rétablit les offices de gouverneurs militaires.

livres sur les recettes, pour réparer le château de Beaurevoir. Il fut pourvu de l'office de gruyer [1] au gouvernement de Marle, par lettres du 22 octobre 1570, accordées par Jeanne d'Albret, reine de Navarre. Il portait pour armes : *bandé de vair et de gueules de six pièces.*

1593 — DE RIEUX, Antoine, fils d'un maréchal-ferrant de Rethondes (Oise), était un fameux ligueur tenant pour les *Seize* ; il fut gouverneur de Marle et de Laon.

Au mois de janvier 1594, ayant voulu tendre une embuscade au roi Henri IV, il fut fait prisonnier et conduit à Compiègne ; le 15 mars, son procès fut instruit par le maître des requêtes, Miron ; il passa en jugement et fut condamné à être pendu, ce qui fut exécuté à Compiègne.

Quand la nouvelle de sa mort parvint à Laon, un prédicateur fit de lui un éloge pompeux, et parvint à exciter tellement la colère de la multitude qu'elle se porta sur les prisons pour égorger, par représailles, les prisonniers de guerre faits sur les troupes du roi. Les bons citoyens eurent beaucoup de peine à calmer l'effervescence populaire et à empêcher cette boucherie. (*Melleville*).

1595 — DE SIGNIER, Pierre, seigneur de Marcy, Rogny et autres lieux, maréchal de camp, fut gouverneur de Marle ; il donna son approbation à la construction d'une citadelle à Marle, projet rédigé, le 8 septembre 1596, par le sieur de Balagny. Il fut gentilhomme de la Chambre du duc d'Anjou, frère d'Henri IV. Les distinctions qu'il obtint sont la preuve des services importants rendus aux rois Henri III et Henri IV. Il était gouverneur de Marle lorsqu'il acheta

---

[1] Gruyer, officier qui connaissait en première instance les délits commis dans les forêts et les rivières de son département.

des terres à Gilles Cappel, laboureur à la *Verte-Vallée*. Signier mourut en 1598 ; sa veuve conserva longtemps pour elle le domaine de Rogny.

1617-1619 — DE LA SALLE, Pierre, seigneur de Houry, gouverneur des ville et château de Marle, fut tuteur de Renée de Signier, fille de Pierre de Signier. Il est cité dans une enquête concernant des dégâts commis au préjudice de certaines familles de Marle, et dans un acte de 1642, ayant trait à la délimitation des terroirs de Béhaine et de Marcy.

1637 — DE SIGNIER, Pierre-Alexandre, capitaine de mousquetaires à cheval, maréchal de bataille, fut gouverneur de Marle qu'il défendit contre les Espagnols en 1650.

Les ennemis, après avoir pris La Capelle et Vervins attaquèrent Marle, le 31 août 1650, ils comptaient l'enlever par un coup de main ; de Signier, quoique n'ayant pas d'artillerie, tint assez de temps pour que le maréchal de Praslin put couvrir Laon. Cette action est d'autant plus belle, que les lois de la guerre autorisaient à faire pendre un officier qui osait défendre une ville sans canon.

L'archiduc Charles ne donna que des éloges au dévouement du brave gouverneur qui reçut aussi une lettre de satisfaction signée du roi et de la reine-régente.

Néanmoins, le Gouverneur fut fait prisonnier par les ennemis et dut payer trois mille livres pour sa rançon. Il avait épousé Catherine Arnoult de la Salle dont il eut plusieurs enfants, entre autres Claude, qui fut seigneur de Marcy et capitaine de dragons.

Pierre de Signier mourut à Marle dans sa maison qui subsiste encore, le 27 janvier 1658, et fut inhumé dans l'église ; une dalle en marbre noir, fixée à la muraille du collatéral droit, porte l'inscription suivante :

*Cy devant repose le corps de hault
et puissant seigneur Messire Pierre-Alexandre
de Signier, vivant chevalier, seigneur de Rogny, Marcy,
Regibay et autres lieux, maréchal de camps des
armées du roy et gouverneur pour sa majesté
des ville et chasteau de Marle quy décedda le
27 janvier 1658.
Et dame Catherine Arnoult, son épouse, déceddée
en son chasteau de Marcy et enterrée dans
l'esglise du dit lieu, le 5 janvier 1681.
Et pour le repos de leurs âmes, Messire Claude de Signier
leur fils, chevalier seigneur du dit Marcy capitaine
de dragons au régiment de Gouffier, a fondé en
cette esglise un obit solennel par chacun an à
perpétuité le deux janvier avec la recommandation
aux fidèles d'un* Pater *et d'un* Ave *aux prosnes des
premiers dimanches de chaque mois, pour quoy il a
constitué au profit de la dite esglise dix-huit livres
de rente sur la dite seigneurie de Marcy, par acte receu
par Lehault, notaire royal au dit Marle, le premier
mars mil six cens quatre vingt et seize.*

Priez Dieu pour leurs âmes.

REQUIESCANT IN PACE

Armes : *de gueules à six têtes d'aigles arrachées d'argent et couronnées, posées 3, 2, 1.*

Un membre de cette famille, François-Alexandre, et sa femme Marguerite de Chocquart, dame d'Erlon, furent parrain et marraine d'une cloche dans l'église de **Rogny**, en 1788.

1680 — DE SIGNIER, *Hiérosme*, est cité comme lieutenant du gouverneur. Les lieutenants, dits du roi, remplaçaient le gouverneur en cas d'absence et jouissaient des mêmes privilèges. Dans une querelle, de Signier frappa de son épée Claude Warnet, notaire à Marle [1].

1681 — MOREAU, Jean, est cité comme gouverneur de Marle, dans une enquête ouverte contre Pierre Guinet.

1712 — MESMIN, Pierre, trésorier des pensions des officiers de troupes, gouverneur de Marle.

1732 — DU FAY D'ATHIES, André, comte de Cilly, seigneur de la Neuville-Bosmont, chevalier de Saint-Louis, gouverneur pour le roi de la ville et château de Marle, il mourut en 1754, et portait : *d'argent semé de fleurs de lys de sable.*

Ce fut André du Fay d'Athies, frère puîné du marquis de Cilly qui, en 1730, rebâtit le château actuel ; il demeurait à La Neuville-Bosmont et fut, néanmoins, gouverneur de Marle.

1754-1789 — DE BÉTHUNE, Joseph-Maximilien, marquis d'Hesdigneul, seigneur de La Neuville-Bosmont, fut gouverneur de Marle trente-cinq ans ; il mourut le 7 avril 1789 à l'âge de quatre-vingt-quatre ans et put ainsi, plus heureux que Noailles de Marfontaine, son cousin, échapper aux fureurs révolutionnaires. Il fut inhumé dans le cimetière de La Neuville-Bosmont. Sa femme, Madeleine de

---

[1] Dans une assemblée des officiers municipaux, tenue le 17 janvier 1792, un membre dit que M. de Signier, propriétaire de la terre de Rogny, dont les ancêtres avaient été gouverneurs de Marle, possédait la charte communale de 1174, ainsi qu'un acte de capitulation fait entre les habitants et les ennemis de l'Etat. L'Assemblée décida de demander ces actes au sieur de Signier, qui devra les remettre à la maison commune dans le délai d'un mois.

Fay d'Athies, dame de La Neuville-Bosmont, Chézy et autres lieux, lui avait valu le titre de gouverneur de Marle. Ce gouverneur de Marle demeurait ordinairement au château d'Hesdigneul.

Nous terminons par la lettre suivante :

« Arras, 22 ventôse, an II de la République française,
« une et indivisible. Avant-hier, la sœur de ce ci-devant
« comte de Béthune a éternué dans le sac (a été guillotinée).
« Elle était prévenue d'avoir conseillé l'émigration de
« chevaux et d'avoir traité de lionceaux les patriotes.

« *Le Représentant du Peuple,*
« Joseph Lebon. »

Le Château.

Le château de Marle ne fut d'abord qu'un simple donjon entouré de palissades et de fossés, élevé sur un promontoire et destiné à défendre le passage de la rivière la Serre, qu'il dominait. Cette forteresse devait exister à l'époque des invasions des Normands, elle avait été construite par les premiers seigneurs du domaine de Marle et suivant les instructions de l'empereur Charles le Chauve.

Plus tard, s'élevèrent des murs d'enceinte, flanqués de tourelles, à distance d'arbalètes, pour mettre à l'abri les soldats de la garnison ; les moyens de défense furent augmentés dans la suite [1].

---

[1] La tradition prétend que la ville de Marle s'étendait plus à l'ouest, sur Voyenne, ce qui expliquerait la position éloignée de l'église Saint-Martin, seule paroisse du faubourg. On assure même que les premiers Seigneurs de Marle et de grands personnages furent inhumés dans cette église, qui était très basse, fort longue et avait de très larges bas-côtés. La chapelle actuelle serait l'ancien chœur de la primitive église ; elle n'a pas de caractère architectural.

Lorsque la seigneurie de Marle passa des mains des comtes de Roucy aux sires de Coucy, le château *(Castellum)* qui avait eu à soutenir plusieurs assauts, notamment en 956, fut jugé insuffisant. Enguerrand III, seigneur de Coucy et de Marle, résolut de le reconstruire, de lui donner des proportions plus grandes et d'en augmenter les fortifications.

Enguerrand mit son projet à exécution en 1216 ; il donna au nouveau château, sinon l'étendue, du moins les moyens de défense de la forteresse de Coucy qui passait pour imprenable. Le château de Coucy dut encore servir de modèle à celui de Marle, pour le plan et pour l'architecture. On était alors en pleine époque féodale.

L'enceinte fut agrandie, les murs furent relevés, ils dominaient la ville de plus de cinquante mètres ; ils étaient défendus aux angles par des tours crénelées, munies de meurtrières. De puissants contreforts, dont les bases étaient en grès, soutenaient les épaisses murailles et rendaient l'escalade impossible. La tour du Nord porte encore des traces nombreuses de projectiles ; celle de l'Ouest est couverte d'un toit aigu. En fouillant le sol de cette tourelle, on a découvert deux cadavres qui y avaient été enfouis on ne sait à quelle époque. L'intérieur des tours était divisé en étages par des voûtes ; la partie inférieure portait des meurtrières, ayant la forme d'une croix percée au centre d'une ouverture circulaire, destinées aux armes à feu. Ces tours étaient surmontées de Hourds[1].

---

[1] Les *Hourds* (du gothique *hourds*, porte) étaient, dans la fortification du moyen âge, des espèces de balcons volants et couverts en bois, établis au haut des murailles et faisant saillie en dehors. Ils étaient soit à demeure, soit mobiles. On y pénétrait par les ouvertures des créneaux. Des mâchicoulis permettaient de voir le pied des remparts et de laisser tomber sur les assaillants des pierres et toute sorte de projectiles ; en outre, par des

La porte d'entrée donnant sur la place de la Motte, était flanquée de deux tourelles munies de hourds et de mâchicoulis, elle était précédée d'un large fossé sur lequel s'abaissait un pont-levis ; sous la voûte était une herse en fer. Deux poternes dissimulées dans l'épaisseur des murailles permettaient aux soldats de la garnison de faire des sorties et de tomber à l'improviste sur les assiégeants.

Des chemins de ronde circulaient le long des murailles, à l'intérieur, et permettaient de surveiller les travaux d'approche des ennemis ; de distance en distance étaient des abris pour les sentinelles.

La porte de cette première enceinte fortifiée donnait entrée dans une cour ou *Baille*, entourée de constructions, et aboutissant à une seconde enceinte qui renfermait le château proprement dit.

Une description du château de Marle s'exprime ainsi :

« L'emplacement occupé par les bâtiments et les dépendances du château formait un parallélogramme irrégulier précédé par une cour donnant sur la Motte. Il est très élevé et le promontoire sur lequel il se dresse domine à un tel point la vallée que les murailles qui l'entourent sont plus hautes que les maisons les plus élevées des faubourgs.

« Les murailles en pierres et briques reposent sur des massifs de grès, présentent trois côtés flanqués à chaque angle d'une tour. La première, près de la porte d'entrée, est couverte d'un toit conique ; un énorme contrefort soutient la courtine qui regarde le Nord. A l'Est, la courtine est appuyée d'une tour demi-cylindrique, découverte comme les deux tours d'angle ses voisines.

meurtrières percées dans le mur, on lançait des flèches sans se découvrir. On protégeait la toiture contre les projectiles incendiaires avec des peaux fraîches, du fumier ou du gazon. En usage, dès l'époque romaine, les hourds subsistèrent dans les fortifications jusqu'au xvi° siècle.

« Sur le côté Sud, les remparts s'élèvent et se terminent en formant une saillie très prononcée, éventrée récemment par suite d'un hiver rigoureux ; elle représente l'emplacement de l'ancien donjon. Ce donjon, qui formait une tour fort élevée dans laquelle se trouvait un souterrain où l'on déposait les prisonniers, est remplacé aujourd'hui par un monticule boisé dominant tout le domaine et dont les hauts sapins accompagnent parfaitement la belle église qui l'avoisine. »

Une gravure, due à Tavernier, donne une vue du château, prise du côté Nord-Est, en arrière du moulin qui est figuré dans le bas du tableau. Un petit sentier, qui existe encore aujourd'hui, monte en serpentant le long de la colline pour aboutir à l'entrée du château. Le mur d'enceinte, dont la crête est peu régulière, est soutenu par de gros contreforts et flanqué d'une tour à chaque extrémité ; celle de droite est couverte d'un toit à plusieurs pans, l'autre est découverte. Dans l'intérieur sont figurés deux bâtiments en équerre, à toiture élevée ; dans l'angle qu'ils forment, on aperçoit une tour cylindrique dont le toit conique domine les autres constructions ; sur la gauche, une petite chapelle précédée d'une tourelle avec toit aigu ; entre ces deux constructions, on aperçoit, sur un arrière plan, la flèche de l'église.

Dans une autre gravure de 1648, qui représente l'entrée escarpée de la ville, avec sa porte voûtée (porte Notre-Dame) et son pont-levis, le château est vu côté du Sud ; un énorme donjon hexagonal, presque aussi élevé que la tour du beffroi de l'église, attire les regards ; il est percé sur chaque pan d'une ouverture et le sommet de ses murailles paraît en ruines. La petite chapelle est à sa droite.

Tel était l'état du château de Marle lorsqu'il fut vendu comme bien national provenant du duc d'Orléans, le

2 messidor an IV, au profit de Nicolas Couché, ancien prêtre, qui fit une nouvelle visite du château pour déterminer sa véritable estimation, comme il résulte de la pièce ci-jointe que nous donnons dans son entier :

Procès-verbal d'estimation du Château et de ses dépendances :

Ce jourd'hui dix-neuf prairial, quatrième année républicaine, nous Paul-François-Jérôme Lehault, notaire public demeurant à Marle, expert nommé par délibération du département de l'Aisne en date du 12 de ce mois.

Et Joseph Crémont, marchand, demeurant audit Marle, expert nommé par le citoyen Couché, commissaire du Pouvoir exécutif près de l'Administration municipale du canton de Marle, demeurant audit Marle, par soumission d'acquisition au tribunal cy-après indiqué, en date du 1er floréal dernier, à l'estimation *revenus* et en capital, sur le fond de 1790, du domaine national cy-après désigné.

Nous sommes, en conséquence de la commission à nous donnée par l'administration du département, transportés chez le citoyen Etienne Dhiver, conseiller municipal de la commune de Marle, pour l'empêchement du commissaire du Directoire exécutif près l'administration dudit Marle qui nous a accompagnés sur les lieux et héritages cy-après désignés.

Nous étant rendus en une maison appelée le cy-devant château de Marle, cour, jardin en dépendant, en présence du citoyen Couché cy-devant dénommé soumissionnaire, où, après avoir examiné l'état des bâtiments, les matières de leur construction, la longueur, largeur et autres desdits bâtiments, leur emplacement et distribution, leur éblure (?) et leurs allées, et mesuré les terrains qui en dépendent, sommes d'avis que ladite maison, appelée le *Château de Marle*, consistant en cour sur le devant, contenant quarante-huit verges environ, fermées de murs fort dégradés, un petit jardin au bout de huit à dix verges, en un corps de logis contenant plusieurs places basses, hautes, plusieurs sans portes ny croisées et tombant en partie en ruines et notamment la couverture qui est dans un état très défectueux, en un jardin, sur le derrière de la construction, d'environ cent quarante verges, compris l'emplacement des bâtiments, planté en partie d'arbres, mais d'un mauvais rapport, dans lequel se trouve construit un bâtiment, antérieurement la chapelle, qui tombe entièrement en ruines, en un quart de mur sur lequel était antérieurement construit une tour dont la charpente et autres bois ont été enlevés avec une partie des matériaux, de sorte qu'il ne reste que des décombres en grès et briques, enfin, que le jardin est entouré d'anciens murs qui, faute d'avoir été entretenus, croûlent en grande partie.

Valait en mil sept cent quatre-vingt-dix, deux cent cinquante livres d'un revenu annuel de 250 livres, lequel revenu multiplié par dix-huit fois, d'après la loi, donne un capital de la somme de quatre mil cinq cents livres.

Et de tout ce que dessus nous avons fait et rédigé le présent procès-verbal que nous affirmons sincère et véritable, en notre âme et conscience, après avoir opéré le jour, et le dit Dhiver audit nom et le citoyen Couché, soumissionnaire, signé avec nous, après lecture faite.

Signé : COUCHÉ, CRÉMON, LEHAULT et DHIVER.

Enregistré à Marle, le vingt prairial an IV, reçu deux francs en assignats.

Signé : TILORIER.

Pour copie conforme :

Le Secrétaire général,
CARLIER.

(Sceau du département.)

La vente du château fut soumissionnée par Couché, le 23 floréal an IV, et conclue le 2 messidor de la même année, moyennant 4,500 francs, payables en seize mois, suivant la loi du 28 ventôse an IV.

Le solde de la vente, 40 francs, fut payé par Armand Faucheux, de Marle, après commandement fait par Nicolas-Vincent Parent, huissier à Laon, le 27 septembre 1810.

Malgré le prix peu élevé qu'il l'avait acheté, Couché ne parvenait pas à payer le château ; pour se libérer, il fut obligé de revendre une partie de son acquisition à divers particuliers de Marle.

La propriété du château passa à la famille Faucheux,

d'abord à Pierre-Philibert Faucheux, qui mourut le 15 prairial an XIII ; puis, par son testament, à Jean-Charles-Armand Faucheux, jusqu'au 13 mai 1825. A cette date, il devint la possession de M. Lefebvre Constantin et de Rosalie Benant, son épouse, qui vendirent une partie, et enfin, le tout, à M. Bélème d'Erlon, marchand de bois, le 28 janvier 1838, sous la désignation suivante : « Une masure, appelée le château de Marle, fermée de murailles. » Le 18 mai 1842, Joseph Bélème fit l'acquisition à M. Tilorier d'un bosquet provenant des biens nationaux et que Charles-François Tilorier avait acquis le 10 janvier 1814.

A l'époque de sa vente, le château s'ouvrait sur la Motte [1] par une porte cochère cintrée au-dessus de laquelle sont enchâssées trois pierres sculptées provenant du vieux château, et portant des armoiries très frustres. Celle de droite représente des canons croisés qui doivent être les armes de la Meilleraye, duc de Mazarin, grand maître de l'artillerie ; sur celle du milieu sont les blasons accolés d'Henri II de Bourbon-Condé et de Charlotte de Montmorency, sa femme ; sur la troisième doivent se trouver les armes de France et de Navarre.

Une grande cour précédait les bâtiments qui consistaient en un corps de logis principal et d'un autre en retour ; on parvenait à l'étage supérieur par un escalier en pierre s'ouvrant sur une galerie qui régnait tout le long de la façade, et de laquelle la vue s'étendait au loin sur la campagne.

Cette galerie, à balustres, aboutissait, du côté de la rivière, à une tourelle qui renfermait un escalier conduisant par un

---

[1] Il y avait autrefois, à l'extrémité de la Motte, un four banal appartenant aux seigneurs de la Tombelle, ainsi que deux autres situés l'un à la Porte-Saint-Martin, l'autre à La Neuville, non loin de l'église Saint-Nicolas.

souterrain vers la poterne. La tradition rapporte que [1] dans cette tourelle, Thomas de Marle s'était réfugié avec sa fille Yde, lorsque le roi Louis le Gros assiégeait son château de Crécy. Ne voulant pas tomber aux mains du vainqueur, Thomas de Marle quitta la nuit son manoir, monté sur un cheval, ayant sa fille en croupe, suivi de quelques compagnons d'armes ; il gagna la forteresse de Marle où il était plus en sûreté.

Vers le milieu de la galerie s'élevait une sorte de balcon fermé, percé de mâchicoulis, qui avait dû être un *moucharaby* destiné à défendre l'approche de cette partie du château.

Sur cette galerie s'ouvrait une porte à deux battants donnant entrée dans une grande salle. Cette salle, pavée en carreaux vernissés représentant des fleurs de lys et des arabesques, était tendue de tapisseries ; au milieu, contre la muraille, à droite, s'élevait une haute cheminée en pierre, dont le manteau portait des ornements et des guirlandes sculptés, les pieds droits formaient consoles avec mascarons et canelures. Au fond de l'âtre était une plaque aux armes royales.

Une ouverture, dissimulée dans la tapisserie, donnait sur un escalier en pierre conduisant à la partie supérieure d'une construction en ruines, qui avait dû être une tourelle protégeant l'entrée de la seconde cour.

A droite de cette première pièce, près de la cheminée, s'ouvrait une porte donnant dans un autre appartement également tendu de tapisseries bleues, et qui s'ouvrait de plein pied sur une terrasse conduisant à une sorte de chapelle élevée près du donjon.

Cette chapelle avait été fondée dans le château par les

---

[1] *Histoire de Thomas de Marle,* vol. in-8°.

seigneurs de Marle, qui y avaient établi un chapitre de chanoines, devant servir d'aumôniers aux sires de Coucy ; mais la vie peu édifiante des religieux, jointe aux altercations fréquentes qu'ils avaient avec le curé de la paroisse, en amenèrent la suppression. L'évêque de Laon et Enguerrand de Marle « ne pouvant plus souffrir ces scan-
« dales, convinrent de substituer à ces chanoines, à mesure
« de leur extinction, des religieux de l'abbaye de Fesmy [1]
« à qui fut donné le patronage de la cure de Saint-Martin
« de Marle. Les prébendes canoniales furent affectées
« au Prieur et aux religieux qui commencèrent à célébrer
« les offices dans l'église paroissiale, dès que les chanoines
« furent morts ou se furent retirés ; mais pour empêcher
« les discussions entre les religieux et le curé, on convint
« que les Prieur et religieux feraient leurs offices dans la
« chapelle du château dédiée à Saint Pierre et que le curé,
« nommé par l'abbé de Fesmy, ferait les fonctions pasto-
« rales dans l'église Saint-Martin, que toutefois les Prieur
« et religieux auraient le droit de donner la sépulture
« ecclésiastique aux habitants de Marle. Les choses, ainsi
« réglées par l'évêque Barthélemy, subsistèrent pendant une
« quarantaine d'années ; quelques prétentions réciproques
« troublèrent l'harmonie entre les religieux et le curé. Ils
« remirent la décision de leurs difficultés à l'évêque de
« Laon, leur diocésain ; c'était alors Roger de Rozoy, qui
« donna son jugement en forme de transaction datée

---

[1] Abbaye d'hommes de l'ordre de Saint Benoît fondée en 1020, par une colonie anglaise, en l'honneur de Saint Étienne, enrichie au xvii siècle par les libéralités des évêques de Laon et de Cambrai. Située à la frontière du Cambraisis et de la Thiérache, la possession de l'abbaye fut longtemps discutée par les évêchés de Cambrai et de Laon ; finalement, elle fut attribuée à celui de Cambrai. Détruite par les guerres, elle fut habitée par quelques religieux de Saint André du Cateau et supprimée en 1763 ; les biens furent donnés au Séminaire d'Arras. (*L'abbé Ledouble*).

« de 1196. Il ordonna que les offrandes et les oblations,
« qui ne sont pas faites pour l'administration des sacre-
« ments, seront partagées entre les religieux du Prieuré et
« le curé, mais que celles qui sont faites pour l'administra-
« tion des sacrements, appartiendront au curé avec la dîme,
« qu'ils se jureront mutuellement fidélité et s'entendraient
« réciproquement dans leur ministère. Le malheur des
« temps avait réduit le Prieuré, comme plusieurs autres, à
« un simple titulaire, dont le plus clair revenu consistait en
« une redevance en grains sur le moulin de Marle. » *(Dom Bugniâtre)*.

Six chapellenies en titre furent fondées ou transférées dans l'église paroissiale ; c'était sans doute le revenu d'une de ces chapellenies ou prébende qui servait à faire la dotation, le traitement de l'ecclésiastique ou régent chargé de la direction du collège de Marle, où l'on faisait ses humanités.

Telle était l'ancienne chapelle du château. Au siècle dernier, il ne restait que quelques débris de son architecture, quelques arcatures romano-ogivales. Cette église avait, du reste, de modestes proportions ; elle possédait une relique de Saint Pierre de Luxembourg, qui était l'objet de la vénération des fidèles, son attouchement guérissait de la fièvre.

Cette relique fut transférée à l'église Notre-Dame et enfermée dans une châsse en argent massif, représentant un ange portant dans un coffre la sainte relique. Cette châsse avait été donnée par le duc de Mazarin, comte de Marle ; elle fut brisée à l'époque révolutionnaire et les débris envoyés à la Convention ; mais la relique fut sauvée, elle est, aujourd'hui, dans l'église paroissiale.

La tradition prétend que l'eau d'un puits voisin de la chapelle du château a conservé la propriété de guérir de la fièvre ; beaucoup de malades furent sauvés en buvant de cette eau salutaire, qui réunit, du reste, toutes les qualités d'une bonne eau potable [1].

Après cette digression, revenons à la description du château. Pour parvenir dans la seconde cour, il fallait passer sous une longue voûte en accolade, fermée autrefois à son entrée par une herse dont on voyait encore l'emplacement. A gauche, dans la grande cour, s'élevait une tour couverte d'un toit conique en ardoises, surmontée d'une girouette fleurdelisée et qui fut convertie en un colombier féodal.

Au milieu de la cour, dissimulé par une trappe, s'ouvrait un souterrain serpentant sous le château et dont les différents couloirs se dirigeaient vers les poternes, d'autres vers le moulin, comme nous l'avons dit. Ce moulin appartenait au domaine de Marle. Ruiné par l'impétuosité des eaux, en 1750, il fut rétabli aux frais du comté.

Dans l'intérieur de cette seconde cour s'élevaient des constructions, des écuries, des granges en partie ruinées, n'offrant rien de particulier à signaler.

Le donjon féodal, construit sur une éminence faite de main d'homme, dominait au loin le pays ; il offrait une tour à pans, percée sur chaque face de meurtrières et d'embrasures ; le sommet était crénelé, garni de mâchicoulis, recouvert d'une terrasse. Au commencement de ce siècle, le donjon était presque ruiné dans sa hauteur ; il avait, dans sa partie basse, des réduits obscurs, des cachots, qui servaient de prison.

On rapporte qu'une duchesse de Mazarin, Hortense de

---

[1] Nous en donnons l'analyse, que nous devons à l'obligeance extrême du propriétaire :

Degré hydrotimétrique................	22°
Carbonate de chaux...................	0gr25
— de magnésie	0.03
Sulfate de sodium	0.02
Pour un litre d'eau.	

Mancini, y fut enfermée par son mari, Charles de la Porte, duc de la Meilleraye, comte de Marle.

Le château fut longtemps habité par la mère de Henri IV, et peu s'en fallut que le bon roi naquît à Marle ; du reste, dans les guerres qu'il eut à soutenir, Henri IV logea plusieurs fois au château. On lui présenta, un jour, des prunes qu'il trouva délicieuses et il ajouta que l'ennemi allait lui en faire digérer de plus dures. Melleville est dans l'erreur en prétendant que le même fait s'est passé à Saint-Lambert.

C'est encore au château que logea Louis XIV lorsqu'il vint à Marle, le 30 avril 1672 et le 9 juillet 1692 ; un appartement avait conservé la désignation de : *Chambre du Roi*.

En avant de la porte d'entrée, nous l'avons dit, était une place appelée : *la Motte*, ancienne éminence, sur laquelle le seigneur ou son châtelain rendait la justice. C'est sur cette motte que, suivant la tradition, Thomas de Marle faisait empaler sur une lance aiguë de malheureux serfs, au supplice desquels il assistait. C'est encore sur cette place qu'à l'époque révolutionnaire, avaient lieu les réunions publiques des citoyens de Marle pour entendre la lecture des décrets de la Convention, des arrêtés des administrations du département, pour procéder aux élections des officiers municipaux ou des agents nationaux.

A l'époque où la famille Bélème prit possession du château[1], beaucoup de changements furent faits dans la distribution des bâtiments ; ils furent transformés en magasins à bois.

Le 18 mai 1871, ce qui restait du château de Marle fut

---

[1] On trouva, dans les démolitions, un écusson en pierre sculptée sommé d'un haubert avec ses lambrequins et portant un lion armoirié qu'il n'a pas été possible de reconstituer avec certitude ; puis des boulets en fer reliés deux ensemble par une chaîne, et d'autres projectiles.

vendu à Madame Meuret. L'ancien manoir féodal fut renversé et sur son emplacement s'éleva une magnifique habitation dans le style de la Renaissance, dont les tourelles élégantes ne rappellent en rien la forteresse redoutable bâtie par Enguerrand de Coucy, seigneur de Marle [1].

Fortifications.

En même temps qu'il faisait reconstruire son château de Marle, Enguerrand songeait à protéger la ville par un mur d'enceinte flanqué de tourelles, de bastilles, de poternes et entouré de fossés.

La muraille prenait naissance au château, du côté nord ; son appareil, en pierres de tailles et briques, reposait sur des assises de grès et avait plus d'un mètre d'épaisseur. Protégée à son point d'attache par une demi-lune, elle dominait la vallée d'une cinquantaine de mètres et se profilait jusqu'à la grosse tour du *Mutte*, située à l'ouest et qui existe encore ; là, le mur d'enceinte, formant angle droit, allait s'arrêter à la porte de Saint-Martin, à l'endroit où se trouve un escalier qui permettait de monter sur les remparts.

La porte du faubourg Saint-Martin était fortifiée de deux tourelles percées de meurtrières et qui servaient de corps de garde ; elle était précédée d'un pont fixe de trois arches en pierres et d'une partie mobile ou pont-levis qui s'abaissait sur un large fossé. Les tourelles étaient réunies,

---

[1] Au mois de Juillet 1622, eut lieu, devant l'échevinage, l'adjudication des matériaux provenant de la démolition de deux vieux corps de garde du château, d'une cheminée située près de la chapelle ; ainsi que l'adjudication des travaux à faire à la grosse tour du château. — 1675. Réception de travaux faits aux écuries du Château. — 1733. Réparations faites autour du château. (*Archives de Marle.*)

au premier étage, par un corps de logis de dix pieds carrés avec une cheminée, il était destiné aux soldats en faction ; le bois et les chandelles qui devaient chauffer et éclairer le réduit étaient fournis par les habitants sujets à la taille. Ce corps de logis était surmonté d'une échauguette qui constituait le beffroi de la ville, dans lequel se trouvait la cloche communale destinée à convoquer les habitants en assemblée, à les prévenir de l'approche de l'ennemi ou à signaler les incendies.

La muraille partant de la tourelle à droite de la porte Saint-Martin continuait en ligne directe vers le sud, jusqu'à une autre porte de la ville appelée : *Porte Marie*. Comme la précédente, celle-ci était accompagnée de deux tourelles fortifiées et précédée d'un pont-levis qui s'abaissait sur un bastion défendant le vieux chemin de Laon. Ce bastion, de forme triangulaire, était formé par un massif en terre, soutenu par une forte muraille en pierres et grès, dont un angle faisait saillie vers la route ; il était entouré de larges fossés. Il fallait traverser le bastion pour gagner la route, un pont dormant servait de passage. Les restes de cette fortification sont encore visibles.

Le mur de clôture partant de la porte Marie contournait l'enceinte de la cité jusqu'à une troisième porte appelée : *Porte Notre-Dame*, s'ouvrant à l'extrémité de la rue de ce nom et séparant de la ville proprement dite le faubourg Saint-Nicolas et la route de Montcornet.

Cette dernière porte avait ses tourelles et son pont-levis mobile, elle était surmontée d'une statue de la Vierge Notre-Dame, démolie à la Révolution. Près de la porte existait un *trébuchet,* espèce de trappe à bascule, dont le tablier se relevait ou s'abaissait au moyen d'un mécanisme ; il présentait une surface solide et basculait à un moment donné, entraînant dans un fossé profond les ennemis qui s'aventuraient sur le passage après avoir forcé l'entrée de la ville. Un engin de même nature existait à l'extrémité de la rue appelée aujourd'hui : *Ruelle du Petit-Trébuchet,* non loin de la porte Marie, près d'une tour.

Cette partie du mur d'enceinte était fortifiée d'angles rentrants et sortants, puis de cinq grosses tours crénelées, garnies de meurtrières et d'embrasures. A la porte Notre-Dame, s'arrêtait le mur d'enceinte ; primitivement, il s'étendait jusqu'aux fortifications du château : de ce côté, la ville n'était défendue que par des fossés profonds et par des escarpements.

D'après un plan de 1762, le pourtour de la ville, en dehors des fossés, était environ de sept cents toises (quinze cents mètres) ; la largeur des fossés, compris la contrescarpe et les revers, était d'environ dix-neuf toises (trente-huit mètres).

Aujourd'hui, les fossés sont en partie comblés et convertis en jardins ; cependant, il est encore facile de les distinguer et de suivre le contour de l'enceinte. Les remparts ont été conservés jusqu'à nos jours, grâce aux soins qu'en prenaient les seigneurs de Marle ; jusqu'à la Révolution, ils eurent un agent spécial chargé de l'entretien des fortifications.

Ces fortifications ne pouvaient résister longtemps à une puissante artillerie, cependant elles protégeaient la ville contre un coup de main et la mettaient à l'abri d'une surprise ou d'une escalade ; c'était une ville fermée.

A quelque distance des fossés de la ville, du côté Est, existait une ligne de circonvallation formée de larges fossés que les anciens titres appellent : *Bailles* ; ils régnaient en avant de la première enceinte, depuis la porte Marie jusqu'à celle de Notre-Dame. Cette seconde ligne avait pour but de protéger la place qui, de ce côté, se trouvait être au niveau du sol avoisinant. Une partie de ces fossés furent comblés lors de la construction du nouvel Hôtel-Dieu et des maisons voisines ; le lieu de réunion qu'on appelle *le Bail* est une dépendance de cet ancien fossé.

Quant à la *Poterne,* elle existait vis-à-vis de la rue de ce nom ; elle consistait en deux tours contenant des escaliers qui conduisaient à une porte dérobée par laquelle sortaient les soldats de la garnison ; elle avait l'aspect d'une *bastille* (comme on la nomme dans d'anciens titres), d'un ouvrage fortifié faisant saillie sur la muraille d'enceinte.

La terre des fossés avait été jetée au-delà et formait des escarpements qui, aplatis, servirent de chemins, comme la rue du Bail dans toute sa longueur. *(Voir le plan.)*

CHAPITRE III

LES SEIGNEURS DE MARLE

La première mention historique de Marle date de l'année 960 *(Archives de Roucy)* ; à cette époque, Rainaud, gendre de Louis IV d'Outremer, et chef de Normands, reçut en fief la terre de Roucy, ainsi que celle de Marle. Le plus connu des seigneurs fut Gilbert (Josbert), fils de ce même Rainaud. Ce Gilbert ayant été mordu par un chien atteint de la rage, fut conduit à l'abbaye de Saint-Hubert, en Ardennes, et obtint sa guérison.

En reconnaissance de ce bienfait, le seigneur de Marle, ainsi que nous l'avons dit, donna à l'abbaye le tiers de ce qu'il possédait dans le village d'Evergnicourt et qui consistait en quinze manses de terre avec la seigneurie.

La donation de Gilbert fut l'origine du monastère d'Evergnicourt que Saint Thierry, abbé de Saint-Hubert, fit construire en 1074, avec l'aide d'Elinaud, évêque de Laon. La terre d'Evergnicourt, sur laquelle passait une ancienne voie romaine, resta, jusqu'en 1793, en possession de cette Communauté, devenue prieuré.

Gilbert (Josbert), comte de Roucy, seigneur de Marle, eut de sa femme Albrade, fille de Gertrude, sœur de l'empereur Othon le Grand, un fils nommé Liéthard ou Liétard. Gilbert de Marle mourut en 998 et fut inhumé dans l'église Saint-Remi de Reims, dans la sépulture de la famille de Roucy.

Liétard eut, en partage, le domaine de Marle ; nous ignorons le nom de sa femme, nous savons seulement que de son mariage naquit Ade de Marle, qui épousa, vers 1069, Enguerrand Ier, seigneur de Boves et de Coucy ; elle lui apporta, en dot, la terre et seigneurie de Marle. C'est ainsi que la maison de Coucy et ses illustres comtes devinrent les possesseurs du domaine de Marle.

Pour mettre fin aux guerres continuelles que se faisaient les nobles de château à château, et aux désastres nombreux qui en étaient la conséquence, les Conciles proclamèrent la *Trêve de Dieu*. Il y avait cessation de toute hostilité, depuis le mercredi, au coucher du soleil, jusqu'au lundi matin.

La guerre était encore défendue pendant le Carême, l'Avent et les jours de fêtes. Ceux qui violaient la trêve encouraient l'excommunication et toutes les foudres de l'église (1042).

Enguerrand Ier.

ENGUERRAND Ier, seigneur de Coucy et de Marle, joignit bientôt, à ses vastes domaines, la seigneurie de La Fère qu'Ade de Marle hérita de son père. Le foyer conjugal d'Enguerrand fut troublé par les graves soupçons auxquels donna lieu la fidélité de sa femme, aussi en conçut-il une aversion profonde pour le fils qu'elle lui donna.

Pour protéger son domaine de Marle contre les attaques des ennemis, Enguerrand fit élever, sur les bords de la rivière de Serre et sur un promontoire escarpé, un donjon entouré de fortes murailles.

La conduite d'Enguerrand vis-à-vis de son fils Thomas eût une grande influence sur le caractère de ce jeune seigneur qui, abandonné à lui-même dès son enfance, se livra, par la suite, à tous les penchants de son caractère fougueux.

La dame Ade de Marle étant morte en 1095, Thomas, à qui son père avait fait porter jusque-là le nom de **La Fère**, hérita de cette seigneurie et de celle de Marle ; il prit alors le nom de Thomas de Marle.

Enguerrand donna, à l'abbaye de Saint-Vincent de Laon, la moitié de ce qui lui appartenait en terres, bois et prés au village d'Erlon ; ces bois et ceux de Voyenne furent défrichés en 1188.

Après la mort d'Ade de Marle, le sire de Coucy, quoique fort âgé, s'éprit des charmes de Sybille, femme du comte de Namur, l'emmena à son château et la prit ouvertement pour épouse ; ce qui amena la guerre entre le comte de Namur et le sire de Coucy, guerre acharnée, dans laquelle les prisonniers, faits de part et d'autre, étaient impitoyablement massacrés ou pendus.

Thomas de Marle avait vu, avec un vif déplaisir, la nouvelle union que son père avait contractée ; il craignait de perdre les riches domaines que son titre d'unique héritier lui donnait droit de posséder.

A la voix de Pierre l'Ermite, Thomas de Marle partit pour la Terre-Sainte avec son père qui commandait, dit-on, les troupes françaises dans cette expédition lointaine.

Il partit au mois d'août 1098 et se distingua par sa bravoure aux sièges de Nicée et de Jérusalem. « Un jour, les Croisés, ayant été surpris par les Turcs, n'eurent que le temps de revêtir leurs armures ; Thomas de Marle et quelques autres seigneurs découpèrent alors en toute hâte, leurs longs manteaux de parade qui étaient d'écarlate formés de pannes de vair, et y percèrent des trous par lesquels ils passèrent la tête et leurs bras pour s'en faire des cottes d'armes ; dans cet accoutrement, ils se précipitent sur l'ennemi qu'ils taillèrent en pièces. C'est en souvenir de ce fait d'armes, que Thomas de Marle adopta pour armoiries : *Un fascé de vair et de gueules, de six pièces,* qu'il laissa à ses descendants. »

A son retour de la Croisade, Thomas avait épousé Ide de Hainaut ; l'ayant perdue peu de temps après son mariage, il se remaria avec Esmangarde, dame de Montaigu, sa parente, qui lui apporta en dot la forteresse de Montaigu. La possession de ce château et de celui de Marle, le rendait presque aussi puissant que son père. De là, la guerre que lui fit Enguerrand et l'appel que Thomas, échappé de Montaigu, adressa à Louis le Gros, qui prit sa défense et obligea les assiégeants à se retirer.

D'un naturel cruel et d'un caractère ambitieux, Thomas est représenté par les historiens, comme exerçant à plaisir les plus grands excès de barbarie, et s'emparant des biens des églises et des abbayes. Aussi, dans un Concile tenu à Beauvais, le 6 décembre 1114, et présidé par Conon, légat du Pape, assisté des archevêques de Reims, de Bourges et de la plupart de leurs suffragants, au nombre desquels étaient les évêques de Laon et de Soissons, Thomas de Marle, accusé d'exactions de toutes sortes, fut déclaré ex-communié, déchu de sa qualité de chevalier et de tous les honneurs.

C'est dans une de ces incursions sur le domaine de l'église d'Amiens, défendu par les bourgeois de la cité, que Thomas de Marle eut le genoux percé d'un coup de lance. Il parvint toutefois à échapper à ses ennemis, abandonna le combat, et se retira dans son château de Marle.

La sentence d'excommunication, publiée tous les dimanches aux prônes des paroisses, n'empêcha pas Thomas de ravager les diocèses de Laon et de Reims. Les évêques supplièrent alors le Roi de venir à leur secours et de détruire les châteaux de Crécy-sur-Serre et de Nouvion, places d'armes de Thomas. Louis le Gros se rendit à leurs prières et vint camper devant Crécy. Le château qui passait pour imprenable fut vivement attaqué, le Roi franchit le premier fossé et somma les assiégés de se rendre ; il monta à l'assaut, s'empara de la forteresse qu'il fit aussitôt brûler et raser (1115). Thomas avait fait bâtir cette forteresse comme avoué de Notre-Dame (Sainte Marie) de Laon.

L'armée royale marcha aussitôt sur Nouvion-l'Abbesse, mais la garnison, effrayée de la prise de Crécy, envoya au Roi les clefs du château et se soumit sans défense. Le monarque rendit aux abbayes les domaines qui leur avaient été enlevés. Le château de Crécy était venu entre les mains de Thomas de Marle, par son mariage avec Mélisende, fille de Guy de Crécy, lorsqu'il eut été obligé de répudier Esmangarde, sa parente, qu'il avait épousée à l'encontre des lois du royaume.

C'est en 1116 que mourut Enguerrand, premier sire de Coucy, dans un âge fort avancé, presque centenaire.

Thomas de Marle.

THOMAS était toujours au château de Marle, retenu par ses blessures. Consterné des pertes qu'il venait de faire, il se hâta d'apaiser le Roi en offrant de payer les frais de la guerre et de réparer les torts faits aux églises. Louis le Gros, appelé par d'autres affaires, accepte la soumission de Thomas de Marle qui, déjà, songe à ne pas remplir ses engagements.

Après la mort de son père, Thomas se mit en possession des terres de Boves et du comté d'Amiens qu'il perdit bientôt n'ayant pas su défendre la ville contre Louis le Gros. Il se prépara à réparer cet échec et dans ce but augmenta les moyens de défense de son château de Marle ; mais songeant à l'impossibilité de résister aux forces royales, il fit sa soumission au Roi qui lui accorda le pardon et la communion de l'église le relevant ainsi de l'excommunication prononcée contre lui (1115).

Thomas s'occupa alors de ramener la paix et l'abondance dans ses domaines de Coucy. Il contribua à la fondation de l'abbaye de Prémontré et assista à la dédicace de l'église. Il fit aussi beaucoup de bien aux religieux de l'abbaye de Nogent, ancienne *Villa* royale, leur confirma les bienfaits de son père, et il y en ajouta de nouveaux. Toutefois, afin de consacrer ses nouvelles libéralités, Thomas exigea que chaque année, aux jours de Pâques, de Pentecôte et de Noël, l'abbé de Nogent vint au château de Coucy, rendre foi et hommage au seigneur avec des cérémonies particulières dont le programme fut arrêté, c'est ce que l'on appelait : *La cérémonie des rissoles.*

Il eut été difficile à Thomas de Marle, qui avait passé une partie de sa vie dans les agitations de la guerre civile, de rester complètement dans l'inaction. Il appuya de ses troupes et de sa personne les intérêts de Baudoin, comte de Hainaut, puis ceux du roi d'Angleterre contre Guillaume de Normandie, au sujet de la possession du comté de Flandre.

Les prétentions de Raoul, comte de Vermandois, sur le comté d'Amiens, fut le prétexte de la reprise des hostilités. Thomas de Marle s'empara des terres de Saint-Gobain, d'Erlon et de Saint-Lambert, données par son père à l'abbaye Saint-Vincent de Laon ; bien plus, il fit arrêter des marchands qui passaient sur ses terres munis de sauf-conduits signés de sa main, les dépouilla de leurs marchandises et les jeta dans de noirs cachots. Le roi, informé de ces faits, jura d'en tirer vengeance ; à l'instigation de plusieurs évêques, il décida d'aller attaquer Thomas, retiré dans son château de Coucy.

Dans une sortie, le sire de Coucy et de Marle tomba dans une embuscade qu'il avait lui-même dressée aux troupes royales ; il fut renversé de cheval en combattant bravement ; au moment où il cherchait à se relever, Raoul de Vermandois, qui n'était pas loin, accourut à bride abattue et lui passa son épée à travers le corps.

Mortellement blessé, Thomas de Marle fut transporté à Clastres et de là à Laon où il mourut le lendemain. Malgré sa blessure, Thomas refusa de faire sa soumission au roi et de rendre ses prisonniers, les prières de sa femme ne purent rien sur lui. Près d'expirer, à peine permit-il qu'on demanda pour lui le viatique et, au moment où le prêtre lui présenta l'hostie, il fut atteint d'une convulsion et expira sans avoir reçu le sacrement.

Ainsi mourut, en 1130, Thomas de Marle ; son corps fut porté à l'abbaye de Nogent-sous-Coucy, dont il avait été un des insignes bienfaiteurs, et enterré sous la tour de l'église. Plus tard, en 1218, il fut placé dans le chœur de la nouvelle église.

Thomas avait eu d'Ide de Hainaut, sa première femme, deux filles mariées du vivant de leur père ; il laissa, de Mélisende, deux fils et une fille ; Enguerrand, l'aîné, lui succéda.

Les historiens, entre autres Dom Lelong et Guibert de Nogent, rapportent sur son compte des actes de cruauté sauvage ; loin de nous la pensée de justifier Thomas de ses massacres inutiles, mais il ne faut pas oublier que les mœurs de l'époque n'étaient pas très douces ; peut-être fut-il un peu plus cruel que les seigneurs ses contemporains ! Il fut en lutte avec tous ses voisins, notamment avec Roger de Pierrepont, dont il ravagea les terres et brûla la ferme de Chantrud, située sur le chemin de Marle à Montaigu. Le seigneur de Pierrepont, afin de se rendre le ciel favorable, donna cette ferme et les terres qui l'entouraient à Raoul, prévôt de l'abbaye Saint-Martin de Tournay, à la condition que les religieux prieraient pour le salut de son âme. Ses libéralités ne se bornèrent pas là ; voyant, à la suite de ces troubles, la plupart de ses terres restées sans culture faute de bras, il en fit don au même prieur de Tournay, qui fit construire plusieurs fermes, telles que : Brazicourt, Favières et Fay. Enfin, après avoir donné aux religieux de Saint-Martin de Laon une partie de la forêt de Samoussy, Roger se retira dans leur abbaye et y mourut.

Parmi les actes de barbarie commis par Thomas de Marle, on assure qu'il faisait suspendre ses prisonniers dont il ne pouvait tirer rançon par les parties de la génération, lesquelles, cédant sous le poids du corps, s'arrachaient et laissaient sortir les intestins. Il en faisait pendre d'autres par les pouces, et, leur chargeant les épaules d'une grosse pierre, les faisait frapper à coups de bâton jusqu'à ce qu'ils promissent ce qu'il voulait ou jusqu'à ce qu'ils succombassent à cet affreux tourment.

Un jour, passant à cheval près d'une carrière, il aperçut trois paysans qui s'y étaient cachés à son approche, aussitôt met pied à terre, frappe l'un d'eux d'un coup de lance si violent que le fer, entré par la bouche, lui sortit par la nuque ; à cette vue, le second prend la fuite, mais le troisième n'ayant pu se sauver, Thomas lui coupa les deux jambes d'un coup d'épée.

Autre trait : Il fit une fois percer la nuque du cou à plusieurs prisonniers, et passant une corde par cette ouverture, il les fit attacher ainsi accouplés à une voiture ; il les contraignit, à force de coups, à la traîner jusqu'à ce qu'ils fussent tombés épuisés.

Une autre fois, ayant fait, près d'Amiens, un grand nombre de captifs, et n'espérant rien en tirer, il les enferma tous dans une église, à laquelle il fit mettre le feu.

A propos des troubles de la commune d'Amiens, un pauvre ermite, s'étant approché de l'endroit où campait Thomas, fut fait prisonnier ; il expliqua au seigneur de Marle qu'il n'avait d'autre but que d'acheter du pain, et le supplia de le mettre en liberté, implorant le nom de Saint Martin dont la fête se célébrait le lendemain. Thomas tira son épée, lui en perça la poitrine en disant : « *Tiens, reçois cela en l'honneur de Saint Martin!*

A côté de ces atrocités, les chroniques citent de Thomas de Marle beaucoup d'actes de libéralité. En 1120, il accorda à l'abbé de Nogent que l'enceinte de leur maison et leur territoire seraient un lieu d'asile dans lequel son prévôt ou ses gens ne pourraient arrêter personne, ni commettre aucune violence. Il fit aussi de grandes aumônes à l'abbaye de Prémontré, accorda de nombreux privilèges à l'abbaye de Bucilly, et donna à l'abbé de Foigny[1] le droit de passage sur toutes ses terres.

Thomas de Marle n'avait pas ratifié la donation faite par

---

[1] Foigny, abbaye fondée en 1135, par Barthélemy, évêque de Laon, et Saint Bernard, qui y envoya douze moines de Clairvaux. L'église fut dédiée à la Sainte Vierge, le 11 novembre 1121. Au xiiie siècle, l'abbaye avait deux cents religieux ; elle fut pillée en 1330 par les Anglais, saccagée dans les guerres des xve et xvie siècles, et rebâtie à neuf en 1734.

Par une charte donnée à Laon, en 1161, Gautier de Mortagne, évêque de Laon, confirma la donation faite à l'abbaye de Foigny, par Renier de Guise, et Sybille, sa femme, de ce qu'ils possédaient à Sains, à Marfontaine, à Rougeries, à Saint-Pierre-de-Franqueville, à Marle, à Voulpaix, à Courmont et autres lieux, à la charge de remplir les conditions énoncées dans l'acte de donation. (*Documents inédits.*)

son père Enguerrand à l'abbaye Saint-Vincent de Laon, et s'empara de tout ce que les religieux possédaient à Erlon. A sa mort, les moines de Saint-Vincent, munis d'une bulle d'excommunication du pape Innocent, sommèrent les héritiers de Thomas, sa femme et ses fils, de restituer les alleux d'Erlon, près de Marle, et la cure. Cette bulle leur fut signifiée par Barthélemy, évêque de Laon ; elle portait excommunication générale, excepté cependant les enfants qui n'avaient pas reçu le baptême et les moribonds. Par crainte des foudres de l'église, Mélisende et ses fils consentirent à la restitution. Cet accord fut confirmé par une charte de Barthélemy, du 16 avril 1131, à laquelle adhéra Gérard d'Erlon. Mélisende et Enguerrand, son fils, y apposèrent leur sceau.

Enguerrand II.

ENGUERRAND, l'aîné des fils de Thomas de Marle, avait vingt ans lorsqu'il succéda à son père dans les seigneuries de Coucy, de Marle et de La Fère. Tout d'abord il fut contraint par le roi Louis de remplir les engagements pris par son père de payer une forte amende et de restituer les biens pris à diverses églises.

Raoul de Vermandois, jaloux de la puissance des Coucy, poursuivit de sa haine le fils de Thomas et lui déclara la guerre. Enguerrand, d'un naturel plus doux que son père, se retira dans son château de La Fère, défendu par des marais.

Le roi Louis VI vint se joindre au comte pour attaquer la forteresse ; malgré ces efforts réunis, la place repoussa tous les assauts qui furent livrés du 7 mai au 9 juillet 1132. Devant cette résistance, les assaillants songèrent à faire la paix, Enguerrand accepta. Il fut décidé qu'il épouserait Agnès, fille de Raoul de Beaugency, cousin germain du roi Philippe de Valois, et nièce de Raoul de Vermandois. Ce mariage eut lieu, et la maison de Coucy et de Marle devint l'alliée de la couronne de France.

Pour faire oublier la mémoire de son père, Enguerrand II fit aux églises de nombreuses libéralités, tant pour le repos de l'âme de Thomas que pour lui-même. Ainsi, sur le conseil de sa mère, il concéda à l'abbaye du Câteau-Cambrésis, l'exemption de tous droits de vinage sur le vin que les religieux venaient chercher à Laon pour leur consommation. Il donna à l'abbaye d'hommes de Thenailles la terre d'Albigny, sise à Thenailles même, et deux portions du territoire de Caillaumont, à la condition de dire des prières pour son père.

Il donna à l'abbaye de Prémontré des redevances et des dîmes considérables, à prendre sur sa terre de Vervins, le champard de Coucy-la-Ville ; il fit de même pour l'abbaye de Nogent. En 1146, Enguerrand prit part à la deuxième Croisade ; avant son départ, il restitua, à l'abbaye Saint-Vincent de Laon, des biens sis à Saint-Gobain, par une charte datée de 1147, et signée par Henri, châtelain de Marle. Il fit encore de nouvelles donations à l'abbaye de Clairfontaine, au diocèse de Laon, et se porta garant pour Barthélemy de Bosmant qui aumôna à Saint-Vincent un droit de terrage à Dormicourt.

L'année suivante, après avoir mis ordre à ses affaires, Enguerrand de Marle partit avec le roi Louis le Jeune et Robert, comte de Roucy, suivi d'une armée de soixante mille hommes. Le résultat de la Croisade ne répondit pas aux espérances des chrétiens. Enguerrand de Coucy et Robert de Boves, son frère, se distinguèrent par leur valeur. Le sire de Marle combattit auprès du roi qui se couvrit de gloire, au passage du Méandre et sous les murs d'Antioche, où Enguerrand trouva la mort, en 1148.

Raoul Ier.

Enguerrand avait eu d'Agnès de Beaugency deux fils : Raoul et Enguerrand ; Raoul, l'aîné, hérita de la plus grande partie des biens de son père. A son exemple, il resta plusieurs années avant de joindre à son nom celui de Coucy, préférant celui de Marle, l'une de ses résidences habituelles.

Raoul de Marle épousa, en 1160, Agnès de Hainaut, *la boiteuse*, tante de la reine, princesse d'une grande beauté, mais *clochant* un peu ; il eut d'elle trois filles. Comme son père, il donna beaucoup de biens aux communautés religieuses. En 1164, il confirma à Geffroy, abbé de Notre-Dame de Thenailles, ce qu'Enguerrand lui avait donné ; il ajouta l'avouerie d'Harancourt, des bois, une maison sise à Vervins et la commune pâture de tous leurs bestiaux sur ses terres.

Par une charte de 1168, Raoul attesta que Simon de Montaigu a donné, à l'abbaye de Saint-Vincent, son domaine de Dormicourt, consistant en terres labourables, pâturages, hôtes, cens, justice, tenus en fief d'Arnould de Marfontaine.

La même année, Raoul de Marle fait un accord avec Robert, abbé de Foigny, au sujet de l'avouerie de Landouzy-la-Ville. Sous certaines conditions stipulées en commun, l'abbaye abandonnait à Raoul, seigneur de Marle, trois cents muids de terre pour y bâtir une ville ; le seigneur de Marle serait tenu de faire foi et hommage à

Foigny, de bâtir pour lui une maison, en forme de château ; l'abbaye en ferait autant de son côté. Raoul fit aussi bâtir un moulin banal et établir des foires et marchés. *(Piette.)*

Dix ans plus tard, Raoul de Marle donna, à l'abbaye de Nogent, cent sous en monnaie de Châlons, à prendre chaque année sur les revenus de Marle pour célébrer son anniversaire et celui de son frère. Cette charte faite à Marle *(apud Marlam)*, est signée par Thierry, prieur de Marle, et par Simon de Chéry, prévôt de Marle. Il accorda dans le même but, à l'abbaye de Saint-Denis, des cens à percevoir sur son vinage de Marle.

Raoul était jeune encore lorsqu'il perdit Agnès, sa femme. Suivant son désir, il l'a fit inhumer dans l'abbaye de Nogent, à laquelle il donna de nouveau cent sous de monnaie de Châlons, pour faire dire des prières à l'intention de son épouse. L'abbé Jean s'engagea à faire élever auprès de sa tombe d'argent un autel particulier, où la messe serait dite chaque jour, pour le repos de l'âme de la dame de Marle et pour toute sa famille.

C'est cette même année (1174) que le sire de Coucy accorda à la ville de Marle une charte communale déterminant les droits des habitants et accordant de nombreuses immunités ; nous en rapporterons le texte avec les commentaires *(Pièce justificative)*.

Raoul, n'ayant que des filles de son premier mariage, songea à contracter une nouvelle union ; il épousa Alix de Dreux, sa parente au quatrième degré. Princesse de sang royal, Alix était nièce de Louis VII et sœur de Robert de Dreux. Par cette alliance, le sire de Marle devint neveu du roi.

Le seigneur de Coucy prit part aux démêlés qu'eût le monarque avec Philippe d'Alsace, au sujet des prétentions de celui-ci sur le comté de Vermandois ; Raoul était vassal du comte pour les terres de Marle et de Vervins, au lieu du fief de La Ferté-Billiard que le comte lui avait transporté. Ces conflits se terminèrent par un arrangement que prépara Raoul et qui fut signé à Amiens, après les fêtes de Pâques (1184) ; par ce traité, le comte de Flandre releva Raoul de l'hommage qu'il lui devait. Il en fut de même pour le fief de La Fère que le seigneur de Marle tenait en hommage de l'église de Laon. Philippe-Auguste ayant obtenu de Roger de Rozoy, évêque de Laon, la cession de son droit seigneurial, dès lors le seigneur de Marle n'eut plus d'autre suzerain que le roi de France. En signe de son indépendance, Raoul ajouta à son nom le titre de *Sire* que conservèrent ses successeurs.

Par une charte de l'année 1188, Raoul certifie que Robert d'Herblaincourt aumôna à l'abbaye de Thenailles huit muids de froment, mesure de Marle, dont cinq lui étaient dûs par les religieux de Fesmy, à prendre sur la grange dîmeresse d'Haudreville, sous la charge d'établir une chapelle dans leur ferme de Chause.

La prospérité de la maison de Coucy augmentait chaque jour. Raoul avait eu de sa femme Alix quatre fils nommés : Enguerrand, Thomas, Raoul et Robert, qui contractèrent tous de riches alliances. Fier de sa puissance, il donna dans la plaine, située entre Vendeuil et La Fère, un grand tournoi qui fut très brillant et auquel prirent part de nombreux chevaliers.

Le sire de Coucy améliora le sort de ses vassaux et facilita les communications en réparant les chemins. La chaussée qui conduisait de Coucy à Vervins, en passant près de Marle, était dans un mauvais état à cause des marais qu'elle avait à traverser, il la fit réparer et paver en partie.

La désastreuse expédition de 1148, ayant été peu favorable aux chrétiens d'Orient, les rois de France et d'Angleterre résolurent de faire une nouvelle tentative pour délivrer la Terre-Sainte du joug des Sarrazins. Raoul de Coucy voulut prendre part à cette expédition.

Avant son départ, Raoul fit de nouvelles libéralités aux églises. En 1189, il céda, à l'abbaye de Thenailles, une terre inculte dite : *La haie de Blaincourt*, se réservant la moitié des récoltes qui devait être charriée, soit dans la grange de Marle, soit au château de Marcy. Les seigneurs de Coucy possédaient cette seigneurie qu'Enguerrand III protégea en faisant bâtir une forteresse. Cette charte de donation portait les signatures de Robert de Vervins, d'Herbert, prévôt de Marle, et celle du chancelier Pierre. Les religieux de Thenailles possédaient aussi des cens à Saint-Gobert, qui leur avaient été donnés par Henry de Marcy et par Helwide, sa femme.

Comme s'il avait le pressentiment de ne pas revenir de cette expédition lointaine, Raoul fit un partage de ses biens entre ses enfants. Il donna à son fils aîné, Enguerrand, toute sa terre, à l'exception des parts réservées aux autres enfants ; il assigna à Thomas : Vervins, Fontaine et Landouzy. Il assigna à Agnès, sa fille, mille six cents livres à prendre sur les revenus ordinaires de Marle et de Crécy, somme qui devait commencer à lui être payée trois ans après sa mort, et être soldée en huit ans, savoir : chaque année, à la Saint-Remy, cent livres sur Marle et cent sur Crécy ; cet argent devait être confié à l'église de Prémontré, pour en servir les revenus à Agnès. Ce testament fut fait l'an du seigneur 1190.

Après avoir réglé ainsi les droits de ses enfants, le sire de Coucy partit avec Philippe-Auguste ; il prit part à différents combats contre les infidèles et mourut au siège de

Saint-Jean-d'Acre (1191). Son corps fut ramené en France et déposé dans l'abbaye de Foigny ; il fut inhumé dans le chœur de l'église sous une dalle qui portait ses armoiries : *Fascé de vair et de gueules de six pièces,* et au-dessous deux fémurs croisés, une tête de mort accompagnée de larmes ; puis cette inscription :

*Hic jacet
Radulphus dominus de
Couci, Marle.
Cujus in obsidione
Ascalon occumbentis
Corpus hic delatum est
Anno Domini
M. C. LXXXXII
Mense julii
Requiescat in pace.
Amen.*

TRADUCTION : Ci-gît Raoul, seigneur de Coucy et Marle, dont le corps tué au siège d'Ascalon, a été transporté ici l'an du seigneur 1192, au mois de juillet, qu'il repose en paix.

[1] Raoul de Marle était avoué de l'abbaye Saint-Jean de Laon, pour ses biens situés sur la Serre et en Thiérache, à ce sujet il fut conclu un traité ainsi conçu : 1° Tant que Raoul et sa femme resteront à Marle, ils pourront pêcher dans toutes les eaux appartenant à Saint-Jean et dans la Serre, avec la permission demandée au prévôt de Crécy.

2° Les fermiers des quatre seigneuries de Crécy, Cohartille, Voyenne et Fontaine pourront couper dans les forêts de l'abbaye tout le bois dont ils auront besoin pour leur chauffage, réparations et clôtures des fermes.

Dans chaque seigneurie, l'abbaye nommait un doyen ou maire, et trois échevins, ils étaient exempts de tailles, corvées et de toutes redevances, mais prêtaient serment de fidélité.

Enguerrand III.

Après la mort de son père, Enguerrand entra en possession des seigneuries qui lui avaient été assignées ; mais comme il était encore fort jeune, sa mère, Alix de Dreux, se chargea de l'administration de ses biens et de ceux de ses autres enfants, suivant la volonté de Raoul. C'est comme tutrice de ses fils et en leur nom, qu'elle accorda une charte communale aux habitants de Coucy.

Robert de Pierrepont, ayant eu des démêlés avec Nicolas, seigneur de Rumigny, qui voulait lui enlever le comté de Roucy (1195), implora le secours de ses voisins. Le comte de Vermandois lui envoya les communiers de Saint-Quentin, et Alix ajouta les gens de la commune de Marle ; malgré ces secours, Robert fut battu et les milices communales, ignorantes encore des champs de bataille, furent taillées en pièces.

Peu de temps après, Robert de Pierrepont mourut, laissant sa veuve Eustachie en possession des terres de Pierrepont, de Montaigu, de Roucy et de Nizy-le-Comte. Enguerrand de Coucy, à peine âgé de vingt-trois ans, n'hésita pas à épouser Eustachie de Roucy à cause de ses richesses, bien qu'elle fût plus âgée que lui d'une vingtaine d'années et mère de quatre enfants. Cette union disproportionnée ne fut pas heureuse et suscita des ennuis à Enguerrand qui, après trois ans de mariage, se sépara de sa femme dont il n'avait pas d'enfant, pour se remarier à une célébrité de l'époque, à la belle Mathilde de Saxe, veuve de Geoffroy III, comte de Perche, sœur de l'empereur Othon IV, et petite fille d'Henri II, roi d'Angleterre.

Enguerrand se trouvant, en 1200, en son château de

Marle, donna une charte par laquelle il prenait sous sa protection et sauvegarde les Chartreux réunis du Val-de-Saint-Pierre sous l'invocation de la Vierge Marie ; il confirma leurs biens présents et à venir. Il reconnut aussi la commune de Marle octroyée par Raoul, son père, et songea à faire rebâtir le château [1].

Le sire de Coucy confirma, en 1201, à l'abbaye de Thenailles, tout ce qui lui avait été donné par ses ancêtres et, l'année suivante, il céda aux mêmes religieux, du consentement de son frère Thomas, tout ce qui lui appartenait de la ferme de Champcourt, en échange du domaine de Saint-Lambert, donné jadis par Bathélemy, évêque de Laon. Cette charte était revêtue du sceau de l'abbaye de Thenailles qui portait : *d'azur, aux tenailles d'argent ouvertes, au chevron accompagné de trois fleurs de lys d'or, deux en chef, une en pointe.*

Enguerrand III accorda aux habitants de Juvigny une charte communale, aux termes de laquelle ils devaient aller, à leurs frais, à la défense des terres de Coucy, Marle et Vervins, puis lui fournir quarante sergents à pied pour l'accompagner aux tournois.

Voulant faire de Coucy la principale place forte de ses domaines, Enguerrand fit bâtir le château sur de plus vastes proportions, l'entoura de tous les moyens de défense connus au moyen-âge et fit garnir la ville d'une solide muraille.

Enguerrand confirma la charte accordée à la commune par sa mère, il la rédigea en corps de loi particulière, sous le titre de : *Coutume de Coucy*. Il donna aussi une charte communale aux habitants de La Fère, puis fit reconstruire le château de Marle qu'il fortifia à l'instar de celui de Coucy.

---

[1] La tradition rapporte qu'à la suite d'une capitulation et, d'après l'exigence du vainqueur, toutes les voûtes des tours de la ville de Marle furent démolies (?).

Devenu veuf de Mathilde dont il n'avait pas d'enfant, Enguerrand prit part à l'expédition contre les Albigeois ; puis, après avoir songé à épouser Jeanne, héritière du comte de Flandre, il tourna ses vues vers la maison de Montmirail, et épousa Marie, fille de Jean, seigneur de Montmirail et d'Oisy, qui lui apporta, en mariage, la terre de Condé-en-Brie et d'Oisy (1212).

Enguerrand se couvrit de gloire à la bataille de Bouvines en 1214, il s'empara du comte Ferrand et sauva la vie au Roi Philippe-Auguste.

Le doyen du Chapitre de Laon ayant fait jeter en prison quelques vassaux du sire de Coucy, Enguerrand furieux ravagea les terres du Chapitre, s'empara, dans la cathédrale, du doyen lui-même qu'il arracha des bras de ses confrères, sans égard pour la sainteté du lieu, et le fit conduire à Coucy chargé de fers. Cet acte de violence suscita de vives réclamations, le Chapitre en appela à Rome, le Pape ordonna à l'archevêque de Reims et à ses suffragants de prononcer l'excommunication contre Enguerrand.

Le sire de Coucy passa en Angleterre. A son retour, il fit la paix avec les chanoines et fit mettre en liberté leur doyen, Adrien de Courtandon ; alors, l'excommunication fut levée (1218).

Revenu à des idées de modération, Enguerrand, surnommé *le Bâtisseur*, fit construire les châteaux d'Acy et de Saint-Gobain, le château de La Fère, la maison de Folembray, celle de Saint-Aubin ; enfin, un magnifique hôtel à Paris, auprès de Saint-Jean-en-Grève.

Pendant la minorité de Louis IX, le sire de Coucy fut du nombre de ceux qui conspirèrent contre la régente, il ne rêvait pas moins pour lui-même que de s'asseoir sur le trône de France ; mais Blanche de Castille sut déjouer toutes les intrigues. Enguerrand, soumis, assista au sacre du jeune roi dans la cathédrale de Reims (1227).

Par une charte du mois d'août 1230, Louis IX enjoint à Enguerrand III de restituer à l'abbaye d'Ourscamp la grange de Puiseux dont il s'était ensaisi ; des lettres royales autorisent l'abbé Dreux à se saisir des biens du sire de Marle, ne voulant pas, dit-il, que son mandat reste insuffisant. *(Cartulaire d'Ourscamp.)*

Enguerrand se rendait à Chinon auprès du roi, lorsque, passant au gué de Gercy la rivière du Vilpion, son cheval se cabra et le renversa. Le malheur fut que son épée se détacha en même temps du fourreau, la pointe en l'air, Enguerrand tomba sur son arme qui lui traversa le corps. Relevé presqu'aussitôt, il expira peu d'instants après.

Son corps fut transporté au château de Coucy où eurent lieu de magnifiques funérailles ; puis il fut inhumé dans l'église de l'abbaye de Foigny, sous un mausolée sur lequel le sire de Marle était représenté en costume de guerrier, couché sur le dos, les mains jointes sur la poitrine, la tête reposant sur un coussin et les pieds sur un levrier. Sur une plaque de marbre était une inscription.

Enguerrand, surnommé le Grand, était âgé de soixante ans environ ; il laissait de sa femme, Marie de Montmirail, six enfants, dont deux fils : Raoul et Enguerrand, qui furent, l'un après l'autre, sires de Coucy.

Après trente ans de veuvage, Marie mourut, en 1272, et fut inhumée, dans l'abbaye de Longpont, auprès de son père ; sur son tombeau était gravée une épitaphe latine dont voici la traduction :

Ci-gît Marie, noble dame de Lafère, qui vécut fort saintement, qui fut très charitable, pleine de bonnes œuvres, constamment appliquée à l'oraison, fille de très riche chevalier et de très dévôt, pieux Jean, jadis seigneur de Montmirail, mère d'Enguerrand de Montmirail.

QUE SON AME REPOSE EN PAIX

AINSI SOIT-IL

Sous l'administration d'Enguerrand III, des difficultés s'élevèrent entre les habitants de Marle et les officiers seigneuriaux qui voulaient exercer la justice civile, alors que la charte communale l'attribuait au Tribunal composé des jurés et des échevins. L'affaire fut portée devant Enguerrand qui, au mois de juillet, reconnut le droit des Marlois, et enjoignit à ses officiers de n'avoir à exercer la justice sur le territoire de la commune, si ce n'est dans certains cas spéciaux, concernant les affaires du seigneur.

Raoul II (1242-1250).

L'ainé des fils d'Enguerrand succéda à son père, sous le nom de Raoul II, dans toutes les terres du sire de Coucy, mais il n'en jouit pas longtemps.

Raoul de Marle suivit saint Louis en Terre-Sainte pour combattre les infidèles, il partit avec les frères du roi, les comtes d'Artois et d'Anjou, en 1250 ; mais à la bataille de Mansourah, il trouva une mort honorable en cherchant à sauver la vie à Robert de France, comte d'Artois tombé dans une ambuscade.

Raoul avait épousé Philipote, fille de Louis de Dammartin, seigneur de Ponthieu, dont il avait eu une fille morte en bas âge ; la seigneurie de Marle revint alors à son frère Enguerrand qui lui succéda.

Selon son désir, le corps de Raoul fut ramené en France et fut inhumé dans l'église Saint-Martin de Laon, à laquelle il avait fait plusieurs libéralités.

Enguerrand IV.

Enguerrand ayant épousé en 1248 Marguerite de Gueldre, fille d'Othon III et de Marguerite de Clèves, devint possesseur d'immenses domaines. Ce seigneur de Coucy se rendit tristement célèbre par sa cruauté envers quatre jeunes écoliers de Saint-Nicolas-au-Bois, qui avaient été surpris chassant dans la forêt de Coucy. Sans pitié pour leur âge, il les fit pendre par le bourreau de Laon, aux arbres formant la lisière de ses bois et de ceux de l'abbaye.

Ce crime épouvantable fut bientôt connu de Louis IX qui somma le sire de Coucy de comparaître devant lui, et, en attendant le jugement, le fit arrêter et enfermer dans la tour du Louvre. Enguerrand comparut devant la Cour des Pairs de France, le roi lui accorda son pardon, à la condition qu'il verserait une somme de dix mille livres (180.000 francs), pour la construction d'un hôpital, du cloître des Dominicains et de l'église des Cordeliers à Pontoise ; il fut, en outre, condamné à verser la somme de douze mille livres pour secourir les chrétiens d'outre-mer.

Ces amendes grevèrent la fortune d'Enguerrand de Coucy. Il fut obligé de vendre un certain nombre de terres, entre autres les châteaux de Crèvecœur, de Cambrai et d'Arleux. Pour lui venir en aide, sa mère, Marie de Montmirail, renonça à ce qu'elle possédait, ne se réservant que le titre de dame de La Fère.

Enguerrand IV ne paraît pas avoir eu de rapport avec le château de Marle. Ayant perdu Marguerite, sa femme, dont il n'avait pas eu d'enfant, il épousa, à plus de soixante ans, Jeanne, comtesse de Nevers. Cette dernière ne lui donna pas non plus d'héritier.

En 1308, Enguerrand avait été convoqué aux Etats-Généraux de Tours, par le roi Philippe-le-Bel ; à cause de son âge, il ne put s'y rendre, il envoya à sa place son fondé de pouvoir, Thomas de la Motte.

Peu après, Enguerrand mourait sans postérité, le 20 mars 1311, et était inhumé à côté de sa mère dans l'abbaye de Longpont.

Par son testament, il laissa vingt livres à chacune des léproseries établies dans ses domaines. Elles étaient alors au nombre de dix. Les maladreries de La Fère, Marle et Vervins eurent part à ces libéralités.

Un mausolée lui fut élevé à gauche du grand autel entre deux piliers, et sur son tombeau fut gravée cette épitaphe :

Cy gist Monseigneur Enguerrand, sire de Coucy, Marle, La Fère, Montmirail, Tresmes, Condé-en-Brie, vicomte de Meaux, qui trespassa l'an de grâce, mil trois cent et onze, le vingtième jour du mois de mars.

PRIEZ DIEU POUR SON AME.

Jeanne de Flandre survécut longtemps à son mari, elle se retira dans l'abbaye du Sauvoir, près de Laon, dont elle devint abbesse et où elle mourut. On voyait son mausolée dans l'église, il était formé d'une tombe de marbre noir, surmontée d'une statue d'albâtre, on y lisait cette épitaphe :

Cy gist
Dame, bonne mémoire, Madame Jeanne de Flandre
Jadis dame de Coucy et de Saint-Gobain,
Et depuis abbesse du Sauvoir,
Qui trespassa l'an de grâce N. S. M. CCC XXXIII
Au mois d'octobre,
Le vendredi devant la fête de S. Luc, l'évangéliste.

Enguerrand V.

Ce fut Enguerrand, sire de Guignes, qui recueillit la succession des sires de Coucy. Il avait alors près de cinquante ans, était né vers 1260 et avait été élevé en Écosse.

Un partage eut lieu, au mois de mai 1311, Enguerrand obtint les seigneuries de Coucy, Marle, La Fère, Oisy, Montmirail, Condé-en-Brie, la châtellenie de Château-Thierry, et l'hôtel de Coucy à Paris. Ces attributions furent confirmées par une charte de Philippe le Bel, au mois de juillet de la même année.

Enguerrand ne prit pas les armoiries des sires de Coucy et conserva celles de Guignes *(écartelées de vair)*; il s'occupa, du reste, fort peu des affaires publiques et mourut en 1321, à l'âge d'environ soixante-deux ans. Il fut inhumé dans l'abbaye de Prémontré, auprès du maître-autel; une statue en marbre blanc le représentait couché, il avait les pieds sur un lion et portait au bras un écusson *fascé de vair sans nombre*; une épitaphe rappelait ses noms et qualités. Il laissait trois fils.

Guillaume Ier.

Enguerrand, de son vivant, avait donné, à son frère Guillaume, les seigneuries de Coucy, de Marle et de La Fère, se réservant seulement l'usufruit. Après la mort de son frère, Guillaume entra en possession de ses domaines, il reprit les armoiries et le titre des sires de Coucy.

Au mois de juin 1317, Guillaume donna à l'abbaye de Saint-Vincent de Laon, des rentes à prendre sur les vinages de Pont-à-Bucy et de La Fère. Il termina un procès pendant entre Jeanne d'Oisy et Enguerrand V, par une transaction passée en présence de Philippe de Valois, en avril 1329.

Guillaume mourut en 1335 et fut enterré dans l'abbaye de Prémontré auprès d'Enguerrand, son frère. il laissa d'Isabeau de Saint-Paul, qu'il avait épousée en 1311, à Pontoise en présence du roi, six enfants. Sa veuve et ses enfants étaient si bien unis entre eux, qu'ils vécurent ensemble et jouirent par indivis des nombreux domaines de la maison de Coucy[1].

Enguerrand VI.

L'aîné de la famille succède à son père Guilaume, dans les seigneuries de Coucy, de Marle et autres. Il épousa, en 1387, Catherine d'Autriche, fille de Léopold, duc d'Autriche, et de Catherine de Savoie, à laquelle il affecta un douaire de six mille livres de rentes (environ quatre-vingt-dix mille francs), assises sur les terres d'Oisy et de Gercy.

Enguerrand prit une part active aux combats livrés contre les Anglais. Édouard III étant débarqué en Flandre, attaqua Cambrai dont il ne pût s'emparer et envoya un détachement, sous les ordres de Jean Chandos, pour prendre le château d'Oisy, appartenant à Enguerrand. Le sire de Coucy défendit la place si vigoureusement à la tête de quelques chevaliers, que les Anglais furent forcés de rentrer dans leurs quartiers.

Philippe de Valois, avec les forces insuffisantes dont il

[1] Il y avait, à Thiernu, un château dit : de la *Motte*, qu'un Anglais, nommé Richard de Roillière, donna à Guillaume, sire de Coucy.

disposait, ne pût empêcher Édouard III de pénétrer en Thiérache et dans le Laonnois. Guise, Marle, Ribemont, Crécy tombèrent au pouvoir des ennemis, et devinrent la proie des flammes. Enfin, le Roi de France, étant parvenu à réunir une armée nombreuse, reprit l'offensive, poursuivit l'ennemi et l'atteignit, le 20 octobre 1339, près du village de Buironfosse, à une lieue de La Capelle. Les Anglais plièrent et auraient pu être anéantis ; mais Philippe les laissa échapper, sans les poursuivre.

Les Anglais revinrent de nouveau en France, ils débarquèrent cette fois en Normandie, et, pénétrant dans le pays Chartrain, ils marquèrent leur passage par l'incendie. Philippe de Valois, accompagné d'un grand nombre de seigneurs, parmi lesquels était Enguerrand VI, les poursuivit et les atteignit non loin d'Abbeville, près de Crécy en Ponthieu. Les Français furent complètement battus, le sire de Coucy avait trouvé la mort dans cette défaite. (26 août 1366.)

Son corps fut déposé dans l'abbaye d'Ourscamp et inhumé dans la chapelle de Saint-Pierre, dite de *Coucy*, où l'on voyait les armes de la maison de Coucy.

Enguerrand VII.

En mourant, Enguerrand VI laissait un fils à peine âgé de sept ans et dont Catherine d'Autriche, sa mère, prit la tutelle. Alors eut lieu un nouveau partage des biens de Coucy, le jeune Enguerrand devint possesseur de la baronnie de Coucy, des châteaux de Marle et de La Fère. Catherine obtint du roi l'autorisation de percevoir, sur les habitants de ces seigneuries, un impôt pour mettre en état **de défense les châteaux de Coucy et de Marle.**

Catherine, ayant contracté un nouveau mariage, donna pour conseil à son fils Mathieu de Roye, maître des arbalétriers de France, et pour tuteur le seigneur d'Havrincourt, son oncle.

En 1357, Enguerrand commença à recevoir directement les foi et hommage de ses vassaux des domaines de Coucy, de Marle et de Montmirail. Il prit une part active à la défaite des *Jacques*, dont il détruisit un grand nombre.

Pendant sa captivité en Angleterre, comme otage du roi Jean, Enguerrand épousa Isabeau, fille du roi Edouard III, qui, le 11 mai 1365, le créa duc de Bedfort. Le sire de Coucy possédait déjà de grands biens en Ecosse, qui lui venaient de Chrestienne de Bailleul, femme d'Enguerrand V ; le roi d'Angleterre lui donna encore le comté de Soissons, que Guy de Blois avait été obligé de céder aux Anglais comme rançon.

A son retour en France, Enguerrand affranchit des droits de *mortemain* et de *formariage* les habitants de la baronnie de Coucy et de plusieurs communes. Il refusa l'épée de connétable et reçut, comme dédommagement, le gouvernement de la Picardie.

Enguerrand, pour rester fidèle à son souverain, renvoya en Angleterre Isabeau, sa femme. Elle mourut peu après. Il épousa alors Isabeau, la fille du duc de Lorraine, qui lui apporta en dot la seigneurie de Fleurines. De son premier mariage, il avait eu deux filles : Marie, qui avait épousé le fils du duc de Bar, Henri, et Philippe, qui s'était mariée à Robert, duc d'Islande, et à laquelle il avait abandonné les biens qu'il possédait en Angleterre et en Ecosse.

Insatiable de gloire, Enguerrand partit pour la Hongrie combattre Bajazet, mais il fut fait prisonnier à la bataille de Nicopolis et mourut en arrivant à Barse. Par un testament du 16 février 1397, il demanda que son corps fût ramené en France, pour être inhumé dans l'église de l'abbaye de Nogent-sous-Coucy, et que son cœur fut déposé dans le couvent des Célestins de Villeneuve, près de Soissons, monastère qu'il avait fondé par lettres données à son hôtel de Paris, le 20 avril 1390.

Enguerrand ne laissait pas d'héritiers directs de son nom ; sa fille aînée, Marie, hérita des domaines de Coucy, Marle, La Fère, Origny, Montcornet..... Il lui donna une rente de deux cents livres sur le Trésor royal.

Avec lui s'éteignit la maison illustre des sires de Coucy.

CHAPITRE IV

LES HABITANTS DE MARLE PRÊTENT SERMENT A PHILIPPE-AUGUSTE.
BATAILLE DE BOUVINES. — LA REINE BLANCHE. — CROISADES.

1200-1300

C'est sous le règne de Philippe-Auguste que Marle, comme nous l'avons dit, avait été érigée en commune, en 1174, par Raoul Ier. La charte communale avait son plein exercice, le maire et les jurés veillaient à son entière exécution grâce à la paix dont jouissait le Marlois.

En 1189 arriva en Europe la nouvelle de la prise de Jérusalem par Saladin. Tout le monde en fut consterné ; le Pape mourut de douleur, Philippe-Auguste et Richard Cœur-de-Lion s'empressèrent de prendre la croix ; Frédéric-Barberousse suivit leur exemple. Plusieurs seigneurs des environs de Marle se joignirent au roi de France, entre autres Raoul de Marle, Renaut de Magny, Suger de Cilly et Guillaume de Sons ; presque tous périrent au siège de Saint-Jean-d'Acre. Avant son départ, Raoul de Coucy, seigneur de Marle, avait, par testament, divisé ses biens entre ses enfants. Enguerrand, son fils aîné, hérita de ses seigneuries les plus importantes et il légua à sa fille Agnès mille livres de monnaie d'Artois, payables en trois années, à prendre sur les revenus des villes de Marle et de Crécy-sur-Serre.

L'année 1200 fut signalée par une grande tempête qui causa d'énormes ravages dans le Laonnois ; elle était accompagnée d'une pluie diluvienne.

En 1205, Roger de Rozoy, évêque de Laon, créa le tribunal de l'officialité, qui résidait à l'évêché, pour juger les affaires litigieuses du diocèse. C'est ce même prélat qui céda à Philippe-Auguste, dont il avait béni l'union avec Isabelle de Hainaut, la ville de La Fère, tenue en fief du roi par les seigneurs de Coucy. La ville de Marle était dans le même cas.

Enguerrand de Coucy, seigneur de Marle, octroya, en 1207, aux habitants de La Fère une charte de paix calquée sur celle de Laon, sous l'obligation d'une rente annuelle et perpétuelle de cent livres parisis (environ 2,500 francs), qu'ils devaient lui payer à l'octave des Saints. Il fit en même temps construire un nouveau château-fort que l'on nomma : *Le Châtelier.*

Au mois d'avril 1203, le maire et les jurés de Marle, usant de leurs prérogatives, donnèrent au roi Philippe-Auguste l'assurance de leur fidélité à sa personne par l'acte suivant :

Securitas facta domino regi a communia Marle pro Engerrano de Cociaco.

Noverint universi præsentes pariter et futuri quod ego major et jurati totaque communia Marle, voluntate et precepto Engerrani de Cociaco, domini nostri, securitatem faciemus et super sancta juravimus, quod si Engerranus contrà dominum regem ire voluerit, quin ergo omnes homines eidem regi et in auxilio, quamdiu rex judicium curie sue et facerat voluerit non domino regi erimus auxilientes donec illud erit emendatum.

Actum anno MCCIII, mense aprilis.

Par cet acte, le maire, les jurés et toute la commune de Marle prêtent serment au roi ; ils jurent que, si leur seigneur Enguerrand VI de Coucy, était infidèle au monarque, ils se rangeraient sous la bannière royale et y resteraient aussi longtemps que Philippe-Auguste le jugerait nécessaire.

Cette charte était revêtue du sceau de la commune, en double queue, représentant un cavalier en costume civil, tête nue, une baguette à la main droite et tournée vers la droite, avec ces mots autour :

S. *(Sigillum)* Majoris ac juratorvm

Pour contre-scel une fleur de lys. *(Trésor des Chartes.)*

Au mois de septembre, les doyens de Marle et de Vervins furent désignés comme experts par l'évêque de Laon, pour mettre fin à un débat élevé entre les chanoines de la cathédrale de Laon et l'abbé de Thenailles, au sujet de terres situées sur la paroisse de Vesles-et-Caumont, commune du canton de Marle.

Les habitants de Marle devaient bientôt prouver au roi leur attachement et leur bravoure. En effet, sous les ordres d'Enguerrand, les communiers de Marle et des autres seigneuries contribuèrent pour une grande part au gain de la bataille de Bouvines, dans laquelle Philippe-Auguste triompha d'une coalition formidable, formée par Othon IV, empereur d'Allemagne, et le comte de Flandre (27 juillet 1214). A cette bataille se trouvaient : Thomas et Robert de Coucy, Roger de Rozoy, Enguerrand de Vervins, le châtelain, et un grand nombre de seigneurs portant bannières.

C'est à la suite de cette victoire que Philippe-Auguste désigna l'abbaye de la Victoire, près de Senlis, pour recevoir les soldats blessés.

Un bourgeois de Marle fit don, en 1226, à l'église Saint-Martin de Laon d'une petite maison située sous les murs de Marle, sur le chemin qui conduit à La Neuville *(nova villa)* par opposition à la ville ancienne déjà.

Philippe-Auguste étant mort à Mantes, le 14 juillet 1223, son fils, Louis VIII, lui succéda. Ce roi continua avec gloire la guerre contre les Anglais et ses succès agrandirent encore le domaine de la couronne. Il convoqua, au mois de janvier 1225, les grands seigneurs du royaume pour aviser aux moyens de réprimer la révolte des Albigeois. Le comte de Roucy et le sire de Coucy-Marle répondirent à l'appel du monarque, qui mourut le 8 novembre 1226, après trois ans de règne.

Louis IX n'avait que douze ans quand il monta sur le trône ; une ligue se forma contre la régence de la reine Blanche, il fut même question, comme nous l'avons dit, de mettre sur le trône Enguerrand de Coucy, le seigneur de Marle.

Dans ces circonstances difficiles, la Reine s'adressa aux bonnes villes du royaume en leur demandant aide et protection pour le jeune roi. C'est alors que le maire et les jurés de Marle prêtèrent le serment, au mois d'octobre 1228, de défendre le roi de France et la reine sa mère contre toute agression. Cette démonstration et celle des autres communes soumises à l'autorité royale, fit échouer le complot. Voici cet acte :

Universis ad quos presentes littere pervenerint, maior et jurati Marle salutem. Noverit universitas vestra nos jurasse quod pro toto posse nostro fideliter servabimus corpus membra vitam et honorem terrenum karissimi domini nostri Ludovici regis Francie illustris et domine regine matris ejus et filiorum suorum et adherebimus et tenebimus nos eodem domino regi et domine regine matri ejus et filiis suis contrà omnes homines et femines qui possunt vivere et mori. In cujusrei testimonium sigillum nostrum presentibus litteris duremus apponendum. Actum anno domini millesimo ducentesimo vicesimu octavo, mense octobri [1].

En l'année 1234, par-devant le doyen Eustache de Marle et Jean de Montigny-sous-Marle, prêtres, Robert de Saint-Gobert, et Marguerite sa femme donnèrent à l'église de l'abbaye de Bucilly les biens qu'ils possédaient sur divers terroirs.

Guy de Crécy, chevalier, se croisa sous les ordres de Frédéric II, empereur d'Allemagne, ainsi que d'autres seigneurs du pays.

Louis IX, afin d'assurer la tranquillité du royaume, voulut faire une expédition en Bretagne. Il fit appel au concours des communes qui furent convoquées à Chinon en 1242 ; la ville de Marle envoya des gens d'armes (six sergents par cent feux), qui contribuèrent au gain de la bataille de Taillebourg. Parmi les prélats étaient : les évêques de Laon et de Soissons ; parmi les seigneurs figuraient : le comte de Roucy, Enguerrand et Jean de Coucy, Mathieu de Montmirail, beau-frère d'Enguerrand III de Marle.

En 1248, à la suite d'un vœu, Louis IX prenant la croix à son tour, Raoul de Coucy, seigneur de Marle, fils d'Enguerrand, le suivit. On sait les résultats de cette Croisade.

[1] TRADUCTION : A tous ceux à qui les présentes lettres parviendront, le Maire et les Jurés de Marle, salut. Que tout le monde sache que nous avons juré, que nous défendrons fidèlement, de tout notre pouvoir, le corps, les membres, la vie et l'honneur terrestre de notre très cher seigneur Louis, illustre roi de France, et de dame la reine sa mère et de leurs enfants ; que nous adhérerons et tiendrons pour le même seigneur roi, la reine sa mère et leurs enfants, contre tous hommes et femmes qui peuvent vivre et mourir. En foi de quoi nous avons apposé sur les présentes lettres notre sceau.

Fait, au mois d'octobre de l'an du Seigneur 1228.

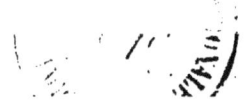

Avant son départ pour la sixième Croisade, Raoul de Marle remit entre les mains de Barthélemy, évêque de Laon, l'église Saint-Pierre du château de Marle, desservie alors par quatre chanoines qui étaient à sa nomination ; ce prélat la donna à l'abbaye de Fesmy, sous la condition de remplacer les chanoines par des moines.

Raoul II, seigneur de Marle, avait octroyé aux habitants de Landouzy-la-Ville, une charte communale en cinquante-sept articles ; ce village avait été érigé en commune par Raoul, frère de Robert de Coucy, et par l'abbé de Foigny, elle fut régie jusqu'en 1243 par la loi de Vervins. Thomas de Coucy, seigneur de Vervins, y fonda une chapelle près de son château-fort. Ce même seigneur, dit : Sire de Marle, fit bâtir en 1246, sur le territoire de Saint-Pierre-mont, un monastère sous le nom de : *L'Abbaye de la Paix*. L'église dédiée à la Sainte-Vierge, se nommait *La Paix Notre-Dame ;* elle était enrichie de précieuses reliques que Thomas avait rapportées, en 1243, de son voyage à Constantinople, où il était allé pour porter secours à Baudoin de Courtenay.

L'abbaye ayant été détruite par les Anglais en 1339, les biens furent donnés à l'abbaye Saint-Martin, de Tournay, qui les céda à Saint-Antoine de Reims. Les bâtiments furent appropriés à l'usage d'une ferme, nommée *Saint-Antoine*, dépendante de Saint-Pierremont. La chapelle fut jusqu'à la fin du siècle dernier, l'objet d'un pèlerinage qui avait lieu le 13 juin, jour de la fête de Saint-Antoine ; on y comptait jusqu'à mille pèlerins qui venaient demander la guérison des maladies de la peau, particulièrement des poux et de la gale. Actuellement ce pèlerinage ne se fait plus à jour fixe. La chapelle a été convertie en grange, mais la fontaine Saint-Antoine qui se trouve sur le bord de la rivière la Serre est encore visitée par des malades attirés par l'espoir de guérir.

La cloche de la chapelle Saint-Antoine est aujourd'hui la plus petite de celles de l'église de Saint-Pierremont ; elle porte une inscription en langue hollandaise, qui est celle du fondeur :

(Jean Van den Cheins m'a fondue l'an 1554).

On y remarque aussi deux figures en relief, dont l'une est celle de l'évêque qui occupait alors le siège de **Laon** (Jean Doé) ; l'autre représente sans doute l'abbé de Saint-Vincent (Charles de Bourbon). *(Histoire de Rozoy,* tome Ier.)

La paroisse de Saint-Pierremont était du marquisat de Vervins et relevait du comté de Marle ; elle faisait partie du doyenné rural, du grenier à sel et de la subdélégation de Marle.

Il en était de même de la commune de Tavaux, village ancien, situé sur la Serre. Avant le xiie siècle, il était le séjour du prévôt du chapitre de la cathédrale de Laon. On regardait son église comme l'une des plus belles du diocèse et comme l'église matrice du canton de Marle. C'était d'abord une collégiale, un édifice de vastes proportions qui possédait des collatéraux et des galeries inférieures ; son chevet était carré. On y remarquait un obélisque en fer, porté sur des pieds d'animaux et auquel on donnait le nom de *Trésor ;* il servait à renfermer les reliques. Cette église fut démolie en partie au xviie siècle. Le chœur et le clocher furent restaurés, en 1750, par les ordres de Jean de Rochechouart, évêque de Laon, et par les soins du curé Renauld. La maçonnerie fut faite par de Hainault, maçon à Marle, et la couverture par Bataille (Jean), de Marle.

Tavaux est cité dans la donation que fait Charles le Chauve, en 867, à l'abbaye de Saint-Denis, du village de Chaourse, don confirmé, en 1148, par le pape Eugène III ; les habitants de Chaourse avaient le droit de pêcher dans la rivière de Serre, depuis Résigny jusqu'à Tavaux. Les habitants des villages voisins de Tavaux étaient soumis à différentes servitudes envers l'église : comme d'y venir faire leurs Pâques et d'y rendre le pain bénit. Ceux de Vervins, qui partageaient ces obligations, se trouvaient offensés de voir les gens de Tavaux prendre le pas sur eux à la procession et affecter ainsi une suprématie blessante. Ils cherchèrent à s'en affranchir et s'adressèrent à Thomas de Vervins qui prit leur parti. Il ravagea la terre de Tavaux, en 1228, et emmena à Vervins les principaux habitants qu'il retint comme prisonniers, malgré les réclamations et les menaces des chanoines de Laon qui, n'en pouvant rien obtenir, lancèrent contre lui les foudres de l'excommunication. Le sire de Vervins en appela au pape, mais sans succès ; ce n'est qu'au bout de quatre années que, revenant à de meilleurs sentiments, le seigneur Thomas rendit la liberté aux habitants de Tavaux [1].

Les villages de Pontséricourt, de Montigny-le-Franc, du doyenné de Marle, ainsi qu'Agnicourt appartenaient aux chanoines de Laon. L'abbaye Saint-Martin avait aussi des cens à toucher à Montigny. Les deux communautés firent, en 1264, un accord au terme duquel, moyennant cinq sols de bonne monnaie, payables à l'abbaye le jour de saint Remy, les hommes de Montigny pouvaient aller ramasser des chaumes avec des râteaux sur les terres de la Cense d'Hayon, aujourd'hui détruite.

Les habitants d'Agnicourt et de Séchelles, comme ceux de Montigny-le-Franc ne devaient faire moudre leurs grains qu'au moulin d'Agnicourt qui appartenait à l'abbaye

---

[1] Roger de Rozoy, évêque de Laon, considérant l'éloignement de l'église de Marle dont les habitants de Tavaux étaient les paroissiens, leur permit en 1193, de bâtir une église dans le village, sous la condition de l'entretenir à leurs frais et de ne pas avoir de cimetière.

Saint-Martin (soit que les grains aient été récoltés sur le territoire, soit qu'ils aient été achetés aux marchés de Marle ou de Pierrepont). *(Histoire de Rozoy.)*

A la date de 1245, se trouve une charte du doyen de chrétienté de Marle, concernant un terrain situé près de la ville, contigu à la maison de Sainte Élisabeth, et qui auparavant appartenait à Gérard de Béhaine.

La ferme de Malaise, près de Tavaux, appartenait aux religieuses de l'abbaye de Montreuil-sous-Laon ; elle rapportait, en 1694, cent cinquante francs d'argent et vingt-six muids de grains. Les religieux de Saint-Denis et ceux de l'abbaye de Saint-Martin avaient des droits à exercer sur le terroir de Malaise, comme celui d'avoir un batteur particulier pour battre les gerbes dans la grange des religieuses, à Montreuil.

Une nouvelle semonce [1] fut convoquée à Issoudun en 1253, par Louis IX ; la commune de Marle y envoya des sergents à pied. Cette convocation eut lieu au mois de septembre, après la fête de l'Annonciation. Les abbayes de Laon, de Foigny y envoyèrent des chariots attelés, l'abbaye de Longpont avait un char de douze chevaux ; la ville de Laon comptait cent sergents à pied, celle de Soissons deux cents, et la commune de Bruyères, cent.

L'abbaye de Foigny, comme nous l'avons dit, avait des possessions nombreuses à Marle et dans les environs ; par une charte du mois d'août 1260, Enguerrand IV, seigneur de Marle, avait donné à cette abbaye tout ce qui lui appartenait dans les dîmes de Marle et de Thiernu. Au mois d'août 1271, Pierre Clerc, bourgeois de Marle, fit don à cette communauté de deux pièces de terre sises à Marcy, de six sols parisis, une poule et trois chapons de rente, à

---

[1] « La semonce était l'injonction que recevait le vassal, de se trouver en armes, à un jour indiqué, afin d'être prêt à servir son seigneur ».

prendre sur des maisons qu'il possédait à la Tombelle *(Apud Toumellam)* ; Jean, dit Hursa, bourgeois de Marle, ajouta à ces donations vingt sols de surcens, à prendre chaque année sur une maison bâtie près de la porte Notre-Dame (octobre 1276), et, la même année, Isabelle la Vautière de Marle légua à l'abbaye de Foigny tous ses biens, à l'exception de cinq jalois de terre situés au terroir de la Tombelle, près de la *villa Sartiaux*, dont elle donnait l'usufruit à sa sœur.

L'abbaye possédait aussi dans le faubourg Saint-Martin une maison de frères convers, appelée : *Converserie*, pour la culture de leurs terres. On désigne encore, sous le nom de Foigny, l'emplacement qu'elle occupait et qui s'étendait jusqu'à la Serre, derrière la gendarmerie.

Sartiaux était un ancien fief appartenant aux sires de Coucy qui, pour y attirer des habitants, avaient promis à tous ceux qui viendraient s'y fixer, trois pugnets de terre, pour un cens annuel de quatre deniers. Les habitants de Sartiaux prétendaient avoir droit de glanage sur les terres de l'abbaye de Thenailles. Cette prétention leur fut contestée ; une sentence arbitrale de 1269 jugea le différend en faveur de l'abbé de Thenailles. Ce village existait encore en 1410 ; il fut imposé, avec Buissancourt, à deux livres sept sols, lors de l'aide imposée sur le diocèse de Laon pour remettre à l'obéissance du roi Jean sans Peur, plusieurs sujets rebelles.

La ville de Marle avait alors ses illustrations modestes, il est vrai, mais qui prouvaient qu'elle était un centre intellectuel et religieux. En 1270, elle fournit un abbé à l'abbaye de Saint-Martin de Laon, et un autre, nommé Jean Ier, à celle des Prémontrés ; cette dernière lui doit encore l'abbé Jean II de Marle, mort en 1436, après avoir gouverné son ordre et sa maison avec beaucoup de prudence et de sagesse.

Souvent même, des habitants de Marle, à cause de leur esprit juste et de leur caractère bienveillant, étaient choisis comme arbitres. Un différend s'étant élevé, en 1277, entre les bourgeois de Lagny-les-Chaumont, les religieux de l'abbaye et les chevaliers du Temple de Seraucourt, un bourgeois de Marle, appelé *Perrckars*, surnommé *le Bon*, fut choisi, d'un commun accord, comme arbitre ; il sut arranger les intérêts en litige à la satisfaction des parties.

Égidius de Lessy, abbé de Fesmy, reçut en 1270, de Maistre de Marle, official de Laon, le sixième jour après la séparation des Apôtres, des lettres touchant le dixième des foins à percevoir à Marcy, à Béhaine et à Haudreville, attribués à son abbaye. Ce même abbé reçut le consentement d'Enguerrand IV, seigneur de Marle, à un marché conclu entre Gervais, écuyer, et l'abbé, touchant la rente de quarante-deux muids de blé à prendre sur la mense d'Haudreville, laquelle rente il tenait de Jehan de Presles, chevalier.

A la même date, Gobert de La Fère, abbé de Saint-Vincent de Laon, transigea avec Enguerrand IV, au sujet de plusieurs contestations touchant des biens situés au terroir d'Attencourt, de Dormicourt et d'Erlon. Cette transaction fut confirmée par l'abbé de Saint-Denis, ministre sous Philippe le Hardi.

Sur les ordres de Gautier-Bardins, bailli du Vermandois, adressés au mayeur de Marle, les gens armés de la commune durent se rendre dans la ville de Troyes, où le roi devait faire la semonce ou revue dans l'octave de la Nativité de la Vierge (1274). Déjà les chevaliers et les hommes armés de la châtellenie avaient dû se rendre à la convocation du ban fait par le roi **Philippe le Hardi** deux ans auparavant.

En 1282, Thomas de Coucy, chevalier, sieur de Vervins,

et Aélis, sa femme, garantissent sur huit moyes de terre qu'ils possédaient à La Neuville-Bosmont une rente de vingt sols, que Thomas père avait donnée à Monseigneur Jean de Ville, dit : *L'Étonné*, seigneur de Nouvion-le-Comte.

Enguerrand IV, seigneur de Marle, par une charte du mois de mai 1287, constitua à Robert, évêque de Laon, une rente de deux cents livres parisis à prendre sur son vinage de Crécy et sur la châtellenie de Marle, pour se rédimer du droit qu'avait l'évêque de prendre à volonté du bois dans les forêts appartenant au sire de Coucy.

Le roi Philippe le Bel, par une charte donnée à Folembray, au mois de juillet 1293, afin d'assurer le repos de son âme, fit charitablement remise à l'abbaye du Sauvoir, près de Laon, de cent onze livres parisis qui lui étaient dues pour les acquisitions suivantes faites par l'abbaye : plusieurs pièces de terres, sises dans le Laonnois, à Chambry, Bruyères, Mortiers, à Marcy le pré Hérembourg, un courtil à Béhaine, cinq jalois de terre à Barenton-Bugny, un muid de blé, mesure de Laon, à prendre sur le vinage de Gobert, dit *Trochu*, au terroir d'Erlon, près de Marle.

CHAPITRE V

DÉFAITE DE COURTRAI. — LES HABITANTS DE MARLE SOUTIENNENT LE ROI CONTRE LE PAPE BONIFACE. — BATAILLE DE MONS-EN-PUELLE. — FROID INTENSE. — LES TEMPLIERS. — GUERRE DE CENT ANS. — JACQUERIE. — PRISE DE MARLE.

1300-1400.

Après la funeste bataille de Courtrai, livrée le 11 juillet 1302, dans laquelle la chevalerie française fut taillée en pièces, ce qui la fit surnommer : *Bataille des Eperons*, les Flamands se répandirent dans la Thiérache qu'ils ravagèrent. L'abbaye de Foigny n'échappa au pillage qu'en payant aux ennemis une forte contribution.

Ils détruisirent le village de Richemont, qui alors avait une église ; cette commune n'est plus aujourd'hui qu'une ferme, dépendante de La Neuville-Bosmont, depuis le 17 novembre 1791, par une décision du district de Laon. Les Flamands saccagèrent en même temps le hameau de Sartiaux, situé non loin de La Tombelle.

Le mauvais état des récoltes amena la disette. Le roi, ayant pris des mesures pour empêcher les accaparements, adressa à Enguerrand IV de Coucy, seigneur de Marle, des lettres particulières pour l'inviter à tenir la main à l'exécution de son édit, il lui ordonna en outre de rechercher tout le blé possible et de le faire porter aux marchés (1303). Philippe le Bel, qui était avide d'argent, ne reculait devant aucun moyen pour s'en procurer. Non content de falsifier les monnaies, il accabla ses sujets d'impôts, et, sans avoir obtenu l'autorisation du pape comme l'usage du temps le demandait, il frappa les biens du clergé d'une forte contribution. Boniface VIII lui envoya l'évêque de Pamiers pour lui faire des représentations. Mais ce prélat, dépassant les ordres qu'il avait reçus, parla au roi sans ménagements ; celui-ci le fit juger et emprisonner comme rebelle. A cette nouvelle, le pape lança contre Philippe une bulle d'excommunication. Le roi la fit brûler en place de Grève, et, pour s'assurer l'appui du peuple, convoqua, pour le 10 avril 1303 à Paris, les trois États du royaume : clergé, noblesse et tiers-état.

Les députés des communes réunis en Assemblée générale à Notre-Dame de Paris déclarèrent que la couronne de France ne relevait que de Dieu. Les bourgeois de Marle, convoqués par le maire, les échevins et les jurés à la maison de ville, adressèrent, au mois de septembre 1304, un acte d'adhésion à cette déclaration. Cet acte rédigé en latin est muni du sceau de la commune[1] ; le contre-scel porte *une fleur de lys* avec ces mots en gothique :

† Sigillum secreti.

Par cette charte, dont nous donnerons le texte aux pièces justificatives, les Marlois s'engagent avec énergie à combattre les usurpations de pouvoir du pape qui ne doit s'occuper que de choses spirituelles ; ils en appellent au futur concile pour décider la question. La mort du pape Boniface VIII, arrivée le 11 octobre 1303, mit fin à ces démêlés.

Philippe le Bel obtint du nouveau pape, Clément V, qui lui était tout dévoué, l'autorisation de lever une dîme sur le clergé des diocèses de Laon et de Soissons.

---

[1] Sceau rond de soixante millimètres.

Les Français prirent une revanche éclatante sur les Flamands à la bataille de Mons-en-Puelle (Nord), le 13 août 1304, dans laquelle la noblesse du Laonnois et de la Thiérache, avec les gens des communes, contribuèrent à la victoire.

Le roi fut puissamment aidé dans cette campagne par le connétable Gaucher de Châtillon, comte de Porcien et seigneur de Rozoy-sur-Serre, qui fit prisonnier le comte Henri de Bar, gendre du roi d'Angleterre, et l'obligea à faire hommage à la couronne de France.

Comme l'hiver de 1303, celui de 1305, fut excessivement rigoureux ; le froid fut si rude que les rivières gelèrent ; les chroniques de Saint-Denis prétendent que la mer fut prise de glace sur les côtes de France. Les populations eurent beaucoup à souffrir des rigueurs de la saison, et plusieurs habitants périrent de froid et de misère.

Simon de Marle, ayant, dans une dispute avec des chanoines de Laon, mis l'épée à la main dans le cloître, fut arrêté, jeté en prison et condamné par le Tribunal du chapitre à soixante sols d'amende (360 francs). Comme il ne put payer, il fut contraint d'assister à une procession en chemise, tête, bras et pieds nus, et de présider ladite procession dans cet état, depuis la cathédrale jusqu'à l'abbaye de Saint-Jean-au-Bourg (1308).

Un des événements les plus remarquables du règne de Philippe le Bel fut la destruction de l'ordre des Templiers. Au mois d'octobre 1307, le grand maître Jacques Molay fut arrêté ainsi que Raoul de Presles, qui dénonça le prieur du Temple de Laon, frère Gervais de Beauvais, comme ayant des secrets d'Etat. Le plus grand crime des Templiers était d'avoir d'immenses richesses. Dans notre région, ils possédaient entre autres la ferme de Puisieux, où ils avaient une maison de leur ordre, ils en avaient une autre également à Catillon-du-Temple. Par une lettre datée de Melun, le 21 mars 1308, le roi rappelait les crimes et les abominations dont on accusait les Templiers, et invitait les villes du royaume à nommer deux députés pour se rendre à Tours à l'effet d'examiner cette affaire. Deux députés furent choisis par les habitants de Marle, auxquels furent remises des lettres revêtues du sceau de la ville. Ces lettres traçaient leurs devoirs aux députés, elles étaient ainsi conçues :

« A très excellent et très puissant prince et leur très
« cher et très aimé seigneur, Philippe par la grâce de
« Dieu, roi des Français, et son noble Conseil et à tous
« autres à qui ces présentes lettres seront offertes. Les
« maire, jurés, échevins et toute la commune de la ville
« de Marle, honneur, révérence, obéissance à vous, com-
« mandement en toute chose, très cher sire, savoir faisons
« à vous et à votre bon conseil, que nous avons vu vos
« lettres contenant la forme qui ci-après en suit : »

Suivent les lettres de Philippe en latin, que nous ne donnons pas.

Les biens des Templiers furent laissés, ceux de Seraucourt et de Maimbressy aux frères de l'hôpital de Boncourt[1], et d'autres furent attribués aux chevaliers de Rhodes, appelés depuis chevaliers de Malte.

Les Templiers possédaient des commanderies à Bosmont et à Boncourt, qui, après l'extinction de l'ordre, passèrent aux chevaliers de Malte. Les Templiers n'avaient pas de maison à Marle comme à Puisieux, mais ils y avaient

---

[1] Village du canton de Sissonne, dépendant du Grenier à Sel de Marle, fut atteint, en 1792, d'une grave épidémie ; l'Administration départementale envoya pour soigner les malades, le médecin Labrusse, et notre oncle Nachet, chirurgien à Laon.

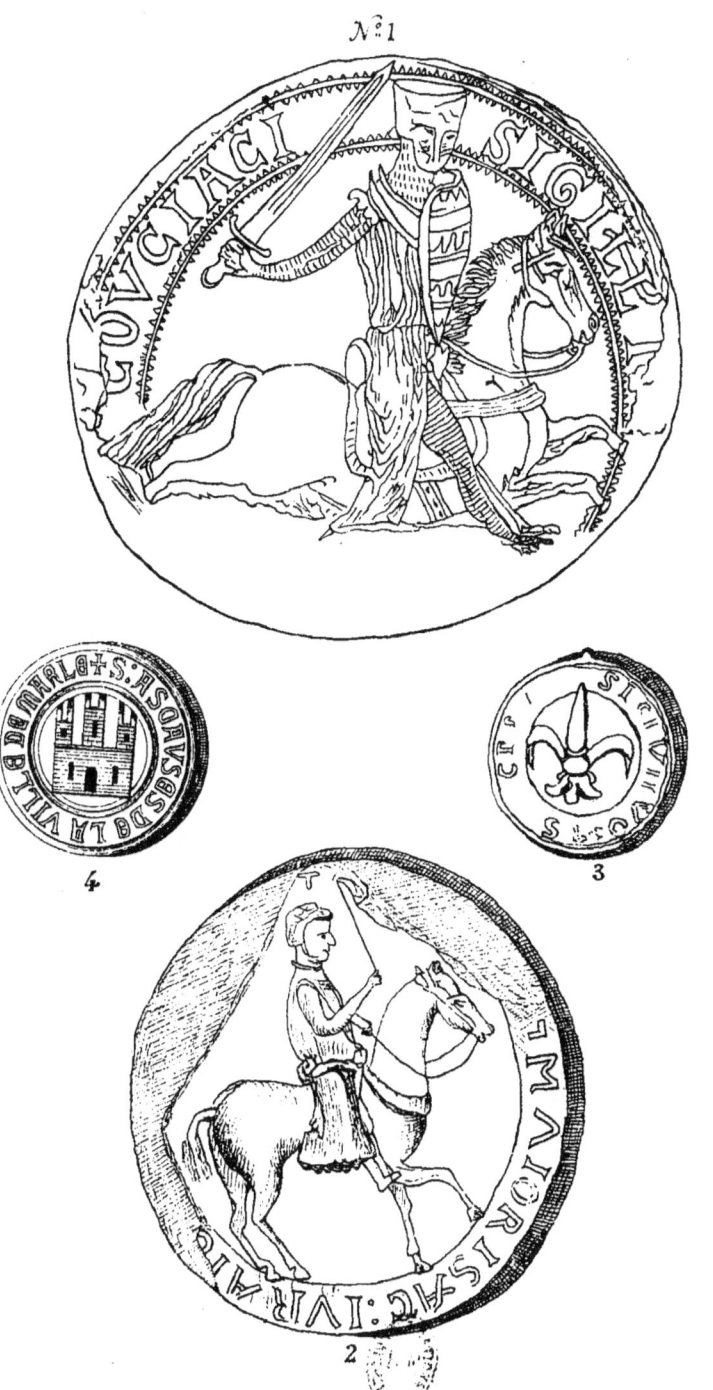

1. Sceau d'Enguerrand IV de Coucy et Marle. — 2. Sceau du Mayeur de Marle.
3. Contre-Sceau. — 4. Scel des Causes de la Ville de Marle.

quelques biens qui furent réunis à la léproserie ou maladrerie de Marle, et dont les titres sont perdus.

Au mois de septembre 1301, Jean Gossuin, bailli de la terre de Coucy, rendit, au profit du prieur d'Haudreville, une sentence réglant à nouveau le pâturage de Marcy ; c'était à la suite d'une enquête faite par nobles hommes Guy de Celle, chevalier, et Villain de Crécy, écuyer, tous deux hommes de la salle de Marle, que cette sentence fut rendue.

La même année, au mois d'octobre, Guillaume de Coucy, seigneur de Marle, de La Fère et de Montmirail, donna acte d'une rente de sept muids de blé, à prendre sur son moulin à eau de Marcy, au profit de l'église de Boncourt-Fesmy. Cet acte était revêtu du sceau de Guillaume, de forme ronde, équestre, aux armes de Coucy, y compris l'épaulière et même l'arçon de la selle, le cimier en éventail, sur le chanfrein du cheval, se lisait ces mots en légende :

S. GVILLI : DE : CONCIACO. DE DRISIACO, MILITI.

L'année 1316 fut désastreuse, des pluies continuelles gâtèrent les moissons et anéantirent les récoltes ; il en résulta une grande disette et une cherté de vivres excessive, beaucoup de malheureux périrent de faim. *(Melleville.)*

Sous le règne de Philippe-le-Bel, intervint un arrêt du Parlement du 10 janvier 1320, obligeant Jean de Haisi, prévôt de Laon, à remettre au chapitre de Soissons le corps d'un clerc qu'il avait fait pendre pour un faible délit, contrairement aux privilèges ecclésiastiques, et le condamnant à payer au chapitre cinquante livres parisis à titre de dommages-intérêts. Le jugement ne dit pas de quel délit s'était rendu coupable le clerc Pierre Bernage, pour mériter la mort.

Au mois d'avril 1321, Philippe-le-Long fit paraître une ordonnance datée de Laon et portant le sceau royal, concernant les lépreux. Ces malheureux étaient accusés d'empoisonner l'eau des puits et des fontaines, en y jetant des paquets contenant des cheveux et du sang humain, de l'urine et trois sortes d'herbes. Sans s'assurer de la véracité de ces faits, on condamna beaucoup de lépreux à périr par le feu ; le bailli du Vermandois ne leur fit aucun quartier.

Après la mort de Charles-le-Bel, décédé sans postérité en 1326, la guerre éclata entre la France et l'Angleterre, à cause des prétentions d'Edouard III à la couronne de France. Ce fut l'origine de la fameuse guerre de cent ans. Le roi d'Angleterre débarqua en Flandre avec une armée nombreuse, renforcée bientôt par vingt mille Flamands. Il se rendit à Valenciennes et attaqua Cassel, dont il fut obligé de lever le siège ; il se dirigea alors vers le Mont-Saint-Quentin. Un corps de troupes, sous les ordres de Gauthier de Mauny et de l'évêque de Lincoln, quitta le roi à Bohéries, traversa à gué la rivière d'Oise et se dirigea vers la Thiérache. Les ennemis incendièrent et pillèrent La Flamengrie, Le Nouvion, Buironfosse, les abbayes de Foigny, de Clairefontaine et de Saint-Michel.

Le sire de Fauquemont, avec cinq cents allemands, incendia le village de Plomion, s'empara des bestiaux et se dirigea sur la ville de Marle. Le commandant ne peut s'emparer de cette place qui faisait bonne garde ; mais il s'empara du faubourg Saint-Nicolas dépourvu de fortifications, et du faubourg Saint-Martin qu'il livra au pillage et à l'incendie.

Les Anglais, poursuivant leur marche, s'emparèrent de Crécy-sur-Serre, « une bonne ville qui n'était pas fermé », et s'avancèrent jusqu'à Vaux-sous-Laon, ravageant tout sur leur passage, brûlant La Fère, Saint-Gobain et l'abbaye d'Origny-Sainte-Benoîte.

Ayant appris que Philippe VI était à Saint-Quentin, le roi anglais rappela ses troupes et se replia sur le gros de son armée. Serré de près par l'armée royale, il se dirigea à marches forcées vers la Thiérache et s'arrêta près de Buironfosse, où il fit camper ses troupes. Le roi de France l'y poursuivit, les deux monarques se trouvaient en présence, le vendredi 22 octobre 1339, la bataille paraissait imminente, mais l'action ne s'engagea pas.

Les Anglais, profitant du désordre survenu dans les premiers rangs de l'armée française par la présence d'un lièvre qui passant « parmi les champs, se heurta contre les Français, dit Froissard », abandonnèrent leur camp de Buironfosse et se retirèrent sur Avesnes, sans être poursuivis.

Le roi Philippe, furieux de voir son adversaire lui échapper, voulut s'élancer sur ses traces. L'expérience lui prouva quelles difficultés il aurait eu à vaincre pour arriver jusqu'à lui. A peine le premier rang était-il engagé sur un terrain marécageux, que plus de mille chevaliers s'embourbèrent et eurent beaucoup de peine à se dégager. Quand l'armée eut triomphé de cet obstacle qui, bien défendu, aurait été infranchissable, elle s'établit à la Flamengrie sur l'emplacement même que les Anglais venaient de quitter et y séjourna deux jours. Ayant appris que le roi d'Angleterre avait déjà franchi les frontières du Hainaut et que, sur ce sol ami, les Confédérés s'étaient dispersés, Philippe rebroussa chemin, regagna son point de départ, la ville de Saint-Quentin.

Le roi de France licencia ses troupes, après avoir mis des garnisons dans les villes de Marle, de Vervins et autres. Mais les aventuriers, qui composaient en majeure partie l'effectif de l'armée française, se répandirent dans les campagnes de la Thiérache qu'ils mirent à contribution.

Pour ne pas interrompre notre récit, nous avons dû négliger quelques faits que nous rapportons par ordre chronologique.

✗ Les habitants de Dercy, près de Marle, obtiennent de leur seigneur Jean de Barbigny, damoiseau, l'abolition des corvées, chevauchées, et formariage, moyennant une rente annuelle de cent soixante livres parisis (1329).

Guillaume de Coucy, à cause de sa terre de Marle, autorisa Thomas de Marfontaine à fonder, dans le château de Marfontaine, une chapelle qu'il dota. Déjà, Arnould de Marfontaine, seigneur du lieu, avait signé la charte communale de Marle.

Gauthier, duc d'Athènes, capitaine général des comtés de Rethel et de Porcien, était à la tête des gens d'armes qui le suivirent à Mézières et en Thiérarche, du 7 août 1339 jusqu'au 1er octobre 1340. Parmi ces troupes se trouvaient le chevalier Jean de Précy, capitaine de Montcornet, l'écuyer Riflard de Rougeries et Enguerrand de la Bove. Ces gens d'armes passèrent sous le commandement du bailli de Vitry, pendant l'absence du duc d'Athènes, mandé à la semonce de Compiègne, le 4 septembre 1339. Ils servirent à Lille, sous les ordres de Godemar de Fay, et firent le siège de Tournay.

En 1346, la guerre avec les Anglais fut la cause de nouveaux malheurs. La défaite de Crécy jeta la désolation dans le pays ; Jean V, comte de Roucy, seigneur de Pierrepont, et Jean de Hainaut, comte de Soissons, trouvèrent la mort sur le champ de bataille ainsi que beaucoup de seigneurs et d'habitants des environs.

Pénétrant plus avant, les Anglais s'emparèrent du château-fort de Bosmont, que leur livra Jean de Coucy-Vervins, seigneur de Bosmont, pour se venger du roi de France dont il croyait avoir à se plaindre ; mais les Français vinrent aussitôt en faire le siège, le prirent, le rasèrent jusqu'aux fondements et élevèrent, sur son emplacement, *une potence*, comme une menace à ceux qui tenteraient de suivre l'exemple de Jean de Coucy. On remarque encore, dans le bois, des fossés et des accidents de terrain, des matériaux qui indiquent l'endroit qu'occupait la forteresse.

Pour mettre le comble à la misère publique, une maladie contagieuse, appelée la *peste noire*, frappa les populations et firent de nombreuses victimes. Un tiers des habitants de Marle fut décimé par cette maladie qui ne cessa ses ravages qu'à la fin de l'année 1349.

En 1347, un nommé Govain de Bosmont, gagné, dit Melleville, par le roi d'Angleterre, conçut le projet de lui livrer la ville de Laon, qu'il connaissait pour y avoir exercé la profession d'orfèvre. Il fit part de ce projet à un de ses confrères auquel il remit une lettre pour le roi d'Angleterre, alors occupé au siège de Calais. Mais la missive fut remise au roi de France qui fit arrêter Govain de Bosmont pour le faire juger à Laon. On n'en eut pas le temps, le peuple fit justice du traître en le lapidant.

L'historien de Guise cite Mallet Eustache, natif de Marle, gouverneur de Guise, comme s'étant acquis une grande réputation de bravoure, au point qu'on ne l'appelait que *le brave Eustache*. Il avait reçu cent vingt-deux blessures dans les combats auxquels il avait assisté et payé de sa personne (1349). (*Pêcheur.*)

Le seigneur de Pierrepont, Jean de Roucy, qui n'avait pas voulu protéger son château de Bosmont contre les attaques du capitaine Hennequin, s'était réfugié à Laon. Résolu à tirer vengeance de la ruine de son domaine, il se mit à la tête de quelques troupes et tomba sur l'ennemi au moment où il pillait et incendiait un village situé entre Dizy-le-Gros et La Valroi (Sévigné). Négligeant les lois de la prudence, la petite troupe s'engagea dans un défilé où Hennequin, qui disposait d'un plus grand nombre de combattants, la mit en déroute et en fit un affreux carnage. Le comte de Roucy fut fait prisonnier et mourut au château de Sissonne ; de nombreux gentilshommes avaient cependant échappé au désastre.

Robersart, chanoine de Laon, qui régissait à Marle la terre du jeune comte de Roucy, résolut de venger cet échec. Avisé que le sire de Comminges allait rejoindre le roi d'Angleterre avec trois cents hommes, il se met à la tête de quarante lances et, accompagné du sire de Rozoy qui en avait trois cents, il poursuit l'ennemi qu'il atteint à Herbigny sans défense, Comminges tombe dans une embuscade où il est tué avec ses compagnons. Poursuivant ses succès, Robersart envahit le village d'Herbigny, surprend les Navarrais, sans armes, répandus dans les maisons, les massacre sans pitié ou les fait prisonniers (1350). De trois cents qu'ils étaient, il n'en échappa que quinze. « Malheureusement, le belliqueux chanoine, « qui avait été loyal Français par ci-devant, se tourna « Anglais par la suite. » *(Froissart.)*

Le désastre de Crécy fut suivi, onze mois plus tard, de la prise de Calais par les Anglais. Des désordres politiques divisèrent la France et la partagèrent en deux camps : les Armagnacs, et les Bourguignons, confondus avec les Anglais.

Vers cette époque calamiteuse, les populations du Beauvaisis et des environs se révoltèrent contre leurs seigneurs, qu'ils considéraient comme la cause de leurs maux et auxquels ils reprochaient la perte de la bataille de Poitiers, dans laquelle le roi Jean fut fait prisonnier et où périrent Eustache de Ribemont, Enguerrand de Coucy, seigneur de Marle, Morel Le Corgne, dit de Marle, chevalier, lieutenant de cent hommes d'armes, et beaucoup d'autres chevaliers des environs.

Le dimanche 22 mai 1358, jour de la Fête-Dieu, les paysans de Clermont (Oise) et du Valois, ne pouvant plus supporter les misères qui les accablaient, « crurent que les lois de la justice leur permettaient de se soulever contre les nobles ». Telle fut l'origine de la *Jacquerie*. La révolte des paysans (*Jacques*) se propagea avec une rapidité effrayante. C'est aux cris de : *Mort aux gentilshommes !* qu'ils se ralliaient. Armés de bâtons ferrés, de couteaux et de fourches, ils se répandirent dans le Noyonnais et dans le Laonnois, pillant les châteaux et mettant à mort les nobles et leurs familles. Ils pénétrèrent dans la ville de Laon qu'ils livrèrent au pillage.

La stupéfaction et la terreur furent grandes parmi les chevaliers ; quelques-uns sortirent du royaume, d'autres se retirèrent dans de bonnes forteresses. Bientôt cependant, revenus de leur effroi, les seigneurs songèrent à se défendre contre *Jacques Bonhomme*. Enguerrand VII de Coucy, seigneur de Marle, joint à d'autres chevaliers, attaqua les *Jacques,* les défit et en tua un grand nombre, Le roi de Navarre, Charles le Mauvais, accompagné du comte de Saint-Pol, fondit à l'improviste sur un groupe de *Jacques* campés près de Montdidier, en tua trois mille et s'empara de leur chef (*Henique*), qu'il punit du dernier supplice. « Triomphante pendant quinze jours, la *Jacquerie* avait eu six semaines d'existence. »

En 1358, Thomas V de Vervins donna le dénombrement de sa terre à Enguerrand de Coucy, son cousin, comme mouvante de lui, à cause de son château de Marle ; toutes les dépendances de la seigneurie sont désignées dans cet acte. On y donne l'indication des droits féodaux du seigneur de Vervins sur les habitants de cette ville. Il avait le droit de lods, de vente, d'amende sur toutes les maisons situées dans l'enceinte de la cité ; il percevait le douzième denier sur les mêmes immeubles, à l'exception de quatre qui étaient exempts du droit de forage. Il prélevait quatre pots sur chaque chariot de vin vendu en gros et en détail, et deux pots sur chaque charrette. Chaque boulanger lui payait dix-huit sols par an. Le seigneur avait la connaissance et la justice de toutes les mesures, et le droit de percevoir une mesure de sel sur chaque marchand qui en exposait en vente. Enfin il payait le salaire de l'exécuteur des hautes œuvres, dont les prix variaient.

Marguerite de Beaumez, veuve du comte de Roucy, se remaria avec Raoul de Renneval et lui apporta en dot la seigneurie de Pierrepont. Raoul fut pannetier de France ; il servit avec distinction dans les guerres de son temps. En récompense de ses services, il obtint du duc Charles, régent de France, en 1358, l'établissement, à Pierrepont, d'un marché, le mercredi de chaque semaine, et une *franche fête,* le jour de saint Riquier, devant durer trois jours. Cet établissement donna une certaine importance à ce village, dépendant du doyenné de Marle.

Parlant du château de Pierrepont, Froissart ajoute :
« C'étoit un très bon chastel qui sied en très fort marais
« et y estoit pour lors grande foison de bonnes gens du
« pays qui y avoit mis en retrait leurs biens, sur la fiance
« du fort lieu. »

Pierrepont servit de lieu de rassemblement à l'armée française destinée à repousser les Anglais. Ces troupes indisciplinées commirent autant de ravages qu'auraient pu le faire les ennemis. *(Melleville.)*

En 1358, Edouard III, roi d'Angleterre, fit une nouvelle

invasion en France, à la tête d'une armée de cent mille hommes ; il traversa la Thiérache et le Laonnois, ravageant les campagnes, s'emparant des villes fermées, mais laissant derrière lui des places fortes et des châteaux fortifiés. Les ennemis s'emparèrent du château de Sissonne, semant l'effroi dans le pays.

Toutefois, le roi d'Angleterre, sentant le danger de sa situation, consentit à faire un traité de paix, qui fut signé le 4 mai 1360, au hameau de Brétigny [1], avec le roi Jean, traité qui ne fut pas suivi d'exécution.

Le roi Jean-le-Bon étant mort à Londres, le 8 avril 1364, Charles V lui succéda. Ce prince, par prudence, évita de se mesurer avec les Anglais dans des batailles rangées, et porta toute son attention sur l'administration intérieure du royaume. Il allégea les impôts et supprima des emplois ; c'est ainsi qu'il abolit le droit de prise, les appeaux volages et frivoles dans le Laonnois, dans le Comté de Soissons et de Marle, et plus tard dans le bourg de Rozoy. Ces impôts avaient été imaginés par les officiers de justice du bailliage de Vermandois, siégeant à Laon, pour s'attribuer les jugements des matières possessoires et dépouiller ainsi les juges seigneuriaux.

En 1365, comme le pays était infesté de brigands, Gui de Monceaux, abbé de Saint-Denis, fit fortifier le village de Chaourse en entourant l'église de fortifications derrière lesquelles les habitants pouvaient se réfugier dans les moments de danger ; des lettres du roi obligèrent les habitants à contribuer à cette dépense. Chaourse était alors du doyenné et du grenier à sel de Marle.

Par suite de la rupture du traité de Brétigny, en 1370, le roi Charles déclara la guerre à l'Angleterre. La ville de

---

[1] Brétigny, village près de Chartres.

Marle fut occupée par une garnison anglaise, toutes les campagnes furent ravagées. Les terres restèrent sans culture et la famine désola les populations. Edouard III étant mort, Enguerrand VII de Marle, libre de tout engagement, fut nommé gouverneur général de la Picardie, et fut chargé, en 1381, de poursuivre le duc de Lancastre, débarqué à Calais avec trente mille hommes. Plus tard, une autre troupe, sous les ordres de Robert Knoles, pénétra en Picardie, pillant et incendiant les villages qu'elle traversait. Le Laonnois ne fut pas épargné, un parti anglais s'empara de Sissonne et, après avoir traversé la rivière d'Aisne à Vailly, se dirigea vers Soissons dans le but de piller la banlieue ; mais les troupes qui composaient ce parti anglais tombèrent dans une embuscade que leur tendirent Hugues de Porsien, Jean de Coucy et autres chevaliers.

A la date du 8 juillet 1372, dans le Cartulaire des fiefs du Comté de Marle figure le dénombrement du domaine d'Etréaupont, fait par Adrien de Bournonville, chevalier, comme tuteur de ses neveux, Enguerrand de Bournonville et d'Aliénor d'Amy ; ils tenaient ce domaine à foi et hommage du sire de Coucy, à cause de son château de Marle.

En 1375, les Anglais s'étant emparés du bourg de Crécy-sur-Serre, l'incendièrent, après l'avoir pillé ; une grande partie des maisons furent consumées par les flammes à l'exception de l'église. Crécy eut plusieurs fois la visite des Anglais pendant ce siècle et fut le théâtre d'évènements importants.

Le village de Voyenne[1] n'avait pas été épargné, il fut

---

[1] Au lieu dit : *le Perron-d'En-Bas*, à Voyenne, se trouvaient les habitations des Mérovingiens dont on a découvert les sépultures dans la plaine du Tombois. En labourant, on rencontre en cet endroit des débris

incendié par les Anglais. Un enfant faillit périr dans les flammes, c'était Thomas Froissard, né en 1374, qui devint plus tard maître en médecine et principal du Collège de Laon, à Paris.

Le roi Charles V étant mort en 1380, son successeur Charles VI, à peine âgé de douze ans, monta sur le trône ; il fut sacré à Reims, le 4 novembre, et le seigneur de Marle, Enguerrand VII de Coucy, assista à la cérémonie en qualité de haut baron.

Le 27 mars 1382, eut lieu la bataille de Rosebecque dans laquelle trente mille Flamands périrent par les armes françaises ; Enguerrand VII de Coucy, seigneur de Marle, se distingua dans cette affaire et seconda les efforts du Connétable Olivier de Clisson.

Charles VI ayant été frappé de démence dans la forêt du Mans, Claude de Harcigny, célèbre médecin de Laon, et Jean Clément, natif de Marle, donnèrent des soins au roi. Ils furent assez heureux pour le guérir ou, du moins, pour lui

---

de tuiles, des charbons et des fondations qui ne laissent aucun doute sur la présence d'habitations détruites par un incendie.

Par une charte de 877, Charles-le-Chauve donna à l'abbaye Saint-Corneille de Compiègne les deux tiers des dîmes qu'il possédait sur le terroir de Voyenne (*Vienna, Voienna*). Ces mots latins semblent indiquer la présence d'une voie romaine sur le terroir de Voyenne ; parmi les lieux dits existent : *le Vieux-Chemin-de-Reims* et *le Chemin-de-Montcornet*.

La seigneurie de Voyenne appartint plus tard à l'abbaye Saint-Jean de Laon qui faisait nommer tous les ans, le jour de Saint-Pierre, par les habitants réunis, un maire (doyen) et deux échevins chargés de rendre la basse-justice et de percevoir les droits dus à l'abbaye pour le rouage, l'afforage, le gâteau et le bottiaux. Ce droit consistait en vingt deniers d'argent sur chaque jalois de terre.

L'abbaye fit construire au lieu dit la *Grande-Cour*, une église dédiée à Saint-Remi, et une cense contenant la grange dîmeresse. Les habitants firent élever dans un endroit de la *Grande-Cour*, une construction solide, voûtée, entourée de murs en grès, percés de meurtrières et qui leur servait de forteresse ou de *fort* dans lequel ils se retiraient lors des invasions ennemies ; ce fort fut détruit en 1653.

faire recouvrer une partie de sa raison. C'était à la recommandation du sire Enguerrand, que Charles VI fut confié aux soins du docteur Laonnois. Claude refusa le titre de médecin du roi attaché à sa personne, préférant retourner à Laon, où il mourut, le 10 juillet 1393. Il fut inhumé dans le cimetière des Cordeliers sous une tombe de marbre.

Au mois d'octobre 1392, Charles VI, « pour cause de joïeux et premier advènement en la ville de Laon », accorda des lettres de rémission en faveur de Johannot Lefèvre, lieutenant du prévôt de Guise. Ce gentilhomme, se rendant à Puisieux pour les affaires de la Prévôté, avait été attaqué par Jehan Delacour de Proisy, qui lui avait porté un coup d'épée dans le bras ; Lefèvre, en se défendant, avait frappé mortellement son antagoniste.

Par des lettres du 5 juin 1395, Gauthier de Châtillon donna à Louis de Ghistel, fils de Jean de Ghistel et de Jeanne de Châtillon, trois écus de rente à prendre sur les terres de Saint-Lambert, de la Tombelle, de Marle et de Franqueville, au faubourg Saint-Nicolas.

Le sire de Marle, Enguerrand VII, après une existence glorieuse consacrée au service de la France et après avoir refusé le titre de connétable, mourut prisonnier des Turcs, le 13 février 1397. Cette mort douloureuse plongea les habitants de Marle dans la tristesse ; un service funèbre fut dit dans l'église Notre-Dame pour le repos de l'âme du noble seigneur de Marle.

Jean Clément de Marle, dont nous avons déjà parlé, fut, en 1399, doyen de la Faculté de Médecine de Paris. Un autre enfant du pays, Gobert de Marle, fut médecin et maître en médecine de l'Université de Paris, à la même époque.

CHAPITRE VI

LA VILLE DE MARLE PASSE DES SIRES DE COUCY, AU DUC D'ORLÉANS, PUIS A LA MAISON DE BAR ET DE LUXEMBOURG. — BATAILLE D'AZINCOURT. — LUTTE DES ARMAGNACS ET DES BOURGUIGNONS. — PESTE. — FAMINE.

1400-1500.

Enguerrand de Coucy, en mourant, ne laissait pas de postérité mâle. Il avait deux filles : Marie, qu'il avait eue de son mariage avec Isabelle d'Angleterre et qui avait épousé Henri de Bar ; puis Isabeau de Coucy, qu'il avait eue d'Isabeau de Lorraine, sa seconde femme. Isabeau épousa, après la mort de son père, Jean de Bourgogne, comte de Nevers.

Marie de Coucy, l'aînée, prit possession de tous les domaines de son père ; mais Isabeau, sa sœur cadette, en demanda le partage. Il y eut un long procès, qui se termina par un arrêt du Parlement, rendu le 11 août 1408, ordonnant le partage des biens entre les deux sœurs et adjugeant à Isabeau partie des seigneuries de Coucy, de Marle, de La Fère et d'Origny-Sainte-Benoîte, plus le quart de celles de Montcornet et de Pinon.

Marie de Coucy, devenue veuve, cédant aux pressantes instances du duc d'Orléans, avait vendu à ce prince, par un acte authentique du 15 novembre 1400, en se réservant l'usufruit, la seigneurie de Coucy, les châtellenies de Marle et de La Fère, moyennant la somme de quarante mille livres. Regrettant ensuite sa faiblesse, Marie se retira dans ses terres de Bar où elle mourut quatre ans après. Le duc d'Orléans obtint des héritiers de nouveaux délais pour le paiement des deux cent mille livres qu'il redevait encore.

Le duc Louis d'Orléans (deuxième fils de Charles V), devenu possesseur du domaine de Coucy, obtint du roi Charles VI l'érection de ses biens en pairie. Des lettres patentes lui en furent délivrées. Cette pairie comprenait « les ville, château, châtellenie de Coucy, auxquels appar- « tenaient les lieux de Folembray, de Saint-Aubin ; les « ville, château, châtellenie de La Fère, avec le Chastelet ; « les ville, château et châtellenie de Marle, avec les châ- « teaux d'Assis, de Gercy et toutes les dépendances ».

Isabeau de Coucy ne jouit pas longtemps des seigneuries qui lui furent adjugées ; elle mourut en 1411, laissant tous ses droits à son fils unique, qui la suivit de près dans la tombe, en sorte que l'opulente succession des biens non vendus revint à Robert de Bar, fils de Marie de Coucy.

Robert poursuivit le duc d'Orléans en paiement d'une somme de cent vingt mille livres restant due, mais une transaction intervint. Le comte de Bar consentit à tenir quitte de cette somme le duc d'Orléans, à la condition de restituer les châtellenies de Marle et de La Fère, ce qui fut accepté. C'est ainsi que le domaine de Marle passa dans les maisons de Bar et de Luxembourg.

La ville de Marle était toujours au pouvoir des Anglais et la guerre continuait à désoler les populations. Le comte de Saint-Pol, Valeran de Luxembourg, à la tête de quelques troupes, vint mettre le siège devant cette ville, dans le dessein d'en chasser les ennemis, mais il ne put y réussir (1405). Après quelques jours d'attaques dirigées vers la porte de Laon *(Porte Marie),* il dut se retirer sans avoir pu faire brèche, ni escalader les murailles défendues par de larges fossés.

L'impôt sur les boissons s'élevait alors au quart du prix du liquide vendu. Le peuple se plaignait en vain de cette lourde charge, il avait même protesté en s'insurgeant contre les *maltôtiers* ou agents du fisc. D'après un registre relatant le quatrième des vins vendus en détail dans le diocèse de Laon perçu par Adam de Blois, receveur des aides, on voit que la ville de Marle paya pour sa consommation en vin de détail pendant l'année 1405, cent quatre-vingts livres. Des paroisses du doyenné de Marle, celle qui payait le plus était Montcornet : deux cent quarante livres, et Voyenne, trente livres seulement.

A la guerre civile qui divisait le pays, vint se joindre un nouveau fléau. L'hiver de 1408, fut très rigoureux au point que de mémoire d'homme on n'en avait vu un semblable. Les voitures les plus chargées passaient sur les rivières de la Serre et du Vilpion, couvertes de glaces, les puits même gelèrent profondément, les vignes et les arbres fruitiers furent gelés pour la plupart et beaucoup de malheureux périrent de froid et de faim. Le dégel ne fut pas moins désastreux ; des torrents d'eau emportèrent des moulins et des ponts, entr'autres les moulins de Foigny et de Montigny-sous-Marle, des maisons furent renversées. Ces fléaux firent de nombreuses victimes.

La faveur dont jouissait le duc d'Orléans, frère du roi, excitait la jalousie et la convoitise du duc de Bourgogne, des maisons de Luxembourg et de Lorraine qui revendiquaient les possessions du duc. Ces prétentions furent une des causes de la guerre qui éclata entre les Bourguignons et les *Armagnacs* ou Orléanais.

Un soir de novembre, vers huit heures, alors que le prince d'Orléans sortait de chez la reine Isabeau, accompagné de trois cavaliers et de valets de pied portant des falots, il fut, près de la porte Barbette *(rue Vieille-du-*

Temple), attaqué par dix hommes armés qui se tenaient cachés dans une maison appelée : *L'Image de Notre-Dame ;* ils se jetèrent sur lui, le renversèrent de sa mule, lui fendirent la tête, d'une guisanne *(hache)*, lui coupèrent une main et le laissèrent pour mort sur le pavé de la rue. Ils tuèrent aussi un cavalier qui voulait défendre le duc et un valet de pied ; puis ils se retirèrent sans être poursuivis (1407).

Valentine de Milan, la veuve du duc d'Orléans, alla se jeter aux genoux du roi Charles VI pour obtenir justice contre les assassins de son époux, elle ne put rien obtenir du faible monarque. L'infortunée duchesse mourut cinq ans après son mari, en faisant jurer à son fils Charles de venger la mort de son père.

Devenu majeur, le duc d'Orléans prit les armes le 18 décembre 1411, le roi fit saisir sur lui le comté de Soissons avec réunion à la couronne. Cette mesure engagea le prince à entrer en négociations avec Robert de Bar, comte de Marle, qui, en 1412, accepta une transaction. L'année suivante, Charles VI rendit au duc tous ses biens confisqués à l'exception du château de Soissons, dont il confia la défense à Thibaut de Moreuil-Nesle. Au mois de septembre 1411, Jean sans Peur, duc de Bourgogne, se présenta devant la ville de Laon qui lui ferma ses portes. Mais après quelque résistance, les habitants, qui manquaient de vivres, furent obligés de se rendre. Le duc envoya un détachement de troupes, sous les ordres du prévôt de Laon, s'emparer du château de Roucy ; le manoir fut enlevé, et le comte de Roucy emmené prisonnier à Laon.

Pendant ce temps, les Armagnacs s'emparaient du village de Thenailles et pillaient l'abbaye de Prémontré. L'année suivante, aidés par les milices des communes, ils prirent après une vive résistance le château de Gercy sur les Bourguignons ; les assiégés furent faits prisonniers, et les chefs décapités.

Après le siège de Bourges, les deux partis également épuisés conclurent un traité de paix dans lequel il fut convenu « que les qualifications haineuses de Bourgignons et d'Armagnacs, seraient défendues dans tout le royaume » ; mais cette clause du traité ne fut qu'imparfaitement remplie.

C'est alors, comme nous l'avons dit, que Charles VI, par lettres patentes vérifiées, en 1413, érigea en faveur de Robert de Bar, comte de Soissons, la châtellenie de Marle en comté, comprenant les châtellenies de Montcornet, d'Assis, de Gercy. Déjà, au mois d'août précédent, Robert avait fait foi et hommage au roi pour le domaine de Gercy.

Ce qui ajoutait à l'importance de ce comté, c'est que tous les officiers royaux du Grenier à sel, établi à Marle, étaient à la nomination du comte ; « le roi ne pouvait refuser ceux qui étaient présentés par lui et dont il ne tirait presque pas de finances ». Robert avait aussi le droit de présentation du chapelain de la chapelle Sainte-Marguerite, fondée dans le château de Montcornet, ce qu'il fit la même année en présentant un titulaire à l'évêque de Laon. Dans cet acte Robert de Bar prend la qualité de seigneur d'Oisy, de Dunkerque, de Marle, de La Fère et de comte de Soissons.

A cette date, il fut levé dans le diocèse de Laon une imposition « pour soumettre à l'obéissance du Roy plusieurs sujets rebelles » ; dans la répartition de cette taille faite par les *Eslus des Aydes,* la ville de Marle eût à payer cent vingt livres six sous, tandis que Montcornet n'était taxé qu'à quarante-deux livres.

Pendant les guerres désastreuses des Armagnacs et des

Bourguignons, beaucoup de villages disparurent, tels furent Monceaux et Hary, qui ne sont plus rappelés que par une ferme et par des bois sis sur le terroir actuel de Saint-Pierremont. En 1414, le bourg de Montcornet fut ruiné, tandis que la Thiérache et le Cambrésis étaient ravagés par la cavalerie du duc de Bourgogne.

Le roi, pendant ce temps, était en pèlerinage à Notre-Dame de Liesse ; « il donna des témoignages publics d'une très grande pitié », de là, il vint à Soissons qu'il fit assiéger par ses troupes.

Enguerrand de Bournonville avait été chargé par le duc de Bourgogne, de la défense de Soissons. Charles VI, logé dans l'abbaye de Saint-Jean-des-Vignes, envoya un parlementaire au gouverneur, pour l'engager à se rendre. Enguerrand repoussa hautement ces propositions qui, plusieurs fois renouvelées, n'eurent pas plus de succès. Le gouverneur fit une sortie vigoureuse et repoussa les assiégeants ; c'est dans une de ces attaques que fut mortellement blessé Hector de Bourbon, l'un des chefs les plus jeunes et les plus distingués de l'armée royale.

Charles VI fit alors pousser le siège plus vigoureusement. Le 21 mai 1414, à midi, un assaut général fut donné ; les troupes royales franchirent la rivière d'Aisne, et la ville fut envahie. Enguerrand fut victime de sa bravoure, il s'élançait au devant des ennemis, lorsque son cheval s'embarrassa dans une chaîne tendue ; désarçonné, le sire de Bournonville fut fait prisonnier par le commandant des troupes du duc d'Armagnac. La ville tombée au pouvoir du roi fut livrée au pillage et à tous les excès, nombre de bourgeois furent pendus ; Jean Tiret, homme distingué par son mérite fut conduit à Laon et pendu.

Bournonville n'ignorait pas le sort qui lui était réservé, aussi voulut-il s'y soustraire en s'échappant de la ville ;

mais sa tentative échoua. Livré de nouveau aux mains de ses ennemis, il fut condamné au dernier supplice, malgré les prières des principaux seigneurs de l'armée royale. Sa tête fut placée au bout d'une lance et son corps attaché par les aisselles aux fourches patibulaires de Saint-Crépin-en-Chaye.

Le corps d'Enguerrand de Bournonville fut ramené à Marle et inhumé dans l'église Notre-Dame ; sur sa tombe, il était représenté couché, armé de toutes pièces, la main droite appuyée sur la garde de son épée portant l'écu armorié : *De sable au lion d'argent armé, lampassé et couronné d'or, la queue portée en sautoir.*

Cette statue en pierre bleue n'était pas sans valeur artistique, « les lignes d'ensemble sont majestueuses dans leur « raideur, les détails du costume sont d'une rare élégance. » *(Ed. Fleury.)*

A la Révolution, le mausolée d'Enguerrand ne fut pas respecté ; la statue mutilée fut enfouie dans le cimetière autour de l'église, où elle resta longtemps oubliée. Mise à découvert par hasard, elle fut transportée dans la sacristie et foulée aux pieds. *(Piette.)*

Grâce à l'initiative de Pelletier, un monument fut élevé dans le bas-côté gauche de l'église Notre-Dame, sur lequel Bournonville est représenté dans l'attitude d'un chevalier mort les armes à la main ; il est couché sur le dos, revêtu de ses habits de guerre, l'épée au fourreau, la tête nue posée sur un coussin, les mains jointes sont appuyées sur la poitrine et les pieds posés sur un lion en repos. Au bras gauche est fixé un écusson aux armes de Bournonville.

En tête du monument, on lit l'inscription suivante :

« Sire Enguerrand de Bournonville possédait le riche
« fief de Bournonville, à Marle, siège du comté, inhumé en
« mai 1414, dans cette église. Fut un des chevaliers les

« plus accomplis de son siècle, le plus brave, le plus intel-
« ligent capitaine de Jean sans Peur, duc de Bourgogne ;
« il combattit à Nicopolis contre les Turcs conduits par
« Bajazet ; s'illustra dans les guerres d'Italie. En mai 1414,
« il défendit hardiment Soissons contre huit mille hommes
« commandés par le comte d'Armagnac, auquel il fut
« sacrifié par le roi Charles VI. »

Après la mort d'Enguerrand, les terres et censes de Bournonville restèrent attachées au comté de Marle et firent partie plus tard de l'héritage d'Henri IV. Ce prince aliéna le fief de Bournonville au sieur Du Bouchet de Couville, moyennant seize cents livres (1600). Puis il engagea le domaine de Bournonville à Montluc, gouverneur de Cambrai et seigneur de Balagny. Ce fief était situé dans la banlieue de Marle, entre cette ville et le village de Thiernu. En 1768, le duc d'Orléans, devenu apanagiste du comté de Marle, racheta le fief de Bournonville aux héritiers de Balagny ; il le leur rétrocéda ensuite pour quatre-vingt-dix-neuf années. A la Révolution, la terre de Bournonville étant tombée dans le domaine de l'Etat, fut vendue nationalement, le 24 germinal an IV, sur une mise à prix de deux cent vingt-un mille sept cent soixante-cinq francs.

Un traité de paix fut conclu à Arras, en 1414, entre Jean sans Peur, duc de Bourgogne, et le roi Charles VI, qui, croyant son royaume pacifié, s'en retourna à Paris. Toute la Picardie s'était soumise en effet à son autorité et le frère de Jean de Bourgogne, le comte de Rethel, seigneur de Rozoy, s'était rendu lui-même à Laon pour se remettre sous l'obéissance du roi.

Mais la paix fut de courte durée pour le pays. Henri V, roi d'Angleterre, débarqua sur les côtes de Normandie, au mois d'août 1415, à la tête d'une armée nombreuse, et mit le siège devant Harfleur. Charles VI fit appel à la noblesse française qui vint en grand nombre se ranger sous la bannière royale.

Les armées se rencontrèrent près du château d'Azincourt et en vinrent aux mains. Les mauvaises dispositions prises par Charles d'Albret, qui commandait l'armée, et la témérité de la noblesse française amenèrent une défaite désastreuse, malgré la supériorité du nombre (25 octobre). Après avoir vaillamment combattu, Robert de Bar, comte de Marle, qui commandait l'arrière-garde, fut fait prisonnier et massacré par les ordres du roi d'Angleterre, qui « avait fait crier, au son de la trompette, que chaque « Anglais, sous peine de la hart, occît ses prisonniers. »

D'autres seigneurs, les comtes de Nevers, de Roucy, le duc Philippe de Bar, Ferry de Lorraine, le vidame de Laon, Bertrand et Alleaume de Bournonville, furent pris également. Le duc d'Orléans, neveu du roi, fut emmené prisonnier en Angleterre.

Pendant que les factions des *Cabochiens*, des Armagnacs et des Bourguignons se disputaient la possession de Paris, un sieur Henri Le Corgne, dit de *Marle*, chancelier de France, premier Président du Parlement, fut assassiné par la faction Bourguignonne. « La rage populaire éclata dans la nuit du 1er juin, le peuple se porta tout à coup à la prison du palais ou conciergerie, en arracha le comte d'Armagnac et le chancelier Henri de Marle, les massacra ; puis, laissant leurs cadavres sur le pavé de la cour du palais, s'en alla aux prisons de la ville, égorgea tous les détenus, ainsi que tous les gens que l'on disait, à tort ou à raison, avoir servi le parti du comte d'Armagnac ». C'est ainsi que périt Henri de Marle, jurisconsulte distingué ; des historiens le font naître à Marle, il ne nous a pas été possible de vérifier le fait, nous savons toutefois qu'une famille Le Corgne, de Marle, possédait la seigneurie de Coucy-les-Eppes.

Après la défaite d'Azincourt, les Anglais ne pénétrèrent pas plus avant dans le royaume, ils comptaient plus sur la division des partis que sur la force de leurs armes. Toutefois pour parer aux besoins de la guerre, de nouveaux impôts furent demandés au pays. « Il fut levé un décime sur le clergé, des emprunts furent faits sur les prélats et les gros bourgeois, et le peuple fut écrasé sous une taille énorme qui ne sauva pas les campagnes des déprédations des gens de guerre. Les gens de guerre en se rendant au ban du roi, pillaient tout sur leur passage, même les églises ; les paysans s'enfuyaient dans les bois ou dans les souterrains et le peuple ne pouvait rien craindre de plus de leurs ennemis que de leurs défenseurs ». Le gouvernement de la Picardie fut confié à l'amiral Clignet de Brabant, un des plus grands ennemis du duc de Bourgogne, l'animosité dont il était rempli ne fit qu'accroître les maux de cette malheureuse province.

La guerre civile désolait le pays, la mort de Jean sans Peur, assassiné sur le pont de Montereau, exaspéra le parti bourguignon. Les Anglais en profitèrent pour occuper les places de Marle, de Vervins et de Laon, du consentement de Philippe le Bon, nouveau duc de Bourgogne.

Au mois de mars 1419, le duc logeait à Crécy-sur-Serre, il y fit rétablir le pont qui était rompu, et chargea son trésorier de payer les charpentiers et les voituriers occupés à son rétablissement, pendant qu'à la tête de son armée, il allait assiéger Crépy-en-Laonnois[1].

A propos de ce pont, voici le détail des dépenses faites :

« A Huguenin-Guichard et Guillaume du Castel, fourriers du duc, la somme de xxii fr. iiii sols parisis, monnaie

---

[1] Lors de la prise du château de Mauconseil, un nommé Marchand, à la solde de la commune de Crécy-sur-Serre, fut fait prisonnier avec Gilles de Lorris, évêque de Noyon ; pour être libre, il dût payer une rançon.

royale qui dûe leur était, laquelle leur avait été payée, pour lors tant pour faire refaire le pont de la rivière de Crécy-sur-Serre qui était rompu, fait nétoyer l'ostel où le duc avait logé à Crécy, ainsi par la forme et manière cy après déclaré.

« C'est assavoir :

« Pour six poutres mises et employées en faisant ledit pont, les quatre de long, une de travers et l'autre pour les piliers du pont, chacune poutre achetée le prix de xviii sols parisis. Pour quatre chevrons xxxv sols à quatre charpentiers qui ont esté par chacun trois jours pour le pont, à chacun des charpentiers par chacun vi sols parisis. A xii hommes qui ont esté chacun par trois jours à aider les charpentiers pour porter le marien et portes pour faire le pont et une banière, comme à nétoyer et mestre à point ledit ostel, y porter tables et tréteaux, vii fr. 1/2.

« Pour un chariot à quatre chevaux qui pour deux jours a vacquié tant à mener marien et frises nécessaires pour le pont, comme à aller quérir en plusieurs lieux et amener à l'ostel grand foison de feure *(paille)* pour faire tels nécessaires, pour ensemble xxii fr. iiii sols parisis. Mandement donné en l'ost devant Crespy-en-Laonnois, le premier jour de mars mil cccc et xix. *(Archives du Nord).* »

A cette époque, Innocent de Crécy, maître des requêtes de l'hôtel du duc de Bourgogne, fut envoyé à Reims, pour faire un emprunt.

Le 21 février 1421, le prévôt de Marle rendit une sentence au profit du prieuré d'Haudreville contre Jean Guinet, propriétaire d'une pièce de terre, sise au terroir de Bosmont.

Le roi Charles VII avait succédé à son père, mort le 22 octobre 1422. Le royaume était alors réduit à la possession de quelques places restées fidèles à la royauté, comme ; Coucy, Guise, Hirson.

Jean de Luxembourg, comte de Marle, allié des Anglo-Bourguignons, s'empara du château de Wiège, après trois semaines d'un siège soutenu vigoureusement par les Français ; la garnison capitula, mais se retira, la vie sauve, à Guise. Le duc fit démolir et raser la forteresse par le capitaine de Rouen, maréchal des Anglais, au mois de mai 1424. Il s'empara également des forts d'Oisy, de Gercy, et du château de Dercy occupé par les Dauphinois, qu'il fit raser. Dans ces différentes expéditions, Jean de Luxembourg avait fait un certain nombre de prisonniers qu'il fit pendre aux arbres des chemins.

L'Historien de Rozoy rapporte qu'un nommé Paugain Guillaume, riche bourgeois de Paris, qui prenait la qualité d'échanson du roi d'Angleterre *(Henri II)* et de maître d'hôtel du duc de Bourgogne, acheta en 1427, la terre et seigneurie « de Bosmont-sur-Serre, le vicomté de Neufchâtel-sur-« Aisne, et d'autres terres. Ces seigneuries qui étaient « échues par succession à un de ses descendants, mort sans « postérité, passèrent, celle de Bosmont, par acquisition, « dans les mains de Jean-Jacques de Chamilly, seigneur de « Paucy ».

Le 14 mai 1429, des lettres de rémission furent accordées par le roi Charles VII, en faveur de Marion Daynée, femme de Jean Raineval, « grand povre homme, prisonnière à « Aubenton, dans la prison du comte de Vaudemont, « demeurant à Hannapes, qui avait volé des pièces d'or à « des locataires qu'elle logeait dans une maison sise à « Aubenton. » Le village de Hannapes avait été pris et ruiné quelques années auparavant (1423) par Jean de Luxembourg.

La France était à deux doigts de sa perte. Charles VII, appelé par dérision *le roi de Bourges,* sans argent, sans soldats, comme aussi sans caractère, voyait les quelques provinces qui lui restaient passer une à une aux mains des Anglais. Découragé, il songeait à se retirer en Dauphiné, lorsque surgit Jeanne d'Arc, la patriote. Elle se fit présenter au roi Charles VII, ranime son courage et fit renaître l'espérance dans les cœurs abattus. Sa présence au milieu de l'armée royale électrise les soldats qui brûlent tous du désir de chasser les Anglais de la terre de France.

Accompagnée du brave Dunois, elle se dirige vers Orléans, oblige les Anglais à lever le siège (8 mai 1429), les poursuit, reprend Jargeau et leur livre la fameuse bataille de Patay. Dans cette bataille, les Anglais furent battus et le brave Talbot fut fait prisonnier par Jean Dagneau dit : *le capitaine Goujon*, natif de Marle (18 juin).

Charles VII, par une charte datée de Limoges, au mois de mai 1438, accorda des lettres d'anoblissement à Dagneau de Marle et à sa postérité, en récompense des nombreux services qu'il avait rendus et pour avoir fait prisonnier Talbot à la bataille de Patay. La famille Dagneau était originaire de Marle ; en 1400, Pierre Dagneau était échevin de la ville.

Jeanne d'Arc marcha sur Reims pour y faire sacrer le roi. La vue de l'héroïne excitait l'enthousiasme ; les villes, sur son passage, s'empressaient de reconnaître Charles VII La cérémonie du sacre eut lieu le dimanche 17 juillet, avec toute la pompe habituelle, dans la cathédrale Notre-Dame, en présence de Jeanne, debout près de l'autel, son étendard à la main.

Après trois jours passés à Reims, le roi alla jusqu'à Corbeny toucher les écrouelles, suivant un ancien usage. Les habitants de Laon, de Soissons et d'autres villes chassèrent les garnisons anglaises et firent leur soumission au roi Charles VII ; mais, peu après, les Anglais, profitant de l'éloignement du roi, firent un retour offensif. Le commandant de Soissons, Guichard Bournef, livra cette ville à Jean de Luxembourg, comte de Marle. Le duc de Vendôme, gouverneur de Laon, qui avait aidé le Laonnois à secouer le joug des Anglais, exigea, en récompense de ce service, une somme importante qu'il fallut lui donner.

Jeanne d'Arc résolut de faire lever le siège de Compiègne, assiégée par les Anglo-Bourguignons : elle se dirigea vers Noyon et attaqua un parti anglais près de Pont-l'Evêque. Malgré la valeur des troupes royales, Jeanne dut se retirer devant le nombre des ennemis. Elle continua sa route vers Compiègne et entra dans cette ville à la tête d'une petite troupe commandée par Lahire [1], de Xaintrailles et autres chefs de l'armée royale. Après avoir pris connaissance de la position des ennemis, elle résolut de les surprendre. D'accord avec Guillaume de Flavy, gouverneur de la ville, elle quitta la place vers six heures du soir et se dirigea sur Coudun pour couper les communications des Anglais et des Bourguignons. La tentative réussit d'abord ; mais les Anglais, prévenus, s'avancèrent vers la ville pour couper la retraite à Jeanne d'Arc. Dès lors, le désordre se mit dans la troupe, qui s'enfuit vers le pont dormant ; l'héroïne fit de vains efforts pour rallier les fuyards et lutta longtemps avant de se rendre. Entourée d'ennemis, elle fut sommée de remettre son épée et tomba au pouvoir des Bourguignons (30 mai 1430). Jeanne d'Arc,

---

[1] Lahire (Ira) Etienne, était natif de Vignoles, hameau près de Courmelles (Aisne) ; dont les ancêtres possédaient la seigneurie. Il avait deux frères : l'un, nommé Amateur, dont la réputation d'homme de guerre égala presque la sienne ; l'autre, nommé Pierre Regnaut, qui se distingua aussi dans la carrière des armes. Des historiens font, à tort, naître Lahire en Gascogne, à Vignoles, dans le Bigorre, vers 1390. Il mourut à Montauban et reçut la sépulture dans l'église de la Maison-Dieu de cette ville. Il avait épousé, en 1436, Marguerite David, dame de Longueval, de Proisy (Aisne), son nom, donné au valet de cœur, l'a rendu populaire.

prisonnière, fut conduite devant le duc, qui l'accueillit avec empressement et la fit enfermer dans le château de Margny-les-Compiègne. Plus tard, elle fut transférée au château-fort de Beaurevoir[1] ; c'est de cette forteresse qu'elle tenta de s'échapper, pressentant le sort qui l'attendait. En effet, Jean de Luxembourg vendit la Pucelle aux Anglais, malgré les efforts de sa femme pour l'empêcher de « salir son nom par une aussi horrible lâcheté ».

Malgré les succès de Charles VII, la ville de Marle était toujours au pouvoir des Bourguignons. Pennesac, capitaine royaliste, commandant la place de Laon, ayant rassemblé quatre cents combattants des communes, se dirigea sur Vervins, dans l'espoir d'enlever cette ville aux Bourguignons ; mais il ne put réussir et battit en retraite. En se retirant, il brûla les villages de Rogny, de Thiernu et les faubourgs de Marle, sans tenter de délivrer la ville.

Luxembourg, comte de Marle, apprit bientôt à Guise où il se trouvait, les courses des Royalistes. Il monta à cheval aussitôt et, suivi de Simon de Lalaing, avec trois cents hommes, chevaucha si vigoureusement vers les ennemis, qu'il les atteignit non loin de Marle, à Dercy, au moment où ils allaient traverser la Serre. Le comte ne les eût pas plutôt aperçus qu'il fondit sur eux avec impétuosité, les mit en déroute, leur tuant soixante hommes et faisant soixante-dix prisonniers ; il poursuivit le reste jusqu'aux faubourgs de Laon. Tous ceux qui tombèrent aux mains des Bourguignons furent massacrés ou pendus sans quartier.

Le pays était ruiné par ces courses continuelles. Les terres restaient incultes. Les Royalistes étaient aussi cruels dans leurs représailles que les Anglo-Bourguignons, en

---

[1] Beaurevoir possède une statue de Jeanne d'Arc, érigée le 9 août 1891.

sorte que les habitants des campagnes ne pouvaient se déclarer ni pour le roi de France ni pour les Bourguignons.

Le 27 octobre 1432, il y eut une suspension d'armes conclue avec Jean de Luxembourg, comte de Ligny et de Guise, gouverneur pour le duc de Bourgogne, des villes de Chauny, Ribemont et Saint-Quentin, tant pour ces places fortes que pour les forteresses et pour les châteaux dont il avait la garde. Ces forts appartenaient, pour la plupart, à sa compagne, la comtesse de Ligny, ou à sa belle-fille. Guillaume de Flavy était alors gouverneur de Compiègne pour le roi.

A cette époque, un procès s'éleva entre les religieux de Fesmy et ceux de Thenailles, au sujet de grains à prendre sur la *maison des champs,* près d'Haudreville ; le litige fut porté en la salle de Marle, devant maître Gobert de Dormicourt, lieutenant du bailli de Marle, et soumis aux hommes de fiefs siégeant à Marle (1421).

Jean de Luxembourg donna à son neveu Louis une preuve de son attachement, en lui faisant épouser Jeanne de Bar, sa belle-fille, comtesse de Marle et de Soissons, « de moult grandes et notables seigneuries ». Le mariage eut lieu le 16 juillet 1435, dans le château de Bohain, qui relevait de l'abbaye de Vermand. L'assemblée fut magnifique. On y vit briller environ cent chevaliers et écuyers, tant des deux familles que de leurs amis ; mais il n'y eut pas de prince de *fleurs de lys,* quoique le comte fut issu d'une famille royale. La comtesse douairière de Saint-Pol y fut présente avec plusieurs de ses enfants. Le comte de Guise supporta tous les frais du mariage, qui furent considérables, « car on y fut servi très abondamment et il y « fut fait très joyeuse chère en boire et en manger ». *(Monstrelet.)*

Un traité fut conclu à Arras, le 22 septembre 1435, entre

le roi Charles VII et Philippe le Bon, duc de Bourgogne. Aux termes de cet acte, la ville de Saint-Quentin était cédée au duc, à la condition que le roi pourrait y entrer en payant la somme de quatre cent mille écus d'or.

Cette trêve ne mit pas fin aux hostilités, car Jean de Luxembourg n'avait pas adhéré à ce traité et continuait ses expéditions. Il avait néanmoins rendu le comté de Marle à Jeanne de Bar, comme nous l'avons dit. D'un autre côté des bandes de soldats licenciés parcouraient le Vermandois, ce qui leur valut le nom *d'écorcheurs*. Lahire de Vignoles, bailli de Vermandois, se mettant à la tête de quelques troupes, purgea le pays de ces brigands qui se réfugièrent dans le Hainaut. Sur les ordres du roi Charles VII alors à Laon où il passa un mois, Lahire fit d'abord le siège de Ribemont, dont il s'empara au nom du roi. Il se dirigea ensuite sur Marle occupée par les troupes du comte de Saint Pol, mais il rencontra dans cette place une résistance opiniâtre. Georges de Croix, qui y commandait, sommé de se rendre, répondit qu'il n'en ferait rien sans l'ordre exprès de son maître. Sur ce refus, plusieurs batteries furent dressées contre les fortifications et ouvrirent un feu terrible contre les portes et les remparts de la ville.

« Le comte de Saint-Pol, convaincu de l'impossibilité de lutter plus longtemps contre les troupes royales, se hâta de se rendre auprès du roi à Laon, où il passait les fêtes de Pâques, pour obtenir sa grâce. Charles VII consentit à la lui accorder à la condition que la ville de Marle fût remise à ses troupes, ce qui eut lieu. La garnison sortit avec armes et bagages. Mais les troupes royales étaient à peine entrées que le roi la rendit au comte de Marle, après toutefois en avoir reçu le serment de fidélité et son acte de foi et hommage pour les terres et seigneuries qu'il tenait en fief du roi. » (*Melleville.*)

La garnison de Marle avait voulu avoir un libre passage pour faire des courses en Champagne ; n'ayant pu l'obtenir, elle attaqua le fort de Berry-au-Bac, le prit et y mit des hommes de guerre.

D'après Dom Lelong, Louis de Luxembourg, neveu de Jean, héritier par sa femme du comté de Marle, avait eu l'insolence de faire enlever de l'artillerie que le roi faisait conduire de Tournai à Paris. Voulant fléchir le roi, la comtesse se rendit avec sa mari à Laon ; Luxembourg fut bien reçu, « il était le protégé du Dauphin, qui l'honora de son amitié et de sa confiance. » C'est ainsi qu'il obtint de Charles VII l'oubli du passé et son pardon.

Le 16 novembre 1442, Etienne de Montdidier, conseiller au Parlement de Paris, fut commis avec Armand de Marle, maître des requêtes, Jean de Montloué et Thibaut de Vitry, aussi conseillers, pour voir, recueillir et rédiger par écrit, les ordonnances et les choses qui leur paraîtraient bonnes et nécessaires pour le bien et l'honneur du roi Charles le *Victorieux*. *(P. Daire.)*

A l'occasion du mariage d'Henri VI, roi d'Angleterre, avec Marguerite d'Anjou, fille du roi de Sicile, une trêve fut conclue avec les Anglais qui devait durer vingt-deux mois, à partir du 1er juin 1444, jusqu'au 1er avril 1446.

Par lettres patentes du mois de février, enregistrées au Parlement, le 4 juillet 1444, la terre de Guise fut érigée en vicomté, en faveur de Charles d'Anjou, comte du Maine, à la suite de son mariage avec Isabelle de Luxembourg,

La trêve conclue avec l'Angleterre fut renouvelée à l'époque de son expiration. Ainsi se termina la guerre de Cent Ans. Il restait encore aux Anglais, la Normandie et la Guyenne. La fin de la guerre permit aux populations de se livrer au commerce et à l'agriculture. Beaucoup d'habitants du diocèse de Laon, dont Marle faisait partie, avaient quitté le pays constamment envahi par les ennemis, pour se réfugier au-delà des frontières, dans le Cambrésis. Charles VII, préoccupé de la dépopulation des villes et des campagnes, par lettres royales du 10 janvier 1456, renonça au droit d'aubaine et de formariage « pour ceux qui, émigrés à cause des guerres, revenaient en France avec des héritiers nés hors du royaume, et tous les étrangers qui y viendraient demeurer avant le terme de neuf ans. » Ces sages mesures et la paix dont on jouissait ramenèrent la sécurité, et les campagnes se repeuplèrent.

Un gentilhomme, nommé Gilbert de la Roche, était venu commettre des dégâts sur la terre de Marle et rançonner les vassaux de Jean de Luxembourg, le comte se mit à la poursuite de l'envahisseur avec un nombre d'hommes égal aux siens, l'attaqua au moment où il allait franchir la rivière d'Oise, près de Compiègne, le tailla en pièces, et le tua avec une partie de sa troupe (1439).

Ce fut le dernier exploit de Jean de Luxembourg, il mourut au château de Guise, le 5 janvier 1440 et fut inhumé dans l'église Notre-Dame de Cambrai. La mort du comte fut considérée comme un évènement heureux pour le pays. « Il y avait entretenu, dit Monstrelet, ses forteresses libres et indépendantes des trois partis de France, d'Angleterre et de Bourgogne. Ces deux dernières le ménageaient beaucoup, tant à cause des services qu'il leur avait rendus qu'à cause de la crainte que leurs soldats avaient de sa cruauté ; ils savaient bien que s'ils étaient trouvés sur une de ses seigneuries, il les ferait pendre sans aucune miséricorde ».

Les villes et les bourgs de la Thiérache, attaqués tour à tour par les Bourguignons, par les soldats d'Henri d'Angleterre et par ceux de Charles VII, avaient peine à démêler de quel côté était la justice et quel était leur véritable maître. « On ne voyait partout que meurtres, rébellions, vols, ravissements et rançonnements qui se faisaient sous couleur de guerre. » Les habitants du pays n'étaient jamais en repos ; quand ils n'apercevaient pas le péril, ils redoutaient les surprises. Le silence des nuits était, à chaque instant, troublé par le tocsin, et, dans les villages, la cause de ces sons lugubres était si connue des bestiaux, qu'en les entendant, ils se retiraient d'eux-mêmes en leur repaire, sans conducteur par l'accoutumance du malheur.

Le duc Charles d'Orléans, qui avait été fait prisonnier à la bataille d'Azincourt et emmené en Angleterre, traita de sa rançon en offrant au duc de Bourgogne la baronnie de Coucy avec celle de Fère-en-Tardenois et le comté de Soissons. De son côté, Charles VII, pour faciliter cette transaction et le retour du duc d'Orléans, renonça à certains droits ; moyennant quarante-cinq mille écus d'or, le duc rentra en France.

C'est en 1456 que le procès de Jeanne d'Arc fut revisé. Le tribunal, composé des archevêques de Paris, de Reims et d'autres prélats, prononça, le 7 juillet, la réhabilitation de la Pucelle. Ce jugement fut accueilli avec joie par le peuple et fut publié à son de trompe dans toutes les communes de France. L'évêque Cauchon de Beauvais fut excommunié par le Pape, son cadavre fut déterré, traîné sur la claie et jeté à la voirie. Cauchon était mort en 1443.

Le roi Charles VII, dans la crainte d'être empoisonné par son fils Louis, se laissa mourir de faim au château de Meulan, en 1462, après un règne fort agité.

Louis XI lui succéda. Sous ce prince se ranima la lutte avec les ducs de Bourgogne. Son premier acte fut de retirer des mains du duc les villes de Picardie engagées par le traité d'Arras. Parmi elles se trouvait Saint-Quentin, elle fit retour, en 1465, au duc Charles, à la suite de nouveaux traités.

Par lettres patentes du roi données en 1467, la seigneurie de Montcornet fut réunie au comté de Marle, en faveur de Louis de Luxembourg, qui jouit des prérogatives attachées au comté.

Malgré sa prudence, Louis XI eut à lutter contre le duc de Bourgogne. Ce prince aussi astucieux que le roi parvint à lui faire accepter une entrevue au château de Péronne, et le retint prisonnier. Louis XI ne sortit du piège qu'après avoir signé les dures conditions imposées par Charles le Téméraire, et juré sur l'autel de Notre-Dame de Liesse de les observer. A peine libre, le roi fit annuler ce traité, comme étant l'œuvre de la trahison et de la violence, et la guerre se ralluma entre Louis XI et le duc de Bourgogne. Ce dernier mit une garnison dans les châteaux de Marle et d'Assis-sur-Serre, envahit la Picardie et prit Nesle dont il fit égorger les habitants réfugiés dans l'église. Repoussé de Beauvais par l'héroïsme des bourgeois et de Jeanne Hachette, il s'avança sur Laon qu'il assiégea vigoureusement ; mais il ne put s'en emparer et finit par signer une trêve d'un an. Le duc mit à profit cette année de répit pour faire fabriquer à Marle des échelles solides destinées à donner l'assaut à la ville de Laon, dans laquelle il avait des intelligences.

Au mois d'avril 1470, le vicomte de Soissons, Pierre Nervin, adressa une supplique à la duchesse d'Orléans, à l'effet d'être déchargé du prix de la moitié de la ferme de la vicomté, le roi de France et le duc de Bourgogne ayant interdit aux marchands l'entrée de leurs états « disant que ses officiers lui ont baillié à ferme ledit vicomté parmi le prix de viii^{xx} livres par an, en laquelle vicomté et ferme avez la moitié par indivis contre le seigneur de Marle. » *(Documents inédits.)*

D'après un dénombrement que le comte de Roucy fait,

le 14 décembre 1474, à l'évêque de Laon, à cause de son duché-pairie, on voit que la rente payée au comte par les habitants de Pierrepont, Grandlup et Roquignicourt était réduite, à cause de la dépopulation et la ruine du territoire. Il en était de même pour les rentes dues par les censiers de Fay-le-Sec et de Cuirieux, qui étaient dans l'impossibilité de payer.

La guerre, la misère devaient nécessairement avoir une influence sur la santé publique et engendrer des maladies épidémiques. C'est ce qui arriva aux habitants du Laonnois. Pendant plusieurs années, la peste décima les populations, elle commença vers 1465. La ville de Marle n'est pas citée d'une façon particulière, comme ayant été atteinte par le fléau, mais il paraît presque impossible qu'elle y ait échappé.

Cependant, les partis belligérants songèrent à un rapprochement, une entrevue eut lieu à Etréaupont entre Louis XI et le chancelier de Bourgogne pour arrêter les préliminaires de la paix. Après plusieurs négociations confiées à Tannegui-Duchâtel et à Pierre d'Oriol, un traité de paix fut arrêté à Vervins entre les plénipotentiaires. Ce traité signé le 13 septembre 1475, fut désigné sous le nom de : *Trêve Marchande*, à cause des intérêts commerciaux qui y furent stipulés, il y est dit que, pendant les neuf ans que durera cette trêve, les communautés de Marle, de Montcornet, d'Assis et de Gercy, dont le château devait être démoli, appartiendraient au duc de Bourgogne. Les garants du traité furent le gouverneur de Laon pour le Laonnois et le seigneur de Humbercourt pour le comté de Marle. Après la mort du duc Charles, le comté de Marle et la châtellenie de Montcornet devaient rentrer sous l'obéissance du roi.

Ce traité fut ratifié par Charles le Téméraire alors à

Soleure et par Louis XI qui, de Vervins était revenu à Soissons, en passant par Marle.

Le 30 mai 1476, Jean de Renaud, du village de Dercy, vendit au prieuré de Corbeny le fief de *Laval*, situé proche Marle, consistant en terres labourables. La donation qu'avait faite Louis XI à l'abbaye de Saint-Marcoul lors de son pèlerinage, permit de réaliser cette acquisition.

Le duc de Bourgogne en guerre avec les Suisses, fut battu à la bataille de Morat ; son armée, mise en déroute, fut taillée en pièces par ceux-là mêmes auxquels il donnait avec mépris le surnom de *Pâtres des Alpes*. Dans cette même affaire, Jean II de Luxembourg fut tué, et le comté de Marle, confisqué par Louis XI, fut donné avec ses dépendances à Pierre de Rohan. Avec les ossements des bourguignons tués à Morat, fut élevé le célèbre ossuaire détruit par les Français en 1793, et remplacé par un obélisque en pierre (1822).

Grâce au crédit du nouveau comte de Marle, ministre de France, Louis XI, par lettres datées de Plessis-les-Tours, le 27 novembre 1476, accorda à la ville de Marle une Grenier à sel pour pot et salière ; un grand nombre de paroisses devaient s'approvisionner au Grenier de cette ville.

Louis XI, allant dans le Hainaut attaquer Avesnes, passa par Etréaupont ; il assistait à la messe dans l'église paroissiale de ce village, lorsque parvint la nouvelle d'un avantage remporté par ses troupes. Le curé, nommé Jean de Lisca, voulut être le premier à l'apprendre au roi. Celui-ci plut si bien au monarque que, par une charte du mois de novembre 1477, le roi accorda à lui et à ses successeurs la somme de quatre cents écus d'or, destinée à acheter la quatrième partie de la terre et seigneurie de Bucy-les-Pierrepont (du doyenné de Marle), par indivis avec le seigneur de Lor, et dix-neuf muids de grains de rente annuelle sur Rougemont, le tout exempt d'amortissement.

Charles le Téméraire survécut peu au désastre de Morat, il fut tué l'année suivante sous les murs de Nancy, qu'il disputait au duc de Lorraine (1477). Il ne laissait qu'une fille, Marie, qui hérita de ses vastes états ; elle en apporta une partie dans la maison d'Autriche en épousant Maximilien, fils de l'empereur Frédéric.

L'hiver de 1480, dit l'auteur de l'*Histoire manuscrite de Laon*, fut si terrible que les gelées durèrent neuf mois. Il n'y eut presque pas de vin ; mais ce qui surprend, c'est que les *coulons* (pigeons) se multiplièrent d'une telle manière qu'on en avait une douzaine pour six deniers. Pendant l'été, la chaleur fut excessive ; elle occasionna une grande sécheresse et rendit nulle la récolte du vin et du blé. L'hiver suivant fut très rigoureux.

C'est en 1481 que l'archiduc Maximilien, ayant à se plaindre de Louis XI à propos de l'héritage du duc de Bourgogne, pénétra dans la Thiérache, pilla et incendia l'abbaye d'Origny-Sainte-Benoîte et celle de Thenailles ; un traité de paix signé entre les deux souverains (1482) l'empêcha de pénétrer plus avant.

Au mois d'août 1483 eut lieu à Bayeux, une montre ou revue de soixante-quinze hommes d'armes et d'archers de l'ordonnance du roi passée par le comte de Marle et par le maréchal de France de Rohan. *(Documents inédits.)*

Louis XI mourut à Plessis-les-Tours, le 30 août 1484. Son successeur, Charles VIII, par lettres données à Beaugency le 29 novembre, confirma Pierre de Rohan, comte de Marle et maréchal de France, dans ses fonctions de capitaine de cent lances de l'ordonnance du roi.

En cette année, la peste sévit à Laon et dans le diocèse.

Les habitants aisés désertèrent la cité et les chanoines de la cathédrale prirent la fuite ou moururent de la maladie. L'année suivante, c'était la ville de Soissons qui était atteinte de l'épidémie ; là aussi, elle fit beaucoup de victimes.

Dans la réunion des Etats-Généraux tenue à Tours, en 1484, se trouvait la noblesse de Picardie. Les ambassadeurs des ducs Philippe et Maximilien demandèrent à l'Assemblée l'exécution des traités faits avec Louis XI, concernant la restitution au comte de Rosmont, Jacques de Savoie, oncle du roi, du comté de Marle et des autres héritages apportés par sa femme, et la restitution du comté de Porcien au seigneur Philippe de Croy.

Par lettres datées de Rouen, enregistrées au Parlement le 10 février 1488, Charles VIII restitua à Marie de Luxembourg, mariée à François de Bourbon, comte de Vendôme (1487), le comté de Marle, la seigneurie de La Fère et de Montcornet, qui avaient été confisqués au profit de la Couronne sur le connétable de Luxembourg.

François de Bourbon étant mort en Italie, le 2 octobre 1495, son corps fut ramené à Vendôme et inhumé dans la collégiale de Saint-Georges. Il eut un fils, dont Charles VIII fut le parrain, et qui succéda à son père dans le comté de Marle. Marie ne se remaria pas ; le 27 juillet 1499, elle rendit foi et hommage au roi pour son comté de Marle, mouvant de la couronne.

Un curieux et singulier jugement, rendu le 14 juin 1494, donne une idée de la coutume bizarre de l'époque. Un enfant au berceau avait été placé par ses parents sous la surveillance d'une petite fille de neuf ans, pendant qu'ils étaient allés à Dizy-le-Gros pour leurs affaires. Cette jeune fille étant sortie pour jouer auprès de la ferme de Clermont (Clermont-les-Fermes, de la subdélégation et du Grenier à sel de Marle), un porc s'introduisit dans la maison et mangea le visage et la gorge du petit enfant, qui mourut des suites de ses blessures. Saisi pour ce crime et emprisonné dans l'abbaye Saint-Martin de Laon, le porc fut traduit devant Jean Lavoisier, licencié ès lois, grand mayeur de l'abbaye. Celui-ci, assisté des échevins, fit une enquête, entendit des témoins et, ayant reconnu la culpabilité de l'animal, le condamna à être pendu et étranglé en une fourche de bois, auprès et joignant les fourches patibulaires des religieux de la cense d'Avain, près de Laon ; ce qui fut exécuté.

Charles VIII mourut le 7 avril 1498, sans laisser d'enfants ; la couronne revint à Louis XII, de la maison d'Orléans.

Le 25 mai, on ressentit les secousses d'un tremblement de terre dans le Laonnois et dans la Thiérache.

CHAPITRE VII

RÈGNE DE FRANÇOIS Ier. — BATAILLE DE PAVIE. — CALVINISME. — IMPÉRIAUX. — PRISE DE MARLE. — DÉSASTRES. — PERTES. — FAMINE. — LE COMTE DE RŒUX. — LE ROI A MARLE. — HENRI II. — BATAILLES. — ÉTATS-GÉNÉRAUX. — PROCESSIONS BLANCHES. — LES HUGUENOTS.

1500 - 1600.

Les évènements que nous avons à rapporter dans ce siècle n'ont pas été plus heureux pour les Marlois que ceux de l'époque précédente. Nous verrons encore la guerre civile désoler la Thiérache et y apporter la misère avec son cortège de maladies.

Le comte de Marle, Charles de Bourbon, duc de Vendôme, fils aîné de François de Bourbon et de Marie de Luxembourg, obtint en 1500, à l'âge de dix-sept ans, du consentement de sa mère qui avait la garde noble de ses enfants, des lettres du roi Louis XII, lui permettant d'administrer lui-même sa personne et ses biens. Il avait été élevé à la Cour, où son esprit et ses brillantes qualités lui avaient mérité l'estime du roi. Louis XII et François Ier le comblèrent d'honneur et lui confièrent les postes les plus importants.

L'année suivante, le comte de Marle se trouvait à la bataille d'Agnadel contre les Vénitiens. Il combattit sous les yeux de Louis XII avec autant de succès que de valeur, et contribua au gain de la victoire. Le roi, content de sa belle conduite, le fit chevalier de sa main, en présence des chefs et des principaux officiers de l'armée.

Marie de Luxembourg, veuve du comte de Marle, connue par sa charité et par ses nobles qualités, fut envoyée, à la fin de l'année 1504, avec le comte de Ligny, au-devant de l'archiduc Philippe et de l'archiduchesse d'Autriche, pour les recevoir à leur arrivée en France. Elle remplit sa mission avec tout l'éclat et la dignité qu'on était en droit d'exiger. Elle conduisit les augustes visiteurs dans son château de Ham, où les attendait une hospitalité digne de leur rang, et dont elle fit tous les frais.

Le 23 aout 1504, la ville de Laon fut ébranlée par un tremblement de terre. La secousse se fit sentir également à Guise, à Marle, à Aubenton et à Saint-Quentin, mais sans causer de dommage appréciable.

Le comté de Soissons fut, en 1505, érigé en pairie, en faveur de Claude de France, fille de Louis XII, l'autre moitié appartenait à Marie de Luxembourg, qui l'apporta en dot au comte d'Angoulême, avec la baronnie de Coucy que le roi lui donna, à titre d'apanage, en 1514.

Le premier janvier de l'année suivante, Louis XII mourait à Paris, laissant le trône à François Ier. Dès lors, le comté de Soissons, en partie, et la baronnie de Coucy, firent retour à la couronne royale. François de Bourbon, fils de Marie de Luxembourg, assista au sacre du roi, comme représentant le comté de Champagne.

Quelque temps après son avènement au trône, François Ier passa en Italie pour reprendre le Milanais perdu par Louis XII. Il gagna sur les Suisses la bataille de Marignan appelée *Bataille des Géants*, parce qu'elle dura deux jours et une nuit. François de Bourbon, qui s'était distingué dans cette affaire, fut fait chevalier par Bayard.

L'année 1515 fut marquée par une maladie contagieuse

qui fit beaucoup de victimes dans le Laonnois et la Tiérache. A la suite de ce fléau survint une grande disette, dont les conséquences désastreuses se firent sentir dans le pays jusqu'en 1520, année où les récoltes furent plus abondantes.

François Ier, voulant mettre les villes frontières en état de défense, fit relever et compléter les fortifications de Marle, et y mit une garnison capable, au besoin, de repousser les attaques des ennemis (1524).

C'est en 1526 qu'éclata la guerre entre Charles-Quint et François Ier. François de Bourbon, fait prisonnier à Pavie, en même temps que le roi, parvint à s'échapper. A cette même bataille mourut Jean de Proisy, baron de la Bove, seigneur de Marfontaine, de Rogny et autres lieux. Au même moment, la ville de Marle fut mise à feu et à sang par les Impériaux qui s'en étaient emparés, ainsi qu'un grand nombre de villages de son comté. *(Histoire de Guise.)*

Marie de Luxembourg, dame de Marle, donna, en 1526, le hameau de Charles-Fontaine, dépendance de Saint-Gobain, à Etienne et à Jean de Brossart « pour y faire revivre le fourneau de verrerie de la forêt de Saint-Gobain. » Cet abandon fut fait à la condition de payer à la donatrice ou à ses hoirs, un surcens de vingt-quatre livres annuellement « avec un fût et demi de vin à pied », c'est-à-dire douze douzaines de vin à boire. Elle leur abandonna le droit de chasse et celui de faire paître un certain nombre de bêtes dans la forêt. Cet établissement fut confirmé par lettres patentes des rois Charles IX et Henri III.

Pendant que François Ier perdait la malheureuse bataille de Pavie, des troupes nombreuses, venant du Hainaut, sous les ordres du comte de Nassau, jetèrent la désolation et la ruine dans la Thiérache et le Laonnois. Elles ravagèrent les villages situés sur leur passage : Logny, Rogny, Etréaupont furent pillés et incendiés. La garnison d'Aubenton fut passée au fil de l'épée. Le comte s'empara de Marle, malgré la résistance des assiégés, livra la ville au pillage et brûla les faubourgs. Le désastre eut lieu le 24 février, le même jour que la bataille de Pavie.

Le duc de Bourbon-Vendôme, comte de Marle, fit preuve, dans ces circonstances malheureuses, d'autant de désintéressement que de prudence. Devenu premier prince du sang par la proscription du Connétable de Bourbon et par l'absence du duc d'Alençon, il avait attiré sur lui l'attention bienveillante des grands du royaume. Ils voulurent lui confier la régence du royaume, en l'absence du roi, au préjudice de Louise de Savoie, mère de François Ier; mais le duc de Bourbon, qui aimait le roi, et qui savait qu'il ne s'agissait pas, dans la funeste situation où se trouvaient les affaires, de disputer, mais de remédier sérieusement aux maux de la France, « bien loin de désapprouver ce qui « s'était fait, il fut le premier à donner des marques de son « attachement à la régente, de travailler avec elle au bien « commun du royaume. » De son côté, la régente lui tint compte de sa loyauté, elle le fit chef du Conseil de régence, qui était composé des hommes les plus considérables de France, et qui, grâce à sa forte constitution, empêcha la discorde d'éclater. *(Histoire de Rozoy.)*

Le traité de Madrid rendit au roi de France sa liberté ; François Ier abandonnait à Charles-Quint la souveraineté des comtés de Flandre et de Bourgogne. A son retour en France (1527), il confirma au comte de Marle, duc de Bourbon-Vendôme, l'investiture du gouvernement de Picardie et y ajouta ceux de l'Ile-de-France et du Vermandois ; il érigea aussi en duché-pairie le comté de Beaumont en faveur de la duchesse de Vendôme.

Une lettre datée de Marle, le 22 novembre 1531, et

adressée au cardinal-légat, le chancelier Du Prat, nous révèle la présence de François Ier dans cette ville. Par cette lettre, le roi ordonne le paiement, au sculpteur Jean Juste, d'une somme de quatre cents écus, restant de la somme de douze cents, due pour le transport de Tours à Saint-Denis des marbres du tombeau de Louis XII et d'Anne de Bretagne, ainsi que d'une somme de soixante écus avancée par le même artiste pour la construction d'un caveau établi sous le tombeau. Cet acte, sur papier, est signé de la main même du roi.

A partir de 1532, pendant cinq années consécutives, il n'y eut pas d'hiver ; toute végétation fut anéantie par le nombre considérable d'insectes qui ravageaient la terre. Une famine horrible s'ensuivit. Pour se nourrir, les malheureux fouillaient la terre et en tiraient des racines, des glands ou des fougères. Cette mauvaise alimentation amena une maladie contagieuse qui fit beaucoup de victimes ; les hommes les plus robustes en étaient atteints et périssaient en peu d'heures, ce qui fit qu'on nomma cette terrible maladie : *trousse-galant*.

Par des lettres du 12 juin 1535, Marie de Luxembourg, douairière de Vendôme, comtesse de Marle et de Soissons, déclare qu'Henri, duc d'Orléans, fils du roi, lui a fait foi et hommage, en raison de sa terre d'Honnecourt. Marie possédait aussi la seigneurie de Cuirieux, saisie sur Eustache de Brimeu, qui en était seigneur ; elle fut donnée, en 1530, à Marie. La cure de Cuirieux appartenait à l'abbaye de Bucilly ; elle dépendait de la châtellenie de Pierrepont, dont elle ressortissait pour la justice. *(Matton.)*

Dans des comptes de la châtellenie de Pierrepont, de 1356, on voit que la rivière *la Souche*, qui prend sa source à Sissonne, s'appelait autrefois *la Roye*. « La Roie foraine, courant sur la rivière de *Chocque,* a son cours depuis le molinet de Sissonne jusqu'au debsoux du molin de Bransscourt et du bois de Luvry. » La Souche canalisée passe aujourd'hui à Pierrepont, Grandlup et Fay, Vesles et Caumont, Toulis et Attencourt, Froidmont et Cohartille, où elle franchit la route de Laon à Marle, et se jette dans la Serre à Chalandry.

Le traité de Madrid contenait des conditions humiliantes pour la France ; François 1ᵉʳ protesta et les hostilités recommencèrent avec Charles-Quint. Une partie de la Thiérache fut envahie, en 1536, et livrée à tous les maux d'une guerre à outrance et sans merci.

Les Impériaux, sous les ordres du comte de Nassau, s'emparèrent de Bohain, de Guise ; ils pillèrent et brûlèrent l'abbaye de Saint-Michel, ainsi que tous les villages des environs. Leur départ pour Saint-Quentin et Péronne soulagea les populations de la Thiérache, accablées à la fois par les misères de la guerre et les tortures d'une horrible famine.

Après la retraite du comte de Nassau, le roi dispersa ses troupes et licencia une partie de son armée, en mettant des garnisons dans les villes frontières. Il envoya à Vervins la bande du comte de Marle, fils aîné du duc de Vendôme, forte de cinquante hommes d'armes ; à Saint-Quentin, les cent hommes d'armes dudit duc de Vendôme ; et, conséquemment, renforça toutes les autres garnisons de la frontière, lesquelles - garnisons « continuèrent tout l'hiver en guerre guerroyable, sans faire grandes ne mémorables choses, à causes des glaces et excessives neiges qui durèrent tout l'hiver, ne pouvant aller les gens de cheval au pays. »

Dans une de leurs excursions, les Impériaux furent repoussés près de Bohéries. L'alarme se répandit à Guise ; le capitaine Manès monta à cheval et partit avec Bisson par le chemin de Marle, passa l'Oise à Guise et rencontra les ennemis à une demi-lieue de Marle. Il les chargea vigoureusement et les mit en pleine déroute (1537).

Le 23 octobre 1538, François Ier étant à Laon et voulant se rendre au pèlerinage de Liesse, une foule énorme se précipita sur son passage pour le voir, au point qu'Antoine Dubourg, son chancelier, fut renversé de cheval et piétiné. Il mourut de ses blessures. *(Matton.)*

Une trêve de dix mois fut signée, en 1538, entre la France et les Pays-Bas. Néanmoins, les gens de guerre licenciés, dits *aventuriers,* se livrèrent à toutes sortes de brigandages, en dépit des ordonnances rendues par le roi à Fère-en-Tardenois et qui édictaient des peines sévères contre les pillards.

La guerre se ralluma au mois d'octobre 1543. Le maréchal de Brissac marcha au secours de Guise, assiégée par les Impériaux ; mais arrivé à Marle, en passant par Liesse et Pierrepont, il apprit que Ferdinand de Gonzague avait renoncé au projet d'attaquer Guise et s'était retiré sur Landrecies. Le capitaine Brisson fit attaquer l'arrière-garde avec tant de vigueur, la poursuivit de si près qu'il tua cinq cents hommes et fit beaucoup de prisonniers.

Après cette brillante action, le capitaine français se replia sur Marle en bon ordre. François Ier était à La Fère, lorsqu'il apprit le succès de ses troupes. Après avoir fait ravitailler La Capelle, il s'avança vers Homblières et Le Cateau. Les Impériaux, qui assiégeaient le bourg de Bohain, levèrent alors le siège.

Cette année 1545 fut signalée par des chaleurs excessives ; les populations eurent beaucoup à souffrir de la sécheresse, les puits et les fontaines se tarirent. Il en résulta une grande disette, on faisait du pain avec de l'avoine ; le setier de blé (trente-deux litres) se vendait cent sous, somme exorbitante pour le temps. Heureusement, la récolte suivante fut abondante, le blé diminua ; mais la peste éclata à Laon et se répandit dans le comté de Marle. Le village de Montigny-le-Franc en fut surtout atteint, au point que les « dixmeurs chargés de recueillir les dîmes dues au chapitre de Laon, demandaient à en être exemptés, attendu le danger et le risque de gagner la peste, qui fait des progrès dans cette localité. »

Enfin, il fut question de la paix et des Conférences furent tenues à Soissons, dans l'abbaye de Saint-Jean-des-Vignes. La paix fut signée à Crépy-en-Laonnois, le 18 septembre 1544, entre Charles-Quint et François Ier, à la grande joie des populations qui manifestèrent leur allégresse par des réjouissances publiques.

François Ier, visitant les villes frontières, s'arrêta à Marle. Il fit réparer les fortifications et augmenter les moyens de défense ; l'armement du château fut complété et une garnison y fut placée ; à cette époque, Marle était considérée comme ville frontière des états du Luxembourg et du Hainaut (1545).

L'année suivante, le roi, après avoir visité Villefranche, petite ville près de Stenay, revint par Mouzon, Sedan, Montcornet et Notre-Dame-de-Liesse. Il s'arrêta, dans ce bourg afin de demander à la Vierge la guérison de la maladie dont il souffrait. Il se rendit de là à Folembray, dans le château qu'il avait fait bâtir. Il fit augmenter les fortifications des places fortes qu'il parcourait et élever une forteresse au-dessus du village de Maubert-Fontaine, pour protéger le pays situé entre La Capelle et Mézières.

Vers le même temps, il se fit à Laon, le lundi de l'octave du Saint-Sacrement, un orage effroyable. La foire se tenait ce jour-là, le vent renversa les boutiques des marchands forains et la foudre abattit un gros arbre près de Saint-

Julien. La grêle causa des dégâts considérables dans la ville et dans les environs. Une violente gelée suivit cet orage, quoi qu'on fût au 4 de juin, fit perdre les vignes et les fruits des arbres. (*Melleville.*)

La maladie, dont François souffrait depuis longtemps, l'emporta le 31 mars 1547, à l'âge de cinquante-trois ans.

C'est vers cette époque que commença à s'introduire dans le Laonnois, une doctrine nouvelle prêchée par Luther. Elle fit bientôt de nombreux prosélytes : La Thiérache, notamment les communes de Landouzy, de Gercy, de la châtellenie de Marle, n'échappèrent pas à l'invasion du luthéranisme. Son premier apôtre y fut un habitant de Lemé, homme pauvre et obscur, nommé Georges Magnier. Doué d'une imagination ardente et d'une intelligence au-dessus de gens de sa condition, il avait embrassé avec enthousiasme les idées nouvelles et il mettait à les répandre tout le zèle dont il était capable. Toujours muni d'une Bible, il se transportait, le soir, dans les veillées où il savait rencontrer du monde, et là, il faisait des lectures pieuses, en prêchant sa nouvelle doctrine avec une ardeur qui lui attirait chaque jour de nouveaux adeptes. Ses démarches ne purent rester longtemps secrètes, et pour continuer ses prédications, il fut obligé d'avoir recours à des réunions clandestines. Ces réunions se tenaient tantôt dans certaines maisons de Lemé, tantôt dans des bois écartés, où Georges espérait échapper aux regards de l'autorité ; mais elle veillait sur lui et, un soir qu'il présidait une nombreuse assemblée, sous un chêne séculaire, dans les bois de la Cailleuse, la garnison de Guise se rua sur cette foule sans armes et la dispersa. Georges Magnier fut fait prisonnier et condamné aux galères où il mourut. (*Histoire de Foigny.*)

Dans la ville de Laon, les doctrines de Luther et du Noyonnais Calvin trouvèrent aussi des prosélytes. Ces sectateurs avaient un puissant protecteur dans le comte de Roucy, qui ouvrait son château d'Aulnois à tous ses coreligionnaires. Les habitants de Marle restèrent, en majorité, fidèles à la foi de leurs pères ; mais tous ne purent résister aux obsessions dont ils étaient l'objet. En effet, il existe sur le terroir de Marle, près de la route de Montcornet, un lieu dit : *les Fosses-des-Huguenots.* C'est une ancienne carrière, convertie en prairie, au milieu de laquelle s'élève un tertre ou *tumulus* de forme elliptique, qui servait de sépulture aux Huguenots et à tous ceux qui n'étaient pas catholiques. C'est encore là qu'étaient enterrés les corps des suicidés et les cadavres des suppliciés.

Près des *Fosses-des-Huguenots* se trouve la *rue des Juifs*, située en dehors de l'enceinte de la ville, où logeaient, au Moyen-Age, les Lombards et les Juifs qui vivaient d'un commerce illicite.

La guerre s'étant allumée, en 1551, avec l'empereur d'Autriche, le comte d'Apremont se déclara pour les ennemis. Deux compagnies françaises, qui étaient en garnison à Aubenton, allèrent attaquer le château du comte, s'en emparèrent et le détruisirent complètement. Il ne resta plus, de cet ancien manoir, que l'emplacement désigné sous le nom de *Cour Madame*.

Après quelques succès obtenus sur l'armée impériale, commandée par Charles-Quint en personne, le roi Henri II congédia ses troupes fin juillet. Mais Adrien de Croy, comte de Rosny, envahit la Picardie à la tête d'une armée composée de Flamands, d'Hennuyers, de Wallons et d'une nombreuse cavalerie. Il attaqua et prit la ville de Vervins qu'il livra au pillage et à l'incendie, ne laissant debout qu'une seule maison. Il se dirigea de là vers Noyon, Chauny, Nesle et Roye, brûlant tous les villages, au nombre de huit cents. La ville de Marle ne fut pas épargnée, elle fut pillée et incendiée. Les habitants ruinés, livrés à toutes les horreurs d'un ennemi sans entrailles, fuyaient, cherchant un abri dans les villes voisines. Les femmes, les vieillards et les enfants se renfermèrent dans les souterrains qui sillonnent la partie haute de la ville pour se soustraire à la brutalité sauvage des Croates [1].

C'est à l'instigation de la reine de Hongrie qu'eut lieu cette barbare expédition, pour se venger de ce que les soldats du duc de Vendôme, comte de Marle, avaient chansonné « sa bienveillance pour le beau seigneur de la Cour. » Les domaines du comte, ainsi que le château de Folembray bâti par Enguerrand III de Coucy, seigneur de Marle, et la ville de La Fère, qui put résister à l'ennemi, furent les premiers visés dans l'œuvre de destruction accomplie par les farouches Impériaux.

La misère était alors profonde : les terres restaient sans culture, la famine désolait les campagnes et la peste décimait les populations épuisées.

C'est le 15 décembre 1553 que naquit Henri de Navarre, fils d'Antoine de Bourbon et de Jeanne d'Albret; cette dame habitait le château de Marle, elle le quitta pour aller faire ses couches à Pau-en-Béarn « afin que l'enfant ne fût ni pleurard, ni rechigné. » Aussitôt que le sexe fut connu, le vieux roi de Navarre emporta le nouveau-né, lui frotta les lèvres d'une gousse d'ail et lui fit avaler quelques gouttes de vin de Jurançon. Le prince Henri fut élevé à la béarnaise « pieds nus et tête nue »; il apprit, avec les

---

[1] Au faubourg Saint-Nicolas, ces souterrains-refuges étaient ouverts dans le flanc de la colline des *Froides-Rives* et se dirigeaient vers le château ou vers l'église Notre-Dame, soit qu'il existât une crypte sous cet édifice, ce qu'il est facile d'admettre à cause de son élévation sur une colline, soit que ces galeries souterraines vinssent s'ouvrir dans un collatéral ou dans une autre partie du monument. Ces souterrains voûtés servaient de casemates.

enfants de son âge, à gravir les rochers, à escalader les arbres, il luttait avec eux de force et d'adresse. Sa mère le fit instruire avec soin et élever dans la religion réformée.

En 1554, Pierre de Flavigny, écuyer, seigneur de Ligny et d'Escury, bailli du comté de Marle, qui s'était retiré à Saint-Gobain, à cause de la peste sévissant alors à La Fère, nomma Pierre Bouchet, pour remplacer à Marle, provisoirement, le greffier et le procureur fiscal restés à La Fère.

Deux ans plus tard, la maladie exerça de nouveau ses ravages à Laon, en sorte que les députés, qui devaient se réunir dans cette ville, au mois de novembre 1556, pour signer la réformation des coutumes de Vermandois, ne purent le faire à cause de la peste. L'assemblée fut transférée à Reims.

Le 5 août de la même année, les habitants de Pontséricourt, aujourd'hui hameau dépendant de la commune de Tavaux, obtinrent du roi l'établissement dans leur village d'un marché par semaine et de deux foires par an.

Au mois de juin 1554, les hostilités recommencèrent. Le roi Henri II divisa son armée en trois corps ; l'un d'eux, sous le commandement du Connétable de Montmorency, fut dirigé sur Crécy-sur-Serre. Le roi, en se rendant à Laon, coucha à Marchais et, après avoir accompli un pèlerinage à Notre-Dame de Liesse, se mit à la tête de ses troupes et s'empara de Dinant.

La France et l'Empire, épuisés par la guerre, se contentèrent de s'observer. Antoine de Bourbon, comte de Marle et duc de Vendôme, profita de cette accalmie pour échanger son gouvernement de Picardie contre la couronne de Navarre, qui lui était échue du chef de Jeanne d'Albret, sa femme, par la mort d'Henri de Navarre, son beau-père, décédé au mois de juillet.

Le 30 février 1555, Charles de Cossé-Brissac, maréchal

de France, gouverneur et lieutenant-général pour le roi (de là les Monts), donna commission à Odard de Beaumont de faire les montres et revues des compagnies de gendarmerie qui se trouvaient dans le pays, en l'absence du sieur de Marle, commissaire ordinaire des guerres.

L'année suivante eut lieu la réformation des coutumes générales et particulières du bailliage de Vermandois. Ferry de la Bove, seigneur de Cilly et de Crécy, apposa à la rédaction des coutumes sa signature avec ses armes : *De sinople, à trois pals de vair, au chef d'or,* ainsi que Sanguin, seigneur de Bosmont, dont la seigneurie passa par alliance à la maison de Béthune. Cette année-là, on fit la vendange du raisin, au mois de juillet, il ne plut qu'au mois d'août. Après la pluie, les arbres refleurirent, il y eut des cerises fin septembre, et les vignes donnèrent encore de nouveau verjus (1556).

La trêve conclue avec l'Empereur en 1556 et qui devait durer cinq ans ayant été rompue, les garnisons d'Avesnes se répandirent dans la Thiérache, pillant et brûlant La Capelle et Vervins, malgré la marche rapide de l'amiral de Coligny qui, partant de Pierrepont avec le Connétable, ne put devancer l'armée espagnole, commandée par Emmanuel de Savoie. Le 2 août, les Espagnols, après avoir passé le Trou-Péron à La Capelle et traversé Guise, investirent la ville de Saint-Quentin. L'armée française suivait à peu de distance l'armée ennemie. Coligny, prenant avec lui une partie des troupes campées à Pierrepont, se dirigea vivement sur Saint-Quentin, pour essayer d'introduire des soldats avant l'investissement complet de la place. Après bien des difficultés, il exécuta une partie de ses projets, et, le lendemain, il pénétrait dans Saint-Quentin avec quelques renforts.

Le connétable de Montmorency, à la tête de vingt-huit

mille hommes, livra bataille aux Espagnols entre Essigny et Liserolles et fut battu. Il perdit également la bataille de Saint-Laurent livrée le 10 août et dans laquelle quatre mille Français trouvèrent la mort, le connétable lui-même fut fait prisonnier, ainsi que d'autres chevaliers.

Malgré l'héroïque résistance des assiégés, la place de Saint-Quentin fût obligée de capituler, le 27 août ; elle fut livrée au pillage et à toutes les horreurs d'une ville prise d'assaut. L'armée royale battit en retraite sur Laon ; elle pût empêcher les ennemis de se répandre dans les environs et de mettre l'abbaye Saint-Michel[1] à contribution, ainsi que les malheureux habitants de la contrée. Philippe, ayant échoué devant Rocroy, répandit son armée dans les provinces de Thiérarche, du Laonnois et de Normandie, où elle se livra à tous les excès.

François de Guise, quittant le Luxembourg, vint couvrir la Picardie contre l'armée espagnole, campée devant Maubeuge. Il réunit des troupes encore à Pierrepont, où le roi Henri II vint, le 28 juillet, les passer en revue. L'armée royale s'augmenta des renforts amenés par Guillaume de Saxe, elle avait son aile droite vers Marle et sa gauche vers Laon. Elle se dirigea sur La Fère pour se porter au devant des Espagnols ; mais des détachements ennemis échappés des Pays-Bas « s'insinuèrent par les bois de la Thiérache et pénétrèrent, les uns jusqu'à Rozoy et Montcornet, les autres jusqu'à Crécy-sur-Serre, Pouilly et Pont-à-Bucy, voulant piller et brûler Sissonne, Liesse, menaçant les faubourgs de la ville de Laon. »

Enfin, les deux armées d'Henri II et du duc Philippe étaient sur le point d'en venir aux mains, lorsque les

---

[1] Saint-Michel est la patrie de Dom N. Lelong, historien du diocèse de Laon.

deux monarques convinrent d'une suspension d'armes, qui fut suivie, au mois d'avril 1560, de la paix définitive signée au Cateau-Cambrésis.

Dans une délibération du 30 septembre 1562, de la Chambre des Comptes du roi de Navarre, il est question de la démarcation du comté de Marle. Antoine de Bourbon, duc de Vendôme, roi de Navarre, mourut le 17 novembre de la même année, du coup de mousqueton qu'il reçut dans les tranchées au siège de Rouen, laissant pour héritier un fils qui fût Henri IV.

L'année 1564 fut signalée par la peste qui sévit à Laon, à Soissons et dans la province. Pour la combattre, on eut recours aux processions blanches et à la vénération des reliques des saints. L'historien Fleury rapporte, qu'une pauvre femme qui venait d'accoucher à l'Hôtel Dieu mourut de la peste dans sa hutte ; comme on ne pouvait confier l'enfant, ainsi contaminé, à une femme saine, on lui donna pour nourrice une chèvre.

Au mois de juin, des lettres de rémission furent accordées par le roi à Nicolas Vieillard. Ce jeune homme de Crécy-sur-Serre avait, dans une rixe, blessé mortellement Hubert Viéville du même lieu, pendant qu'ils étaient au guet à cause des Espagnols, qui, de Saint-Quentin, se répandaient dans les campagnes.

La paix du Cateau-Cambrésis et le mariage d'Elisabeth de France furent les derniers actes d'Henri II qui mourut d'une blessure à l'œil droit, faite dans un tournois donné à l'occasion du mariage de sa fille avec le roi d'Espagne, le 10 juillet 1559.

Le règne de François II, son successeur, fut de courte durée, car il mourut le 7 décembre 1560. Il fut remplacé par Charles IX, âgé de dix ans. Catherine de Médicis fut régente ; le comte de Marle, Antoine de Bourbon, fut nommé lieutenant général du royaume. Charles IX fut sacré à Reims par le cardinal de Lorraine, il se rendit au château de Marchais, le 17 août 1566, avec Catherine et le cardinal. Désirant voir Nicole la possédée, alors à Liesse, il la fit venir à Marchais, l'interrogea, et ayant reconnu, dit Claude Laleu, la vérité du miracle qui s'était fait en sa personne par la vertu du Saint-Sacrement, il la renvoya, après lui avoir fait donner dix écus, « par manière d'aumône » (cent douze francs environ).

La possédée, dont il est ici question, était Nicole Obry, de Vervins. Cette jeune femme, tombée malade au mois de novembre et n'ayant pu obtenir de soulagement durable, se décida à faire le pèlerinage de Liesse. « Le mardi 22 janvier, fête de Mr Saint-Vincent, on vit sortir de Vervins une charrette que trois vigoureux chevaux tiraient à grand'peine. C'était Nicole, accompagnée de son mari, qui se rendait à Notre-Dame de Laon, pour y être délivrée du démon qui la tourmentait. En passant par Marle, elle s'arrêta à la *Croix Bannissoire* (aujourd'hui calvaire de Saint-Nicolas). La tradition a conservé le souvenir de son passage. Puis elle se dirigea sur Pierrepont ; entre ce village et Liesse, la nuit surprit le charretier au point qu'il ne savait plus quel chemin prendre, à cause des marais. Un jeune homme qu'ils avaient recueilli en route les guida et fit traverser le marais à l'équipage, sans aucun accident. En sorte que Nicole, le vicaire de Vervins et les autres compagnons arrivèrent sains et saufs à Liesse ; ils allèrent loger à l'hôtellerie où pendait l'image de Saint-Martin. » *(Duployé.)*

Après la visite du roi et poursuivi par des Huguenots, le cortège quitta Liesse pour retourner à Pierrepont, où on n'avait pas cru devoir s'arrêter le mardi précédent, pour gagner la ville de Laon. A Pierrepont, un phénomène se produisit ; Nicole fut portée à l'église, malgré l'esprit malin qui, après avoir jeté un cri effroyable, laissa échapper un profond soupir accompagné d'une noire vapeur. « C'était le diable Legio qui sortait du corps de Nicole. » Elle fut ensuite reportée à l'hôtellerie, puis dirigée sur Laon.

Mais après un court séjour dans cette ville et de nombreuses conjurations faites dans la cathédrale, le 2 avril 1565, avant Pâques, Nicole fut engagée à retourner à Vervins. Accompagné de deux sergents royaux et du greffier du bailliage de Laon, le cortège reprit le chemin de Vervins par Chambry.

Arrivée près d'un monticule appelé : *La Motte de Puisieux*, Nicole tomba « en telle maladie qu'elle était sourde, muette et aveugle. » Néanmoins elle continua sa route jusqu'à Marle, où elle demeura au giste « au logis où pend pour enseigne l'image Saint-Martin. » Avant le souper, disent les compagnons dans leur relation, nous avons fait transporter Nicole en l'église de Marle, où aurions fait chanter le *Veni creator*. « Bien qu'elle fut sourde et muette, elle chanta les mots : *Accende lumen*. » Alors Jean de Tupigny, lieutenant du bailli de Marle, lui présenta un bouillon, mais sitôt que la cuiller toucha la bouche de la possédée, elle tomba dans une nouvelle crise.

Après avoir fait chanter le *Tantum ergo*, on la ramena au logis de Saint-Martin, et le lendemain, elle partit pour Vervins.

On rapporte que le jeune roi Charles, passant un jour à Mons-en-Laonnois, logea chez un personnage nommé Jean, et faillit périr par la chûte du plancher de la chambre à coucher dans laquelle il se trouvait. Ce fait est constaté par un registre de compte de dépenses de Laon, on y lit : « Despense de 11 livres, trois sols, dix deniers tournois, « faite par Antoine de Marle, receveur, pour quarante « pots et trois pintes de vin blanc présentés au roy

« Charles IX, à la reine, au roi de Navarre et autres grands
« seigneurs estant au villaige de Mons-en-Lannois (1563). »

C'est le roi Charles IX qui fixa au mois de janvier, le commencement de l'année civile qui, jusque-là commençait à Pâques. Cette année 1564, fut signalée par la rigueur inusitée de l'hiver, le froid fut si intense que les rivières portaient voitures et qu'à Marle, l'eau des puits gela dans la partie basse de la ville, où les puits ne sont pas profonds.

Malgré les édits rendus par le roi contre les Calvinistes, ceux-ci pratiquaient ouvertement leur culte à Laon et à Soissons. Sous le règne précédent, les Huguenots trouvèrent de puissants protecteurs dans la personne de Louis de Bourbon, prince de Condé, et de sa femme Éléonore de Roye ; dès lors, deux partis se formèrent, les Catholiques ayant à leur tête le duc de Guise, et les Huguenots soutenus par Henri de Navarre.

Les Calvinistes reprirent les armes en 1567, à l'instigation du prince de Condé, sous les ordres de François de Hangest, seigneur de Genlis. Ils firent une incursion dans le Laonnois et suivirent la rivière de la Serre ; ils détruisirent et pillèrent tous les villages qu'ils rencontrèrent, incendiant les églises : celle de Nouvion-l'Abbesse, qu'ils avaient déjà dévastée en 1556 ; celle de Crécy-sur-Serre, dédiée à saint Remy, et qui avait été épargnée par les Anglais en 1330 ; celles de Dercy, d'Erlon [1], de Pierrepont, de Pouilly et d'autres villages, jusqu'à Dizy, dont l'église fut incendiée plusieurs fois par les Calvinistes, en 1576 et en 1584 ; à cette dernière date, la population qui s'y était réfugiée avec le curé périt par les flammes.

Les Huguenots, sous les ordres de Hangest, faisaient une

---

[1] L'église d'Erlon possède une cure baptismale antérieure au xiie siècle ; elle est en forme de corbeille ornée de quatre figures perdues dans des enroulements de feuillages sculptés.

guerre cruelle aux prêtres qu'ils rencontraient. Ayant pu s'emparer de quatre curés, ils les mirent sous un pressoir, les chargèrent de gros madriers, comme on charge les raisins, et tournèrent la vis jusqu'à ce que les prêtres fussent écrasés et eussent perdu tout leur sang dans ce genre de tourment extraordinaire. *(Dom Bugnâtre.)*

Deux ans après cet événement, François de Hangest, le chef de ces protestants, mourut de la rage à Strasbourg ; il avait pillé l'église de Saint-Hubert des Ardennes et brisé les images. Il avait agi de même à Soissons, dont il s'était emparé au milieu de la nuit ; il y détruisit les autels, les images des saints ; il brûla les reliques et chassa les chanoines de leurs maisons. La mort de François fut considérée comme un châtiment du Ciel.

Après être resté sept jours à Château-Porcien, Guillaume de Nassau, prince d'Orange, à la tête d'un détachement, ravagea Pierrepont le 28 novembre 1568, pilla Liesse et brûla la chapelle, mais l'image de la Vierge fut sauvée.

Le 31 janvier 1569, Henri d'Orléans, duc de Longueville, gouverneur de Picardie, par un ordre signé de sa main et daté de Saint-Quentin, fit venir les deniers qui étaient entre les mains du receveur de la ville de Laon, afin d'empêcher les Ligueurs de s'en emparer.

De Dizy-le-Gros, les Calvinistes passèrent dans la Thiérache, puis se dirigèrent dans le Laonnois, en passant par Ribemont et Crépy, détruisant et incendiant les villages sur leur passage. Ils se présentèrent devant Laon, et voyant l'impossibilité de surprendre cette ville, les Huguenots se vengèrent sur le faubourg d'Ardon.

Par suite de ces dévastations, les champs restèrent sans culture ; les campagnes étaient désertes et les grains qui avaient été récoltés précédemment furent détruits par les Calvinistes, de sorte que la misère était extrême.

Pour comble de malheur, il y eut des inondations, par suite de la fonte des neiges ; le moulin à eau de Marle, situé sur la Serre, fut ruiné par l'impétuosité des eaux. La reine de Navarre, à laquelle il appartenait comme comtesse de Marle, donna des ordres pour son rétablissement (1570).

Le 24 mai de cette année, une commission fut donnée par Charles IX au général de ses finances de Champagne pour informer sur le contenu d'une requête présentée par les habitants de Marle, tendant à obtenir du roi un octroi de deux sols sur chaque minot de sel vendu au Grenier de la ville. Cette requête fut envoyée au général des finances, Jean Thouretin, et au bailli de Vermandois, pour l'examiner. Après information, Claude Demange, conseiller du roi, lieutenant particulier civil et criminel au baillage du Vermandois, donna un avis favorable, ainsi que le général des finances de Champagne. En conséquence, au mois de décembre 1570, le roi Charles IX, par lettres patentes, permit aux habitants de Marle de prélever, pendant cinq ans, deux sols par minot de sel vendu au Grenier, à condition d'employer ledit octroi uniquement à la réparation et à l'entretien des fortifications de la ville. Ces lettres furent enregistrées au Parlement, le 20 mars 1570, sur le consentement de Jean Thomassin, trésorier de France en Champagne.

Charles IX, prince faible et indécis, se laissait dominer tantôt par un parti, tantôt par un autre. Pendant qu'il protestait auprès de Philippe II d'Espagne de sa neutralité et de son dévouement aux intérêts catholiques, il favorisait secrètement les Huguenots et chargeait un de leurs chefs, Jean de Hangest, seigneur de Genlis, de se rendre en Hainaut avec sept ou huit mille hommes, pour faire lever le siège de Mons, vers laquelle s'avançait aussi le prince d'Orange. Mais à deux lieues de la place, à Saint-Guilhain, l'avant-garde, que Genlis commandait en personne, fut surprise par le duc d'Albe et complètement défaite le 17 juillet 1570. Ce fait d'armes est rappelé par deux inscriptions qui se trouvent dans l'église de Bosmont. Elles sont encastrées dans la muraille, du côté droit du chœur, et sont ainsi conçues :

I

Les libertins de ce païs
contrefaisans le protecte^r
A la requiète de Genly
allant à Mons à le^r male^r
V. C. et pl^s occis à l'heure
pl^s de cuatre mille pendu
le reste qui de leur erreur
n'estoit point r'envoyé tout nud
L'an de Jhucrist révolu
mil et V. C. septate deux.

Traduction : Les libertins (partisans du libre examen, protestants), contrefaisant, c'est-à-dire à l'exemple de Genlis, leur protecteur et chef, allaient à Mons pour leur malheur. Cinq cents et plus furent tués sur l'heure, plus de quatre mille furent pendus ; les autres, qui n'étaient pas protestants, furent renvoyés tous nus. L'an de Jésus-Christ mil cinq cent soixante douze.

II

Dix septiesme de Jule^z vaincu
fut Gely protecte^r des Gueux
de quoy l'amiral tout yreux
délibérant aler à Mons
occis fut ce séditieux
Dix jours après l'Assumption

*conclu avait P. trahison
occir le noble sang royal
de Guyse la saincte maison
et rendre Paris ENNOVALE.*

TRADUCTION : Le dix-septième de juillet, Genlis, protecteur des gueux (protestants), fut vaincu. L'amiral (Coligny), tout colère de cela, songeait à aller à Mons (venger Genlis) ; (mais) ce séditieux fut occis dix jours après l'Assomption. Il avait conçu le projet de tuer par trahison le duc de Guise, de noble sang royal et de sainte maison, et de rendre Paris déloyal (parjure à son roi et à sa foi). — (Ceci fait allusion au complot tramé par les protestants de livrer Paris aux Anglais et de massacrer les chefs du parti catholique ; la Saint-Barthélemy vint mettre une fin terrible et inattendue à ces projets néfastes.)

Une troisième inscription justifie encore le meurtre de Coligny ; elle est en latin et comprend deux distiques :

*Dogmata sepserut stygie lethea me....s
Nocta sua Gallos perniciosa animos ;
Donec cymerias discussit morte tenebras
Collinea N^r Carol allipeta*

TRADUCTION : Les dogmes mortels d'une peste infernale enveloppaient les âmes françaises d'une nuit funeste, lorsque notre Charles dissipa ces ténèbres cimmériennes par la mort de Coligny, action digne du Ciel [1].

[1] Nous donnons également, à titre de curiosité, les deux inscriptions suivantes, de la même époque que les précédentes, trouvées aussi dans l'église de Bosmont. La première est une épitaphe :

*Droictement devat cette lame
Gyste a le corps, Dieu en ait l'âme
Du bon Sevron nome Loys
D'armes et vertus ennobly
L'an mil V. C. soixate-sept
A nature paya sa debte
Le 10 huictiesme de septebre
Prie por luy qui t'en remembre.*

Les Huguenots continuant à ruiner les campagnes, une famine s'ensuivit. Le blé était tellement cher que Charles IX, étant à Villers-Cotterêts en 1573, prohiba l'exportation des grains et du vin, il défendit même de porter de riches habits.

Le 22 avril 1574, un incendie considérable, causé par l'imprudence d'un militaire, consuma la ville de Montcornet, l'église ne fut pas épargnée, elle perdit sa flèche en pierre. Plus de cinq mille sacs de blé furent consumés dans les granges et on porte à mille le nombre de maisons brûlées; beaucoup de bestiaux périrent dans les flammes. Les habitants sans demeure se retirèrent dans les villes de Marle et d'Aubenton.

Au mois de mai, il fut fait une enquête relative au pré, *sis au bac*, près de la cure d'Haudreville, qui appartenait à la ville de Marle.

Le 30 mai, Charles IX mourait au milieu d'horribles convulsions, à l'âge de 24 ans. Cette mort ne mit pas fin à la guerre civile, et, la politique aidant, la lutte religieuse se ralluma. F. de Hangest, secondé par les gentilshommes huguenots du pays, Bouchavesme, Marcourt et autres, s'empara de

---

La dernière inscription est une épigramme :

Celui qui en prélature est
En nul état fléchir ne doit
Mais soit content et souviens-toi
Que à tous est et à nul est.

Sur le même mur, on lit ces mots : *Renard parocho*, serait-ce l'auteur des inscriptions que nous venons de citer ? L'église de Bosmont remonte probablement au xiie siècle, ainsi que l'indique son architecture de transition. Elle est flanquée d'une tour carrée massive, qui fut probablement destinée à remplacer le château de Jean de Coucy de Vervins, détruit en l'année 1347. On sait que les églises de la Thiérache furent ainsi fortifiées pour la défense de la frontière et pour servir de refuge aux populations en cas de surprise de l'ennemi.

Soissons. La cathédrale, les reliques et les couvents furent saccagés ; un ministre s'installa dans l'église épiscopale. Poursuivant ses succès, F. Genlis somme Laon de se rendre, brûle Ardon, La Fère, Saint-Nicolas-au-Bois. L'église de Liesse fut pillée, le feu détruisit la cloche et le clocher ; le village de Pouilly fut dévasté. D'après un écrivain Calviniste, les guerres de religion dans le diocèse de Soissons, causèrent la mort de douze mille personnes. Genlis François mourut au milieu de ses succès ; son frère cadet, Jean de Hangest, fut étranglé dans la citadelle d'Anvers.

Anne de Montmorency avait rassemblé à Pierrepont une armée de vingt-huit mille hommes pour marcher contre les Huguenots ; mais, ayant engagé une partie de ses troupes dans un marais, il se vit enveloppé par le duc de Guise le Balafré et fut complètement battu, le 10 août 1575. (*Histoire de Guise.*)

Pour mettre fin à la guerre, Henri III accorda aux Huguenots le pardon de leurs crimes, à condition de se soumettre et d'ordonner à leurs ministres de quitter la France. (*Edit de Beaulieu* 1576).

Le 24 octobre 1576, eut lieu l'entérinement, sur l'ordre de François de Proisy, seigneur dudit lieu, baron de la Bove, chevalier de l'ordre du roi et son bailli de Vermandois, des lettres patentes données à Laon, accordant aux habitants de Marle un marché-franc tous les mois, et une foire par an, le lundi devant la Mi-Carême. Cette concession fut renouvelée et confirmée dans la suite par les rois de France, elle donna un grand développement au commerce de Marle : on y vendait des denrées de toutes sortes, du blé, des chevaux et des bestiaux. Ces lettres furent publiées à Marle et à Pierrepont.

Des lettres de réhabilitation de Jacques Ier de Vervins parvinrent le 10 septembre 1575, elles furent enregistrées au Parlement de Paris, le premier octobre, et publiées au bailliage de Laon. Cette réhabilitation causa une grande joie dans le Vermandois ; François de Proisy, baron de la Bove, assista à la cérémonie avec les nobles de la province. A ce sujet, Henri III adressa une lettre à Jacques II de Coucy pour lui apprendre cette heureuse nouvelle ; le roi veut que sa mémoire « demeure bonne et entière ». Il écrivit encore au héraut d'armes Vallois, pour l'engager à assister à la réhabilitation de Jacques Ier. *(Piette.)*

D'autres lettres d'Henri III, du 7 septembre 1577, renouvelèrent la permission accordée aux habitants de Marle de percevoir, pendant six ans consécutifs, deux sols par chaque minot de sel vendu au Grenier. Le même prince renouvela ce privilège, le 8 novembre 1580, en augmentant de deux sols la perception à toucher sur chaque minot et devant servir aux fortifications de la ville. *(Pièce justificative.)*

La paix de *Monsieur*, conclue en 1576, n'empêcha pas le duc d'Anjou, frère du roi, de se mettre à la tête d'une armée de sept mille hommes, réunis à Château-Thierry, pour se rendre en Flandre et de ruiner les paroisses du Laonnois, comme en pays conquis.

De son côté, le gouverneur des Pays-Bas, voulant prévenir cette invasion, s'avança au-devant du duc d'Anjou (Henri). Arrivé près de Vervins, il apprit que les habitants des environs s'étaient réunis au lieu dit : *La Verte-Vallée*, où ils s'étaient fortifiés et résolus à se défendre ; il les attaqua, mais il rencontra une vigoureuse résistance. Les campagnards mal armés, se défendirent avec un grand courage, si bien que les Espagnols, honteux d'être arrêtés par des paysans, firent venir du canon et foudroyèrent les retranchements. Le fort fut pris et les défenseurs impitoyablement mis à mort.

L'armée ennemie se divisa alors ; une partie alla vers

Montcornet pour attaquer le fortin qui servait de refuge
aux habitants, l'autre corps d'Espagnols vint mettre le siège
devant la forteresse de Tavaux, qu'il emporta facilement.
Ils commirent d'affreux désastres dans tous les environs.
Les villages de Tavaux, Pontséricourt, Montigny-le-Franc,
Dizy-le-Gros furent pillés et incendiés, particulièrement les
églises. Les habitants de ces communes furent maltraités,
dépouillés de leurs biens, de leurs récoltes et réduits à la
misère ; désespérés d'être ainsi malmenés, aussi bien par
les ennemis que par les soldats français, ils se réunirent
au nombre de deux mille hommes, bien résolus à défendre
leurs foyers. Crécy-sur-Serre, Dercy et tous les villages
situés sur le bord de la Serre subirent le même sort et
furent impitoyablement ravagés. Enfin les Espagnols se
retirèrent, laissant après eux la ruine et la misère (1578).

En 1579, le fléau de la peste vint s'ajouter au fléau de
la guerre ; « cette maladie ayant forme de reume ou de
cathaire, prenoit par mal de teste, d'estomach, de reins et
courbature de tout le corps. Elle persécuta quasi tout le
royaume de France tant que l'année dura[1]. » Dans la seule
ville de Laon et ses faubourgs, six mille personnes furent
enlevées par l'épidémie ; l'évêque Jean de Bours mourut
victime de sa charité à soigner les malades. A Marle,
l'Echevinage prit des mesures préventives, les malades
étaient transportés hors la ville et soignés dans des bara-
quements. Mais, dit Melleville, les pestiférés avaient à se
défendre d'un autre danger : les loups très nombreux
venaient les attaquer jusque dans leurs lits et on ne pouvait les éloigner qu'avec beaucoup de peine. Ce fléau,
quelque temps assoupi durant l'hiver, reprit une nouvelle
activité au printemps de 1580. On donnait à cette maladie

---

[1] Pierre de l'Estoile, *Registre-Journal de Henri III*.

le nom de *coqueluche,* mot qui vient de ce que les personnes atteintes de la maladie portaient le *coqueluchon* relevé. Pour conjurer tous ces fléaux, on établit les processions blanches, ainsi nommées parce que les pénitents qui y prenaient part étaient revêtus d'habits blancs. C'était à Notre-Dame de Liesse que se rendaient ces processions, pour implorer la protection de la Vierge ; « on y rencontrait, dit Dom Bugnâtre, en un jour, jusqu'à trente paroisses différentes avec le clergé, au nombre de dix à douze mille. »

« En febvrier 1581, trente enseignes de gens de pied rôdent par la Picardie soubs la charge du seingneur de La Rochepot et autres capitaines, et font tous les maux du monde partout où ils passent. Le roi ennuié des plaintes que tous les jours on lui faisoit des vols, excès et outrages que commettoient ces troupes, dépesche le seingneur de Losses, avec commandement de se retirer incontinent ». De La Rochepot et Fervaques ne craignent pas de désobéir au roi, le prince de Condé aussi du parti huguenot promène ses troupes de Château-Thierry à Guise. « Elles faisoient par où elles passoient tous les maux du monde ; aussi ce temps estoit fascheux et dur pour le peuple, mangé et rongé jusqu'aux os en la campagne par les gens de guerre et aux villes par nouveaux offices, imposts et subsides ». *(P. de l'Estoile.)*

Le 14 janvier 1590, les garnisons réunies de Laon et de Marle, avec les paysans assemblés dans les villages voisins, se portèrent sur Pierrepont où commandait le capitaine Lapierre. L'attaque fut si brusque que la garnison fut forcée en quelques instants. Le capitaine fut pris et quelques-uns de ses hommes tués ; le village fut ensuite pillé et incendié, et les seigneurs procédèrent à la démolition du château. Au bout de quelques jours, il ne restait pas pierre sur pierre de la forteresse bâtie par l'évêque Didon.

Une maison du faubourg Saint-Nicolas de Marle, porte la date de 1576 et une autre celle de 1579, les chiffres sont formés par des tirants en fer qui maintiennent les poutres ; ces maisons n'ont aucun caractère d'architecture ; d'autres immeubles, qui portent la date de leur construction, conservent, notamment aux fenêtres, des ornements de l'époque de la Renaissance. Sous un soupirail du souterrain du château, on lit, gravée sur une pierre, la date de 1591.

Le 15 mars 1580, dans un dénombrement servi au comte de Marle, Henri de Navarre, par François de Sons, écuyer, vicomte de Monampteuil, il est fait mention de la *Haute-Voye*, ancienne chaussée romaine qui, du *Mont-Fendu*, traversait la Serre au-dessus de Crécy, pour longer le territoire de Chevresis-le-Meldeux ; dans cette commune, on a trouvé des monnaies romaines à l'effigie de *Tétricus*. Une autre voie romaine, la deuxième branche de la voie militaire de Reims dans le Hainaut, allait jusqu'à Dizy, elle passait ensuite entre la rivière de Serre et Montigny-le-Franc. Elle traversait à Marle la Serre et le Vilpion, allant droit à Sons, et de là à Faucouzy.

Il y a quelques années, on voyait encore, au nord de Montigny, les ruines d'un ancien château. Une grande pluie d'orage, ayant mis les fondations à découvert, mit également au jour une quantité considérable d'ossements humains qui se trouvaient enfouis au pied de ces murailles. (*Melleville* 1857.)

Marie de Luxembourg, bisaïeule de Henri IV, comtesse de Marle, de Soissons et de La Fère, dont le fils Louis, cardinal de Bourbon, était alors évêque de Laon, fonda à La Fère le chapitre de Saint-Louis composé de huit chanoines, à la nomination du seigneur de La Fère (1580).

Le 8 avril, sur les cinq heures du soir, on ressentit à Laon un violent tremblement de terre qui ébranla les murailles et les bâtiments de la ville. La secousse fut si sensible à la cathédrale que tous les habitants des quartiers environnants se hâtèrent de quitter leurs maisons dans la crainte de voir ce vaste édifice s'écrouler sur eux. (*Melleville.*) Ce phénomène se renouvela plus tard, et les secousses se firent sentir jusques vers la Thiérache.

L'année suivante, la ville et les environs eurent à souffrir d'un autre fléau ; il fit un vent tellement impétueux que plusieurs toitures et cheminées furent enlevées, Le clocher de l'église Saint-Cyr (à Laon), fut abattu par l'ouragan. Beaucoup d'arbres furent déracinés, des chaumières renversées ; la direction du vent était de l'ouest à l'est.

Nous avons dit que depuis la mort de son mari Antoine de Bourbon, Jeanne d'Albret avait l'administration de tous ses biens ; en 1585, elle réunit, en sa chambre des Comptes à Marle, les officiers de son comté de Marle et de la châtellenie de La Fère, pour renouveler ses baux de terre et faire le dénombrement de ses domaines. Au comté de Marle la reine de Navarre réunissait la châtellenie de Montcornet avec tous les fiefs qui en mouvaient et les redevances consistant en blé et avoines.

A la suite de cette réunion, le 12 octobre 1585, Guérin Guillaume, dit : *La Rozière*, « étant garni d'une épée et d'un pistolet chargé et amorcé », avait insulté dans sa chambre et menacé si violemment le sieur Parmentier, lieutenant général au comté de Marle et châtellenie de La Fère, que ce dernier en était mort de saisissement. Pour ce fait, l'avocat Guérin fut suspendu de ses fonctions pendant deux ans. Parmentier Antoine avait été nommé lieutenant général par la comtesse de Marle, le 16 octobre 1570, en remplacement de Pierre Grouchet, décédé. La même année, le 21 octobre, la reine de Navarre nomma Gabriel

Rouxin procureur général au comté de Marle, en même temps elle autorisa le gouverneur du comté de Marle, Charles de Longueval, bailli, à prendre cent cordes de bois de chauffage dans les bois du domaine de Marle.

En conséquence de cette autorisation, le 22 décembre 1587, de Longueval Charles, gruyer et maître des eaux et forêts du comté, autorisa Bon Prévôt, fermier des amendes, à rechercher tous les larcins de bois et autres qui avaient été commis. Bon Prévôt s'était plaint qu'Antoine Parmentier, lieutenant général au comté de Marle, s'était absenté pendant deux ou trois ans, lors du siège de la ville, « la jus-
« tice avait quasy de tout cessé, comme encore depuis, elle
« n'aurait eu tel soin, qu'elle devait à cause des guerres
« qui ont esté en ces frontières de Cambrésis et qu'il se
« commettait de graves larcins qui restaient impunis, par
« la négligence des gardes. » Le Gruyer accorda au fermier un écu quinze sols par chaque amende constatée.

La même année, Henri, roi de Navarre, donna l'ordre à Charles de Longueval, chevalier, de délivrer quarante pieds d'arbres, à sa tante Catherine de Bourbon, abbesse de Notre-Dame de Soissons.

Le 25 décembre 1585, jour de Noël, pendant qu'un prédicateur faisait un sermon, la foudre tomba avec fracas sur la cathédrale de Laon ; elle entra sous la forme d'un brandon de feu par la rose du portail, traversa l'église dans toute sa longueur et sortit par le chevet. Quoique la cathédrale fût pleine de monde, personne ne fut blessé. Ce n'était pas la première fois que cet édifice était visité par la foudre pendant ce siècle ; elle tomba le 20 juillet 1530, une première fois, pendant une tempête, et, en 1542, le jour de l'Assomption où elle tua un homme. *(Melleville.)*

Le royaume continuait à être troublé par des querelles religieuses, la guerre civile, un instant suspendue, reprit avec une ardeur nouvelle. L'édit de pacification rendu en 1576 en faveur des Huguenots avait soulevé l'indignation des catholiques : sur tous les points du royaume, nobles, bourgeois et paysans s'unirent par des serments solennels, à « l'effet d'employer leurs vies et biens pour retenir le service de Dieu en la forme de l'église catholique, et conserver le roi Henri, troisième du nom, en l'autorité et puissance qui lui sont dues. »

Un seigneur d'Humières, gouverneur de Péronne, forma la première de ces unions ou *Ligues,* comme on les appela, et bientôt chaque province eut la sienne. Henri de Guise, déjà cher au peuple pour sa foi et sa bravoure, réunit toutes ces associations particulières en une seule, la *Sainte Ligue*, dont le centre fut établi à Paris. Laon était le siège d'une de ces Ligues provinciales. A l'exemple du Laonnois, les habitants de Marle embrassèrent la Ligue avec ardeur, la fureur populaire s'en prit surtout à Grégoire Fouquelin, lieutenant de justice, et à François Jésu, procureur fiscal. Le premier parvint à s'enfuir et se retira dans une ville voisine ; l'autre, moins heureux, se vit retenu prisonnier dans l'Hôtel de Ville, et sa maison fut livrée à une compagnie de gens de guerre avec tout ce qui s'y trouvait.

En 1588, Emery Regnaud, chanoine, qui possédait la cense de Vesle, desservie avant lui par Boëtien Poillevaux, doyen de Marle, fit bail de cette cure à Wiard Guillaume, pour un an, moyennant huit écus ; en plus, il était tenu de faire la fonction de curé à Vesles-et-Caumont pendant l'année, de servir les habitants, comme de leur célébrer les matines, messes, vêpres et leur administrer les sacrements quand ils le désireraient, et de s'y gouverner honnêtement « et faire de telle sorte que la conscience dudit Regnaud en soit totalement déchargée. »

Le 9 mars 1589, Balagny [1], chef ligueur, quittant Cambrai à la tête de huit cents cavaliers et de trois mille fantassins, se dirigea sur Ribemont, dont il s'empara, sans éprouver de résistance ; le capitaine Alexis, chargé de défendre la place se rendit à composition. Balagny alla de sa personne loger dans la ville de Marle où il fut, le 19 mars, honorablement reçu : là, il eut la visite de l'abbé de Saint-Vincent, qu'on regardait comme le chef des Ligueurs laonnois. Peu de temps après, il fut rejoint par le baron de Cardaillac, officier royaliste, qui, après s'être emparé de Pierrepont pour le roi Henri, s'était vu abandonné de ses soldats, séduits par les promesses de Balagny. Le sachant à Marle, le gouverneur de Laon alla lui offrir des présents de vin, de la part de l'Echevinage, en l'engageant à venir dans cette ville. Balagny, répondant à cette invitation, fit son entrée à Laon le 11 avril et fut reçu comme un roi.

Henri III ayant succombé sous le poignard de Jacques Clément sans laisser d'héritiers, la couronne revint à Henri de Navarre ; mais le peuple avait une foi trop vive pour reconnaître un prince huguenot. En vain prit-il l'engagement de conserver en France la religion catholique, cette promesse ne désarma pas les Ligueurs, et le vieux cardinal de Bourbon, son oncle, fut proclamé roi par le duc de Mayenne.

Des cavaliers furent envoyés à Marle pour faire signer la Ligue aux habitants, sinon ils étaient déclarés rebelles et, comme tels, pillables et mis à rançon par les gens de

---

[1] Jean de Montluc, dit Balagny, était un bâtard de Jean de Montluc, de la maison de Montesquiou ; il portait les titres de marquis de Bus, baron de Bavay, chevalier de l'ordre de Saint-Michel, capitaine de cent lances, commandant en Cambrésis et limite de la province de Picardie, sous l'autorité de Messeigneurs les princes.

guerre : « les Marlois se rendant ainsi coupables de rébel-
« lion envers le roi et de félonie envers leur seigneur. »

Au mois de septembre, les habitants de Laon, se trouvant fort incommodés par les troupes d'Henri de Navarre, qui empêchaient l'entrée en ville du blé, du bois, du charbon, du vin, résolurent de s'emparer des petits forts d'alentour occupés par l'ennemi. Dans ce but, ils demandèrent à leurs confédérés de leur envoyer des troupes. La ville de Soissons leur adressa cinquante-cinq cavaliers, Marle vingt-cinq, tant lanciers qu'arquebusiers à cheval, qui se joignirent aux troupes en garnison à Laon.

Le 1er décembre 1590, une montre ou revue d'une compagnie de cent hommes d'armes à pied, composant la garnison de La Fère pour le service du roi, fut passée dans le château par Léonard du Toumeon, commissaire des guerres. Parmi ces hommes d'armes figurait Jean de Marle, fils de Claude de Marle, seigneur de Coucy-les-Eppes.

Les garnisons de Crépy, de La Fère et de Chauny allèrent mettre le siège devant le fort du *Bassinet,* que défendait le capitaine Tourtebatte. Celui-ci avisa de cette situation les bourgeois de Laon ; aussitôt on fit appel aux villes voisines pour avoir des secours ; Marle envoya quarante cavaliers, Soissons cinquante.

Le 27 novembre 1590, Jehan Sallé, chirurgien à Laon, revenant de Marle, fut arrêté au village de Froidmont, fait prisonnier et emmené à Crépy-en-Laonnois. Ayant eu à donner ses soins à un capitaine gascon blessé à la jambe, il lui dit que s'il pouvait aller à Laon chercher les médicaments dont il avait besoin, le capitaine serait bientôt guéri. L'officier lui donna un sauf-conduit pour Laon ; le chirurgien envoya les médicaments, mais il ne revint pas les administrer.

Le lendemain arrivèrent à Laon cinquante chevaux des généralités de Soissons et de Vailly, qui, joints à ceux de Laon, s'acheminèrent vers Marle, où ils devaient trouver le sieur de Bérenglise avec cinq cents cavaliers, pour réduire la province au parti de la Ligue ; mais ils ne trouvèrent personne. Ils reprirent le chemin de Laon en pillant les villages d'Erlon, Voyenne et tous ceux qui étaient restés fidèles à Henri de Navarre, « commettant des dégâts, vivant à discrétion et se faisant servir à volonté. »

Un parti de Ligueurs ayant été rencontré par les royalistes près de Mondrepuis (canton d'Hirson), un combat acharné s'en suivit, les Ligueurs furent mis en pièces et beaucoup périrent ; le lieu de ce combat porte encore le nom de *Champ-de-la-Tuerie*. Les vainqueurs firent rentrer Aubenton sous l'obéissance du roi.

L'armée du duc de Parme, constamment harcelée par le Roi, fut poursuivie jusqu'à Guise. Henri IV tenait le duc de Nivernais, alors à Sissonne, au courant de la marche des ennemis, il lui écrivit de Missy-les-Pierrepont, le 22 novembre 1590, la lettre suivante :

« Mon cousin, durant la grande pluie qu'il faisait ce soir,
« j'étais à voir la retraite des ennemis, ils sont allés cou-
« cher à Marle, mais je vous puis bien assurer que ceux
« qui fesaient la retraite ne sont arrivés qu'à une heure de
« mydi et qu'il y a bien eu des lances mouillées. Ils vont
« demain coucher à Guyse ce qui est cause que nous avons
« résolu de partir demain du matin et nous trouver au
« rendez-vous qui est à trois lieues d'icy, à Crécy-sur-Serre,
« à dix heures du matin, et là, avec tous les gens de guerre
« et harquebusiers à cheval, essayer de donner quelque
« astusse aux ennemis et faire quelque effort. Les valets

« et les bagages iront aux quartiers que l'on fera au rendez-
« vous ; et pour ce, je vous prie, si votre santé le vous
« peut permettre, de vous trouver audit Crécy de bonne
« heure. Je fais reconnaître les ponts de Liesse, de sorte
« que demain, à l'heure que vous voudrez passer, vous les
« trouverez prêts, car, à l'heure que je vous écris, il y a
« encore de nos troupes qui ne sont pas logées. Jay en
« advis que, pour ce que nous prissions le prince de Parme,
« M. du Mayne le conduira jusqu'en Flandre et ne lui
« laisserai pas un homme de guerre. Si j'apprends quelque
« chose, je vous en feray part demain que j'espère de vous
« voir.

« Bonsoir, mon cousin, à Missy, le mercredi à neuf
« heures du soir xxviii novembre.

« HENRI. »

A mon cousin le duc de Nivernais à Sissonne.

Les prévisions d'Henri IV se réalisèrent. Le 29, le duc de Parme fut attaqué entre Crécy et Marle, il éprouva des pertes sérieuses et fut poursuivi dans sa retraite par le Roi qui l'obligea à se retirer dans les Pays-Bas ; l'arrière-garde fut complètement détruite.

Au mois de décembre, la ville de Laon ayant été informée que le duc du Mayne était arrivé à Marle, il fut avisé en Conseil particulier des Douze, tenu en la maison de maître Nicolas Branche par les gouverneur et receveur de la dite ville, assistés du Conseil, que le capitaine de Laon irait à Marle, vers ledit sieur du Mayne pour recevoir deux pièces d'artillerie qui étaient en la ville de Marle appartenant à celle de Laon, aussi pour donner ordre par ledit seigneur au paiement de la garnison de la dite ville, en remontrant l'état d'icelle et pourquoy serait baillé argent audit de Lancy pour faire le voyage. *(Richard.)*

Déjà, au mois d'octobre de l'année précédente, des troupes avaient été envoyées de Laon à Marle au sieur de Montjoie qui démontrait qu'il ne pouvait tenir Marle sans gens d'armes, si l'ennemi prenait Vervins ; on lui envoya tous les lanciers et argoulets, environ cinquante à soixante picques.

A la même époque, Claude Dagneau, contrôleur au Grenier à sel, avait été chassé de Marle par les Ligueurs ; il se retira à Laon, où il se tint caché.

Durant cinq années, la ville de Marle fut le servile instrument du fameux Balagny de Montluc qui combattait contre le roi de France, ce gentilhomme ne cessa d'exercer toutes les horreurs de la guerre civile jusqu'à ce qu'il eût fait sa soumission au roi contre le bâton de maréchal. En 1592, le comte Louis, sire de Rieux, gouverneur de Laon, vint à Marle aider Montluc à réduire le château de Cilly resté aux royalistes. Pendant l'occupation des Ligueurs, le pouvoir municipal de Marle exerça son droit judiciaire, sans être contesté par le lieutenant-général du bailliage qui avait prétendu exercer la justice municipale.

C'est grâce à l'influence de sa femme Renée d'Amboise, que Balagny fut créé maréchal de France et qu'il obtint, au mois de novembre 1595, le gouvernement des forts de Marle, de Beaurieux et de Ribemont, et vingt-deux mille livres pour l'entretien des garnisons de ces forteresses.

Le 10 juin 1593, jour de la Trinité « furent fait tonnerre et tempête effroyable, tomba une grêle si grosse qu'il y en avait telle qui pesait dix et douze livres, laquelle rompit les verreries, thuiles, tua hommes et bêtes. » Toutes les récoltes furent anéanties et le peuple criait : *Miséricorde !* A la même époque, Théodore Berthoult, lieutenant du comté de Marle, mettait son fils en pension à Voyenne chez le maître d'école, moyennant soixante-six livres par an.

Le 12 août, un incendie, dû à l'imprudence, se déclara dans l'hôtellerie de la Grosse-Tête, au faubourg Saint-Nicolas ; il détruisit cet hôtel avec ses dépendances, gagna les maisons voisines, brûla les granges et les récoltes qu'elles contenaient, sans épargner les bestiaux ; plus de quarante maisons devinrent la proie des flammes.

Une enquête sur cet incendie et sur l'occupation de Marle par le ligueur Balagny fut faite en 1612 ; elle révéla des faits intéressants. Les témoins appelés à déposer assurèrent qu'un projet de citadelle à établir près de Marle était résolu, afin d'en défendre les approches. Le nommé Melchior, maréchal des logis au service de feu le maréchal Balagny, affirma que de Montluc, après s'être rendu maître des châteaux de Bohain et de Beaurevoir, appartenant à la reine Marguerite, avait réduit la ville de Marle en son obéissance, y avait établi le seigneur d'Autremencourt de la Bove, écuyer, et pour lieutenant le capitaine Montgeot, afin de contraindre les habitants à se soumettre à son autorité pour éviter leur ruine entière. Aussitôt entré, Balagny fit arrêter toutes les personnes qu'il savait être affectionnées au service du roi et de la reine Marguerite, ainsi que les officiers, receveurs, fermiers du domaine de Marle ; quelques-uns furent enfermés dans le château, sous la garde de Montgeot, leurs biens et meubles confisqués et donnés à un serviteur de la dame Balagny ; les bois du comte de Marle furent abattus, débités et vendus au profit du gouverneur, les autres denrées saisies pour l'entretien des troupes.

L'abjuration d'Henri IV dans l'église de Saint-Denis (1594) porta au protestantisme un coup plus funeste que la Saint-Barthélemy. Henri IV fit son entrée à Paris, où il fut reçu aux acclamations du peuple ; cet événement fut porté à la connaissance de l'Echevinage de Marle qui s'associa à la joie publique et assista en corps à un *Te Deum*.

Lorsque le roi Henri IV fit, le 15 novembre 1595, son entrée dans la ville de Laon, qu'il avait enlevée au parti de la Ligue, l'Echevinage lui offrit une très belle arquebuse à rouet, enrichie d'ornements et d'arabesques ; elle portait en inscription : *Laudunum victoris virtuti*, la platine richement gravée représentait l'attaque de la ville par l'armée royale, mettant en fuite les Espagnols.

Avant d'entrer dans Laon, Henri IV avait établi son quartier général dans l'abbaye de Saint-Vincent. Un jour que le Roi se tenait sur une terrasse élevée, près du chœur de la chapelle Sainte-Madeleine, « on lui lâcha une couleuvrine des remparts, laquelle lança son boulet à un pied au-dessus de la tête du roi, faisant trou et son éclat contre la pierre. Celui qui fit le coup avait remarqué le roy à l'habit de satin blanc dont il avait coutume de se vêtir. » Henri IV, voyant le péril où il se trouvait, dit avec sa gaieté ordinaire : « Ventre-saint-gris, il ne fait pas bon ici, retournons dans mon Chapitre ». C'est là qu'était son logement. Le roi avait fait établir une batterie sur les voûtes de l'église. Il quitta l'abbaye pour faire son entrée à Laon. Les religieux eurent à payer une taxe de neuf cents écus, pour le paiement de cette somme, ils furent obligés de vendre des fermes et des titres à vil prix. A cette époque, l'abbaye comptait, avec les novices et les serviteurs, vingt personnes.

Les imposés de Voyenne profitèrent du voisinage du roi pour lui exposer leurs doléances. Henri IV, par lettres patentes, déchargea les habitants de Voyenne de la taille seigneuriale, qui consistait en une redevance annuelle de quarante muids de blé, quinze jalois d'avoine et quarante-sept livres en sous tournois. Pendant trois années les censiers de Voyenne n'eurent plus à payer qu'une prestation de dix muids de méteil : les terres étaient restées en friche et un grand nombre de paysans étaient morts à la suite des guerres.

De novembre 1595 au mois d'août suivant, La Fère fut assiégée par le roi Henri IV. Après la prise de cette ville, Théodore Berthould, lieutenant au bailliage de Marle et maire de la ville, reçut l'ordre de loger, du 9 au 13, trois soldats avec leurs chevaux. Le blé valait alors deux écus le jalois, « à cause que l'on ne pouvait ni aller, ni venir », les chemins n'étant pas sûrs, fréquentés qu'ils étaient par des maraudeurs. Le vin valait vingt-quatre sols le pot ; à la saint Jean-Baptiste, la botte de foin valait dix sols. Des soldats en maraude pénétrèrent dans les greniers que possédait le seigneur de Bournonville à Marle, pour voler du blé. Théodore Berthould avait été nommé lieutenant du comté par le roi, en récompense de ses bons et loyaux services durant la guerre, notamment au dernier assaut donné à La Capelle par les ennemis de l'Etat.

Un incendie allumé par la foudre détruisit, en 1596, le clocher de l'église de Marle. Ce ne fut qu'en 1608 que la reconstruction put être commencée, au moyen d'une levée de deniers faite sur les taillables, en vertu d'une ordonnance royale du 7 septembre 1608.

Des procès-verbaux du mois d'octobre constatent les pertes éprouvées depuis la Ligue dans le doyenné de Marle par la présence des armées françaises et ennemies, ainsi que la dévastation du prieuré d'Evergnicourt par le régiment de Bretagne.

C'est le 8 septembre 1596 que fut rédigé un projet de construction d'une citadelle pour protéger la place de Marle. Balagny et le duc de Guise, en présence de Claude Dagneau, notaire, de Pierre de Signier, sieur de Druelle et de Rigebay, gouverneur de Marle, et d'Antoine de Mongiot, sieur de Baillaud, son lieutenant, firent valoir la nécessité de l'établissement de cette citadelle. Elle devait être construite à l'entrée du grand faubourg Saint-Nicolas, au lieu appelé *Dessus-les-Vignes* « allant et tirant vers le Châtelet. » Ce projet ne fut pas mis à exécution.

Par suite de la guerre civile, la Thiérache et le comté de Marle furent complètement ruinés. La misère était profonde, les terres étaient incultes et le blé manquait, les villageois se nourrissaient de racines, la disette engendra des maladies pestilentielles qui firent beaucoup de victimes, notamment dans les bourgs de Liesse et de Montcornet. Les cadavres restaient sans sépulture, et étaient dévorés par les loups. « On estime, dit Melleville, à six mille les personnes qui périrent dans les campagnes, et à douze mille celles qui quittèrent le pays. »

Ainsi qu'il était stipulé dans les lettres patentes dont nous avons parlé, les habitants de Voyenne firent, en 1597, entre les mains de Berthould, lieutenant du comté de Marle, un paiement consistant en quatre sixièmes d'une rente foncière annuelle et perpétuelle non rachetable de quarante muids de froment, mesure de Marle, vulgairement dite : *Gâteau du Roi* ; ils versèrent en outre quatre jalois trois pugnets d'avoine, à valoir sur les quinze jalois de rente dite : *Sauvement de Voyenne* ; puis d'autres tailles corvéables dues par les mêmes habitants.

Les commissaires royaux réunirent, le 17 décembre 1597, la juridiction des eaux et forêts du comté de Marle à la justice ordinaire. Leur décision fut confirmée plus tard par lettres patentes du roi Louis XIII. La maîtrise de La Fère et du comté de Marle n'a été régulièrement constituée que par l'ordonnance des eaux et forêts d'août 1669.

Henri IV avait pour intendant de ses finances, en 1597, **Maximilien de Béthune, duc de Sully**, qui, s'occupant de la péréquation du royaume, plantait de distance en distance, comme des jalons, des ormes qui ont gardé son nom. A Sons subsiste encore un arbre de ce genre, c'est un orme colossal mesurant plus de deux mètres de diamètre et couvrant un espace de quarante mètres carrés, on l'appelle *l'arbre de Sully*. Il est situé devant le château et servait de lieu de rassemblement. Le château de Sons, placé sur une éminence, est entouré d'une muraille en grès, flanquée aux angles de tourelles fortifiées. C'était la demeure des seigneurs de Sons, de François de Crécy, sieur de Sons et de Housset, dont les armes étaient : *d'argent, au lion de sable, armé et lampassé de gueules, à la bordure angrelée de même.*

La modeste église de Sons serait, dit-on, la chapelle du château.

Les années 1596 et 1597 furent consacrées à une enquête sur les désastres que les guerres de la Ligue avaient causés à Marle et dans les environs. Ce qui donna occasion à cette enquête, ce fut la contribution de treize cent mille livres réclamées au Clergé de France par Henri IV. Bien qu'elle ne comprenne pas tous les faits de cette époque, elle intéresse néanmoins la localité et contient des détails navrants. M*e* Claude Dagneau, élu particulier à Marle, déposa que les trente-trois villages du détroit ou doyenné rural de Marle étaient quasi tous ruinés.

Le rapport ne parle que de villages abandonnés, terres en friche, bourgeois et paysans vendant à vil prix ce qu'ils avaient en terres, meubles, habits, en échange d'un morceau de pain.

Évidemment, le château-fort, à qui Marle avait dû tant de fois son salut, était devenu alors pour la ville un danger et, pis que cela, une source de désastres. Outre les engagements militaires, les égorgements et les meurtres, la peste et la famine réduisirent les populations à une misère affreuse. « Les habitations étaient désertes, les vignes en savarts, les pâturages sans bestiaux ; bien des fois le châtelain fut tout heureux de partager avec le pauvre tenancier, le produit de la vente d'une bête à cornes. »

Voici cette enquête :

Le 29ᵉ jour de juin 1596, serait comparu par-devant nous Goget, syndic du clergé, assisté de Mᵉ Pierre Guyard, procureur, en la personne de Mᵉ Jacques de Laney, substitut du procureur du roi au bailliage de Laon, pour la mort advenue au procureur du roy et absence des avocats dudit sieur, lesquels Goget et Guyard nous ont dit et remontré que suivant la requête à nous faite et en vertu de notre commission, ils auraient fait adjourner (convoquer) plusieurs personnes et témoins pour que les pertes advenues aux abbayes, communautés, bourgs et villages de ce diocèse, à savoir : Pour le doyenné de Marle, les personnes de Michel Najard, maire de Moncornet, âgé de 46 ans, Pierre Mansiou, procureur d'office dudit lieu, âgé de 40 ans, Regnault Duhamel, marchand, demeurant à Marle, âgé de 30 ans, Jean Leblond, marchand, demeurant audit lieu, âgé de 43 ans, Jean Richard, praticien, demeurant à Dizy, âgé de 50 ans, Jean Bertrand, laboureur, âgé de 20 ans, Thierry Lemoine, laboureur, âgé de 49 ans, Thomas Payen, laboureur, demeurant à Dercy, âgé de 33 ans, et Mᵉ Dagneau, élu particulier en la ville de Marle, âgé de 68 ans, tous lesquels, après serment par eux fait en la présence de Laney, substitut, ont dit et affirmé connaître les villages du doyenné de Marle qui sont au nombre de trente-trois, tant bourgs, villes que villages et hameaux, avoir été durant les guerres qui ont eu en ce royaume, quasi du tout ruinés ; car, quant au bourg de Moncornet qui voulait être un des plus beaux et amples bourgs du diocèse de Laon et où il y avait de cinq à six cents feux et aujourd'hui il n'y en a pas trois cents, et est ledit bourg fort diminué et ruiné des guerres. Le village de Dizy où il voulait avoir cinq à six cents feux et de fort belles et amples maisons, il n'y en a pas aujourd'hui deux ; comme ne semblable est la ville de Marle et à l'occasion des armées qui y ont passé, repassé et séjourné par plusieurs fois, non seulement par le bourg de Moncornet, Dizy et Marle, mais aussi par tout le doyenné, la plupart desquels sont abandonnés, savoir : Reuil, Vincy, Lislet, Chaourse, la Ville-au-Bois, Beauregard et autres où il n'y a nul curé résidant par le moyen des gens de guerre, mêmement quasi toutes les bonnes censes du doyenné : Clermont, Saint-Acquaire, Boncourt, Agnicourt, Beauvois, Goudelancourt, Montigny-le-Franc, Cuirieux et autres, et n'y habite personne ou peu, et lesquels ne pouvaient exprimer les pertes y survenues et le dommage, et ne saurait ou croire et déclarer les pertes et ruines survenues durant les guerres, si on ne les avaient vues, tant il y a de pertes et ruines, et ne serait besoin d'enquêtes, sinon la commune renommée, qui est tout ce qu'ils ont dit et déposé, affirmant ce que dessus est véritable. *(Bulletin de la Société académique de Laon, tome 2.)*

ARMOIRIES DE LA VILLE

*D'azur à trois tours d'or maçonnées de sable et ajourées,
celle du milieu dominant les autres qui lui sont flanquées et surmontées
d'une fleur de lys d'argent.*

Signature de

Il fallut près d'un siècle pour réparer en partie les désastres éprouvés.

Le 2 mai 1598, la paix fut signée à Vervins entre la France et l'Espagne, La Capelle et le Câtelet furent restitués à la France. Cette paix fut célébrée à Marle par des réjouissances publiques et par des feux de joie. Henri IV, ayant abjuré, avait été sacré le 27 février 1594, puis reconnu roi de France. Il s'appliqua dès lors à pacifier le pays, à faire revivre le commerce et à décharger le peuple des plus lourds impôts.

Le 7 octobre 1598, fut faite en la grande Place du Château de Marle, une montre ou revue d'une compagnie de cinquante-cinq hommes de guerre à pied français, commandés par le capitaine Hector de Lastre dit : *Le Picard*.

A cette époque, la commune de Marle avait renoncé à son sceau du douzième siècle représentant le maire à cheval, pour prendre des armoiries qui devaient rappeler les fortifications de la ville. Marle portait alors : *d'azur à trois tours d'or maçonnées de sable ajourées, celle du milieu dominant les autres qui lui sont flanquées et surmontées d'une fleur de lys d'argent* ; la fleur de lys qui surmonte ce blason indique une origine royale. C'est sans doute en vertu de la charte du roi Charles V de l'an 1371, que la ville a été autorisée à porter des armoiries fleurdelysées.

Mais le scel aux causes de la ville ne porte pas de fleur de lys, seulement *trois tours* placées sur un bâtiment percé de trois portes et occupant le centre du sceau ; il est rond et porte en exergue :

† 𝔖. 𝔈𝔰. 𝔠𝔞𝔳𝔰𝔢𝔰 𝔡𝔢 𝔩𝔞 𝔙𝔦𝔩𝔩𝔢 𝔡𝔢 𝔐𝔞𝔯𝔩𝔢.

CHAPITRE VIII

HENRI IV. — DÉSORDRES DE MARLE. — GUERRES. — ESPAGNOLS. INCENDIES. — GARNISONS. — PESTES. — FAMINES.

1600-1700.

Nous avons vu qu'après la mort d'Antoine de Navarre, Henri IV avait hérité du comté de Marle et de toutes les possessions de son père. Contrairement à l'usage, en montant sur le trône, le roi ne réunit pas son domaine à la couronne ; ce ne fut que sept ans plus tard qu'il prit cette détermination. Ayant contracté des dettes pour conquérir son royaume, il fut obligé, pour les acquitter, d'aliéner une partie de son domaine. Ainsi, par contrat passé, le 6 août 1600, devant Leroy et Bocquet, notaires à Paris, le roi vendit à Pierre Dubouchet, sieur de Couville, avocat au Parlement, la terre de Bournonville, située près de Marle ; puis, l'année suivante, la châtellenie de Montcornet avec les terres de Châtillon, Saint-Gobert, Montigny-Bourlette et la Cense de Mauvinage à la dame de Vaudemont, moyennant le prix de vingt et un mille neuf cent quarante-cinq écus, tout compris.

Henri vendit aussi, le 8 novembre 1602, par l'entremise des commissaires royaux, le fief de *Housset* qui dépendait du comté de Marle. Il en fut de même du fief *La Motte*, bois de la commune de Voulpaix qui domine l'emplacement d'un ancien château dont il ne reste que des ruines ; et de *La Vallée-aux-Bleds*, seigneurie vassale du comté.

Cette seigneurie fut érigée en commune par une ordonnance royale du 15 juillet 1829, son territoire fut formé à l'aide de ceux de Haution, de Lemé et de Voulpaix.

La seigneurie de *Hary*, village du comté de Marle, fut aussi aliénée ; elle avait appartenu à l'abbaye de Saint-Corneille de Compiègne, puis était passée au Val-de-Grâce, lorsque la manse abbatiale fut réunie à cette communauté. Hary possède une église fortifiée dans laquelle se réfugiaient les habitants ; un solide donjon carré s'appuie contre l'église, il est flanqué d'une tourelle à l'un de ses angles et muni aux autres de puissants contreforts. L'église de Prisces, commune du comté de Marle, porte aussi un donjon fortifié par des tourelles à plusieurs étages.

Quelques bourgeois de Marle s'étant ingérés de danser publiquement à l'octave de la fête de Pâques pour faire leur fête, au lieu de la célébrer comme elle devait l'être le jour de Saint-Martin, le lieutenant du bailliage fit défense de danser, sinon pour noces, festins et banquets. Il s'appuyait sur le vingt-quatrième article de l'ordonnance d'Orléans qui dit : « N'est pas d'oster au peuple la liberté des danses publiques, qui se font les jours de patrons des villes et paroisses ; mais de retrancher les abus qui se sont commis par le passé dans ces danses publiques. »

Le maire et les jurés auxquels appartenait la justice de la ville, prirent fait et cause pour les bourgeois ; ils interjetèrent appel de la sentence du bailliage au présidial de Laon, où ils eurent gain de cause.

Quand le domaine du comté de Marle eut été réuni à la couronne, des commissaires royaux furent chargés de faire de nouvelles aliénations. En 1602, furent vendues la seigneurie de Tonlis, dont Louis Marquette était seigneur en partie, et la ferme d'Attencourt appartenant à l'abbaye de Saint-Vincent. Les mêmes commissaires vendirent, le

9 avril 1605, à Marie Hennequin, veuve de Guillaume Barthélemy, en son vivant avocat au parlement, les village, terre et seigneurie d'Origny-en-Thiérache avec toute la justice, comme en jouissait le roi. Cette vente fut faite en remboursement du capital et des intérêts d'une somme que la veuve Barthélemy avait prêtée au comte de Marle, le 21 juillet 1583.

En 1601, fut publiée, au prône de la paroisse de Tavaux, une ordonnance du bailli du chapitre de Laon, seigneur du lieu, prohibant le blasphème, sous peine, pour la première fois, de cent livres d'amende et du percement de la langue ou de la lèvre, et, pour la seconde fois, de la potence ; prohibant, en outre, le port d'armes toléré pendant la guerre ; rendant responsables de l'incendie de l'église paroissiale ceux qui avaient des gerbes de foin dans cet édifice ; défendant encore de battre le grain, comme par le passé, sur le pavé de ladite église, d'exiger la bienvenue, somme d'argent, banquets et festins de ceux qui recherchent par mariage veuve ou fille.

Les Réformés de Marle supplièrent le roi, la même année, de s'assembler dans la justice d'un gentilhomme voisin ; « ils ne pouvaient exercer leur culte qu'à huit lieues de chez eux ». Les Protestants de la Thiérache obtinrent la faveur de se réunir au château de Gercy, appartenant à un de leurs adeptes, mais à la condition de ne jamais s'y trouver plus de trente à la fois et de ne plus se rassembler dans le château, si la propriété venait par une raison quelconque à passer aux mains d'un catholique.

Dans une audience tenue en 1604 par le bailliage de La Fère, Denis Leblond, auteur de blasphèmes, fut condamné à faire amende honorable ; il fut amené, tenant à la main un cierge de deux livres, sur la place du Marché, où il eut la langue percée d'un fer chaud et les deux lèvres fendues. Denis fut banni à toujours du comté de Marle et de la châtellenie de La Fère ; ses biens furent confisqués.

Le lieutenant-général du bailliage de Marle rendit, la même année, une sentence par laquelle il était défendu « de pendre enseignes, de faire auvents et ouvertures de celliers ou de caves sur la voie publique sans autorisation du bailliage ». L'Echevinage protesta encore contre cette sentence, comme constituant un empiètement sur ses prérogatives, puisqu'il s'agissait d'une mesure de police. En vertu d'une autorisation municipale, le sieur Lefèvre, du faubourg Saint-Nicolas, put pendre à sa porte une image représentant : *l'Epée royale*, et un tailleur put mettre sur son enseigne : *Aux Bons-Enfants*. C'était surtout dans les faubourgs que de grandes enseignes en tôle, grinçant sur leurs gonds, agitées par le vent, produisaient la nuit des bruits stridents, capables d'inspirer la terreur. On y voyait les enseignes de : *Saint-Arnould, Aux Trois-Rois, A la Croix-Blanche, A la Couronne-d'Or, Au Soleil-d'Or, Au Lion-d'Or, A la Pomme-d'Or, A l'Arbre-d'Or*.

Henri IV continuait à aliéner ses biens. Le 17 mai 1605, le roi vendit, moyennant quatre mille livres tournois, la terre et seigneurie de Gercy, relevant du comte de Marle, à Pierre de Gémart, capitaine d'infanterie, gouverneur de Vervins et capitaine de Gercy. Ce fief consistait en une rente annuelle en blé, en droits de : bourgeoisie, cens, rentes, rouage, chapons et la basse justice. Le roi se réserva la haute et moyenne justice, la chasse et les bois ; il mit pour conditions : que ce fief serait tenu en foi et hommage, qu'il ne pourrait être aliéné et qu'il passerait aux aînés mâles seulement de l'acquéreur, à défaut de quoi il rentrerait dans le domaine de Marle. Le roi gratifia héréditairement Pierre Gémart, à raison de ses vingt-cinq ans de service à la guerre, de l'office de capitaine de Gercy. Cet acte fut enregistré au bailliage de Marle. Nicole Rousseau, veuve, fermière du moulin de Gercy et de ses dépendances, en avait présenté au roi le dénombrement.

Il résulte d'un acte d'assemblée générale, tenue le dernier jour de juin 1608 à l'Hôtel de Ville de Marle, à l'issue de la messe paroissiale, par les maire, jurés, communiers et habitants de la ville et faubourgs, que, sur la proposition, faite depuis longtemps, de rebâtir la tour et le clocher ruinés par le feu du ciel en 1696, il était besoin d'employer une grosse somme ; mais comme les gens de guerre avaient pris de force les deniers de la fabrique, il était nécessaire de lever un impôt sur les habitants ; ce qui fut résolu.

La ville de La Fère possédait une prévôté faisant partie du comté de Marle et qui relevait de la tour de Laon ; elle n'avait pas de coutume particulière. La prévôté fut remplacée par un bailliage royal, en vertu d'une déclaration du roi du 29 décembre 1607, vérifiée par le Parlement de Paris le 2 avril 1622.

Le 27 août 1607, Henri IV vendit à l'abbaye de Foigny, moyennant trois mille trois cent soixante-dix livres, la justice haute, moyenne et basse des terres de La Bouteille, de Landouzy-la-Cour, d'Aubenton et de leurs dépendances, relevant de son comté de Marle.

Comme conséquence de la réunion du domaine du roi de Navarre à la couronne, parut une déclaration du 29 décembre 1607, par laquelle Henri IV voulait et entendait que les officiers des duchés, comtés et autres seigneuries de son ancien domaine fussent réputés officiers royaux. La publication de cet édit fut faite à Marle avec un certain éclat et entourée d'une pompe inusitée, « comme il convenait à des représentants du roi ». L'Echevinage en fut consterné, car le titre d'officiers royaux, donné aux magistrats, amoindrissait son prestige et relevait les prétentions du bailliage, toujours en lutte avec la commune.

L'hiver de 1607 à 1608 fut signalé par une longueur inusitée ; il gela très fort pendant six mois consécutifs, depuis le 22 octobre jusqu'au 20 avril suivant. Cet hiver avait été précédé d'un furieux ouragan qui avait causé de grands dégâts. *(Melleville.)*

Dans cette dernière année, les deux ponts de la Madeleine furent rétablis, ainsi que le pont-levis de la porte du beffroi, c'est-à-dire de la porte Saint-Martin. Précédemment, le pont d'Erlon avait été restauré. La chapelle de la Paix-Saint-Antoine, à Saint-Pierremont, fut couverte en ardoises ; l'abbaye de la Paix, qui était occupée par les Filles de l'Ordre de Saint-Victor de Paris, avait été détruite par les invasions anglaises, les religieuses furent dispersées et ce qui restait des bâtiments fut converti en ferme.

Le 2 mai 1608, il fut fait une déclaration des droits de tonlieu de la ville, appartenant ordinairement au roi, comme comte de Marle, et au prieur de Saint-Pierre-du-Château. Ces droits étaient ainsi perçus :

1° Le cheval ou jument vendu devait deux deniers, lesquels se payaient avant le soleil couchant ;

2° Chacun cheval chargé de grains ou autres denrées, hormis le bois à faire feu, devait dix deniers ;

3° Chacune charrette chargée de vin, dix deniers. Un porc devait cinq deniers ; un bœuf ou vache, dix deniers. Beurre, œufs, fromage, un denier. Le baquet de harengs frais, cinq deniers. Tous poissons, cinq deniers.

4° Tous les habitants de la ville, ainsi que les fermiers et les étrangers venant vendre leurs marchandises, devaient et étaient tenus de payer lesdits droits, excepté ceux qui y avaient *francs-états* « qui en sont et doivent demeurer exempts en payant par chacun an, au jour de Saint-Martin d'hiver, 11 novembre, deux oboles tournois, avant le coucher du soleil, et un double tournois pour la vente d'or en masse, pour chevaux, mulets et lits en plume pour lesquels tous devaient ce qui dit est, excepté aussi les villages de Tavaux, Froidmont au-deçà du pont, Pierrepont, Pontséricourt, Cohartille hormis trois maisons, dont deux furent démolies et l'emplacement enfermé dans la cour de la maison seigneuriale, et l'autre appartenant à Jehan Dreux. »

Henri IV nomma, en 1608, comme sixième abbé commendataire de Saint-Jean de Laon, Jean Aubert, prieur de Roucy, prédicateur de la cour. Il concéda aux moines, le 19 septembre 1609, les grains provenant de la cense de Voyenne *(Voienna)*, ceux du moulin, les dîmes de Montigny-sur-Crécy, les menues dîmes de Voyenne avec ses lods et ventes, la coupe du bois de Berjaumont et de la queue de Toulis.

Le 5 août 1609, un procès-verbal, relatif à *l'usurpation commise* sur les biens de Marie de Caix, fut dressé par Hugues Blasset, commis au tabellionnage royal de Marle, par devant Raoul Lescuyer, demeurant à Marle, receveur de la duchesse d'Orléans, Valentine de Milan, dame de Coucy et de Marle ; il résulta de cet acte qu'une restitution de *blancs draps* fut faite et déposée dans la maison d'Herbert Chample, maçon demeurant à Marle. Des récoltes avaient aussi été enlevées et amenées dans le « châtel de Marle, sur l'ordonnance de Robert d'Aisne, gouverneur de la baronnie de Coucy. » Ces biens indûment saisis par les officiers de justice d'Isabelle de Lorraine, dame douairière de Coucy, par Gérard de Tavaux, sergent de la dame en la prévôté de Marle, assisté de maître Nicolas Achopart, bailli de Marle, furent restitués à Marie de Caix et conduits à

Traisnel, ferme de la commune de Housset, canton de Sains. *(Histoire de la Maison de Caix.)*

Henri II de Bourbon, troisième prince de Condé, voulant soustraire sa femme, Marguerite de Montmorency, aux obsessions galantes dont elle était l'objet de la part d'Henri IV, dut s'enfuir en Belgique. Il était à Landrecies, lorsque le roi envoya l'ordre à Balagny, gouverneur de Marle, et à Du Pesché, gouverneur de Guise, de se mettre à sa poursuite, de l'arrêter en quelque lieu qu'il fût ; mais Henri de Bourbon avait l'avance et put gagner les Pays-Bas sans être inquiété. Le prince et sa femme ne rentrèrent en France qu'après la mort d'Henri IV. Ce sont ces seigneurs qui donnèrent à l'église Notre-Dame, pendant un séjour au château de Marle, un riche tableau dont l'encadrement est sculpté et qui porte en ronde bosse, les armoiries du prince et de la princesse[1]. Ce tableau représente une Assomption.

En 1610, il fut fait une déclaration des terres et héritages roturiers, sis à Châtillon-les-Sons, appartenant à Jeanne Doulcet, veuve de Robert Dumange, seigneur royal à Laon, et provenant de la succession de Quentin Doulcet, son père. Cette déclaration fut présentée au lieutenant-général du comté de Marle et de la châtellenie de La Fère, subdélégué de Deverine, commissaire député par le roi Henri IV pour l'exécution du bail du domaine de Picardie réuni à la Couronne.

C'est le 14 mai 1610, que Henri IV fut assassiné rue de la Ferronnerie ; la mort du roi fut un deuil public, des prières furent dites dans toutes les églises pour le repos de son âme.

---

[1] Henri de Bourbon-Condé avait pour armes : *d'azur à trois fleurs de lys d'or au bâton péri en bandes de gueules.* Charlotte portait : *d'or à la croix de gueules, cantonnée de seize alérions d'or.*

Les gens de la campagne s'écriaient en sanglotant : « Nous avons perdu notre père. »

Louis XIII était âgé de huit ans et demi lorsqu'il lui succéda, il fut sacré à Reims, au mois d'octobre. Après la cérémonie du sacre, le roi se rendit à Corbeny, où il toucha les écrouelles à neuf cents malades. Louis XIII fut le dernier roi qui vint à Corbeny.

La lutte était toujours vive entre les officiers du bailliage de Marle et ceux de l'Hôtel de Ville ; dans un but de conciliation, l'échevinage prit, le 12 juin 1611, la délibération suivante : « Depuis quelque temps, il avait été proposé
« parole entre les officiers de la ville et les lieutenants et
« procureur du roi, d'icelle, pour se soumettre à arbitre,
« pour s'accorder et être jugés les différends qui sont dès
« longtemps sur le fait de la justice prétendue par les
« officiers du roy et ceux de la ville. » Cet accord ayant été accepté, le Corps de ville choisit pour arbitre son maire et l'un des jurés ; le lieutenant du bailliage désigna Charles de Lépinois, seigneur de Chézy, et Etienne Delalain, seigneur d'Epuisant, homme d'un grand talent. Les arbitres n'ayant pu s'entendre, l'affaire fut portée devant le Parlement par le lieutenant-général ; la ville, de son côté, arrêta, le 25 octobre : « que les instances seraient soutenues « et menées à fin jusqu'aux arrêts de la Cour. »

Chacune des parties fit valoir ses arguments : « La ville soutenait qu'elle avait dûment acquis de la seigneurie le droit de justice, moyennant une taille réelle et personnelle de cent deux livres dix sols, qu'elle payait annuellement. et que, par conséquent, on ne pouvait la priver de ce qu'elle tenait de chartes authentiques et librement accordées. »

Le 13 décembre, la Cour ordonna, par provision, que les maires et jurés jouiraient de la justice criminelle, comme ci-devant ils avaient joui, et fit défense au lieutenant Berthould d'exercer les justices subalternes. *(Matton.)*

La même année, le bailli de Vermandois et les présidiaux de Laon ayant donné mission à un sergent royal d'amener devant eux, pour cause de relevé d'appel, deux femmes prisonnières à Marle, la femme d'Etienne Boucher, geôlier de la prison, refusa de les remettre au sergent. Berthould, lieutenant-général du bailliage de Marle, et Jésu, procureur fiscal, menacèrent d'y mettre le sergent et les présidiaux s'ils se présentaient pour faire l'ouverture des portes, d'exciter une émotion populaire et de s'opposer à l'exécution de l'ordre des présidiaux, à l'aide des habitants et du gouverneur de Marle, qui était alors De la Salle. Ce dernier refusa de se prêter à cet acte ; mais ceci n'empêcha pas Berthould et Jésu de déclarer qu'ils ne connaissaient pas les présidiaux de Laon pour leurs juges d'appel et que l'appel de ces femmes devait aller à la Cour du Parlement. Un avocat de Marle se montra outré de cette résistance, le bailli de Vermandois, Charles le Vergeur[1], et les présidiaux décernèrent contre la femme du geôlier une commission d'ajournement personnel. L'information fut faite par deux sergents royaux. *(Combier.)*

Il existait un fort au château d'Autremencourt, près de l'église ; en 1611, on construisit une tour en briques pour compléter la défense du cimetière dont les murs étaient en grès, avec meurtrières. A cette époque était seigneur Jean de Perponcher, maréchal des logis de la compagnie des gendarmes du duc de Bourbon. Le moulin des *Halots* fut aussi fortifié.

A la fin de l'année 1612, pendant trois semaines régna un vent impétueux qui renversa des maisons, des églises et des arbres, avec accompagnement de tonnerre et d'éclairs. Cette perturbation avait été annoncée par des signes précurseurs dont il n'avait été tenu aucun compte.

---

[1] Vicomte de Cramaille.

Le 16 septembre 1613, une commission en bonne forme fut délivrée à Adrien Jumeaucourt, marchand boucher à Crécy-sur-Serre, commis à la visite des porcs vendus sur les marchés de La Fère, de Marle et de Crécy, pour contraindre ceux qui se refusaient de payer les droits de visite. Cette visite était une sage mesure et s'appelait : *langueyage* ; elle avait pour but de s'assurer, par l'examen de la langue, si les porcs mis en vente n'étaient pas atteints de *ladrerie,* maladie déterminée par la présence du cysticerque sur la face inférieure de la langue.

Aux termes du traité de Sainte-Menehould, c'est à Sens que devaient se réunir les Etats généraux, pour le 25 août. Dans une réunion préparatoire, tenue le 1er août, comparurent Théodore Berthould, lieutenant-général au siège de Marle, et Claude Duflot, maire de La Fère, se disant députés de Marle et de La Fère, et réclamant, en cette qualité, droit de séance avec voix délibérative. On refusa de les admettre, parce que Marle et La Fère, faisant partie de la prévôté foraine de Laon, leurs députés auraient dû venir à l'assemblée du 28 juillet où défaut avait été donné contre eux. En vain, présentèrent-ils la lettre de convocation du président Poullet pour le 1er août, il fut démontré qu'il y avait eu erreur d'adresse et de suscription de la part du commis-greffier chargé d'expédier en toute hâte deux ou trois cents lettres à la fois.

Les Etats généraux ne se réunirent pas à Sens, mais à Paris, le 10 octobre 1614 ; Louis de Marle, seigneur de Coucy-les-Eppes par sa mère, Jacquette de Cuvillier, y fut député pour la noblesse. La réunion n'eut aucun résultat ; néanmoins le cahier des doléances du bailliage de Marle nous a été conservé. C'est une pièce trop intéressante pour ne pas être reproduite.

*Cahier des doléances des habitants de Marle
présenté aux Etats généraux.*

« Cahier des humbles requêtes et remontrances que font au Roy, leur souverain seigneur, les sujets de Sa Majesté du tiers-état du bailliage et siège de Marle en Picardie, pour être portées aux Etats généraux assignés en la ville de Sens, lesquelles remontrances ont été montrées en l'assemblée particulière convoquée en la ville de Marle, suivant le mandement de Sa dite Majesté et lettres missives de M. le lieutenant général de Laon, le 25 juillet mil VI C. quatorze.

« Premièrement, les sujets du Roy du tiers-état supplient Sa Majesté de les tenir pour ses très humbles et très obéissants sujets et serviteurs, et, en cette qualité, la supplient de les maintenir en paix ;

« Les garder et préserver des extorsions et insolences que commettent ordinairement les gens de guerre ;

« Faire défenses à toutes personnes de faire levée de gens de guerre et de les mettre aux champs sans expresse commission de Sa Majesté, sinon qu'il soit permis à toutes personnes de leur courir sus, et qu'il plaise au Roy en faire justice comme de rebelles et criminels de lèse-majesté ;

« Apporter quelques bons règlements en l'ordre des finances et de la justice et abréviations des procès ;

« Ensemble quelque bonne modération pour empêcher le prix excessif des officiers de judicature et, en la présence d'iceux, faire choix et élection des personnes selon leur mérite et vertu ;

« Réprimer les entreprises que font les gens puissans contre l'authorité de la justice royale ;

« Retrancher toutes nouveautés, officiers nouveaux et établissements de nouvelles commissions ;

« Révoquer les louvetiers qui travaillent et ruinent le pauvre peuple, plus même que les gens de guerre ;

« Donner quelque bon ordre à ce que le sel soit distribué plus doucement et que ceux qui ont payé leur impôt au Grenier à sel ne soient plus sujets à la recherche ;

« Et, au surplus, se remettant à Sa Majesté de pourvoir à tous autres désordres, selon son bon plaisir, et maintenant la justice et la paix entre ses mains et avec tous les voisins du royaume. »

L'année 1615 fut tellement chaude que pendant longtemps il ne tomba pas d'eau, aussi tout était grillé ; il n'y eut point de récolte de foin, ni de grains.

La guerre civile avait éclaté de nouveau. Les princes et une partie de la noblesse, indignés de la faveur dont jouissait Concini, maréchal d'Ancre, se soulevèrent contre la cour et formèrent ce qu'on appela le parti des *Mécontents*. Le traité de Sainte-Menehould semblait devoir ramener la tranquillité ; il n'en fut rien.

Les *Mécontents* reprirent les armes et s'emparèrent des villes de Coucy, de Laon et de Soissons. Le fameux Balagny occupait encore le comté de Marle et se mit dans le parti des princes. Leurs troupes, après s'être emparés de Chauny où ils mirent garnison, parvinrent à s'emparer de Saint-Quentin, puis attaquèrent le lieutenant du duc de Guise, Jean de Recourt[1]. Celui-ci fut surpris avec sa compagnie près de Marle, battu et blessé grièvement ; il fut emmené prisonnier à La Fère et traité durement. Pour venger son lieutenant, le duc de Guise, dans la nuit du 1ᵉʳ avril 1607, tenta, mais en vain, de surprendre la ville de Laon ; il se retira en brûlant le faubourg de Vaux.

[1] Jean de Recourt, écuyer, portait des armes : *bandé de vair et de gueules de six pièces, au chef d'or.*

L'éloignement du duc de Guise permît aux confédérés de Marle et de Laon de faire dans le pays des excursions qui ne furent pas toujours infructueuses, comme le rapporte Claude Leleu : « Le 14 avril, quelques soldats du duc de Nevers, logés à Laon, étant sortis à la campagne, rencontrèrent auprès de Pierrepont plusieurs charrettes chargées de viandes de Carême, dont ils s'emparèrent. Elles furent vendues avec les chevaux, et, par la vente, on en tira huit mille francs qui furent distribuées aux preneurs. »

Au moment où Soissons allait subir un siège, on apprit l'assassinat de Concini, maréchal d'Ancre, favori de la reine-mère ; cet évènement mit fin, pour le moment, à la guerre civile (1617).

Une maladie pestilentielle décima la population du village de Grandlup ; la seigneurie de cette paroisse appartenait aux comtes de Roucy et dépendait de la châtellenie de Pierrepont, du comté de Marle. Par suite des guerres, les habitants étaient dans la misère et payaient difficilement, bien qu'elles fussent réduites, les rentes qu'ils devaient à l'évêque de Laon, à cause de son duché-pairie (1620).

Le village de Dercy fut également atteint par la peste qui continua ses ravages en 1652 et en 1653 ; les troupes du prince de Condé pillèrent le même village et brûlèrent quelques maisons. La grêle ajouta ses ravages à ceux du fléau et détruisit toutes les récoltes jusqu'à Hirson et La Capelle.

Les Calvinistes, ayant à leur tête le duc de Bouillon, s'étaient de nouveau soulevés ; le roi les fit désarmer à Laon, à La Fère, à Guise et à Saint-Quentin sans résistance. Mais il fallut parfois employer la force des armes ; une expédition dirigée contre eux rencontra, près de Pierrepont, une troupe de cavaliers qui fut défaite, et le seigneur de Proviseux, Dantard, écuyer, qui les commandait, fut tué.

Deux malfaiteurs, ayant blessé mortellement un nommé Devart, à la ferme d'Hurtebise (Aubenton), furent condamnés à être pendus, l'un sur la place du Bourg à Laon, l'autre sur la grande place de Marle, à cause d'un vol qu'il y avait commis. Après l'exécution qui se fit, le 21 septembre 1621, son corps fut attaché à un arbre au lieu dit : *la Justice*, sur le grand chemin de Marle à Laon ; il avait été en outre condamné à seize livres d'amende qui furent données aux Cordeliers de Laon, à la charge de prier pour le repos de son âme.

Les justices seigneuriales de La Fère et de Marle avaient été érigées en bailliages royaux par une décision du 29 décembre 1617 ; d'après cette déclaration, les appels de ces bailliages devaient être portés, dans tous les cas, au Parlement de Paris. Le bailliage de Laon, que cette disposition menaçait de la perte d'une partie de son ressort, s'étant pourvu pour la faire annuler, le 22 novembre 1621, les parties intéressées convinrent alors d'échanger quelques territoires, moyennant quoi, l'ancien droit du ressort du siège de Laon serait maintenu. Cette transaction fut homologuée par arrêt du 2 avril 1622.

Claude Dagneau de Marle était lieutenant de Justice à Voyenne, nommé par le bailli de l'abbaye Saint-Jean de Laon, il fut révoqué à l'époque des troubles « pour éviter aux peines et hazarts que les habitants du village eussent pu encourir à aller et venir en la ville de Laon, pour la poursuite de leur défense et pour ce que par le moïen de la paix les chemins sont libres et que les habitants de Voienne peuvent aller librement partout, même en cette ville, où la justice peut leur être administrée sous la porte de l'abbaye, selon les charges des dits seigneurs et ainsi qu'il a esté de tout temps et antiquité. » (1623.)

A la même époque, un procès fut intenté à Pierre Wiard,

religieux de Saint-Jean, pour son inconduite notoire ; il entretenait des relations avec Jeanne Vassette, âgée de dix-huit ans, et Madeleine Vassette, sa sœur, âgée de vingt-huit ans. Cette dernière fut bannie et condamnée à soixante livres d'amende, qu'elle paya.

Le 13 mai suivant, les habitants de Marle assistèrent à un singulier spectacle, celui d'un homme pendu en effigie sur la Place du Marché. Un duel avait eu lieu entre Pierre Oger, serrurier, soldat dans le régiment de Rambure, et Charles de Saint-Brémond, chirurgien, qui avait tué son adversaire. Sommé plusieurs fois d'avoir à se présenter devant le tribunal de Marle, Saint-Brémond refusa de comparaître. Les juges le condamnèrent, comme contumace et criminel de lèse-majesté, à être pendu et étranglé en effigie, s'il ne pouvait être appréhendé ; ce qui fut exécuté.

La peste se déclara de nouveau à Laon et y fit de nombreuses victimes ; le tiers de la population fut décimé par la maladie, la ville était déserte, les pestiférés restaient sans soin et les cadavres sans sépulture. Le fléau ne cessa qu'après la procession de la châsse de Saint-Canoëld, ancien évêque de Laon. Tout le pays environnant fut atteint par le fléau (1626).

Marie de Médicis, mère de Louis XIII, enfermée au château de Compiègne, s'en échappa pour aller à La Capelle où elle comptait trouver un asile que lui avait promis le marquis de Wardes, gouverneur de la place. De la Porte-Chapelle, la reine se dirigea sur Chauny, puis gagna Rouy (Somme), où elle monta dans le carrosse que lui amenait le baron de Crévecœur, gouverneur d'Avesnes, alors au pouvoir des Espagnols depuis quinze jours. La reine attendit le baron pendant une heure à Sains ; puis gagna La Capelle, où elle espérait aller coucher. Chemin faisant, elle rencontra deux gentilshommes chargés par le marquis de Wardes de lui mander que son père était venu reprendre le commandement de la Place, afin de s'opposer à l'entrée de la reine à La Capelle. Marie de Médicis dut se rendre à Avesnes où elle arriva le 21 juillet 1631 ; de cette ville elle écrivit au roi pour lui dire qu'elle avait quitté le château de Compiègne.

A la requête du seigneur de Marcy, de Signier, lieutenant de chevau-légers en garnison à Biboy, la communauté de T... fut condamnée par jugement prévôtal du 3 juillet 1633 à l'amende, pour émotion populaire, assemblée illicite, port d'armes et coups d'arquebuses tirés sur les chevaux de la Compagnie dans le but de s'opposer à leur logement.

L'abbaye de Foigny, dont les biens étaient ou aliénés ou loués par bail emphythéotique, voyait ses affaires péricliter, Camille de Neuville, alors abbé commandataire, retira les fermes d'Aubenton, de Marcy, les moulins de Landouzy-la-Cour, d'Eparcy et les fermes de Marle avec la maison et leurs dépendances, les terres de Landifay, de Voulpaix et d'Etréaupont, des mains des tenanciers et les loua plus avantageusement au profit de la communauté.

C'est à cette époque, que fut formé le régiment de Vervins, sous la conduite de Claude Roger de Comminges, marquis de Vervins par sa mère Isabelle de Coucy. Parmi les officiers se trouvaient quelques gentilshommes du comté de Marle, ce régiment se distingua dans plusieurs combats.

Après la mort de Gustave-Adolphe, Richelieu, poursuivant ses projets contre la maison d'Autriche, fit intervenir la France dans la guerre de Trente Ans. La déclaration des hostilités fut notifiée à l'infante d'Espagne par un héraut d'armes du nom de Gracioletz. Il partit de Neufchâtel, le 9 mars 1635, passa au pied de la montagne de Laon, se dirigeant sur Bruxelles par Marle et Vervins. Il arriva à

Bruxelles le 19 mai, fit afficher la déclaration de guerre à un poteau situé sur la frontière, et reprit le chemin de la France en passant de nouveau par Vervins, Marle et Laon.

Aussitôt deux corps d'armée français pénétrèrent dans les Pays-Bas par Mézières et Bouillon. Ils rencontrèrent les ennemis près de Namur ; un combat fut livré, le 26 mai 1635, en un lieu appelé *Aveise*, dans le pays de Liège, et la victoire resta aux Français. Les Espagnols perdirent plus de sept mille hommes et des canons.

Le samedi 10 mai, veille de la Pentecôte, un orage épouvantable s'abattit sur la ville de Marle avec une pluie diluvienne, qui amena une inondation telle, que dans les faubourgs l'eau entrait dans les maisons et s'y éleva jusqu'à cinq pieds. Plusieurs immeubles furent renversés, des bestiaux noyés et des arbres déracinés. L'orage étendit ses ravages à une lieue autour de Marle ; la cense de La Tombelle fut particulièrement dévastée et ses terres envahies par les eaux. Les pertes éprouvées par la ferme de La Tombelle furent évaluées à cinquante mille francs.

Le 14 août 1636, le baron Du Bec, gouverneur de La Capelle, fut traduit devant le Conseil de guerre du roi Louis XIII, pour avoir lâchement rendu cette place aux ennemis. Du Bec fut condamné à « être tiré à quatre chevaux sur la place de Grève, démembré en quatre pièces ; ce fait, les membres pendus et attachés à quatre potences sur le chemin de Picardie, la tête fichée au bout d'une pique au-dessus de la porte Saint-Denis, si pris et appréhendé peut estre en sa personne, sinon en effigie ; dégradé, ses armes brisées par l'exécuteur des hautes œuvres. »

Le 25 octobre de la même année, un arrêt semblable fut rendu contre Saint-Léger, gouverneur du Câtelet, pour avoir lâchement rendu aux ennemis la place du Câtelet. Elle fut reprise, l'année suivante, par le colonel de Gassion, qui devint maréchal de France.

Le succès des armées françaises fut de courte durée ; les ennemis, au nombre de quarante mille hommes, commandés par Jean de Werth et Thomas Piccolomini, forcèrent l'armée de l'Escaut à rentrer en France. Le 2 juillet, les Espagnols mirent le siège devant La Capelle, qui capitula. Ils s'emparèrent également de Vervins. Un autre corps d'armée, sous les ordres de Thomas de Savoie, se dirigea sur Origny-Sainte-Benoîte. Les ennemis se répandirent dans les campagnes, brûlant l'abbaye de Clairfontaine et poussant leurs incursions jusqu'aux faubourgs de Marle, qu'ils pillèrent et incendièrent. Après la prise de Vervins, les Espagnols continuèrent leur marche vers la *Grande-Cailleuse* où ils passèrent la nuit ; ils se dirigèrent ensuite sur Marfontaine dont ils pillèrent le château, firent un grand butin en grains, chevaux et bestiaux, violèrent les femmes et les filles, mettant à mort celles qui résistaient ; ils tuèrent aussi plusieurs habitants.

A la vue des ennemis envahissant les faubourgs de Marle, les femmes et les filles quittèrent la ville, emportant leurs enfants et ce qu'elles avaient de plus précieux, afin de se soustraire aux violences des soldats. Pendant trois mois, elles restèrent dehors, sans pouvoir rentrer ; la ville dépensa vingt mille livres pour leur venir en aide.

Le 17 mars 1637, pour s'être absentés de Marle, les habitants furent condamnés, par une sentence de l'intendant de Picardie De Bellejanne, à quatre-vingts livres parisis d'amende. A la suite de cette sentence, Berthould, lieutenant-général du bailliage, adressa une requête à

Pour les événements de cette période, nous suivrons le récit qu'en a laissé Nicolas Lehault, notaire à Marle, dans son *Recueil contenant les désordres qui se sont passés dans le comté de Marle pendant la guerre, de 1635 à 1655.* (Vervins, imprimerie Papillon, 1851.)

l'intendant à l'effet d'obtenir décharge de cette amende, vu les grandes pertes que la ville avait éprouvées.

A cette époque, il existait à Marle et dans les environs de nombreux sorciers. Une femme nommée Nicole Lefèvre, dite *Vaquette,* mendiante, fut accusée de sorcellerie ; étant dans son jardin, elle frappait trois fois son chaudron qui rendait des sons lugubres ou bien elle enfonçait trois fois dans la terre une serpe en fer en poussant des cris et des hurlements destinés à évoquer le malin esprit et qui terrifiaient ceux qui les entendaient.

Une information fut faite, le 25 décembre 1636, au sujet des désordres commis par les troupes du régiment de Gassion, en garnison à Vervins, dans les villages de Cilly, Bosmont, et dans les communes voisines de Marle, comme Voyenne.

L'armée ennemie, poursuivant ses exploits, passa la rivière d'Oise à Ribemont, évitant la ville de La Fère où le comte de Soissons s'était porté avec huit mille hommes et de l'artillerie, en passant par Marchais et Liesse. Le trésor de Notre-Dame avait été enlevé et transporté à Laon.

Le 12 juillet 1636, les ennemis se présentèrent devant la place de Guise, croyant la prendre d'assaut ; mais ils furent repoussés par la garnison aidée des habitants.

Un mois après, les Espagnols firent le siège du Câtelet qui capitula après quatre jours de tranchée. Ils s'emparèrent aussi de Corbie grâce à la faiblesse du comte de Soyecourt, chargé de défendre cette place. Traduit devant le Conseil de guerre, Soyecourt fut condamné pour sa lâcheté, à avoir la tête tranchée et son château de Tilloloy démoli. S'étant échappé, il ne fut exécuté qu'en effigie ; plus tard, il fut réhabilité. Le 20 du même mois, la cavalerie du capitaine Senneterre vint prendre garnison à Marle, pour protéger la ville contre les Espagnols ; mais, pendant les dix jours que cette troupe séjourna à Marle, elle vécut à discrétion, causant une dépense de plus de deux mille livres.

Pour ajouter aux horreurs de la guerre, la peste se déclara au mois d'août dans la ville de Marle, malgré les précautions prises par les habitants et l'isolement des malades. Elle dura jusqu'au mois de décembre, faisant plus de quatre cents victimes.

La même année, le 5 octobre, Jean Franquefort étant maire, le feu prit dans le faubourg Saint-Nicolas, à la maison de Pierre Dagneau, malade de la peste, qui put être sauvé. L'incendie se propagea avec une grande rapidité, brûlant quatre-vingts maisons, des granges et de nombreux bâtiments; les pertes furent évaluées à deux cent mille livres.

Par ordre royal, vinrent prendre garnison à Marle, le 5 novembre, les compagnies de chevau-légers de La Noue, Sainte-Croix, Torrigny, Chabot, Baucourt, Léré et Neufvillette, qui y restèrent jusqu'au 12 juin de l'année suivante. « Il leur a été fourni par les habitants, pendant les premiers vingt-et-un jours, pour leur subsistance, six cent cinquante-deux livres dix sols par chacun jour; depuis le 27 dudit mois de novembre jusqu'au 12 juin 1637, sept cent cinquante livres par chacun jour, outre l'ustensile (c'est-à-dire le logement et l'éclairage), ce qui monte, pour les vingt-un jours, à treize mille sept cent deux livres dix sols, et, pour les autres six mois, à quinze mille cent douze livres qui font, en tout, vingt-huit mille huit cent quinze livres; l'ustensile coûtait, par jour, cinquante livres.... outre les frais de voyage qui ont été faits pour notre soulagement, c'est-à-dire pour être exonérés de cette charge. »

Au mois de décembre, les troupes du régiment de Jean de Gassion, maréchal de France, en garnison à Vervins, prirent le village de Cilly, le jour de Noël, au matin. Six habitants furent tués, les chevaux et les bestiaux emmenés ; des maisons furent brûlées, des villageois blessés et d'autres emmenés prisonniers.

Une enquête fut ouverte sur ces faits par les officiers du bailliage de Marle, le 4 janvier 1637, nous la reproduisons :

« Le mardi 23 décembre, vingt-deux cavaliers conduits par le sieur Dulong, lieutenant du sieur Du Mesnil, capitaine dans les troupes du sieur de Gassion, arrivèrent dans le village de Cilly, pour s'y établir en garnison par ordre, disaient-ils, du sieur de La Lande, commis à l'ordre de distribuer les quartiers. Deux heures après survint un mandement du sieur de Balthasar qui annonçait aux habitants que Cilly était attribué à la compagnie et qu'il ne manquerait pas de lui envoyer trois journées qui lui étaient dues ; faute de quoi, il y viendrait à la force. D'accord avec le sieur Dulong, un exprès est envoyé au sieur de Gassion pour qu'il décide à laquelle des deux compagnies doit rester le village. Il paraît que le lendemain quelques hommes de Cilly, trop molestés sans doute, enlevèrent les pierres des pistolets d'un des cavaliers et chassèrent les autres de leur logis. Le sieur Dulong s'éloigne alors avec son monde et prend la route de Vervins. Le sieur de Gassion avait approuvé la conduite des habitants et le village restait contribuable du sieur Balthasar. »

Les soldats en garnison à Marle parcouraient les villages voisins pour exiger des habitants le paiement des contributions, les habitants de Leschelles résistèrent à ces exigences et se révoltèrent contre les soldats.

L'année 1637 ne fut pas plus heureuse pour les Marlois. Pendant les premiers jours, la ville fut traversée par l'artillerie et les équipages de pont qui se rendaient au siège de Landrecies ; des détachements séjournèrent dans Marle et ruinèrent les prairies, emportant du blé et de l'avoine.

Le 15 juin, la peste se déclara de nouveau dans la ville et ne cessa qu'à la fin de novembre, faisant plus de six cents victimes de tout âge.

La ville de Landrecies fut reprise sur les Espagnols, le 23 juillet, par le cardinal de La Vallette, et la place de La Capelle, le 18 septembre suivant. Pendant les sièges de ces villes, des fourrageurs vinrent jusque dans les environs de Marle, pillant les granges, emportant des fourrages et des grains. Au mois de septembre, des soldats du régiment du marquis de Castelneau commirent des désordres à Marfontaine, dont ils prirent et pillèrent le château ; le lieutenant du bailliage de Marle fut chargé de faire une enquête.

Le 30 septembre, Nicolas Fontaine, maire de Marle, reçut un mandement ordonnant d'envoyer à La Capelle trente hommes et quatre tombereaux attelés, pour combler les lignes de circonvallation faites par les assiégeants et mettre la place en état. Un autre ordre du mois d'octobre prescrivait d'envoyer à La Capelle le plus de pionniers possible. Le baron Du Bec, aussitôt la déclaration de guerre, s'était emparé d'un troupeau de moutons appartenant à un réfugié, Henri Destrées, laboureur de Cilly ; ce dernier déposa, au mois de novembre 1639, une plainte contre le gouverneur.

Le 20 décembre, dix compagnies du régiment de Nettancourt, composées de trois cent cinquante hommes, non compris les officiers et l'état-major, prirent garnison à Marle jusqu'au 25 mars suivant ; pendant six semaines, ces compagnies vécurent à discrétion, « commettant des désordres *non pareils* ; on donnait, par jour, aux soldats, six sous et le pain ; aux caporaux, anspessades et appointés, huit sous ; aux sergents, quinze sous ; aux officiers à proportion, outre l'ustensile. » Le 24, deux compagnies de chevau-légers et deux compagnies de dragons du colonel Gassion vinrent aussi tenir garnison et y restèrent jusqu'au 14 janvier suivant ; le colonel, tous les officiers, six cents cavaliers, deux cents valets et plus de soixante femmes vécurent d'une façon qui ne peut s'exprimer, « pour les cruautés qu'ils y ont exercées, outrageant, frappant, pillant et rançonnant tous les habitants ; douze personnes moururent à la suite de mauvais traitements. Ces soldats démolissaient les maisons pour se procurer du bois à brûler, on en compta plus de vingt ainsi détruites. » L'occupation de cette garnison coûta cher à la ville ; Lehault estime la dépense à plus de quinze mille livres, sans compter le taillon et les emprunts.

Les opérations militaires de 1637 avaient été décousues et isolées ; « il n'y avait pas alors de plan de campagne général d'opérations, chaque commandant croyait avoir rempli sa mission par des ravages dans le pays ennemi ou la prise d'une bicoque ; d'ailleurs, la difficulté des vivres rendait presque impossible toute opération longue et suivie. » *(Th. Lavallée.)*

Pour payer les dépenses occasionnées par les divers séjours des troupes, les maire, jurés et habitants de la ville autorisèrent Denis Lehault, Nicolas Guiche, Jean Guyart, Daoust et Claude Fancet à emprunter, au nom de la ville de Marle, une somme de treize mille cinq cents livres. La commune avait déjà emprunté au sieur Louis de Neuville, seigneur de Focart ; mais, au moment d'un règlement de compte, le maire s'aperçut que le créancier demandait plus qu'il ne lui était dû et refusa de payer ; la ville fut assignée en paiement devant l'intendant de Soissons qui régla la difficulté (1667).

L'année 1638 commença sous des auspices plus favorables ; le 2 juin, le maréchal de Brézé vint à Marle, où l'armée s'était réunie, et y resta six semaines. Pendant son séjour, les blés et les avoines furent ravagés, ainsi que les prairies. Le régiment de Picardie et un régiment de Suisses étaient logés dans les faubourgs. De Marle, le maréchal se rendit à Vervins, à la grande joie des habitants, qui eurent à payer d'énormes frais, évalués à plus de dix mille livres.

Après vingt-deux ans de stérilité, la reine Anne d'Autriche mit au monde, le 8 septembre 1638, un fils, qui fut Louis XIV. Cet heureux événement fut partout célébré par des feux de joie et des réjouissances publiques ; des actions de grâce furent rendues à la Vierge, sous la protection de laquelle Louis XIII avait placé son royaume.

La compagnie du comte de Trésac, composée de cavaliers, détruisit la cense de Hayon, sise entre Clermont et Montigny-le-Franc, ainsi que le village d'Agnicourt où elle séjourna plus de vingt-cinq jours, levant sur les habitants des contributions forcées en grains et en bestiaux.

Le 2 avril 1639, le régiment de Longueval logea à Marle où il resta jusqu'au 8 juin ; la ville fournit la subsistance et du pain de munition aux soldats, outre l'ustensile, ce qui occasionna une dépense de plus de vingt-cinq mille livres. On peut se demander comment la ville de Marle, dont la population était bien faible, pouvait suffire à payer ces sommes énormes.

Le maréchal de Châtillon vint, le 15 juin, prendre la place du régiment de Longueval et resta sept semaines dans la ville. L'armée campa dans les environs, les récoltes furent détruites sur pied dans tous les villages.

Le 21 juillet, Louis XIII et Richelieu firent leur entrée à Marle au son de toutes les cloches, mais n'y séjournèrent pas ; après avoir passé la revue des troupes, ils continuèrent leur route vers Charleville et Sedan.

Le colonel Humières, avec deux compagnies de cavalerie,

vint prendre ses quartiers d'hiver dans la ville de Marle. Durant son séjour, la température était tellement basse, qu'au mois de juin on ne pouvait encore se passer de feu ; l'hiver fut long et rigoureux, la population peu aisée eut beaucoup à en souffrir.

Les troupes cantonnées autour de Marle exerçaient, dans les villages où ils étaient logés, des désordres de toute sorte. Toulis fut brûlé [1] et les récoltes anéanties ; Voyenne, ainsi que Marcy, où logeait le régiment de Nettancourt, composé de troupes françaises, furent incendiés en majeure partie.

Plusieurs corps de cavalerie et d'infanterie traversèrent Marle, sans y séjourner, pour investir Arras, qui fut pris le 10 août.

Le Roi adressa au capitaine, commandant la ville de Marle, des lettres défendant le transport des blés et des vins ; cette recommandation devait être inutile pour la ville dans laquelle régnait la disette. Une garnison de deux compagnies de cavalerie, commandées par le colonel

---

[1] Près de Toulis se trouvait la ferme d'Attencourt, appartenant à l'abbaye de Saint-Vincent de Laon, qui l'avait achetée à Robert, seigneur de Toulis, possesseur du fief de la mairie. Après la mort de ce dernier, ses enfants revendiquèrent la propriété de la ferme, l'abbé Gautier soutint les droits de l'abbaye et eut gain de cause. Les fils du seigneur, pour se venger, eurent recours aux violences et mirent le feu aux bâtiments de la ferme. Mais étant revenus à résipiscence et regrettant les crimes qu'ils avaient commis, ils vinrent aux pieds de l'église abbatiale implorer miséricorde et pardon de leurs péchés, reconnaissant que tout le droit était pour le monastère ; ce dont ils mirent l'acte sur l'autel de Saint-Vincent, promettant au surplus, de ne jamais procurer aucun dommage à cette abbaye et confirmèrent leur écrit et leur promesse par serment (1156).

En 1252, Itier, évêque de Laon, permit aux moines de Saint-Vincent de faire construire une chapelle dans leur ferme d'Attencourt, à condition que cette chapelle ne préjudicierait en rien à l'église paroissiale de Toulis.

C'est non loin de ce village que se trouve la ferme de Caumont *(Calidus* ou *Calvus mons)*, ancien hameau qui dépend de la commune de Vesles.

Rouillon, vint occuper Marle et occasionner des dépenses qui s'élevèrent à la somme de quatre mille livres.

Par lettres-patentes données à Saint-Germain-en-Laye, le 16 avril 1640, Louis XIII continua à l'abbaye du Calvaire de La Fère « de présent en grande décadence et sans closture » l'autorisation qu'Henri IV, après le siège, avait donné à l'abbesse Françoise d'Aubourg, de prendre dix cordes de bois de chauffage par an, dans la forêt de Saint-Gobain ou dans les forêts du comté de Marle et de la châtellenie de La Fère, aux lieux les plus propres et les plus commodes pour l'abbesse.

Le 20 mai de la même année, le régiment d'Espagny occupa la ville de Marle pendant un mois entier; il fallut le nourrir et fournir l'ustensile. Le maréchal de Chastillon livra la bataille de Sedan dans laquelle fut tué le comte de Soissons. Richelieu enleva cette ville au duc de Bouillon et la réunit à la couronne. La ville de Marle vit successivement passer dans ses murs seize corps de troupes de différentes armes, qui allaient prendre leurs quartiers d'hiver; il fallut nourrir ces troupes, toujours fort exigeantes, leur fournir du bois et l'ustensile.

A Pâques de l'an 1642, le maréchal de Guiche demeura à Marle pendant une semaine, pour rassembler son armée; puis il se mit en route pour les Pays-Bas. Les Espagnols, commandés par un chef habile, Francisco de Mello, se portèrent au-devant des Français qu'ils rencontrèrent, le 26 mai 1642, et leur livrèrent la bataille d'Honnecourt que perdit l'armée française. Cette défaite jeta l'épouvante dans la Thiérache et le Vermandois.

Deux jours après, les débris de l'armée s'arrêtèrent une nuit à Marle, d'autres troupes arrivèrent le lendemain et les jours suivants; toutes s'y comportèrent plutôt en ennemis qu'en Français.

Ces faits se passèrent sous l'administration de Moyse Poulain, qui avait remplacé Jean Franquefort, maire en charge, l'année précédente.

Au mois de juin, arriva à Marle le colonel de Bouillon, venant de Montcornet, avec ce qui restait de son régiment ; l'intendant de Picardie donna l'ordre de lui fournir une contribution de cinq cents livres. Le comte d'Harcourt vint à Marle, le mois suivant, avec son armée et resta huit jours, il y fut remplacé par le maréchal de Guiche et ses troupes qui demeurèrent six jours.

Pendant les mois de juillet et d'août, les compagnies de gens d'armes et de chevau-légers du roi restèrent trois semaines à Marle. Quatre cents prisonniers espagnols furent logés et nourris dans la même ville, comme cela avait déjà eu lieu précédemment.

Le comte d'Harcourt rassura le pays par une diversion, qu'il fit dans le Hainaut, avec de la cavalerie réunie à Hirson ; il revint à Vervins par Lesquielles. Le maréchal de Guiche était encore à Marle, le 25 août, avec plusieurs maréchaux de camp et y séjourna quinze jours ; les troupes consommèrent la récolte en grains enfermée dans les granges. Au mois de septembre, ce fut le régiment de Rambures qui séjourna huit jours à Marle, tandis que les troupes de diverses armes, traversant la ville, commettaient des exactions de toute nature. Pendant deux mois, Marle eut en garnison le régiment de Vervins, qui ne fut pas moins exigeant que ses devanciers.

Le 16 novembre, plusieurs faux monnayeurs furent condamnés aux galères par le tribunal du bailliage de Marle. C'étaient : Mennechet, Jehan Mennesson de Voulpaix et autres ; ils furent exposés, rue du Bloc, par Raulin-Guibeny, exécuteur des sentences criminelles, qui reçut quinze livres pour cette exécution.

Un détachement du régiment de Rambures fut envoyé à Tavaux, à la fin de l'année, afin de percevoir les contributions de guerre, destinées à la subsistance du régiment en garnison à Marle. A l'arrivée de la troupe, les habitants de Tavaux sonnent le tocsin, s'insurgent contre les soldats et emploient tous les moyens possibles pour se soustraire à la perception de l'impôt. Quelques arrestations eurent lieu et force resta à la loi.

Le 12 janvier 1643, le sergent d'Autreppes avec deux records se présenta à Parfondeval, pour y lever la contribution à laquelle le village avait été imposé. Les portes se ferment aussitôt, le tocsin sonne, tous les hommes s'arment de leurs *bâtons à feu*, et le sergent de déguerpir au plus vite avec ses deux acolytes, sous une pluie de malédictions et d'injures.

Le 20 février suivant, maître de Roquepine envoie des troupes, qui trouvent les rebelles solidement retranchés dans leur fort[1] et disposés à combattre. On les tourne, on les menace, ils demeurent impassibles. Le tambour s'avance et demande à parler au maire, les paysans répondent audacieusement : « Nous sommes tous maires, aussi grands les uns que les autres, nous ne reconnaissons d'autre gouverneur que celui de Rocroy (Parfondeval était, en effet, du gouvernement de Champagne). » Le tambour attache à la porte l'ordre de contribuer et se retire. Chaque parti bivouaque, les soldats dans le village, les habitants dans leur fort. Mᵉ de Roquepine, consulté et de plus en plus irrité, ordonna le surlendemain de faire prisonniers

---

[1] En général, par le mot : *Fort*, il faut entendre l'église fortifiée, comme il y en a beaucoup dans la Thiérache. L'église de Parfondeval avait un portail flanqué de deux tourelles percées de meurtrières, elle était entourée d'un large fossé et de murailles fortifiées qui enveloppaient le cimetière. Ces fossés furent comblés, en 1779, par le curé Daguet.

tous ceux qu'on pourrait saisir. Nouvelles sommations, nouveau refus. On parvint cependant à s'emparer de deux habitants, qui s'étaient retirés dans leurs caves et menaçaient de faire usage de leurs armes. On les conduisit à La Capelle, mais la rigueur dont ils furent l'objet ne ramena pas les esprits. *(Archives de l'Aisne, Bailliage de Marle.)*

La même année, le 17 septembre, Jacques Lepage, seigneur des Coquelets, lieutenant provincial d'artillerie, vieillard de soixante et onze ans, suivait le chemin royal qui conduit de la cense de Samoussy au village d'Athies, il était monté sur un beau cheval gris pommelé, du prix de cinq cents livres ; tout-à-coup, surgirent trois cavaliers du régiment d'Hendicourt, qui avaient quitté le quartier de Plomion, en quête de quelque bonne aubaine. Denis Pivert, dit *Saint-André*, reconnaissable à sa longue perruque rousse, présenta au vieillard le canon d'un pistolet, en criant : « Je renie Dieu, pied-à-terre, ce cheval est pour monter un cavalier ». — « Prenez garde à ce que vous faites, répond le sieur des Coquelets, je ne suis pas un homme à traiter de la sorte ». Mais Saint-André donne au cheval une forte secousse qui renverse le vieil officier, saute en selle et s'enfuit avec ses complices.

Des Coquelets les suit de loin, perd leurs traces, s'informe, et apprend que son cheval qu'on cherche à vendre se trouve dans les écuries de l'abbaye de Bucilly. Il va alors porter plainte au général de Manicamp, qui le conduit à La Neuville-Bosmont, où il devait passer la revue de la cavalerie. Dans les rangs, le sieur des Coquelets reconnaît son voleur à la couleur de sa perruque rousse ; Saint-André est arrêté, passe devant un Conseil de guerre, nie d'abord, avoue ensuite ; mais prétend que, comme ils étaient quatre, il fallait trouver les trois autres, qu'alors ils tireraient au billet pour savoir lequel serait pendu ;

« que c'était bien le moins qu'on dût à lui qui était le plus considérable, ayant femme et enfants ». Condamné, à l'unamité pour vol à main armée sur le grand chemin royal, à être pendu et étranglé à une potence sur le marché de Marle, il s'écria pour toute expression de repentir : « Mort Dieu ! je renie Dieu ! si je n'avais pas fait quartier à ce vieux b..... là, je ne serais pas dans la peine où je suis ! C'est un bel exemple pour les autres de ne jamais faire quartier ! »

Le Conseil de guerre avait été réuni à Marle même, par exception. Au nombre des juges siégeaient, avec voix délibérative, le lieutenant-général au bailliage et l'avocat Guiche, maire de la ville [1].

Le 14 mai 1643, Louis XIII mourut à Saint-Germain-en-Laye, laissant la couronne à son fils âgé de cinq ans. Des prières publiques et des services religieux furent dits pour le repos de l'âme du roi. Anne d'Autriche fut nommée régente.

Les armes françaises remportèrent un brillant succès à la bataille de Rocroy [2], livrée le 19 mai par le jeune duc d'Enghien ; les Espagnols perdirent plus de douze mille hommes, des drapeaux, de l'artillerie et des bagages. Cent trente soldats et officiers blessés, soixante-dix cavaliers du régiment de Rambures furent envoyés à Marle le 24 mai suivant. Ils reçurent tous les soins nécessaires en médicaments et en nourriture, et ne quittèrent la ville que complètement guéris, c'est-à-dire à la fin de juillet ; quatre chirurgiens et huit infirmiers s'occupaient de ces blessés.

---

[1] Jean Guiche, avocat, ne fut maire qu'en 1646. Lehault donne, comme maire à cette époque, Jean de Franquefort.

[2] François le Danois, seigneur du fief de Ronchères, ferme située près de Sons, était alors gouverneur de Rocroy ; il obligea Thomas Piccolomini, général espagnol, à lever le siège de cette ville.

La ville eut à supporter toutes les dépenses qui s'élevèrent à plus de dix mille livres, elle fut même obligée de donner neuf cents livres à un capitaine du régiment royal, qui était blessé et s'était fait soigner à Paris.

Le 20 juin, la ville de Marle eut encore à loger et à nourrir des prisonniers espagnols, qui partirent pour La Fère, conduits par des habitants de Marle.

Au mois de septembre, le duc d'Angoulême resta six semaines à Marle avec son armée, dont les chefs vécurent à discrétion, ce qui ruina la ville et la campagne en grains et en bestiaux.

Sur l'ordre de M. de Manicamp, trente habitants de Marle furent requis pour travailler au fort de Lesquielles ; ils y restèrent pendant dix jours, aux frais de la ville.

Les 15 et 25, Marle eut encore à loger et à nourrir deux régiments du duc d'Angoulême, les régiments de Picardie et de Navarre. Indépendamment des passages continuels de troupes, la ville eut une garnison de cavaliers qui resta depuis le 2 décembre jusqu'au commencement d'avril suivant.

La régente Anne d'Autriche et Mazarin, son ministre, devinrent successivement possesseurs du comté de Marle : la reine, par assignat de douaire, le 12 octobre 1644 ; le cardinal, par engagement du 9 juillet 1654. Des soldats ayant été envoyés pour obliger à payer les droits seigneuriaux, les habitants des campagnes se réfugièrent dans les bois avec leurs familles et leurs bestiaux, croyant pouvoir impunément s'emparer des bois engagés au cardinal.

Mazarin s'aboucha avec le sieur de Faverolles, ancien échevin de Paris, et lui afferma pour six ans le domaine du comté de Marle. La coupe annuelle de quatre cent quinze arpents de haute futaie dans la forêt de Saint-Gobain était le meilleur produit. De Faverolles obtint du cardinal de faire construire un canal, en amont du moulin de Chauny, pour élever et maintenir les eaux jusqu'au pont de Beautor où la navigation commençait. Ce canal fut creusé par l'architecte Villedo, moyennant quarante-huit mille livres. De Faverolles termina son bail qui expirait le 1er octobre 1662 ; la faiblesse des bénéfices l'engagea à ne pas le renouveler. (*Mémoires académiques de Saint-Quentin.*)

Le 1er mai 1644 arriva à Marle le régiment de Grancey, venant de Laon où il fut remplacé par celui de Rambures qui était en garnison à Marle depuis plusieurs semaines ; c'est à la suite de graves difficultés avec les habitants que le régiment de Grancey dut quitter Laon. Un officier ayant été tué par un bourgeois chez lequel il voulait entrer de vive force, les habitants de Laon étaient sur le point d'en venir aux mains avec les troupes, lorsque la municipalité proposa un arrangement aux officiers. Après de longs pourparlers, les soldats consentirent à déposer les armes et à être envoyés à Marle. Ce fut pour le malheur de cette ville, ils firent tomber sur elle tout le poids de leur colère. Logés au faubourg Saint-Martin, ils mirent le feu dans le quartier et vingt-cinq maisons devinrent la proie des flammes. Ils commirent des désordres de tout genre pendant les cinq semaines qu'ils restèrent, détruisant les moissons et les récoltes.

Ce régiment fut remplacé, le 20 juin, par deux compagnies du régiment de la Reine, qui restèrent quinze jours. Le 12 juillet, les Marlois virent passer dans leurs murs l'armée conduite par Margaloty, se dirigeant sur Crécy-sur-Serre.

Par un mandement, Louis XIV invita les présidents, trésoriers de France et généraux de ses finances à Soissons, à dresser un procès-verbal de l'état des domaines de Marle et de La Fère. Un arrêt du Conseil d'Etat maintint Charles Danye dans le bail qui lui avait été fait des domaines de Marle et de La Fère. Enfin parut une déclaration royale assignant à la reine-mère le domaine de Marle en douaire.

Les Espagnols, profitant des troubles de la régence, pénétrèrent dans la Thiérache, ils pillèrent le village de Ladifay dans la nuit du 10 au 11 novembre et s'avancèrent par la route de Guise jusqu'à Haudreville. La ferme fut entièrement pillée, ils enlevèrent non-seulement les meubles, mais encore vingt-trois bons chevaux; le fermier fut contraint de se sauver en chemise jusqu'à Marle, où il trouva asile. Les ennemis se dirigèrent ensuite sur Marcy, dont ils emmenèrent les vaches, les chevaux et trente habitants qu'ils renfermèrent dans les prisons d'Avesne pour en obtenir des rançons. Un de ces malheureux mourut de *miserere*.

Deux compagnies de cavalerie du régiment de son Altesse royale restèrent en garnison à Marle pendant l'hiver et occasionnèrent à la ville une dépense de plus de quatre mille livres. Ces troupes ne se conduisirent pas mieux que les précédentes, elles blessèrent gravement plusieurs bourgeois de Marle, entre autres Claude Nicaise, et sans aucune provocation de la part des habitants.

Les Suisses de la Garde royale passèrent à leur tour dans la ville. Le duc d'Enghien, après avoir rassemblé à Marle environ huit mille hommes, quitta cette ville, le 22 avril 1644, pour se diriger sur Saint-Quentin et de là sur Arras. Il avait reçu le commandement de l'armée de Champagne, chargée de s'opposer à l'entrée en Thiérache des généraux Piccolomini et Mello à la tête d'une armée de trente mille hommes.

Le 3 juin 1645, Jean Vuyart étant maire, le marquis de Villeroi arriva à Marle avec un régiment de cavalerie.

D'autres troupes se concentrèrent dans les environs de la ville pour former l'armée avec laquelle le duc d'Enghien devait se porter au-devant de Turenne. Le jeune duc vint lui-même à Marle avec des maréchaux de camp, afin de s'assurer si l'armée était en état d'entrer en campagne ; toutes ces troupes ravageaient les environs, enlevant les grains et les moissons.

Pour mettre le comble aux malheurs qui frappaient les habitants de Marle et du comté, une grêle abondante anéantit les récoltes ; le fléau frappa surtout la ferme de La Tombelle, dont les terres furent dévastées. Une grande partie des troupes qui devait composer l'armée du duc était cantonnée à Rozoy et à Montcornet. Le maréchal de Laferté-Senneterre arriva à Marle, accompagné des maréchaux de Pienne, Legendre et Campy, l'armée cantonna pendant quatre jours autour de la ville.

Les officiers municipaux de Marle constatèrent, dans un rapport du 18 mai 1645, signé par le maire Vuyart, les dégâts commis par les cavaliers du régiment du marquis de Praslin sur les terres ampouillées. A la même époque, les magistrats désignèrent Antoine de Mouy comme messager de Marle à Laon ; la sécurité des routes était sans doute assurée. Au mois de mai suivant, les jurés furent obligés d'appuyer un placet présenté au sieur Picart, seigneur de Périgny, intendant de la généralité de Soissons, par les habitants de Marle, pour défendre de laisser pâturer les bestiaux dans leurs prés, attendu que l'herbe avait été mangée par les chevaux de la garnison.

Le 6 octobre 1646, arriva à Marle M. de Chambord conduisant six régiments à l'armée. Un régiment logea la nuit en ville afin de permettre aux troupes, passant par étapes, de séjourner ; ces derniers soldats commirent beaucoup de désordres.

En 1647, le 6 mai, des recrues de différents régiments destinées à Marle, furent dirigées sur Aubenton, par le marquis de Pienne. Il agit de même pour le régiment de Saint-Simon, qui fut envoyé loger à Montigny-le-Franc et Goudelancourt. Mais les habitants de Marle furent obligés de leur porter des vivres, les officiers retinrent même trois chevaux. Pour les ravoir, il fallut adresser une requête appuyée par le maire, M. Lehault, au roi Louis XIV alors à Amiens.

Le marquis de Laferté-Senneterre arriva à Marle le lundi 20 mai, avec ses gardes et ses équipages, suivant les ordres qu'il avait reçus.

Voici, à ce sujet, la lettre que le cardinal Mazarin adressa d'Amiens, le 21 mai, au duc d'Orléans : « Comme il n'y a
« rien à craindre du côté de la Champagne, M. de Turenne
« étant dans le Luxembourg, on a député de Laferté-
« Senneterre à Marle, où il recevra de nouveaux ordres sur
« ce qu'il aura à faire, il emmènera avec lui un corps de
« cavaliers allemands. »

Au mois de mai, le commissaire des guerres, étant à Marle, fit passer par étapes douze régiments qui vécurent avec grands désordres et gâtèrent les biens de la campagne.

L'archiduc Léopold, entrant en France, prit Armentières le 31 mai et mit le siège devant Landrecies dont il s'empara, le 16 juillet, faute de défenseurs. Que faisait donc le marquis de Laferté à Marle, ainsi que toutes les troupes de passage dans cette ville ? Pourquoi ne pas les avoir envoyées au secours des assiégés ? Quelques jours après la prise de Landrecies, le régiment de Vandy logeait à Marle pendant trois jours.

La ville de Lens tomba au pouvoir des ennemis et le général Gassion fut tué, sous ses murs, d'un coup de mousquet. Tous les chevaux ayant été enlevés dans les campagnes, les terres restèrent en friche ; il s'ensuivit une grande disette qui fit de nombreuses victimes.

Il y eut, le 2 septembre, à Marle, un passage de quatre régiments de cavalerie, qui logèrent dans les villages environnants. Deux mois plus tard, deux compagnies de cavalerie du régiment de Lislebonne séjournèrent à Marle, du 28 novembre au 6 avril 1648, et y causèrent plus de dix mille livres de dépenses, au grand déplaisir du maire Charles Jésu, procureur du roi.

La ville était alors criblée de dettes, les sources de la charité publique étaient taries et les emprunts étaient difficiles à effectuer. Pour comble de malheur, la peste sévissait ; en deux mois, plus de trois cents personnes, dont le tiers au moins faute d'assistance, périrent.

Les logements de troupes étaient continuels. Le 1er avril 1648, survint à Marle un maréchal des logis de l'armée pour faire avancer les troupes et les loger. Le jeudi saint, le maréchal de Grammont, avec le marquis de Persan, l'abbé de Bentinolle, Laferté-Senneterre, Vaubécourt et Chastillon se réunirent à Marle pour faire rassembler l'armée dans les environs, ils y restèrent jusqu'au 1er mai, puis se mirent à la tête de leurs troupes et se dirigèrent sur Saint-Quentin.

Indépendamment des troupes qu'ils avaient à loger, les Marlois furent encore contraints de livrer au régiment de Conty, logé à Mortiers, quatre mille cinq cents rations de pains, qu'ils durent conduire à Danizy, près de La Fère.

Au mois de mai 1648, le baron d'Erlach apparut à Marle, qu'il épargna. « Les troupes firent alors peu de « dégâts dans la ville, en conséquence des défenses qu'en « avait faites le sieur d'Erlach. » Cette conduite de la part d'un officier, qui tant de fois donna des preuves de sa cruauté, ne s'explique guère, pas plus que les égards du

cardinal Mazarin pour d'Erlach, « le génie de la ruine inutile et sauvage ». Le cardinal voulut recevoir le baron à Saint-Quentin, le combla d'honneurs et de présents, passa ses troupes en revue, escorté par les maréchaux de Plessis-Praslin et de Villeroy. « Le cardinal vit les Erlach, cette
« fière nation s'est adoucie en sa présence, lui a fait
« hommage comme au distributeur et procureur de toutes
« les finances de France ; les généraux se sont enivrés
« pour l'amour de lui. Il a reçu les caresses de ces beaux
« étrangers et, pour se les assurer, il leur a fait une
« ample distribution de toiles, chemises et rabats, coëffes
« de nuit, manchettes, gans de cerf et de daim à franges
« d'or et d'argent, baudriers en broderie, gardes d'épée,
« fourreaux de pistolet, le tout tiré de ses magasins et
« envoyé à Son Excellence par ses commis, l'abbé Mondani
« et Thévenini. »

Dans une enquête faite sur la présence d'Erlach à Marle, maître Tassart, échevin de Laon, rapporte qu'il fut député avec d'autres notables de Laon, pour offrir le vin d'honneur au baron qui venait d'arriver à Marle, le complimenter et essayer de lui faire comprendre qu'on ne le désirait nullement à Laon, place qui avait été désignée pour une de ses étapes. De Laon à Marle, les députés trouvèrent les campagnes dévastées. Maître Tassart vit à Voyenne le curé affamé, caché dans une retraite d'où il n'osait sortir, craignant quelque mauvais traitement, à cause que particulièrement ledit d'Erlach et presque tous ceux dont cette armée était composée étaient de la religion réformée, priant maître Tassart de lui faire donner du pain, et, comme il en avait fait apporter tant pour lui que pour les autres qui l'accompagnaient dans la crainte de n'en point trouver, il lui en donna, ce que le curé considéra comme rare charité. Ce prêtre déclara que c'était surtout à ceux de sa profession que les soldats en voulaient, que cette armée avait détruit toutes les églises où elle avait passée et y avait commis des sacrilèges et impiétés exécrables. *(Ed. Fleury.)*

Ce même Tassart ajoute qu'il fut une seconde fois forcé d'aller au camp de Marle, où il accompagnait un convoi. « Tout y allait de mal en pis, dit-il. On n'y voyait que pri-
« sonniers, tous ramenés habitants du plat pays et mis à
« rançon ; les bestiaux pris par les gens de guerre en
« grand nombre, des quantités de femmes éplorées, dont
« les maris n'avaient point osé paraître, qui réclamaient du
« bétail, et furent renvoyées à coups de bâtons et fort inhu-
« mainement traitées. »

Le traitement infligé aux populations par le baron d'Erlach était d'autant plus odieux que ses troupes étaient au service du roi. Elles rançonnaient, maltraitaient les curés et démolissaient les églises ; ainsi, l'église de Pouilly, près de Crécy-sur-Serre, incendiée en 1568 par l'armée de Genlis, fut de nouveau pillée et dévastée par les Weimariens.

« Les campagnes, dit l'auteur, ne sont plus que des déserts et les villages de tristes solitudes. Plus de quatre-vingts curés sont morts de nécessité et plus de cent ont abandonné leurs cures pour ne pas périr de misère et mendier leur pain, comme leurs paroissiens. »

Au commencement du mois de juin, l'armée ennemie étant entrée en France, vint camper sur la route de Guise ; les habitants de Marle effrayés, quittèrent aussitôt leurs maisons emmenant leurs meubles et se réfugièrent dans les villes de Laon, de Reims et de La Fère, où ils restèrent deux mois.

Les coureurs espagnols s'avancèrent jusqu'aux portes de Marle sans attaquer la place. Ils se dirigèrent ensuite sur

Crécy-sur-Serre, pillant et ravageant sur leur passage : Voyenne, Toulis, Erlon, Dercy. Le bourg de Crécy fut livré au pillage, les habitants maltraités ; quelques-uns d'entre eux succombèrent aux mauvais traitements, d'autres furent emmenés prisonniers à Cambrai.

Le 18 septembre, arrivait à Marle le vidame d'Amiens avec trois régiments de cavalerie. Le 25, quatre autres régiments vinrent le rejoindre. Ces troupes vivaient à discrétion commettant des désordres inouïs, ruinant les avoines qui étaient aux champs, battant les grains rentrés dans les granges, démolissant des maisons et des bâtiments. Pendant le séjour de ces troupes à Marle, la garnison d'Avesne pilla le village de Marcy.

Le marquis de Bazilly fit son entrée à Marle, le 16 octobre 1648, avec cinq régiments d'infanterie et cinq pièces d'artillerie, suivis des équipages et des bagages du colonel d'Erlach, qui vint lui-même à Marle huit jours après. Ces officiers et leurs troupes restèrent treize jours dans la ville, pendant lesquels « ils vécurent à discrétion, avec des désor-
« dres qui ne se peuvent exprimer, outre quoi ils ont battu
« et excédé quantité d'habitants, et iceux pillé et rançonné,
« brûlé et démoli trente maisons dans les faubourgs, ce qui
« a contraint quantité d'habitants d'abandonner la ville pour
« n'y pouvoir plus subsister, ayant perdu tous leurs biens.
« La dépense en a été estimée à cent mille livres. »

En sortant de Marle, les troupes d'Erlach s'avancèrent sur Voyenne. Nonobstant les règlements et déclarations du roi, les gens de guerre du Baron s'attaquaient de préférence aux curés ; les ayant dépouillés, nus, en chemise, exposés à la honte de tout le monde, ils leur chauffaient les pieds, les tyrannisaient, leur mettaient les pouces et les doigts des mains et des pieds dans les ressorts des rouets de leurs arquebuses et d'autres armes à feu, pour exiger ce qu'ils n'avaient pas, de l'argent.

Aussi, le souvenir du Suisse d'Erlach, qui commanda les armées royales de 1649 à 1650, s'est perpétué dans la mémoire des populations ; on disait d'un homme violent et brutal, c'est un *Derlaque* ou *Brisaque*. Des lieux dits ont conservé son nom, un chemin de la commune d'Esquéheries s'appelait *Chemin d'Erlach* ; sur le territoire de Marle, on trouve aussi un chemin d'Erlach, sans doute celui par lequel cet officier pénétra dans la ville [1].

Parmi les actes de cruautés exercés par les soldats d'Erlach, on rapporte ceux-ci :

« Dans un village, ils s'emparent d'une chèvre, la coiffent du bonnet d'une vieille femme qu'ils ont tuée, la mettent dans le lit et vont chercher le curé pour lui administrer les sacrements. Arrivé près de l'animal, le curé s'aperçoit de l'indigne comédie qu'on veut lui faire jouer ; il refuse, mais aussitôt il est mis à mort avec toutes sortes de cruautés. Ailleurs, on dépouille des malheureux habitants, on attache sur leur dos des chats que l'on fouette jusqu'à ce qu'ils aient mis en sang le dos de leur victime.

« Au bourg de la Tourelle, un malheureux paysan étant parvenu à leur échapper, se réfugia sous le toit de l'étable de son porc et y resta trois jours sans rien prendre ; survint une bande de soldats qui le découvrirent et l'asphyxièrent avec des bottes de paille.

« Pour forcer les paysans à montrer l'endroit où ils avaient caché l'argent, que souvent ils n'avaient pas, on leur brûlait la plante des pieds ou les organes sexuels ;

---

[1] Jean-Louis d'Erlach naquit à Berne, en 1595, il servit la France avec le plus grand dévouement ; après la bataille de Lens, le prince de Condé le présenta au roi en lui disant : « *Voilà l'homme auquel on doit la victoire de Lens* ». Le 23 janvier 1650, d'Erlach était nommé maréchal de France, mais il mourut trois jours plus tard, sans avoir appris la distinction dont il venait d'être l'objet.

des filles de huit à dix ans étaient violées sous les yeux de leurs parents attachés.

« Les villes sont remplies de malheureux fugitifs qui encombrent les rues, couchent sous des hangars ou des auvents avec leurs troupeaux, exposés à toutes les intempéries. Les châteaux ne sont pas plus épargnés que les chaumières ; celui de Saint-Lambert est pillé et tous les habitants sont massacrés ».

Le célèbre Jean de Werth, que nous avons vu avec Piccolomini, pendant la guerre de Trente Ans, sous les murs de Marle, jetant l'effroi et la terreur partout où il passait, a laissé un souvenir de frayeur égal à celui de *Croque-Mitaine* ou de *Marie Gruelle* ; les enfants méchants ou criards étaient menacés de la présence de Jean de Werth ; alors, saisis de peur, ils se taisaient. On berçait les nourrissons avec ce refrain populaire :

> Petits enfants qui pleurera ?
> Voilà Jean de Werth qui s'avance !
> Aucun marmot ne bougera
> Ou Jean de Werth le mangera.
>
> (Ed. Fleury.)

D'autres troupes passèrent par étapes dans la ville de Marle pendant l'automne et au printemps de 1649 (année stérile). Elles brûlèrent six maisons au faubourg Saint-Nicolas. Comme garnison, la ville eut à loger pendant l'hiver deux compagnies de cavalerie du régiment de Son Altesse royale ; il leur fut fourni l'ustensile, ce qui occasionna une dépense de près de quatre mille livres.

Le traité de Westphalie ne mit pas fin à la guerre d'Espagne ; elle devait durer longtemps encore pour le malheur des populations, grâce à l'aveuglement antipatriotique des princes du sang, qui appelèrent l'étranger sur le sol français pour servir leurs basses intrigues : telle fut la *Fronde*.

Les mécontents ayant fait un traité d'alliance avec l'Espagne, l'archiduc Léopold, gouverneur des Pays-Bas espagnols, pénétra en France. Le 10 mars 1649, il arriva à Pont-sur-Sambre avec une armée de vingt mille hommes et de l'artillerie. A cette nouvelle, les femmes et les filles de Marle abandonnent la ville pour se soustraire aux procédés peu galants des ennemis. Le 12, deux de ses lieutenants, Jean Desponty et le marquis de Noirmoutiers, se présentent devant Crécy-sur-Serre avec huit mille hommes, qui furent logés tant à Crécy que dans les villages voisins : Mortiers, Dercy, Voyenne, Erlon, Marcy et autres. De Noirmoutiers envoya demander à la place de Marle des vivres qui lui furent refusés. Mille à douze cents coureurs battaient journellement la campagne jusqu'à Pontavert et Berry-au-Bac. Un détachement, commandé par l'Anglais d'Esqueby, surprit et pilla Crépy et Dizy-le-Gros.

Le lieutenant Desponty, qui n'avait pu obtenir de Marle les vivres qu'il demandait, se présenta devant la ville, le 31 mars, avec deux mille hommes et trois pièces de canon, pour demander à entrer et obtenir le passage de la rivière, ce qui lui fut refusé. Il se retira alors à Marcy, et le mardi 6 avril, les ennemis rentraient en Flandre.

C'était sans doute la présence du général d'Erlach dans les environs qui leur avait fait prendre cette résolution. En effet, après avoir séjourné pendant près d'un mois à Saint-Germainmont, le général, à la tête de treize mille hommes et de douze pièces de canon, couchait à Bosmont et arrivait à Marle le 12 mai, pour se diriger sur Guise.

A la fin de novembre, la même armée d'Erlach logea en partie dans les faubourgs de Marle, tandis qu'une autre partie prit son logement dans les villages environnants.

Pendant les mois de mai et juin, douze régiments, tant de cavalerie que d'infanterie, passèrent par étapes dans la ville de Marle ; ils consommèrent les grains et les fourrages, ce qui occasionna une perte de trente mille livres.

Si l'année 1649 fut fertile en évènements, elle fut stérile en céréales. Les terres ne purent être labourées ni ensemencées, « ce qui a fait qu'une partie du peuple est « mort de faim, à cause de la cherté des vivres. »

L'année 1650 offre le triste spectacle à la fois de la guerre civile et de la guerre étrangère. Le 6 mai, l'armée ennemie, composée de trente mille hommes et de vingt-quatre pièces de canon, fit son entrée sur le territoire français. Elle passa près de La Capelle, ravageant toute la frontière. Le 24 mai, la place du Câtelet tomba au pouvoir des Espagnols. Aubenton fut pris et pillé par les ennemis, le 2 juin. Après avoir fait subir le même sort à Ribemont, le 16, ils mirent le siège devant la ville de Guise dont ils s'emparèrent le 27. Ils livrèrent la place au pillage, mais la garnison et les habitants se retirèrent dans le château-fort, où ils se défendirent si vaillamment, que les assiégeants, manquant de vivres, furent obligés de lever le siège, le 2 juillet. Une médaille fut frappée en mémoire de ce succès et, pour honorer le courage des habitants, le maire et deux officiers municipaux furent anoblis.

En se retirant, les ennemis mirent le feu au château de Vadencourt, pour se venger du mal que leur avait fait pendant le siège Nicolas de la Fons, marquis de la Plénoye, seigneur du lieu et commandant du régiment de Guise. Ils firent aussi des dégâts considérables au château du Sart, en haine de la conduite brillante qu'avait tenue Jean de Récourt, colonel d'un régiment, au passage de la Serre. (*Piette.*)

Les Espagnols, campés à Etréaupont, brûlèrent ce village

à leur départ et allèrent mettre le siège devant La Capelle, qui capitula le 5 août. Des détachements, parcourant les campagnes, s'avancèrent jusqu'aux portes de Marle, faisant fuir les femmes et les enfants.

Le 28 juillet, l'armée française, commandée par le maréchal de Plessis-Praslin et composée de quinze mille hommes avec douze pièces de canon, quitta Ribemont pour venir camper à Marle et aux environs. Elle resta jusqu'au 6 août, « ravageant les moissons en telle façon qu'il ne s'est dépouillé cette année aucune chose, il y a eu quantité de maisons et de bâtiments aux faubourgs qui ont été démolis pour faire des huttes aux camps et brûler ». Ces troupes royales incendièrent dix maisons et enlevèrent la cloche de l'église du faubourg Saint-Martin, comme elles avaient fait dans les doyennés de Marle et de Vervins,

Avant d'arriver à Marle, le maréchal, étant à Crécy-sur-Serre, adressa au cardinal Mazarin la lettre suivante :

« Les ennemis, à Hirson, traitent fort bien les paysans,
« et quand une fois ils ont donné des sauvegardes, ils ne
« sont jamais pillés. Tous les villages proches leurs quar-
« tiers sont traités ainsi, et l'ordre est si grand dans leur
« armée pour cela qu'il faut croire qu'ils appréhendent
« fort de fâcher les peuples et qu'ils les veulent gagner
« par la douceur. Les maux que font nos troupes les
« aideront fort à cela ; pour moi, qui toute ma vie ai eu
« en horreur ces désordres, je m'estimerai fort malheureux
« d'y voir si peu de remède.....

« Je ne vous parle pas du besoin que l'on a d'argent
« dans cette armée, cela serait inutile ; je pense que vous
« le savez il y a longtemps ; les bas officiers commencent
« à déserter, n'ayant plus de quoi vivre. »

Cette pénurie fut aussi signalée par le maréchal d'Hocquincourt, qui écrivait : « Une grande partie des soldats envoyés à Guise déserte par le peu de subsistance qu'ils rencontrent dans cette place ».

Malgré l'abondance dont jouissait à Marle l'armée du maréchal, le commandant Roze, partisan livonien, ayant autorisé ses soldats à vivre à discrétion chez l'habitant, les troupes formèrent le projet de piller la ville pendant la nuit. Heureusement, l'avis en fut donné à quatre heures du matin au maréchal Du Plessis « qui n'eut que le temps de prendre les mesures nécessaires pour faire avorter le complot ».

C'est dans ce mois d'août, que Turenne passa à l'ennemi. Le 12, l'archiduc Léopold vint avec toute son armée camper dans les villages de Bosmont, Cilly, Tavaux et autres ; le lendemain, il envoya, en parlementaire, un trompette qui se présenta à la porte Notre-Dame de Marle, demandant à parler au gouverneur. Celui-ci s'étant présenté, il le somma, au nom de l'archiduc, de fournir des vivres et de recevoir une garnison dans la ville. Le gouverneur, Pierre de Signier, au nom des habitants, refusa d'ouvrir les portes, bien qu'il n'eût pas d'artillerie, ce qui était contraire aux lois de la guerre. Le samedi 16, sur les six heures du matin, le comte Fuensaldagme, Dom Fernand de Solis et le comte de Sfrondate, à la tête de ses Allemands, investissent la place avec huit mille hommes, quatre pièces de canon et deux mortiers. La lutte ne devait pas être de longue durée ; après un simulacre de défense, la ville capitula le lendemain. Le gouverneur obtint pour les habitants « l'honneur et la vie sauve », lui-même fut fait prisonnier de guerre. Les Espagnols entrèrent dans la ville, enlevèrent les grains et les bestiaux qui s'y trouvaient, pillèrent le château et s'emparèrent des vivres. Ils voulurent aussi prendre les meubles et les ornements de l'église Notre-Dame ; Mathéo de Torres-Remiros, lieutenant-général de l'artillerie, ayant voulu briser la grosse cloche pour l'emporter il fallut composer avec lui, il consentit à renoncer à la cloche, moyennant une somme de mille livres que lui versa Nicolas Lehault, alors maire.

Les ennemis mirent une garnison dans la ville, et pour gouverneur, un sieur de La Haye, auquel il fut donné six cents livres pour se le rendre favorable. Enfin, après avoir vécu à discrétion et commis de nombreux vols, la garnison quitta la ville, le 15 suivant.

Quant au gouverneur, de Signier, il ne put obtenir sa liberté le 14 octobre, qu'en payant une rançon de trois mille livres. La conduite du gouverneur dans cette circonstance fut digne d'éloges ; tandis qu'il retenait l'ennemi devant les murs de Marle, le maréchal de Praslin put couvrir Laon et observer la marche des Espagnols, protégé par les marais de Liesse.

Le 19 août, l'armée ennemie quitta les environs de Marle pour se diriger vers Château-Porcien et Rethel, sans être inquiétée dans sa marche.

Le 9 septembre, un détachement espagnol avec de l'artillerie, sous les ordres de Sfrondate, séjourna à Montcornet et envoya des coureurs jusqu'aux portes de Marle ; mais tout le pays étant ravagé, les ennemis quittèrent Montcornet, vers la fin du mois de mars (1654).

L'occupation de Marle par les Espagnols avait déterminé une maladie pestilentielle qui décima la malheureuse population, du mois d'août au mois de décembre. « Il mourut
« plus de huit cents personnes de tout âge, entre autres
« quarante habitants des plus aisés. Quantité d'autres en
« sont sortis pour n'y pouvoir subsister et ce qui est resté
« dans la ville, était tellement pauvre que les trois quarts
« ont été contraints de manger du pain de son, avoine et
« autres semblables grains ; encore n'en pouvaient-ils avoir

« la moitié de leur saoul et il y avait plus de six cents
« pauvres journellement par les rues, dans des nécessités
« qui ne se peuvent décrire, étant certain que, sans les
« charités qui ont été faites et distribuées par les Révé-
« rends Pères de la Mission, il y serait mort plus de deux
« cents personnes de faim, attendu que les habitants
« n'avaient moyen de subvenir à leurs nécessités, étant eux-
« mêmes réduits à retrancher leur nourriture de plus de
« moitié et celle de leurs familles ; le jalois de blé valait
« quatorze livres, la pamelle huit livres, l'avoine cinq livres,
« et le son trois livres ». *(Lehault.)*

Les Pères de la Mission, envoyés par saint Vincent de Paul qui savait trouver, dans la charité inépuisable de Madame Legras, des secours pour nos infortunés compatriotes, s'expriment ainsi au sujet de Marle : « Depuis deux mois, le curé a enterré plus de trois cents personnes entre lesquelles il estime qu'il y en a eu plus de cent mortes, faute d'assistance ; le nombre des pauvres est de soixante-dix ».

Il existait dans la ferme de Chantrud, dépendance de Grandlup, une maison de religieuses dont le sort n'était pas plus heureux que le peuple des campagnes, elles aussi étaient réduites à manger du pain de son.

L'année 1651 s'ouvrit par le pillage du village de Marcy, opéré, le 6 janvier, par la garnison de La Capelle ; les soldats emmenèrent vingt chevaux, dix vaches et tous les meubles des habitants. Châtillon-les-Sons fut aussi pillé, mais par les troupes du prince de Condé, qui tuèrent deux habitants sans défense. De sorte que les campagnes furent ruinées tout à la fois par les Espagnols et par les princes français.

Condé, à cette époque, avait à Marle quelques troupes, il ordonna à Tavannes, leur commandant, de se réfugier à La Capelle ou à Stenay, s'il était poursuivi par le maréchal d'Aumont, campé avec l'armée royale à trois lieues de Marle. *(Dom Lelong.)*

Le 22 janvier, fit son entrée à Marle la compagnie de la mestre de camp du régiment de Bougy, commandée par le sieur Maslon, capitaine-lieutenant ; il avait ordre du roi et du trésorier de France de prélever treize cent vingt-cinq livres quinze sous pour chaque demi-montre, avec foin, fourrage et l'ustensile ; « il y avait vingt-quatre maîtres à la compagnie, qui est demeurée en ladite ville jusqu'au 7 février, pendant lequel temps ils ont vécu huit jours à discrétion ». *(Lehault.)*

Une garnison de quatre mille Allemands, sous les ordres du colonel Roze ou Rozen, fut envoyée à Rozoy le 21 février. Des coureurs se répandirent dans les campagnes, jusqu'aux portes de Marle, exerçant des cruautés sans pareilles, brûlant, pillant, ravageant les forts, les châteaux et tout ce qu'ils rencontraient. Ils pillèrent les bois de la Chartreuse du Val-Saint-Pierre, tuèrent plus de trente habitants du village de Braye, voisin de l'abbaye. Ces brigandages ne s'arrêtèrent que le 12 avril suivant, lorsque, ne pouvant plus vivre, la garnison évacua Rozoy. Il est bon de rappeler que le colonel Rozen avait été le lieutenant du fameux Erlach et qu'il était imbu des idées de son chef ; il fut fait maréchal de France.

Les soldats de la garnison d'Avesnes se dirigèrent sur le village de Marcy, au mois d'avril ; ils s'emparèrent de huit chevaux, de six vaches et emmenèrent prisonniers deux habitants pour en avoir rançon. Ils se présentèrent également à la ferme d'Haudreville, prirent six chevaux et firent prisonnier le fils du fermier ; de là, ils allèrent à Thiernu où ils prirent quatorze chevaux, s'emparèrent du sieur Bocquillard, de son fils et d'un domestique qu'ils emmenèrent avec eux.

Ces brigandages suggèrent à Nicolas Lehault les réflexions suivantes : « Il est certain que les ruines et les
« misères, que la ville de Marle a souffertes depuis seize
« ans que la guerre a été déclarée entre les deux cou-
« ronnes, ne peuvent entrer en la pensée, puisque leurs
« maux ne se sauraient bien exprimer, notamment ceux
« qu'ils souffrirent en 1650, au mois d'août, tant par le
« campement en icelle, pendant douze jours, de l'armée
« commandée par le maréchal de Plessis-Praslin, composée
« de seize mille hommes, qui ruina entièrement les blés
« et autres grains de la campagne, que par l'armée des
« ennemis qui prit et pilla ladite ville le treizième jour
« dudit mois ; mais comme les troupes du roy y étaient
« nécessaires pour résister aux efforts des ennemis et
« empêcher leurs desseins et entreprises, et que c'est
« l'ordinaire des ennemis de piller et ravager ; les habi-
« tants de la ville, sous ces considérations, souffrirent
« patiemment ces ruines comme effets de guerre ; et par
« surcroît de malheur, lorsqu'ils espéraient respirer l'air
« d'une tranquillité plus paisible par le moyen de l'entrée
« des armées du roy dans la Flandre et de faire cette année
« la récolte des grains qui étaient aux environs de la ville
« et vivre et subsister avec moins de disette qu'ils n'avaient
« fait jusqu'à présent, quatre mille hommes de guerre,
« tant d'infanterie que de cavalerie, sont venus à Marle et
« aux environs, au commencement de la moisson, qui les
« ont privés de leurs espérances et fait souffrir pendant
« deux mois et demi des maux qui à peine se pourront
« croire, qu'ils auraient endurés avec plus de patience, si
« ces gens de guerre avaient été dans le service du roy et
« qu'ils eussent agi pour le bien de l'Etat au lieu de se
« soulever, comme ils le faisaient, contre leur souverain. »

La tragédie commença le 24 juin 1651, lorsque le

marquis de Folleville, maréchal des armées du roi, arriva à Marle pour faire rassembler et passer en revue l'armée de Champagne, suivant les ordres de Sa Majesté.

Dans la nuit du 6 au 7 février, le cardinal Mazarin quittait Paris pour se rendre au Havre, où il mettait les trois princes en liberté ; il alla ensuite à Péronne et de là à La Fère. Dans cette ville, il apprit qu'un arrêt du Parlement, du 9 février, avait prononcé le bannissement contre lui, ses parents et ses domestiques.

Le 7 juillet, arrivèrent à Marle, le régiment d'infanterie de Condé et trente compagnies, qui logèrent dans le grand faubourg et les commandants dans la ville. Sept jours après, un autre régiment d'infanterie et trente compagnies de douze cents hommes logèrent dans le faubourg Saint-Martin. Le même jour, le comte de Tavannes, envoyé par le prince de Condé, venait prendre le commandement de ces troupes, augmentées bientôt des carabiniers d'Arnault, qui logèrent pendant quinze jours dans les villages de Cohartille et de Barenton.

Au commencement du mois d'août arrivèrent à Marle les régiments de cavalerie de Condé, de Conty, d'Enghien, de Persan, de Meilles, du Cauroy et de Beauvais qui prirent leur logement dans les villages de Toulis, Vesles, Cuirieux, Chivres, Machecourt, Bucy, Saint-Pierremont, Tavaux, Pontséricourt, Agnicourt, Chaourse et autres aux environs de Marle. Ils y restèrent jusqu'au 24 août, jour où le comte de Tavannes, pour les avoir sous sa main, les rassembla et fit camper la cavalerie sur Voyenne et l'infanterie à Marle, en un lieu appelé *les Vignes*, près du faubourg Saint-Nicolas. Il ne resta dans la ville que les officiers d'infanterie, une partie de ceux de la cavalerie, au nombre de deux cent cinquante, ainsi que des valets et des équipages. Comme ces troupes avaient besoin de bois pour brûler et pour construire les huttes du camp, elles firent ce que d'autres avaient fait déjà, elles abattirent les arbres des jardins, démolirent cent maisons sur les deux cent cinquante dont étaient composés les faubourgs ; des autres, il ne resta que peu de chose. Plus de deux cents corps de bâtiments, granges, étables et autres ayant été démolis, les cavaliers furent obligés de mettre leurs chevaux dans les églises Saint-Martin et Saint-Nicolas « jusque aux coins des autels. »

Là ne se bornèrent pas les pertes que fit éprouver à Marle et aux environs le séjour des troupes de Condé, durant soixante-six jours, « n'ayant voulu joindre la grande armée, à cause de la révolte de M. le Prince auquel ces troupes appartenaient. »

Le comte de Coligny vint prendre le commandement de toute la cavalerie pour le prince de Condé, « qui les empêchait de servir le roi. » Aussi, n'était-ce pas sans raison que la Régente, dans une déclaration lue le 17 août 1651, aux princes, aux grands du royaume, aux députés des Cours souveraines et au Corps de ville de Paris, se plaignait de ce que les troupes, rassemblées à Marle par le prince de Condé, ne reconnaissaient que son Altesse et n'avaient pour toute discipline « qu'une cruelle licence de ravager la Picardie et la Champagne, comme terres ennemies, à la honte et au dommage de l'armée du roy. »

Condé taxa de calomnie la déclaration de la Reine. Pour se justifier, il présenta au Parlement une attestation qu'il avait arrachée au duc d'Orléans, Gaston, oncle du roi, dans laquelle il disait que : « Les troupes que M. le Prince avait
« à Marle, n'y étaient pas sans le consentement royal, que
« c'était par son ordre qu'elles demeuraient toutes ensemble
« dans le quartier, et que même il y avait envoyé de sa
« part le sieur Valon, pour les commander avec les siennes,

« au lieu de Lafferté-Senneterre qui n'était qu'un *fieffé*
« *Mazarin*, que la Cour avait bien tort de porter tant d'envie
« à si peu de troupes qu'il avait à Marle, parce que c'était
« particulièrement à elles que la France était redevable de
« la plus grande partie de ses dernières victoires. »

Condé n'avait pas d'autre but que de gagner du temps pour mettre à exécution le projet qu'il avait conçu. Il voulait se porter de la Garonne sur la Loire, pendant que les troupes qu'il avait sur la frontière du Nord, réunies à un corps d'armée espagnole, pénétreraient en Champagne sous les ordre de Turenne, et viendraient le rejoindre devant Paris. Le refus de Turenne fit manquer la combinaison. Une partie des régiments cantonnés à Marle espéraient passer à l'ennemi, mais leurs chefs ne conduisirent que deux ou trois mille hommes à Stenay, où ils joignirent les Espagnols.

« Les troupes restées à Marle furent débusquées, dit Claude Leleu, par le marquis de Castelnau et Beaujeu, qui arrivés à Marle, le 12 septembre au soir, avec une partie de la grande armée, sont partis le lendemain pour poursuivre les troupes du Prince de Condé, qui avaient vingt-quatre heures d'avance ; le marquis ne put les atteindre avant les environs de Stenay, où il y eut quelques escarmouches avec perte d'hommes de part et d'autre. »

Il eut été bien à désirer pour les populations de Marle et de la campagne que les troupes rebelles du prince de Condé quittassent plus tôt le pays. Nicolas Lehault fait un triste tableau des misères et des ruines qu'elles commirent.

Dès que les grains eurent approché de la maturité, les officiers firent faire la récolte par leurs gens, battre les grains et les vendre à leur profit ; il en fut de même des chevaux, des bestiaux que les soldats volaient dans les camagnes, encouragés par leurs officiers qui se partageaient les meubles et les objets de valeur provenant de ces rapines. Ils mettaient les villageois à contribution pour leur éviter le pillage ou l'incendie, et, quand ils avaient reçu la somme exigée, un autre détachement arrivait ce jour-là ou le lendemain pour recommencer les mêmes menaces. Enfin, les villageois épuisés, ne pouvant plus payer, étaient pillés, saccagés et souvent mis à mort, après de cruelles souffrances.

Les habitants de Marle étaient particulièrement maltraités ; les officiers les appelaient *Mazarins*, et se vengeaient sur eux des désordres qui avaient été commis dans les lieux appartenant au prince de Condé, désordres dont les Marlois étaient bien innocents. Un jour, le maire de la ville, Duflos, ayant voulu faire quelques observations, fut fort malmené et frappé d'un coup de canne par un capitaine. Le lieutenant du Bailliage ayant voulu faire arrêter un soldat qui avait blessé grièvement d'un coup d'épée un habitant, nommé *Parent*, les officiers s'y opposèrent, entraînèrent violemment le coupable qu'ils laissèrent en liberté, encourageant ainsi le meurtre et l'assassinat.

L'imagination ne peut se figurer ce qu'ont souffert nos ancêtres ; on se demande comment l'humanité a pu survivre à tant de causes de destruction ! Ayant toute liberté de faire le mal, les soldats de Condé mirent le feu à la ferme de Dormicourt, dont la seigneurie appartenait à l'abbaye Saint-Vincent de Laon, dix corps de bâtiments furent réduits en cendres avec ce qu'ils contenaient.

Le 8 août, les soldats incendièrent une partie du château de Marcy, appartenant à Alexandre de Signier, gouverneur de Marle, pour se venger de la résistance qu'il avait opposée ; ils enlevèrent aussi les bestiaux du village de Rogny, dont était seigneur le gouverneur de Marle.

Le 13 du même mois, ils pillèrent les villages de Dercy

et de Mortiers, tuant les habitants à coups de fusil, entre autres un nommé Bachollot, de Dercy, qui voulait défendre l'entrée de sa maison. Ils arrêtèrent le curé de Chivres qui ne put sortir de leurs mains, qu'en payant une rançon de douze cents livres.

Une compagnie, logée dans la maladrerie de Marle, mit le feu à la grange de Saint-Lazare. Quelques jours après, le village et le château d'Erlon étaient pillés et incendiés.

Continuant à exercer leur vengeance, quinze cents hommes de la garnison de Marle se rendirent à Houry, dont de Signier était seigneur, ils mirent le feu au village, brûlèrent tout à l'exception d'une maison et du moulin. L'église, dans laquelle les villageois s'étaient retirés, fut également incendiée avec les ornements et les meubles qu'elle contenait. Les habitants furent maltraités, deux hommes et une femme furent tués, plusieurs filles et femmes furent violées ; enfin, ils emmenèrent tous les bestiaux. Deux villageois furent saisis et enfermés dans les prisons de Marle, « où ils sont presque morts de faim ».

Quelques jours plus tard, les incendiaires se dirigèrent sur Sons et Châtillon, ils y brûlèrent neuf maisons et des bâtiments après les avoir pillés, massacrèrent deux habitants et en blessèrent beaucoup d'autres. Ils allèrent ensuite aux villages de Saint-Gobert et de Franqueville, pillant les habitations, emportant les meubles, dévastant l'église, enlevant les ciboires, jetant à terre les hosties et se sauvant avec leur butin.

Le 4 septembre, ce fut le tour de Pargny, qu'ils pillèrent, violant les femmes et les filles, poursuivant les habitants comme des bêtes fauves et emmenant les bestiaux. Trois jours après, La Neuville-Housset fut aussi pillée, ainsi que le château ; les grains et les meubles furent emportés. Enfin, ne pouvant plus vivre à Marle, ni à plusieurs lieues aux alentours, les troupes de Condé se retirèrent vers Stenay. Elles étaient demeurées à Marle soixante-six jours et y avaient commis et exercé « toutes les volleries, cruautés, insolences et inhumanités qui se peuvent imaginer, laissant les habitants sans un morceau de pain, ayant même pris de force, en partant, les poudres, balles et mèches qui étaient dans le château pour sa conservation ».

Le 16 octobre (1651), les curés de Marle et des environs délivrèrent à leurs paroissiens des certificats constatant les pertes subies par eux pendant les guerres de 1650 à 1651, mais ces certificats n'eurent pas le résultat qu'on en attendait.

Le prince de Wittemberg, après avoir pris La Capelle, voulut s'emparer de Vervins, il ne put que brûler les faubourgs. Sa présence dans les environs de Marle était loin de rassurer les populations ; elles craignaient que le prince ne vînt hiverner à Marle, à Montcornet, à Crécy ou à Pierrepont. « Sous cette appréhension, les principaux de cette ville, avec leurs femmes, les enfants et leurs meubles, se sont retirés à Laon. » Ces craintes furent vaines. Les ennemis ne vinrent pas à Marle, ils gagnèrent le Luxembourg, après avoir pillé, en passant, Hirson et Saint-Michel.

L'hiver de 1650 à 1651 fut rigoureux, le printemps fut froid et humide. Sous cette fâcheuse influence, des fièvres inflammatoires se déclarèrent. Cette épidémie d'un caractère redoutable s'appelait *feu sacré* ou *feu de Saint-Antoine ;* elle sévit avec violence et marqua son passage par une grande mortalité, surtout dans les basses classes qui, mal nourries, succombaient aux premières atteintes de la maladie.

L'année 1651 fut appelée *année du déluge*, à cause des pluies abondantes et continuelles qui ne cessaient de tomber. Les rivières débordaient, les parties basses de la ville furent inondées, la prairie d'Haudreville était couverte d'eau et le *Buis* augmenta considérablement, ce qui annonçait la cherté du blé. Les grains furent, en effet, rares et chers. Cependant la maladie continuait ses ravages et frappait indistinctement riches et pauvres.

L'année suivante 1652 ne fut pas plus heureuse. Si elle vit Turenne un instant égaré offrir ses services au roi, elle vit aussi une autre défection dans la conduite du duc Charles de Lorraine, offrant son secours au prince rebelle. C'est en Thiérache qu'il entama ses négociations. Il était venu camper, vers la fin de mars, entre Avesnes et La Capelle, « sans qu'on pût découvrir son dessein, pendant lequel toutes ses troupes pillaient et ravageaient les frontières, tant de France que de Flandre, et donnait grande alarme dans ce pays. » La Cour avait envoyé au-devant de lui le baron de Beaujeu qui, arrivant à Marle le 6 avril, « envoya secrètement des messagers aux troupes de Lorraine qui étaient à Floyon, et le lundi suivant est parti de cette ville pour aller à Guise. »

De leur côté, les Princes lui députaient le marquis de la Sablonnière. Celui-ci fut rencontré par un parti du roi embusqué dans le bois de Thenailles ; mais il endoctrina si bien les troupes qu'elles tuèrent, dans le bois de Saint-Pierremont, le sergent qui les commandait et passèrent dans l'armée Lorraine à la suite de la Sablonnière, qui leur donna récompense « de leurs trahisons et meurtres. »

Le 28 avril, le baron de Beaujeu arriva à Marle avec plusieurs officiers du duc de Lorraine. La voie s'aplanissait ainsi pour ce dernier ; il faisait, dès le même jour, entrer ses troupes en France. Il campa à la Boutcille et plaça son avant-poste à Plomion et Bancigny, son arrière-garde à Etréaupont. Le lendemain, le duc, mettant à profit sa recherche par les deux partis, envoya un de ses officiers prendre le sieur de Beaujeu et le conduire à la chartreuse du Val-Saint-Pierre, où il se trouvait. Il conféra d'abord avec Beaujeu, comme représentant de la Cour, puis avec les députés de l'Espagne et le marquis de la Sablonnière, qui représentait les ducs d'Orléans et de Condé. Il leur donna rendez-vous à Rethel, où ils devaient l'attendre et y arrêtèrent les dispositions définitives. Toutefois avant de s'y rendre, dit l'*Histoire de Rozoy,* il avait un autre but à remplir : celui de ruiner le pays à son profit d'abord, « et aussi pour satisfaire ses troupes accoutumées à ce genre de solde. »

Le 8 mai 1652, il y eut une éclipse de soleil. Le même jour fut livrée une bataille entre l'armée du roi et celle des Princes, six régiments des Princes furent défaits. Beaucoup d'officiers furent tués, principalement dans les troupes royales. Un autre combat se livra le 15 mai, Turenne, vainqueur, mit le siège devant Etampes défendu par de Tavannes.

Nous ne suivrons pas davantage le duc de Lorraine ; il marquait son passage par le meurtre, le pillage, le viol et l'incendie. Les Espagnols agissaient de même de leur côté. Dans la nuit du 5 au 6 juin, un parti de six cents chevaux de troupes Croates « passa au village de La Neuville-Bosmont et alla piller Toulis, dont ils emmenèrent dix habitants avec leurs meubles et leurs bestiaux. » Les Croates allèrent à Autremencourt pour en faire autant ; les habitants, qui s'étaient retirés dans leur fort (l'église et le château), se défendirent bravement, tuèrent six ennemis et en blessèrent beaucoup d'autres ; « en haine de quoi les ennemis brûlèrent entièrement le village, à la réserve de trois ou quatre maisons. » Huit jours après, ils prirent les chevaux et les vaches, mais les courageux habitants les leur reprirent près de Vervins.

A ces ennemis d'autres succédèrent. Après la prise de Chauny, cinq cents hommes des garnisons d'Avesnes et de La Capelle, se présentèrent, dans la nuit du 12 au 13 juillet, devant le bourg de Pierrepont, pour le surprendre et le piller, ils voulaient, en outre, faire de cette place une retraite en cas de besoin, et de là dévaster les campagnes voisines. Mais les habitants les repoussèrent vaillamment, en tuèrent bon nombre et les forcèrent à abandonner un pétard qu'ils avaient placé pour faire sauter la porte.

Quelques jours après, l'armée ennemie, campée près de La Fère, passa la rivière de Serre au hameau du Sart sur des ponts qu'elle avait établis, campa à Montceau-les-Leups et aux environs. Le lendemain, 20 juillet, un détachement de deux mille cavaliers s'empara, après une faible résistance, du fort d'Assis-sur-Serre, du village qu'il incendia en partie et où il resta jusqu'au 28 courant. Les Espagnols établirent ensuite leurs quartiers à Chambry et campèrent autour de Laon, avec l'intention de reprendre le siège de cette ville. A leur vue, les Laonnois prirent les armes, mais bientôt après ils entrèrent en composition et, moyennant une somme d'argent, les ennemis décampèrent. Pendant ce temps, mille cavaliers se présentèrent, à cinq heures du matin, devant Crécy-sur-Serre ; ils s'emparèrent du fort sans résistance, pillèrent, brûlèrent vingt-cinq maisons, tuèrent et blessèrent quantité de personnes, violèrent les filles et les femmes, en emmenèrent un certain nombre, ainsi que plusieurs habitants qu'ils renvoyèrent plus tard, après les avoir dépouillés et rançonnés. Ils exercèrent les mêmes cruautés à Pierrepont, le lendemain ; mais, ayant voulu agir de même dans le village de Vesles, les habitants prirent les armes, les repoussèrent vigoureusement et en tuèrent une quantité.

Le but des Espagnols était de rejoindre l'armée des princes. A cet effet, ils quittèrent les environs de Laon, passèrent la rivière d'Aisne à Pontavert, pour faire leur jonction avec les troupes des princes aux environs de Fismes ; mais ils en furent empêchés par les maréchaux de Turenne et Laferté-Senneterre et furent obligés de repasser l'Aisne. Ils se vengèrent de cet échec en brûlant Juvincourt et Amifontaine. Le lendemain, les ennemis campèrent à Tavaux, Pontséricourt, Agnicourt, pillant Cilly et Bosmont en passant ; des coureurs, razziant le pays jusqu'à Marle, enlevèrent les chevaux des cultivateurs surpris dans leurs travaux. Enfin, le 9 août, l'armée espagnole alla camper dans les environs de Vervins et ensuite à Étréaupont, jusqu'au 19, époque à laquelle elle rentra en Flandre.

Dans la nuit du 18 septembre 1652, le feu prit dans la rue du Prieuré, chez Adrien Lempereur ; les secours arrivèrent tardivement ; en peu de temps, treize maisons, des granges avec tout ce qu'elles contenaient, devinrent la proie des flammes.

Les malheureux habitants, pillés, ruinés, n'avaient d'autres ressources que les aumônes des Pères de la Mission ; depuis deux ans, ils distribuaient des secours abondants tant aux pauvres de Marle qu'à ceux des environs. « Ces missionnaires, dit N. Lehault, font panser et solliciter les malades tant dans leurs maisons qu'aux Hôtels-Dieu et ailleurs, cela a fait un bien et profit qui ne se peut trop louer ni aucunement exprimer, étant certain que leurs bienfaits, soins et diligence ont fait éviter la mort à un très grand nombre de personnes qui, sans leur assistance, seraient morts de faim ; outre quoi beaucoup d'honnêtes familles tant de cette ville de Marle que d'ailleurs, qui par honte, n'osaient découvrir leurs misères, ont aussi reçu un secours tout particulier, aussi bien qu'ont fait plusieurs prêtres et curés qui, ne recevant aucun revenu de leurs bénéfices non plus que de leurs biens patrimoniaux, se ressentaient de la misère publique. »

« L'année dernière, ajoute Lehault, les Pères avaient délivré des pamelles pour ensemencer les héritages des pauvres laboureurs et autres nécessiteux ; mais le malheur a voulu que le tout ait été perdu et ruiné par les troupes qui ont séjourné soixante-six jours dans cette ville et aux environs pendant les mois de juillet, août et septembre, cela n'empêche pourtant point que, pendant le présent mois d'avril, les Missionnaires ne fassent délivrer à cinquante pauvres laboureurs et autres personnes de cette ville des pamelles pour ensemencer chacun quelque portion de terre ou jardin pour leur subsistance et pour les aider à vivre l'hiver prochain.... Il est vrai que nos pères nous ont appris qu'il y a environ soixante ans, quoiqu'on fût sur la fin des guerres civiles, la disette fut grande à cause de la cherté des vivres et que le jalois de blé valût jusqu'à dix-huit et vingt livres ; mais cela ne dura pas plus de quatre mois, en fin desquels le bon Dieu jeta les verges au feu. »

L'armée ennemie, venant de Flandre, commandée par le comte de Fuensaldagne et le prince de Ligne, arriva à Guise le 20 octobre et prit Vervins le 22. Après y avoir laissé une forte garnison, les Espagnols quittèrent Vervins et vinrent camper à Tavaux, Pontséricourt, Bosmont, Cilly et les lieux voisins. Ils y demeurèrent cinq jours, pendant lesquels ils se livrèrent au pillage. Les villages de Rogny, Thiernu, La Neuville-Bosmont, Autremencourt et Toulis eurent également à souffrir. A toute heure, l'ennemi poussait jusqu'aux portes de Marle ; il fut fait plusieurs sorties et escarmouches pour les éloigner.

Le 2 novembre, les troupes de Flandre vinrent camper aux environs d'Avesnes et firent des incursions jusqu'à Marle, pillant sur leur passage quantité de villages.

L'année ne mit pas un terme aux souffrances des populations, ce qui fit dire encore au notaire Lehault : « C'est « avec regret que je décris les misères de ma patrie et je « me repens de l'avoir entrepris puisque je ne vois aucune « apparence de la fin de nos maux, que j'appréhende être « plus grands que jamais. » Dans un conseil de guerre tenu le 11 janvier, il fut résolu que le prince de Condé, après avoir ravitaillé Rethel, viendrait mettre le siège devant Marle. Dans ce but, le duc de Lorraine s'avança avec son armée jusqu'à Thiernu ; mais une pluie abondante étant survenue, les eaux grossirent et rendirent le projet impraticable. Le prince alla assiéger Vervins, et les troupes campèrent, toujours avec l'intention d'attaquer Marle, dans les villages autour de cette ville : Saint-Gobert, Lugny, Voharies, Houry, Prisces, Cilly, Bosmont. Marcy fut pillé et l'ennemi s'avança jusqu'aux portes de Marle, d'où il fut repoussé à coups d'arquebuses. Les eaux ayant baissé, le cardinal Mazarin envoya à Marle, le 18 janvier, les fusiliers d'Hocquincourt et quelques troupes détachées du régiment de Picardie, en tout trois cents hommes et quarante officiers, que la ville fut obligée de nourrir. L'approche de l'armée royale fit déguerpir les ennemis qui se dirigèrent vers La Capelle.

La ville de Vervins étant tombée au pouvoir de l'armée de Condé, le cardinal, alors à Vaux-sous-Laon, fit avancer jusqu'à Marle le maréchal de Laferté-Senneterre avec quarante régiments de cavalerie, cinq compagnies d'ordonnance, en tout trois mille chevaux et lui assigna, comme campement, Marle et les villages voisins, afin de pouvoir se porter sur Vervins et reprendre cette ville. En attendant, les Marlois eurent encore à loger et à nourrir ces troupes. Le maréchal étant arrivé le 20 au matin, les habitants tentèrent de lui faire quelques observations concernant l'impossibilité de loger ses hommes à Marle et dans les faubourgs, et ils lui dirent qu'ils seraient mieux dans les villages voisins ; le maréchal ne voulut rien entendre. Aux réclamations provoquées par la conduite des soldats qui pillaient, volaient, violaient les femmes et les filles, maltraitaient les habitants, le Maréchal répondit : « Il faut que les troupes vivent et qu'on les traite comme il convient. » Les églises étaient converties en écuries, des maisons étaient incendiées et les habitants maltraités. Des soldats avaient enlevé un enfant de six mois à sa mère, sans vouloir le rendre, malgré les cris du petit être qui mourait de besoin ; ils menaçaient la mère de l'embrocher, si elle ne leur donnait ce qu'elle n'avait pouvoir de faire, « et ce qui passe l'ordre naturel, c'est que quantité de ces enragés, pour ne pouvoir trouver des femmes et des filles suffisamment, ont été aperçus exerçant l'abomination pour laquelle Sodome et Gomorrhe furent réduites en cendres. »

Les prêtres n'étaient pas plus heureux que les autres habitants ; leurs maisons étaient pleines de soldats qui s'y faisaient nourrir « dans l'excès » et à leurs plaintes, il était répondu : « Qu'il vaut mieux qu'ils soient mordus du chien « de France, qu'étranglés de la chienne d'Espagne. »

Ces désastres continuels arrachent au fidèle chroniqueur, navré de tant de maux, ce cri de douleur : « O pauvre ville « de Marle, j'ai horreur de voir dans ton circuit jouer la « plus cruelle tragédie que les plus inhumains tyrans se « pourraient imaginer ; hé ! Dieu, n'apaiserez-vous jamais « votre courroux ? Vos fléaux seront-ils toujours sur nos « têtes ? Quels courages seraient assez constants pour « souffrir avec patience les malheurs qui nous accablent. « La plume me tombe des mains. »

Quand le cardinal connut la conduite du maréchal, il lui écrivit, pour le blâmer d'avoir laissé toute sa cavalerie à Marle,

« parce que, dit-il, ce lieu est tellement ruiné qu'il ne sera plus possible d'y établir un quartier d'hiver, comme c'était mon intention. Il faut, ajoute-t-il, tâcher de réparer le mal, en faisant loger la cavalerie aux environs de Vervins, dans la prévison de se rendre maître de cette ville, qui n'a pour garnison que le régiment de Bassancourt, fort de cent cinquante hommes, et un régiment espagnol d'un faible effectif. »

Mazarin avait aussi écrit de Cormicy à Michel Le Tellier, marquis de Louvois, pour le prévenir que le lendemain l'armée royale devait marcher en diligence sur Marle et Vervins, d'après l'avis que les ennemis devaient attaquer Vervins pour y prendre leurs quartiers d'hiver.

Par une autre lettre datée de Craonne, Mazarin faisait savoir au ministre que les ennemis, à l'approche du maréchal Laferté, avaient levé le camp la nuit et en désordre. Le cardinal espérait que l'armée arriverait encore avant que Vervins fut pris ; mais cette ville capitula le 20 janvier.

Enfin, les troupes de Senneterre quittèrent Marle, emportant des grains et le vin des caves. L'armée du roi arriva à Laon, passa à Crécy-sur-Serre, se dirigeant sur Vervins, qui fut repris le 24. De là, l'armée revint dans les environs de Marle, passa à la cense d'Haudreville et logea depuis Marcy jusqu'à Crécy. Le village de Voyenne eut six régiments de cavalerie qui restèrent huit jours, pillant, brûlant, démolissant des maisons et des granges. Toulis eut six régiments de cavalerie, qui se conduisirent d'une façon odieuse. Dercy logea pendant quatre jours quatre régiments de cavalerie qui incendièrent plusieurs maisons près de l'église. Erlon et Marcy eurent chacun quatre régiments qui brûlèrent trois maisons. Sons et Châtillon logèrent huit régiments d'infanterie pendant trois jours ; l'église de

17

Châtillon fut pillée. Enfin, Cilly logea six régiments de cavalerie. Dans tous ces villages, les soldats ne laissèrent que des ruines.

Dès le premier jour de février, Marle reçut en garnison le régiment d'infanterie, commandé par le sieur de La Tour et qui resta jusqu'au 17 mars. Un régiment de cavalerie vint aussi, le 10 février, tenir garnison dans la ville de Marle, qu'il ne quitta que le 4 juin.

De Longueval, seigneur de Manicamp, gouverneur de La Fère, ayant abandonné cette ville, le roi, le cardinal et toute la cour entrèrent le 20 juillet et donnèrent le gouvernement de la place à la reine, qui se fit représenter par le sieur de Ciron. Louis XIV quitta La Fère, le dimanche 23, et arriva dans la ville de Marle, à deux heures après-midi, accompagné du Cardinal, des princes de la Cour, de quatre maréchaux, et de toute sa maison. Les officiers du bailliage et du Corps de Ville précédé de Jean Hermant, maire, allèrent au-devant du monarque pour lui présenter les clés de la cité et le haranguer. Le roi fit son entrée au son de toutes les cloches et au bruit du canon qui tonnait sur le rempart. Il était accompagné de dix mille hommes, « qui tous logèrent dans la ville et dans les faubourgs ; la présence du roi ne les empêcha pas de gâter et de ruiner une partie des blés, toutes les avoines et les menus grains des environs. »

Le roi passa la nuit au château. Mazarin adressa à la reine la lettre suivante :

Marle, 23 Juillet 1653.

« Le roi est arrivé icy à midy et y couchera cette nuit,
« ainsy que j'ay eu l'honneur de vous le mander. Il vient
« de prendre un remède, M. Valot l'ayant jugé à propos,
« à cause de son incommodité qui l'avait repris le matin ;
« mais ça ne sera rien et cela ne l'empêchera pas de souper

« en compagnie avec l'approbation de M. Valot. L'armée
« a descampé et s'est advancée entre Vervins et Guyse,
« le roi s'y rendra demain. M. de Turenne luy donnera à
« dîner et M. de La Ferté à souper et je ne croy pas que
« Sa Majesté retourne coucher à Vervins où l'on envoye
« tous les équipages de la cour, Sa Majesté souhaitant avec
« passion de ne quitter pas l'armée le peu de tems qu'elle
« doit demeurer en ces quartiers. Je vous responds qu'il y
« sera avec la même seureté qu'au Louvre, et que je feray
« ce que je dois pour vous le ramener sans délay en par-
« faite santé avec tous les plus grands sentimens d'amitié
« et de tendresse pour vous que l'on puisse imaginer.

« L'armée ennemye est à quatre ou cinq lieues de la
« nostre, mais comme il y a des rivières entre deux, elles
« ne sont pas en état de venir aux mains.

« Sans faire le fanfaron, nostre armée n'est nullement
« en estat d'appréhender celle des ennemis, et je me
« réjouis avec vous de ce que Dieu nous faict la grâce de
« protéger partout la cause du roy.

« Je viens de recevoir vostre lettre du 21me que le fidèle
« (Le Tellier) m'a envoyée avec des nouvelles qui m'ont
« donné beaucoup de joye. Je feray response à vostre
« dépesche demain matin par la mesme personne, qui me
« l'a rappelée, et cependant je vous prie de m'accorder
« par grâce la justice de me croire le plus fidèle de tous
« vos serviteurs. »

Louis XIV quitta Marle avec toute sa suite, sur les six heures du matin, pour se rendre à Saint-Algis, où il passa une revue de toute l'armée, forte de huit mille hommes, et coucha au camp.

Le soir du départ du roi, un incendie occasionné par un four en mauvais état, se déclara dans la rue du Trébuchet, près du Grenier à sel. Trois maisons et des granges pleines de blé en gerbes furent brûlées ; la perte s'éleva à trois mille livres.

L'armée ennemie, après avoir campé du côté de Vervins, le 4 septembre, passa par Sains, Richaumont, Marfontaine et envoya des coureurs vers Marle, dont ils approchaient à une portée d'arquebuse, ce qui faisait craindre son arrivée prochaine. Les ennemis se contentèrent de piller, de brûler le château de Saint-Pierre, Franqueville, Sains, Lugny, et poussant jusqu'au bois du Val-Saint-Pierre, ils renversèrent les huttes, en maltraitèrent les habitants et en tuèrent quelques-uns.

Le même jour, arriva à Marle le sieur de Beaujeu avec deux mille chevaux. Des cavaliers, envoyés en reconnaissance, ramenèrent une quantité de prisonniers ; on apprit de la bouche de ces derniers l'investissement de Rocroy. Turenne essaya d'aller au secours de cette ville, mais il arriva trop tard.

Le cardinal Mazarin était toujours à Marle, de cette ville il adressa au comte de Brienne la lettre suivante :

Marle, 29 Juillet 1653.

« C'est une estrange hypothèque que celle que M. le
« Prince a offerte de Stenay et de Clermont pour ses
« levées d'Angleterre et M. de Bordeaux n'aura pas peine
« de faire cognoistre en ce pays là, que n'est qu'une pure
« illusion, puisque chacun sçait que ce sont des places qui
« appartiennent au roy, et que d'ailleurs M. le Prince n'a
« point de bien dans ce royaume qui ne soit acquis à
« Sa Majesté par droit de confiscation. Vous luy en pourez
« toucher un mot, s'il vous plait et lui témoigner aussy
« qu'il doit presser le général pour le faire expliquer,
« n'estant pas à propos de laisser traisner si longtemps
« cette affaire pour les raisons quy lui ont esté mandées
« d'autres fois.

« Pour ce qui est des trois mille Irlandais, il n'y a pas
« apparence de fournir ce qu'il faudrait à raison de
« 18 potages à 48 sous la pièce, suivant le traité qu'ils
« disent avoir faict avec M. le Prince ; mais il seroit du
« service du roy que MM. les surintendants se disposassent
« à donner quelques fonds par le moyen duquel, si Sa
« Majesté ne pouvoit pas profiter entièrement de cette levée,
« l'on peut empescher, au moins, les ennemis de s'en pré-
« valoir par l'application et l'adresse avec laquelle M. de
« Bordeaux pourrait mesnager cette affaire ; et j'estime
« qu'il ne seroit pas mal que la Royne prist la peine de
« leur en dire un mot, si, après que vous l'aurez infor-
« mée de l'estat de la chose, Elle l'a ainsi agréable. »

Le dernier septembre, le duc d'Elbeuf arriva à Crécy-sur-Serre avec un camp volant de trois à quatre mille hommes. L'infanterie fut logée dans le bourg et la cavalerie dans les villages de Mortiers, Erlon et Voyenne où les troupes restèrent jusqu'au 2 octobre ; le camp fut levé la nuit, à la nouvelle de la prise de Rocroy. Le même jour, M. de Lillebonne fit son entrée à Marle, sur les deux heures de relevée, à la tête de huit cents hommes qui logèrent dans les faubourgs ; mais, dès qu'il sut la prise de Rocroy, il délogea sans trompette et se retira à Crécy, en recueillant sur son passage les troupes logées à Voyenne, Erlon et Mortiers.

Le lendemain, le comte de Noailles, avec les régiments des gardes françaises et suisses, et de la cavalerie, vint à Marle. Il fit loger ses troupes dans la ville et dans les faubourgs. Les gendarmes du roi se montrèrent surtout très exigeants et, comme beaucoup de Marlois avaient quitté la ville, ceux qui restaient durent y suppléer. Enfin, le 12, toutes ces troupes délogèrent et se retirèrent sur Vervins.

Le 3 octobre, en même temps que M. de Noailles, M. de Lillebonne revenait à Marle avec des troupes de cavalerie et d'infanterie qu'il logea à Voyenne, Erlon, Toulis, Autremencourt, Vesles, Cuirieux, La Neuville-Bosmont et autres villages voisins. Elles restèrent jusqu'au 12 se livrant à des désordres sans pareils, démolissant ce qui restait des maisons à Voyenne, incendiant douze maisons à Toulis, pillant le château de La Neuville-Bosmont et emportant tout ce qu'elles trouvaient.

Ce déplacement continuel de troupes, logeant toujours dans les mêmes localités, avait amené une misère affreuse dans les campagnes ; les villages étaient pillés aussi bien par les soldats du prince de Condé que par ceux de Turenne.

L'année finit pour la ville de Marle par le logement de dix compagnies d'infanterie qui y tinrent garnison jusqu'au trois janvier suivant.

Bien que l'hiver de 1653 ne fut pas très rigoureux, les habitants de Marle ne furent pas plus heureux, si nous en jugeons par les plaintes qu'exhale Nicolas Lehault : « Au « commencement de l'année 1653, j'avais pris résolution « de quitter la suite de ce recueil, puisque avec déplaisir, « je ne l'aurai rempli jusqu'alors que des maux qui étaient « arrivés aux habitants de cette paroisse et à ceux des « environs, mais dans l'espérance de voir bientôt la fin de « la guerre et d'achever cet ouvrage par un traité de paix, « je repris nouvelles forces sans l'espoir de le couronner de « l'agréable laurier de cette tant désirée tranquillité ; mais « je me suis trouvé privé de cette satisfaction ayant tracé « cette continuation d'autant de misères que les années pré- « cédentes, et aperçois que le funeste flambeau, qui a « conduit nos langueurs depuis 1635, n'a encore que trop « de matière, pour les faire passer à nos descendants, et

« que le siècle, comparable aux dents du serpent Cadmus,
« produit autant de sujets de malheurs qu'il se passe de
« minutes en un jour, ce qui fait que, pensant sortir du
« labyrinthe, nous y resterons plus avant par la malice ou
« mauvaise conduite de ceux qui en ont la direction,
« comparables à la grenouille qui souhaitait d'avoir le
« ventre gros et les cornes aussi longues que le taureau
« d'Esope. C'est pourquoi, il est à douter que cette
« année 1654 ne nous montre point meilleur visage que les
« dernières, et je crains que nous soyons contraints de
« demeurer accablés sous le faix de tant d'afflictions, et je
« ferai encore volontiers le même vœu d'abandonner la
« continuation de ce récit que je poursuivrai néanmoins,
« afin que nos successeurs et neveux ne nous blâment de
« ne leur laisser aucune hérédité... »

Le régiment d'infanterie de Turenne, composé de trente compagnies, reçut l'ordre du roi d'aller tenir garnison à Soissons ; mais les habitants refusèrent de le recevoir. Un nouvel ordre du roi envoya le régiment prendre ses quartiers d'hiver à Marle, à Vervins et à Montcornet.

Le 6 janvier, cinq officiers du régiment logé à Bucy vinrent à Marle apporter l'ordre de loger dix compagnies. Le maire, Claude Pavet, eut beau représenter l'impossibilité de les recevoir, la pauvreté des habitants et le manque de pain ; rien n'y fit. Le 7, les dix compagnies en question, composées de quatre cent cinquante soldats, vingt sergents, vingt-deux officiers, soixante-dix valets, trente femmes, vingt enfants et cent cinquante chevaux, arrivaient et prenaient logement dans le grand faubourg. Ces troupes commirent toute espèce de désordres. Vingt habitants du faubourg furent réduits à abandonner leurs maisons avec leurs familles, des gens de guerre leur ayant enlevé tout moyen de subsistance.

Le sieur de Betbezé, qui commandait ce régiment, prit pour lui seul quatre logements chez les habitants les plus riches et se fit nourrir par eux à discrétion, lui, ses valets et domestiques, ses quinze chevaux et ses trente chiens. Les autres officiers agissaient de même de leur côté, allant même jusqu'à obliger les habitants à les habiller de neuf.

Par bonheur, ce régiment ne resta que jusqu'au 21. Il revint le 28 avril suivant, renouvelant les mêmes licences jusqu'au 26 juin, jour où il partit définitivement. Pendant leur nouveau séjour, les soldats ne cessèrent de frapper et de maltraiter les habitants. L'impunité dont ils bénéficiaient ne faisant qu'accroître leur audace, ils allèrent jusqu'au meurtre ; deux citoyens eurent la tête fendue à coups d'épée et deux autres périrent assommés ou étranglés. Ces forfaits ne satisfaisaient pas encore leur passion de la destruction. Ils démolirent quatre-vingt-dix maisons, dont ils brûlèrent les bois et vendirent les ferrures ; en outre, ils coupèrent plus de douze cents arbres à fruits, causant ainsi un véritable désastre aux pauvres habitants de Marle, déjà si éprouvés.

Un malheur ne va jamais seul. La nuit du 6 juin, il se fit « un foudre, orage, tempête et grêle tellement impétueux que de longtemps il ne s'en est vu de pareil, chacun croyait mourir. Quantité de lièvres, de lapins, de perdrix, d'alouettes et d'oiseaux furent tués par la grêle. L'orage étendit ses ravages à trente lieues à la ronde ; les blés furent totalement gâtés, plus de deux mille pieds d'arbres fruitiers furent déracinés et plus de trente maisons, granges et autres bâtiments abattus. »

M. de Beaujeu, lieutenant-général, était arrivé, le 26 mai, pour rassembler, sous les murs de Marle, l'armée royale. Le 18 juin, le maréchal de Turenne vint en prendre le commandement. Il campa d'abord dans les villages voisins, puis se dirigea sur Ribemont où les troupes firent beaucoup de dégâts. Le cardinal Mazarin adressa de cette localité différents ordres au ministre de la guerre Louvois.

Pendant que le roi se dirigeait sur Sedan pour mettre le siège devant Stenay, un parti ennemi, composé de trois cents cavaliers, fit irruption dans le village de Rogny où ils enlevèrent des chevaux et des bestiaux. De là, les cavaliers allèrent à Cilly et emmenèrent des chevaux qu'ils conduisirent à La Capelle ; les habitants, qui voulaient s'opposer à cet enlèvement, furent tués ou blessés par les ennemis.

Stenay ayant été pris le 4 août, le roi en partit avec la reine, le duc d'Anjou et le cardinal pour coucher à Sissonne et faire le lendemain ses dévotions à Notre-Dame de Liesse. De la cavalerie et de l'infanterie, venant du siège de Stenay avec neuf pièces de canon, campèrent dans les villages de Lugny, Voharies, Marfontaine et Rougeries, la ville de Marle étant occupée par les régiments du duc de la Meilleraye [1].

Le roi étant à La Fère en conférence avec Turenne pour s'entendre sur les opérations de la campagne, Mazarin profita de la présence de Sa Majesté pour se faire engager le comté de Marle, qui resta cent douze ans dans sa famille.

Louis XIV quitta la ville de La Fère et se rendit, le 24 juillet 1655, dans la ville de Marle ; le roi passa la nuit au château. *(Gazette de France.)*

La guerre de la Fronde n'était pas terminée encore ; mais les événements généraux qui s'accomplirent n'eurent

---

[1] Le duc La Porte de la Meilleraye portait : *de gueules, au croissant montant d'argent, chargé de cinq mouchetures d'hermine.*

plus pour théâtre la ville de Marle et ses environs. C'est pourquoi le notaire Lehault n'a pas cru devoir continuer son recueil au delà de l'année 1654.

Les pertes matérielles ne furent pas les seules que la ville de Marle éprouva. La mort lui ravit plusieurs de ses enfants illustres. L'un d'eux, Mathieu Beuvelet, né à Marle le 24 avril 1624, mourut à Paris le 5 février 1656.

Beuvelet avait vécu au séminaire de Saint-Nicolas du Chardonnet. Cet établissement avait été fondé par François Wiard, natif de Laon, et plusieurs jeunes ecclésiastiques qui désiraient vivre de la vie commune. Ils se réunirent d'abord à Marle, puis à Paris, où ils fondèrent le séminaire de Saint-Nicolas du Chardonnet. Wiard, nommé supérieur, mourut en 1660.

Le dimanche 29 août 1655, fête de la Dédicace, il se tint en l'église Notre-Dame, une assemblée générale des curé et marguilliers, maire, jurés, syndic, officiers et habitants de la ville de Marle, à l'effet d'examiner et accepter le legs fait par messire Simon Caillaux, prêtre de la communauté de Saint-Nicolas du Chardonnet et originaire de Marle, à l'église Notre-Dame. Ce legs consistait en une rente annuelle et perpétuelle, destinée au rétablissement de la fête du *Feu de Saint-Jean,* qui avait cessé de se pratiquer à cause « des misères et des calamités causées par la guerre et par les désastres des ennemis. »

Voici, d'après le dispositif du testament, le cérémonial qui était observé en cette fête : « Vers les sept heures du soir, le bûcher composé de six à huit fagots étant préparé au milieu de la place, chacun étant assemblé en l'église, les choristes revêtus de chàpe commencent le répons *Inter natos mulierum ;* sur la fin du répons, M. le curé va à la sacristie revêtir l'étole et la chàpe et en sort précédé de la croix, des acolytes et du cérémoniaire portant un flambeau allumé et orné de fleurs. Le répons fini, M. le curé chante l'hymne *Ut queant laxis*, le porte-croix part aussitôt avant tout le clergé et le peuple pour aller processionnellement au lieu où se doit faire le feu, en passant par le cimetière comme aux autres processions. Arrivé sur la place, le porte-croix se tient la face tournée vers la porte Saint-Martin. M. le curé, placé à l'opposite, reçoit le flambeau du cérémoniaire et met le feu au bûcher en plusieurs endroits tout autour. L'hymne achevé et l'antienne *Apertum est* entonnée par M. le curé, le premier choriste chante *Benedictus* pendant tout le temps que le feu dure. Le *Benedictus* achevé, on reprend l'antienne, M. le curé dit l'Oraison, puis, pour s'en retourner, il entonne le *Te Deum*, lequel achevé, on chante le *Salve Regina*, verset et oraison, par où finit toute la cérémonie. »

Le testament attribue pour cette cérémonie vingt sous au curé et au sonneur, douze sous pour les fagots du bûcher, six sous à chaque chantre, cinq sous à l'organiste et aux enfants de chœur.

L'assemblée accepta à l'unanimité le legs avec ses conditions, et, dès l'année suivante, le Feu de Saint-Jean était allumé sur la place, devant une foule considérable. Dans la suite, la superstition vint troubler cette intéressante cérémonie où se rencontrent le symbolisme et le pittoresque ; après le départ du clergé, la populace se ruait sur le brasier pour saisir un tison toujours vivement disputé, parce qu'il avait, croyait-on, la vertu de préserver de toutes les maladies.

Le Feu de Saint-Jean continua à être célébré chaque année jusqu'en 1793, époque à laquelle il fut supprimé.

Le 7 octobre 1656, le comte de Grandpré averti que six cents cavaliers espagnols étaient sortis de Roucy pour le surprendre, vint les attendre à Dizy-le-Gros avec deux cents chevaux, que devait appuyer une petite troupe dissimulée dans un village voisin. L'ennemi plein de confiance donna dans cette embuscade et fut mis en déroute, après avoir perdu cent vingt hommes.

L'hiver de 1657 à 1658 fut extrêmement rigoureux ; il tomba des neiges en abondance, au point d'intercepter les communications. Le dégel occasionna de terribles inondations qui emportèrent les ponts, les chaussées et les moulins.

Le 5 mai 1658, un dangereux malfaiteur du nom de Deprès fut arrêté et enfermé provisoirement dans la Chambre haute de l'Hôtel de Ville de Marle, d'où il parvint à s'échapper. Repris, il fut incarcéré de nouveau, mais mieux gardé.

La garnison de Rocroy faisait des incursions dans le pays Marlois. Des soldats du prince de Condé, occupés au siège de La Fère, vinrent jusqu'aux portes de Marle. Un détachement de l'armée royale rencontra, le 4 juillet, un parti de Frondeurs qu'il mit en fuite. Quelques jours après, les ennemis éprouvaient un échec devant le fort d'Assis-sur-Serre, dont ils furent vigoureusement repoussés (29 juillet).

L'hiver de 1659 à 1660 fut rude. Par suite des inondations, l'année fut mauvaise et le pain cher, le vin manqua. La *nielle* avait envahi les blés et causé des pertes énormes, le blé valut cinq livres quatre sous le setier (56 litres sept décilitres), ce qui causa une grande famine.

C'est au mois de février 1660 que fut publiée la paix des Pyrénées, conclue le 7 novembre précédent. Le traité avait été signé par Louis XIV et par Philippe IV, dans une île sur la Bidassoa. C'est là aussi que le roi d'Espagne remit entre les mains du roi de France, son gendre, l'infante Marie-Thérèse. La conclusion de la paix, après vingt-cinq années de guerre, fut accueillie avec joie par les Marlois.

Le 28 février, un *Te Deum* fut chanté en action de grâces, à cause du mariage de Marie-Thérèse d'Autriche, fille du roi Philippe IV d'Espagne.

A la faveur des troubles de la guerre, certains roturiers avaient usurpé la qualité de gentilhomme, en faisant l'acquisition d'un fief noble, et voulaient jouir des privilèges accordés à la véritable noblesse. L'intendant de Soissons, Dorieux, fut chargé par le roi de rechercher dans l'élection de Laon les gentilshommes de la noblesse, en même temps que les usurpations des titres de chevalier ou d'écuyer.

Tous les nobles ne furent point appelés; ceux dont la noblesse était connue, n'eurent pas à produire leurs titres. D'après le procès-verbal dressé et publié en 1666, il résulte que Claude Deschamps, demeurant à Marle, obtint sur le rapport de l'intendant d'Aligre, un arrêt qui le déchargeait de la poursuite dirigée contre lui et ordonnait que Deschamps jouirait, sa vie durant, des privilèges accordés aux gentilshommes, en considération de ses services.

Dans le même acte, il est dit que la dame Michelette de Watre, veuve de François de Crécy, seigneur de Sons et de Housset, fût maintenue dans l'état de noblesse, cette famille était une branche de la noble maison de Crécy-Cerny, qui portait pour armes : *d'argent au lion de sable, armé et lampassé de gueules, à la bordure angulée de même.* La dame Angélique Bouchart, veuve de Henri Domerval, demeurant à La Neuville-Bosmont, eut à produire les titres de noblesse de son mari depuis 1540, c'est-à-dire de quatre races ; c'était donc une famille noble et ancienne. Robert de Fay d'Athies, sieur de Soize, demeurant à Fay ; André de Fay d'Athies, demeurant à La Neuville-Bosmont ; Antoine de Fay d'Athies, sieur de Braye, justifièrent de leur noblesse, par des titres les plus authentiques de sept races, depuis 1478, portant la qualité de chevalier, aux armes : *d'argent semé de fleurs de lys de sable.*

Une enquête faite en 1660, sur les pertes éprouvées par les populations, depuis la déclaration de la guerre jusqu'en 1659, énumère les passages, les séjours de troupes, les pillages des soldats français « et ceux équivalents des ennemis, les villages abandonnés, les églises détruites, les curés obligés de fuir, notamment ceux d'Agnicourt, de Barenton-Bugny, de Barenton-Cel, de Bosmont, de Cuirieux, d'Ebouleau, de Saint-Pierremont, de Pontséricourt, de Tavaux. » Cette enquête constate la présence des Prêtres de la Mission, distribuant, dans tout le diocèse, les aumônes des Dames de Charité de Paris, puis des grains, des chevaux, des bestiaux, des instruments aratoires et des médicaments pour les malades.

A la suite de cette enquête parut, au mois de novembre, une déclaration du roi, portant pardon et absolution en faveur des troupes, qui avaient commis des excès et désordres durant la guerre dans les possessions du royaume et chez les habitants de la frontière, où les gens de guerre avaient passé, logé et séjourné. Louis XIV attribue ces désordres « au manque de paiement et au défaut de fournir « régulièrement les étapes dans les lieux où les troupes ont « logé pour aller de paroisse à autre, à la longueur de la « guerre, aux luttes intestines, à la difficulté de maintenir « la discipline. » Il reconnait également que les représailles des habitants n'étaient dues qu'à leur volonté de conserver leurs bestiaux, dont les troupes s'emparaient, et aux désordres par elles commises.

Le 9 mars 1661, le cardinal de Mazarin mourut laissant une immense fortune. Il fit son légataire Armand de la Porte, fils du duc de la Meilleraye, maréchal de France. Armand avait épousé la nièce du Cardinal, Hortense de Mancini, par contrat du 28 février 1661, à la condition de porter les armes et le nom de Mazarin et de les attacher à une terre. Cette condition dernière se réalisa par l'acquisition de la pairie de Rethel. Plus tard, Armand de la Porte, qui portait le nom de duc de Mazarin, acheta le marquisat de Montcornet et posséda le comté de Marle.

Par son mariage, le duc se trouva alors « le mari de la plus riche femme du monde et possesseur d'une grande fortune. » Il avait les palais de Mazarin et toutes les richesses artistiques qu'ils contenaient. Il fit bail, l'année suivante, des domaines de Marle et de La Fère à Hugues Dufour, bourgeois de Paris.

Les officiers municipaux nommèrent Jehan Guyart aux fonctions de contrôleur des deniers patrimoniaux, droits et octrois de la ville ; cette nomination fut enregistrée en vertu de lettres des trésoriers généraux des finances. Les ressources de la commune ne devaient pas être très élevées, elles consistaient en tailles et en un impôt sur la vente du sel. L'insuffisance des recettes municipales fut sans doute la cause du peu d'empressement que mirent les habitants de Marle à payer ce qu'ils devaient au roi. Aussi, le 15 juin 1661, reçurent-ils un commandement de payer la somme de mille livres, à titre de don gratuit. Par une quittance de Lecamus, caissier général de la régie, on voit que la ville versa un acompte de cent quarante-deux livres.

Il existait, dans certains villages, d'anciens usages qui, dans la pratique, dégénérèrent en abus, au grand préjudice de la morale et de la tranquillité publique. Une ordonnance publiée, en 1663, porta interdiction aux garçons du *droit de mouture* qu'ils s'ingéraient de prendre le jour de la fête sur les moulins ; du droit de *bienvenue* exigé de ceux qui venaient rechercher en mariage une femme ou une fille du lieu, ainsi que des nouveaux mariés. Il fut défendu aux filles de présenter un *bouquet* aux marraines, et aux garçons d'aller couper des balivaux dans les bois pour les planter, le 1ᵉʳ mai et les jours suivants aux portes de leurs maîtresses, et à ces dernières de leur donner en manière de remerciements « tartes, flans et autres mangeailles, de faire des ratons et festins, ainsi qu'il s'est ci-devant pratiqué ; de danser dans les rues en se tenant par les mains et au son des violons. » Les contrevenants, dit l'ordonnance, seront appréhendés et punis exemplairement, comme perturbateurs du repos public et usurpateurs du bien d'autrui. Les abus commis par les masques et par les gens se disant de la compagnie de l'*arrière* et son capitaine devaient disparaître ; cette compagnie exigeait cinq sous des jeunes mariés et autant des nouveaux venus.

Des contestations s'élevèrent souvent entre les habitants d'Autremencourt et ceux de Toulis, à propos de la réparation de l'église. En 1667, Martin Coquebert, curé de Toulis et Autremencourt, intenta une action aux gens de Toulis. Le bailliage de Vermandois déclara l'église de Toulis, matrice de celle d'Autremencourt et condamna les habitants des deux villages à réparer la maison presbytérale.

Malgré les succès des armées royales dans les Pays-Bas, les Marlois n'étaient pas encore à l'abri des incursions ennemies. Des troupes de la garnison de Cambrai, au nombre de six cents chevaux, firent irruption dans le Vermandois ; ils se jetèrent sur la ville de Ribemont qu'ils livrèrent au pillage. A la nouvelle de cette invasion, les habitants de Marle et de Crécy prirent la fuite et se retirèrent dans les villes voisines. Laon fut mise en état de défense et le trésor de Notre-Dame-de-Liesse y fut transféré (1667).

L'année suivante, la conquête de la Franche-Comté fut célébrée par un *Te Deum* et par un feu de joie allumé sur la place par le maire de Marle, assisté des officiers du roi et des membres de l'échevinage.

Cousin de Senneville, qui avait entrepris, en 1666, la canalisation de la rivière d'Oise, reçut d'Armand-Charles de Mazarin, seigneur de Marle, une somme de trois mille livres destinée au rétablissement de l'écluse de Chauny, afin que la navigation fut libre « pour le passage des bateaux montant et avallant » de Chauny à La Fère. De Senneville s'engageait à entretenir cette écluse et le canal, avec faculté de percevoir les droits sur les marchandises qui y passaient.

Une épidémie, qui prit naissance à Soissons, se répandit bientôt dans le Laonnois et dans la Thiérache ; la ville de Marle ne fut pas épargnée, malgré les précautions prises. Cette maladie fit moins de victimes pendant l'hiver de 1669 et cessa, à Laon, au mois de février de cette année. Cependant elle n'avait pas encore entièrement disparu de Marle, car le 28 avril 1670, le maire et les échevins furent informés qu'un nommé Jean Villain était atteint de la lèpre. Ils se rendirent auprès de lui, malgré les dangers de la contagion ; un chirurgien constata la maladie et les magistrats prirent les mesures nécessaires pour l'empêcher de se propager. Le malade fut conduit à l'hôpital Saint-Ladre et enfermé dans une chambre isolée. La Maladrerie n'avait pas cessé encore de recevoir des malades civils ; elle était surtout destinée aux soldats de passage.

C'est le 30 décembre 1668 que le nouveau duc de Mazarin fit publier dans les paroisses du comté de Marle un règlement d'administration générale daté de Paris. Ce règlement avait pour but de sauvegarder les propriétés, d'assurer les droits de chacun ; le duc recommandait l'obéissance aux maires et aux agents de l'autorité ; il s'occupait aussi de la police des tavernes, enfin des jurons et des blasphèmes. (*Pièce justificative.*)

Un procès eut lieu, en 1670, entre François de Cauchon,

comte de Chéry, seigneur de Thiernu, et les habitants de ce village contre la ville de Marle, au sujet de la jouissance des pâturages situés entre les deux communes ; ce procès fut porté devant l'intendant de la généralité de Soissons. La délimitation des terroirs de Marle et de Thiernu n'avait jamais été parfaitement fixée. Thiernu faisait d'abord partie de la paroisse Saint-Nicolas de Marle ; plus tard, l'évêque de Laon, considérant l'éloignement de l'église matrice de Marle, permit aux habitants de Thiernu de bâtir une église dans le village, sous la condition qu'ils l'entretiendraient à leurs frais. Le baron de Thiernu habitait le château du pays, situé sur la colline et qui s'appelait *la Motte* ; il vendit le domaine de Thiernu à J.-B. de Préseau ; ce nouveau seigneur eut aussi des démêlés avec les habitants de Marle au sujet du territoire. L'acte de vente de la terre de Thiernu était revêtu des armes de Cauchon, qui portait : *de gueules au griffon d'or*, et de celles de Préseau : *d'azur au chevron d'argent accompagné de trois aigles de même* (1672).

« Jamais la France ne s'était vue dans une situation semblable à celle qu'elle occupait en 1672, jamais elle n'avait atteint une telle hauteur de puissance et de majesté. » *(H. Martin.)* C'est le 30 avril de cette année que Louis XIV, parti de Saint-Germain le 23 pour aller se mettre à la tête de son armée, traversa la ville de Marle ; le maire, à la tête de l'échevinage alla au devant du roi et, mettant un genou en terre, lui présenta les clefs de la ville sur un plateau.

Le 30 juin 1673, parurent des lettres du roi obtenues par de la Porte, duc de Mazarin et de la Meilleraye, pair de France, pour la confection d'un papier-terrier du comté de Marle, aliéné par le roi, en vertu d'un contrat de vente du 6 août 1664, avec faculté de rachat.

La dame Angélique de Bouchart, veuve d'Henri Damerval, chevalier, seigneur des fiefs de Fiennes, Bocquiaux et Richemont, loua, le 28 janvier 1674, le château et le domaine de La Neuville-Bosmont à Louis Viéville et à Julien Sauquenet, laboureurs à Marcy, moyennant une redevance annuelle de douze cents livres tournois. La dame Damerval se réservait les droits seigneuriaux et une chambre dans le château quand elle viendrait à La Neuville.

Au mois de mai, un parti ennemi de quinze cents hommes de la garnison de Cambrai se jeta sur le Vermandois, y brûla quelques villages, entre autres le bourg de Vendeuil, après l'avoir pillé. L'année suivante, les Espagnols revinrent pour l'attaquer de nouveau ; mais les habitants se mirent en état de défense et les repoussèrent, après leur avoir tué trois cents hommes. L'ennemi s'avança jusqu'à La Fère, mais il fut obligé de battre en retraite.

En 1677, quatre cavaliers se rendant à Marle pour y loger, assassinèrent, en traversant le village d'Agnicourt, un jeune homme inoffensif auquel ils cherchèrent querelle. Le même jour, Catherine Morelle, de la même paroisse, fut blessée à la tête par un pot de chambre, lancé d'une fenêtre par Charles Sanguin, écuyer, seigneur de Rusy, habitant Séchelles. « La paroisse d'Agnicourt, dit un ancien mémoire, est assez mal située, dans une espèce de cave ou ravin, bordant la rivière de Serre. Les habitants sont assez laborieux et se soutiennent tout doucement. Ceux d'Autremencourt sont assez dociles pour les ordres du roy. » En 1787, les habitants d'Agnicourt s'adressèrent à la commission intermédiaire de Soissons et au ministre Necker pour obtenir de faire enlever par les employés des fermes les chaînes en fer tendues dans la rivière de la Serre, et qui gênaient la navigation.

Tilorier Gilles, chanoine de la cathédrale de Laon, fonda

le 8 mai 1678, dans le collège de Laon à Paris, une petite bourse pour un enfant de Marle. Le sujet devait être choisi de préférence parmi ses parents portant le nom de Tilorier. Dans le choix du boursier, un premier suffrage était accordé au doyen de Marle, un second au membre le plus ancien de la famille du donateur et, s'il était possible, du même nom que lui, ou enfin, au maire de la ville ; s'il ne se trouvait pas de parents pour exercer le second suffrage, il revenait de droit au curé de la paroisse Saint-Nicolas pour voter avec les deux autres suffragants.

Le 27 août 1688, le même Gilles fonda une grande bourse théologienne. Il ordonna que, lorsque cette bourse deviendrait vacante, celui qui serait pourvu de la petite bourse par lui fondée en prendrait possession ; si les deux bourses devenaient vacantes en même temps, il devait y être nommé deux sujets dans la forme précitée et s'il se pouvait dans la famille de Tilorier, quand même ils ne seraient pas maîtres ès-arts ; à défaut de parents, on devait choisir de pauvres enfants de la ville de Marle, surtout parmi ceux qui porteraient le nom de Gilles et qui seraient originaires du diocèse de Laon. Dans ce cas, la préférence devait appartenir à ceux qui seraient à la fois natifs de Marle et qui résideraient dans cette ville. Enfin Tilorier ordonna que s'il se présentait un de ses parents qui fut maître ès-arts et natif du diocèse et que la grande bourse fut alors occupée par un étranger, son parent donnerait l'exclusion à l'étranger qui serait tenu de quitter la bourse, en quelqu'état qu'il fut de ses études. Le collège reçut pour ces deux fondations près de onze mille livres ; il subsista jusqu'au 26 juillet 1764, et fut uni au collège Louis-le-Grand par lettres de Louis XV du 21 novembre 1768.

Parmi les principaux du collège, on remarque Jean de

Marle, docteur en médecine, médecin du roi, principal en 1394 ; puis Gobert Tournemoule de Crécy, en 1506.

Un procès eut lieu, en 1680, entre les manants et habitants de Marcy, Claude de Signier, seigneur de Marcy, et les maire, échevins et syndic de la ville de Marle, à propos du droit de *gasteau*. Ce droit consistait en une redevance en grains que chacune des parties réclamait. De Signier possédait ce droit à cause de son domaine seigneurial, dont le chef-lieu était son château situé dans la vallée, entouré de murailles et de fossés remplis d'eau provenant du détournement de la rivière du Vilpion. Le terroir de Bois-les-Pargny était aussi assujetti au droit de gasteau, envers l'abbesse du Sauvoir, à raison d'un jalois de terre.

C'est à cette époque que se produisit la saisie féodale du fief de Voharies, mouvant de la seigneurie de la Tombelle, sur la veuve de Charles Marquette, en son vivant avocat au Parlement.

On apprit à Marle, au mois de septembre 1681, que le sieur Simon, fermier d'Etréaupont, était mort en peu d'heures, après avoir mangé du flan à pommes ; la rumeur publique accusa sa femme de l'avoir empoisonné. On savait qu'elle avait des relations avec le chirurgien de Sains ; ce qui donnait une certaine créance à cette supposition, c'est que dès que son mari fut mort, elle s'enfuit avec le chirurgien. Ce bruit étant parvenu aux oreilles de la justice, le procureur du roi ordonna l'exhumation du corps du fermier et nomma, pour procéder à l'autopsie, le chirurgien Daniel Roger et le docteur Michel Roze, demeurant tous les deux à Marle. Ces praticiens firent l'ouverture du cadavre, examinèrent l'estomac et les viscères, constatèrent leur vacuité, ce qui s'expliquait par les vomissements qu'avait éprouvés le défunt ; en même temps, ils remarquèrent que la lividité de l'estomac et des intestins tombait « jusqu'à la noirceur, qui ne pouvait être que l'effet d'un feu » ; ils conclurent que les désordres produits dans les organes ne pouvaient être que le résultat d'un empoisonnement sans qu'ils puissent se prononcer sur la nature du poison.

D'autres charges pesaient encore sur cette femme ; on savait qu'elle s'était procurée de la *noix pigmentum*, espèce d'arsenic tirant sur le jaune *(orpiment)*, qu'elle l'avait réduite en poudre, et en avait saupoudré le flan à pommes destiné à son mari, en empêchant sa bonne et ses enfants d'en manger. Cette femme, dit l'instruction, était d'un caractère exalté et d'une nature violente ; enfermée dans la tour des prisons de Laon, elle n'avait cessé de pousser des cris et des hurlements, et voulait se détruire. Elle tombait dans des faiblesses dont elle ne sortait qu'en avalant quelques gorgées de vin. On dût la placer dans une chambre basse, près de la geôle, afin de pouvoir la surveiller et la soigner. On ne voit pas quelle suite eut cette affaire qui causa une certaine émotion dans le pays. *(Combier.)*

Le 18 septembre 1683, Marie B.., convaincue par un jugement prévôtal d'avoir excité l'émotion populaire qui fut faite à Marle, au mois de mai, pour s'opposer à l'exécution de jugements dont l'huissier Grouart était porteur, fut condamnée par le lieutenant des prévôts à faire amende honorable devant la principale porte de l'église Notre-Dame de Marle, et à être bannie de la ville pour neuf années. *(Combier).* Elle fut conduite par l'exécuteur des hautes œuvres à la *Croix des Bannis*, à la limite de la banlieue.

Nous avons dit que le feu du ciel détruisit le clocher de Marle ; une délibération donne les détails suivants : « Entre huit et neuf heures du soir (il est dit ailleurs sur les deux heures), le 8 août 1684, le tonnerre tomba sur la flèche du clocher de l'église Notre-Dame de Marle, sous la pomme de la croix ; le clocher, qui était d'une grande hauteur, la ville étant bâtie sur une colline, fut entièrement consumé ; les trois grosses cloches et les trois petites furent fondues par l'ardeur du feu. La charpente du chœur, celle de la nef et du transept droit furent aussi consumées, ainsi que la sacristie, avec les registres de la paroisse et, en particulier, celui de l'année courante. M. de Dromesnil, seigneur de Marfontaine, fit présent de tout le bois nécessaire à sa reconstruction. Il y eut, au sujet de cette restauration, une assemblée du maire et des eschevins « sur les huit heures du soir, après avoir donné le logement à huit compagnies du premier bataillon du régiment roïal d'infanterie, six compagnies du premier bataillon du régiment des fusiliers du roy, ayant esté obligé d'y rester juques à la dite heure pour recepvoir les plaintes des mauvais traitemens que faisaient à une partie des habitants tant lesdites quatorze compagnies que huit autres du régiment de Conty qui y séjournaient et avoir recours aux officiers pour y apporter les ordres nécessaires. Nous avons entendu une muée et un éclat de tonnerre, et plusieurs voix dans la ville que la muée était tombée sur le clocher de l'église, pourquoy nous nous serions promptement rendus audit clocher pour y apporter remède avec des habitans et ouvriers.... la plupart des habitans ne pouvaient quitter leurs maisons au subjet des gens de guerre qui y estoient logés huit, dix et douze dans chacune, de crainte d'être pillés et volés ainsi que quelques uns l'ont été ; d'ailleurs, il faisait un vent si grand qu'il enlevait les charbons du feu et les répandait comme la neige par toute la ville de sorte qu'il y aurait eu dix espaces de maisons brûlées avec deux granges dans lesquelles estoient les dépouilles de plusieurs laboureurs... »

Au mois de novembre de la même année, Moreau Jean

Baptiste, commis à la recette du vinage, au village de Frocart, près du Câteau, rencontra, sur le chemin de Marle à la Tombelle, un nommé Couturier, commis à la recette du domaine du roi ; lui supposant de l'argent, Moreau se jeta sur lui, parvint à l'étrangler et à lui voler son argent. Les officiers du bailliage de Marle se transportèrent sur les lieux et commencèrent une information ; mais, par suite d'un jugement du présidial de Laon statuant sur la compétence, l'affaire fut portée devant lui. L'assassin arrêté fut transféré à Laon, subit un interrogatoire dans la chapelle de la prison. Reconnu coupable, il comparut devant le tribunal ; convaincu d'assassinat, il fut, sur le réquisitoire du procureur, condamné à être roué vif, sans appel. Le jugement reçut son exécution ; Moreau, après avoir eu les membres brisés par l'exécuteur des hautes œuvres, fut placé sur une roue, la face tournée vers le ciel et y resta jusqu'à ce que la mort s'ensuivit.

La confection du papier terrier du comté de Marle donna lieu à des contestations et à plusieurs condamnations. La veuve de Charles Marquette, seigneur de La Tombelle, qui prétendait avoir des censives à percevoir sur des héritages sis à Marle et sur des terres tenant à la chapelle et à la justice de La Tombelle, fut condamnée par le bailliage de Vermandois, le 28 mars 1684, et déboutée de sa demande, « le tout pour servir le roy ». Me Roger, avocat, représentait dans ce procès le duc de Mazarin, engagiste du domaine de Marle.

Le 24 mai 1684, la ville de Marle avait en garnison une compagnie du régiment de Florensac, sous la conduite du capitaine de Mayne ; les soldats, aussi indiciplinés que leurs devanciers, commirent dans la ville des désordres de toute sorte qui furent l'objet d'une enquête.

La mauvaise récolte de 1685 amena une famine affreuse

dans tout le diocèse de Laon. Grâce à la bienveillance de Jean d'Estrées, évêque de Laon, des secours furent organisés et la misère publique fut un peu adoucie par la charité privée.

Le 28 octobre 1685, furent publiées, par le bailliage de Marle, des lettres de Louis XIV portant la révocation de l'Edit de Nantes. L'exercice public du culte réformé était interdit et les ministres devaient ou abjurer ou quitter le royaume.

A la faveur de cette ordonnance, l'évêque de Laon, Jean d'Estrées, obtint la fermeture et la démolition des prêches de Crépy, Eppes, Gercy, Coucy et Guise.

L'Edit de Louis XIV ne portait la peine du bannissement que contre les ministres et défendait aux autres de les suivre. Néanmoins les protestants de la Thiérache s'expatrièrent ; les routes étaient encombrées, malgré les dangers qu'ils couraient, à cause de la surveillance dont ils étaient l'objet. La plupart se dirigèrent vers la Hollande. Des guides dévoués les accompagnaient et les conduisaient par des voies détournées hors du sol français. Bien des familles nobles quittèrent ainsi nos contrées, entre autres le comte de Roucy, Charles de Larochefoucauld, les Proisy, seigneurs de Rogny, Du Vez, seigneur de Villers-les-Guise, et beaucoup d'autres. Des artisans et des cultivateurs allèrent porter leur industrie dans les états du landgrave de Hesse et formèrent une colonie appelée : *la Petite-Eglise*.

Les protestants qui restèrent dans le pays furent obligés de se tenir cachés ; les réunions étaient secrètes et les prières dites à voix basse. L'intendant de la généralité ayant appris qu'une assemblée avait eu lieu à Landouzy-en-Thiérache, quatre personnes furent envoyées aux galères. De 1636 à 1705, les galères du roi comptèrent de nombreux protestants de nos contrées. Les cadavres des réformés morts dans l'exercice du culte étaient souillés et traînés sur la claie ; un procès était fait au cadavre : c'est ce qui arriva au corps de la femme Gossart, de Proisy, dont l'instruction fut faite par le procureur du roi de Ribemont, à celui de Marguerite Prévôt, de Roucy, et à d'autres.

« Quand le vicomte de Nouvion mourut à Coucy, on jeta dans un chenil son cadavre, auquel la justice du lieu fit le procès et qu'on traîna sur la claie par la ville ; la tête, qui pendait entre les montants de la charrette, battait le pavé qu'elle ensanglantait. Les vieilles blessures de ce vaillant homme de guerre se rouvrirent et de leurs lèvres sortirent les restes d'un sang dont la patrie, pour laquelle il l'avait versé jadis, eut dû être avare. On enleva les entrailles pour retarder la décomposition du corps qu'on envoya pourrir dans un des fossés de la ville, et l'on plaça auprès de lui un soldat en sentinelle, afin qu'on ne lui donnât pas le repos suprême et le pardon de la tombe. » *(Ed. Fleury.)*

Les ministres, malgré les dangers qu'ils couraient, bravaient la faim, les souffrances, la mort, pour prêcher leur foi. Givry Gardien, né à Vervins, qui revint d'Angleterre prêcher à Lemé, à Laon et à Chauny, périt dans les cachots de l'île Sainte-Marguerite.

Nous parlerons ailleurs, en nous occupant de l'instruction publique à Marle, des écoles primaires fondées vers cette époque, de la congrégation des Sœurs de la Providence établies en 1685 par Françoise Marquette.

Il existait à Marle une gruerie pour le comté ; les archives départementales contiennent des registres de sentences et de procédures des années 1618 à 1684. Jacques Bellart fut nommé gruyer et maître particulier des eaux et forêts de Marle, de La Fère et de Saint-Gobain par le duc de Mazarin, comte de Marle.

D'après un terrier de la seigneurie de Voyenne, dressé en 1686, l'abbaye Saint-Jean de Laon avait toute justice sur le village ; cette fonction était exercée par un bailli, un procureur fiscal, un greffier et deux sergents. Elle avait en outre les droits de chasse, de pêche, de cens, de ventes, lods, amende et four banal, une poule sur chaque chef d'hôtel, enfin droits de rouage et d'afforage. En échange de ces charges, les habitants nommaient, chaque année, leur maire et des échevins chargés de la basse justice et du droit de *gâteau des rois* envers le comte de Marle.

Un procès-verbal très détaillé du 14 octobre 1687 constate les dommages occasionnés à l'horloge de Marle par des malveillants restés inconnus, malgré les recherches de la police.

A la requête des curés, du maire et des échevins de la ville, le duc de Mazarin, comte de Marle, donna à la paroisse Notre-Dame une châsse en argent pour y mettre une relique de Saint-Pierre de Luxembourg. Cette relique était l'objet de la vénération des fidèles, elle avait la vertu de guérir de la fièvre les malades qui s'en approchaient. Le duc était très pieux (1688).

« En l'année 1690, écrit le curé Claude Belval, le vingt-unième jour de janvier, il nous est venu un déluge de vent, qui a été de durée, depuis huit heures du soir jusqu'à dix heures du matin, qu'il nous a fait grands désastres, tant aux bâtiments qu'aux arbres, et jusqu'à les moulins à vent, il les a renversés. »

Le régiment de Ponthieu, qui était resté quelques jours à Marle, devait, par ordre du roi, payer la dépense faite chez les habitants ; le commandant refusa de solder ces dépenses. De ce refus il fut dressé un procès-verbal qui fut envoyé à l'intendant, le 18 février 1690.

Quelques jours plus tard, trois officiers du régiment de Normandie partaient d'Avesnes pour Paris, en congé de semestre. Ils étaient à cheval et porteurs de valises. Ils devaient passer par Marle, Laon et Soissons. Arrivés à Erlon, ils couchèrent dans une auberge, où ils ne trouvèrent qu'un lit et de la paille. Pendant la nuit, quatre hommes, armés de fusils, pénétrèrent dans l'auberge, tuèrent un des officiers et en blessèrent un autre. Ils prirent leurs valises, mais, n'y ayant trouvé que du linge au lieu d'argent, ils s'enfuirent. Les officiers, les ayant pris d'abord pour des ennemis, avaient demandé quartier : c'étaient des voleurs et des assassins. L'un d'eux était garde-scel à Marle, un autre, marchand dans la même ville ; ayant vu les officiers boire dans un cabaret, il les avaient suivis pour les dépouiller. Un sieur Delcourt, pourvoyeur de la ville d'Avesnes, servait de guide aux officiers. Une enquête fut faite par le juge Marteau, prévôt de Laon, comme substitut (subdélégué) du sieur Bossut, intendant de la généralité de Soissons. Les assassins ayant été découverts, reçurent un châtiment mérité *(Combier)*.

Le 15 juillet 1690, le maire, les échevins et la plus saine partie des habitants de Tavaux et Pontséricourt se réunirent en assemblée au sujet de l'ordonnance de l'intendant de Soissons, par laquelle la communauté de Pontséricourt et de Tavaux était tenue de fournir trois hommes « de garde à Saint-Michel. » La communauté offrit à trois habitants de Saint-Michel de faire ladite garde en leur lieu et place, moyennant douze sous par jour, pour chaque homme, à partir du 16 juillet.

Le renchérissement du blé amena, en 1690, une disette générale, la détresse était grande. Le roi fit porter à la Monnaie une partie de sa vaisselle plate, son exemple fut suivi par bon nombre de grands seigneurs. Un édit royal prescrivit la même mesure pour les pièces superflues du mobilier des églises. Une partie des richesses accumulées dans le trésor de l'église de Liesse fut portée à l'Hôtel de la Monnaie de Reims ; on en tira une somme de vingt-six mille livres, dont onze cents livres servirent à subvenir aux charges communales.

Le 18 septembre 1692, vers deux heures du soir, un tremblement de terre assez violent se fit sentir dans le pays ; par suite des secousses, les cloches tintèrent et les monuments furent ébranlés, entre autres le donjon du château de Coucy qui fut tout lézardé. Ce phénomène amena une perturbation dans les saisons ; le 10 octobre, la neige tomba en grande quantité, en même temps la grêle détruisait les vignes au moment de la vendange. Le vin fut si mauvais qu'il rendit beaucoup de gens malades. Par suite, la misère augmenta et dura jusqu'en 1694. La charité publique vint en aide aux malheureux ; le duc de Mazarin, comte de Marle, fit distribuer du pain aux pauvres honteux.

Le 9 juillet, après la prise de Namur, Louis XIV, accompagné du Dauphin, traversa la ville de Marle à cheval pour rentrer à Versailles, il fut reçu au milieu de l'ivresse générale[1]. Les succès de l'armée royale légitimaient ces manifestations de la joie populaire. Des *Te Deum* en actions de grâce furent chantés dans les églises, ce qui fait dire à l'historien du siècle de Louis XIV (Voltaire) : « On périssait de misère au bruit des *Te Deum*. »

L'intendant de la généralité de Soissons, Bossut, fit savoir par une lettre adressée aux officiers municipaux, qu'il avait obtenu pour la généralité, que toutes les villes qui voudraient offrir au roi, à titre de don gratuit, une somme

---

[1] Le roi arriva le 7 juillet à Rocroy, le 8 à Aubenton, le 9 à Marle, le 10 à Laon où il séjourna, et le 16 à la Cour.

proportionnée à leur pouvoir, seraient déchargées de l'exécution des édits concernant les droits seigneuriaux dus au roi.

C'est en 1694 que prit naissance le dicton : *A Châtillon il en faut trois pour faire une paire.* On rapporte que Nicolas François de Martigny, maire de Laon, avait droit, comme seigneur de Châtillon, à un cens sur chaque ménage. Ce cens consistant en une paire de poules, de chapons, de brebis, etc., les contribuables avaient soin de choisir les bêtes les plus maigres pour le seigneur. Celui-ci s'en étant aperçu, exigea trois sujets pour faire la paire, de là le dicton [1].

Louis XIV, par un édit du 10 juin 1695 et par lettres patentes enregistrées au parlement, le 10 février 1697, réunit à l'Hôtel-Dieu de Marle la maladrerie de Rozoy et celle de Marle ; les biens des maladreries de Toulis, de Voyenne et de Marcy furent réunis à l'Hôtel-Dieu de Laon. Au mois de décembre, les biens de la maladrerie d'Origny-Sainte-Benoîte furent donnés à l'Hôtel-Dieu de Crécy-sur-Serre. Ces réunions ne se firent pas sans réclamations.

Le 20 août de la même année, eut lieu un partage d'une partie des terres de Behaine entre Charles Jésu, Marguerite Marteau, sa femme, et Marie Jésu, sa sœur ; Charles eut la moitié de la terre et la ferme de Behaine, ainsi que la moitié des vignes.

Des sœurs de la Congrégation de Sainte-Benoîte tenaient à Marle des écoles de filles ; quelques-unes de ces sœurs s'établirent, en 1695, dans la ville de Crécy-sur-Serre, pour

---

[1] Il a été découvert à Châtillon (*Castellum*), par un archéologue, M. Testart, un camp romain, un poste d'observation, sur une colline dominant le pays ; il est entouré de remparts en terre, circonscrits par de larges fossés. Des cadavres ont été découverts ; on a trouvé des vases en bronze, en verre, et d'autres objets qui n'ont pas été conservés.

enseigner la jeunesse et pour soigner les malades de l'Hôtel-Dieu. « On ne peut donner une trop grande attention à l'instruction de la jeunesse, car on rapporte qu'un ancien maître d'école du village de Mortiers a perverti la plupart des habitants en leur persuadant que l'extérieur de la religion suffit et qu'ils peuvent se passer de curé pour la première communion. Jean Goulet, curé de Bois-les-Pargny, se rendit alors célèbre par son érudition et son goût pour les belles-lettres, il fit ses humanités à Bucilly, sa patrie, entra au séminaire de Laon, se distingua par ses talents et obtint la cure de Bois-les-Pargny, où il se montra, pendant quarante ans, un pasteur charitable. Il est l'auteur d'une épître, en vers français, adressée à l'intendant de Soissons, pour l'éducation d'un jeune homme ; puis d'une autre adressée aux Français sur la guerre de Flandre, en 1748. Goulet avait beaucoup de talent pour enseigner les humanités ; il mourut en 1780. » (*Dom Lelong*)[1].

La doctrine préconisée par le maître d'école de Mortiers était celle d'une nouvelle secte d'hérétiques, appelés *Illuminés*. Ces sectaires se répandirent en Picardie, notamment dans le Santerre, où on les nommait *Guérinets*, du nom de Pierre Guérin, curé de Saint-Georges-les-Roye. Ce digne ecclésiastique, accusé à tort d'innover dans la foi, fut le fondateur de la communauté des sœurs de la Croix, dont la mission était d'instruire les filles pauvres. Des sœurs de la Croix furent établies à Chauny, à Ribemont. Cet ordre existe encore dans la ville de Saint-Quentin.

Les malheureux villageois, pour se procurer quelque nourriture pendant la famine, qui dura si longtemps, fouillaient la terre, en arrachaient quelques racines qu'ils mangeaient, ainsi que des glands de chêne. Cette mauvaise

---

[1] Les villages cités ici faisaient partie de la subdélégation de Marle.

nourriture engendra des maladies. La peste décima les populations de la ville et de la campagne.

La place de Marle continuait à avoir des troupes de garnison ou de passage. Les habitants pauvres logeaient difficilement les soldats, à cause de la cherté des vivres ; l'administration de l'Hôtel-Dieu décida, en 1698, que les plus pauvres recevraient des secours supplémentaires, pour leur rendre cette obligation moins lourde. Le duc de Mazarin ne fut pas étranger à cette sage mesure.

Jacques Medditon, gentilhomme écossais, logé au château de Marle, prit un jour une ligne pour aller pêcher dans la rivière, vers la cense de Dormicourt. Dans le chemin de Marle à Cilly, il rencontra Claude de Fay d'Athies, marquis de Cilly, à cheval, accompagné de plusieurs autres cavaliers. Le gentilhomme salua, mais le seigneur de Cilly lui dit : « Pourquoi viens-tu pêcher ici ? » Aussitôt il lui donna des coups de crosse de fusil et le malmena de toutes façons. Le battu porta plainte au lieutenant, mais l'affaire n'eut pas de suite. (*Combier*.)

Le 3 février 1699, parut un édit du roi ayant pour but de mettre fin aux dissentiments existants entre le clergé et les gentilshommes, à propos des honneurs rendus dans l'église pour le pain bénit et pour l'offrande. Cette ordonnance réglait les droits de préséance du clergé sur les laïcs. Beaucoup de seigneurs protestèrent contre cet édit, entre autres le sieur D'Amerval, seigneur de Richemont, et le vicomte Pierre de Marle, seigneur de Coucy-les-Eppes, dont les armes étaient : *d'argent à la bande de sable, chargée de trois molettes d'éperons d'argent à cinq pointes.*

C'est le 2 juillet de cette année que mourut à Chelsea (Angleterre) Hortense de Mancini, qui avait épousé, en 1641, Armand de la Porte, comte de Marle, homme d'un caractère austère, peu fait pour une femme enjouée et amie des plaisirs. Hortense avait quitté furtivement son mari en 1668 ; elle se retira d'abord à Rome, puis à Londres où elle se vit entourée d'adorateurs au nombre desquels était le roi Charles II. Sa maison devint le rendez-vous des hommes les plus aimables et les plus spirituels, La Fontaine écrivit pour la duchesse ses Contes légers. Elle mourut à l'âge de cinquante-trois ans. Son corps fut ramené en France et inhumé dans l'église Saint-Laurent de Rozoy-sur-Serre où était sa pierre tombale avec une inscription ; il fut exhumé en 1712 et transféré à Ferrette, en Franche-Comté, auprès de son mari qui y était enterré.

A propos de cette duchesse, Saint-Simon rapporte que le duc de Mazarin, après avoir promené pendant un an avec lui, de terre en terre, le cercueil de Mancini, le déposa pendant un certain temps dans l'église Notre-Dame de Liesse, où les bonnes gens la priaient comme une sainte et y faisaient toucher leurs chapelets.

CHAPITRE IX

GUERRES DE LOUIS XIV ET LOUIS XV. — PERTES ET INCENDIES. — PUITS PUBLICS. — DISETTES ET FAMINES. — UN PARTISAN HOLLANDAIS. — PROTESTANTS. — BATAILLE DE MALPLAQUET.
1700-1800.

Autrefois, le bourg de Montcornet faisait partie du comté, du doyenné et du grenier à sel de Marle. La seigneurie de Montcornet, qui appartenait au prince de Ligne, fut vendue, en 1701, par sa veuve, à Antoine Crozat, riche financier. Ce même seigneur afferma les revenus de sa terre, se réservant les droits féodaux. La propriété resta dans la famille Crozat jusqu'en 1770, elle appartint ensuite à la marquise de Sainte-Colombe. Le domaine de Montcornet fut plus tard donné en apanage au duc d'Orléans qui le posséda jusqu'à la Révolution.

Un arrêt du Conseil d'Etat du 8 juin 1700 autorisa François de Roye de La Rochefoucauld, comte de Roucy, baron de Pierrepont, à dessécher les marais qui se trouvaient dans ses seigneuries, entre les villages de Sissonne et de Froidmont. Il obtint aussi, en 1705, la propriété de la rivière la Souche, qu'il devait rendre navigable ; mais le comte, effrayé sans doute de la dépense, renonça à son projet.

La ville de Marle, avons-nous dit, était le siège d'une gruerie ; cette gruerie fut supprimée en 1703 et réunie à la maîtrise des eaux et forêts de La Fère.

Bien que la ville de Marle fut traversée par deux rivières, la Serre et le Vilpion, elle n'est alimentée d'eau potable que par des puits publics, au nombre de onze, ayant en moyenne une profondeur de trente mètres. C'était au moyen d'un treuil, sur lequel s'enroulait une corde, que, jusqu'à ces derniers temps, les habitants pouvaient se procurer de l'eau. Comme la ville n'avait pas de ressources budgétaires, elle s'imposait extraordinairement pour l'entretien de ces puits. Des lettres patentes du 24 juillet 1703 autorisèrent les maire et échevins de Marle à imposer tous les habitants pour former une somme de soixante-dix livres nécessaire à l'entretien des cordes à puits [1].

Jusqu'à la Révolution, cette perception continua sous le nom de *taille de la ville*; mais à cette époque les habitants furent chargés d'entretenir les puits de cordes et de crochets en fer. Plus tard, sur les plaintes réitérées des Marlois, le Conseil municipal se chargea de cette dépense, évaluée à deux cents francs.

L'année 1706 fut marquée par une affreuse disette, la récolte manqua complètement. Une inscription gravée sur une pierre du pignon de la partie nord de l'église Notre-Dame de Marle rappelle cette époque calamiteuse :

En 1706, point de blé, pas seulement une gerbe.

Cette même année eut lieu un procès entre le village de Marcy, la ville de Marle et le duc de Mazarin au sujet du

---

[1] Parmi ces puits se trouvait le *puits Berno*, situé dans la ruelle de ce nom, conduisant au marché aux chevaux, sur la place du Grenier-à-Sel. Bien que ce puits appartient à la ville, chargée de son entretien, un certain nombre d'habitants du quartier avaient une clef particulière. Ce puits, situé aujourd'hui dans une propriété particulière, n'a plus d'usage, il est fermé par une voûte. *(Communication de M. Leleu.)*

droit de *Bottiau* ou *Bottieau*. Une enquête fut ouverte pour rechercher les véritables possesseurs de ce droit qui fut contesté malgré le jugement rendu.

Un brasseur de Marle, nommé Fresson, né à Etréaupont en 1706, s'occupait de médecine ; il avait trouvé des recettes très singulières, mais infaillibles, pour guérir toutes les maladies, notamment la paralysie, l'apoplexie, l'hydropisie..... L'Esculape, dans un but d'humanité, fit imprimer ses précieuses recettes qui ne sont pas parvenues jusqu'à nous [1].

Le 22 décembre 1706, quatre nouvelles cloches furent fondues dans l'église Saint-Martin pour Notre-Dame, par Leguay, fondeur à Paris. La plus petite, ayant été cassée, fut refondue dans la même église.

Il y avait dans les campagnes, certains usages qui se pratiquaient à l'occasion des baptêmes et des mariages, comme les dragées de baptême, le bouquet du mariage, la jarretière de la mariée et le plat de noce que les parents des mariés devaient offrir à la jeunesse du village. Ces usages n'étaient pas toujours du goût de ceux qui les devaient, et donnaient souvent lieu à de graves accidents, témoin le fait suivant arrivé à Bois-les-Pargny : « Doné, tisserand à Bois, mariait son fils ; des jeunes gens du village, armés de fusils, allèrent lui réclamer *le plat de noce*. C'était l'usage, suivant eux, de faire cette réclamation avec fusils, pour faire honneur au marié. Le *plat de noce* leur fut refusé, parce que, d'après les règlements de police, toute réclamation était défendue. Les jeunes gens, irrités de ce refus, tirèrent

---

[1] Il existait à Marle une famille Fresson, dont les membres Jean-Antoine Fresson, Pierre Fresson et Jean-François Fresson, curé de La Neuville-aux-Joûtes, intentèrent, en 1763, un procès à Laurent de La Tombelle, pour des terres sur lesquelles le sieur Fouant prétendait exercer des droits de seigneurie.

des coups de fusils dans la porte du tisserand, renversèrent les ruches et firent un charivari. Doné déposa de suite une plainte au syndic de la commune, un procès s'ensuivit et les garçons furent condamnés à vingt livres d'amende, à trente livres de dommages-intérêts et aux frais du procès (1708). »

Le 3 août de la même année, parut un arrêt du Conseil d'Etat ordonnant que les terres laissées en friches par le fait des fermiers, dans la généralité de Soissons dont Marle faisait partie, seraient cultivées par les plus imposés de chaque paroisse ; il enjoignait aux fermiers, qui n'avaient pas de baux, de cesser de cultiver les terres dont ils jouissaient indûment. Cet état de choses venait de ce que les fermiers, par suite de la guerre qui avait désolé les frontières de la Picardie, n'avaient pas renouvelé leurs baux et se perpétuaient dans la jouissance des terres. Des propriétaires avaient voulu les en expulser par la force et les remplacer par de nouveaux fermiers ; mais ceux-ci voyaient leurs fermes et leurs récoltes détruites par l'incendie. A la suite de cet arrêt un dixième des terres resta en friche, ce fut une des causes de la famine de 1709, dont la Thiérache eut beaucoup à souffrir : le blé valait alors jusqu'à vingt livres le jalois (54 litres).

A la famine, se joignit un rigoureux hiver, le froid commença le 1er novembre 1708 et devint si intense que les rivières gelèrent, les arbres fruitiers périrent, les pierres se fendirent, les liqueurs spiritueuses et le vin se figeaient ; il fallut ensemencer de l'avoine, à la place des blés gâtés. Les tribunaux, les comptoirs, les théâtres se fermaient ; plaisirs, affaires, tout avait cessé : la vie sociale était suspendue comme la vie de la nature. On trouvait des familles pauvres mortes de froid dans leurs maisons ou dans leurs caves.

La disette qui s'ensuivit souleva des émeutes dans la ville et des désordres dans la campagne. L'évêque de Laon, Louis de Clermont, dont la charité était inépuisable, fit de nombreuses libéralités aux pauvres. Le froid ne cessa de sévir qu'au mois de mai. La faim, mauvaise conseillère, poussait les affamés à tous les excès. La gravité de la situation réclamait un prompt remède. Dans une assemblée générale, tenue le 22 avril 1709, fut adoptée la délibération suivante :

« Sur le bruit qui s'est tout le jourd'hui présentement répandu, qu'à cause de la misère du temps, plusieurs paysans vagabonds et bandits se sont assemblés dans les bois du Val-Saint-Pierre et menaçaient les lieux voisins de se faire livrer des blés, qu'il y a même lieu d'appréhender qu'ils ne viennent au pillage : pour quoi, par le suffrage des particuliers qui se sont trouvés à l'assemblée, a esté unanimement résolu, sous le bon plaisir du Roy, de faire fermer les portes de la ville, et à cet effet, que lesdites portes à faire (les anciennes étant détruites) seront incessamment adjugées et mises en état de fermer.... comme aussi a été résolu de faire nettoyer et curer incessamment le tour des murs de cette ville, de toutes les immondices et fumiers qui s'y trouvent, même en certains endroits de faire baisser les terres et faire en sorte que l'on n'y puisse monter, et finalement de faire boucher quant à présent, l'ouverture de la poterne et de faire mettre une barrière au Pont-Rouge. Pour le paiement desdits ouvrages, le fond en sera fait par espèce d'impositions sur les plus aisés des habitants de la ville, sans aucune exception, suivant le rôle qui en sera dressé et arrêté, en la présence de ladite assemblée. »

Le 1ᵉʳ octobre 1709, la cure de Gercy, du comté de Marle, fut réunie à celle de Vervins.

Un édit royal du 1ᵉʳ octobre 1710 établit le premier

impôt du dixième, cet impôt frappait tous les biens sans exception, d'après les déclarations faites par les contribuables ; des contrôleurs étaient chargés de vérifier l'exactitude de ces déclarations. Cet impôt temporaire finit le 30 décembre 1717, il fut de nouveau rétabli le 1ᵉʳ janvier 1734 et dura jusqu'à la fin de décembre 1749. Un arrêt du Conseil institua encore un dixième le 31 octobre qui ne cessa de se percevoir que le 30 décembre. Cette année, en vertu d'un édit du mois de mai, fut établi l'impôt du premier vingtième, qui fut prorogé en 1767, 1771, 1780 et dura jusqu'à décembre 1790. L'impôt du vingtième du revenu n'admettait aucun privilège, si ce n'est en faveur du clergé régulier et séculier : il frappait les immeubles, les rentes, les capitaux ; chaque contribuable ne payait que le vingtième de son revenu, dont il pouvait justifier la jouissance. Le 1ᵉʳ octobre 1756, par une déclaration du mois de juillet, l'impôt du deuxième dixième, puis un troisième de deux sols par livre en sus, fut établi le 1ᵉʳ octobre 1759 et fut prorogé jusqu'en 1760. On voit que les impôts ne sont pas d'une création nouvelle. Les règnes de Louis XIV et de Louis XV coûtèrent cher au royaume, notamment aux Marlois.

Les armées royales étaient encore mal approvisionnées, ce fut l'une des causes de la perte de la bataille de Malplaquet. Les Français, commandés par le maréchal de Villars, furent battus par les alliés sous les ordres du prince Eugène et de Marlborough. Cependant, les pertes des ennemis furent plus considérables que celles des Français. A cette bataille, Robert de Foucault, seigneur de Toulis, fut mortellement blessé. Dans l'église de Toulis, à l'entrée du chœur, se trouve une pierre tombale détériorée par le frottement des pieds, elle portait une effigie et un blason sculpté ; c'était la sépulture de Pierre Foucault, écuyer, seigneur de Toulis, père du blessé. Foucault portait : *d'or à la croix ancrée de sable, cantonnée de deux lions de même, armés et lampassés de gueules.*

Malgré leurs pertes, les coalisés commencèrent la campagne de 1710 avec une armée plus nombreuse que celle du maréchal de Villars. Après avoir pris Douai et passé la Scarpe, ils se répandirent en Picardie. Ainsi débuta la guerre de succession d'Espagne qui devait durer douze ans. La bataille de Denain, gagnée en 1712 par le maréchal de Villars, sauva la France.

Le 13 mars 1710, on ressentit à Marle une violente secousse, c'était le moulin à poudre de La Fère qui sautait et mettait le feu à une partie de la ville ; déjà le moulin avait fait explosion en 1704 et l'année suivante.

En vertu d'une donation passée, le 20 janvier 1712, par-devant Me Hugot, notaire royal à Laon, messire Claude Signier, chevalier, seigneur de Marcy, y demeurant ordinairement, pour des raisons particulières et plusieurs considérations, reconnaît avoir donné, quitté, abandonné et transporté par donation pure et simple, irrévocable, faite entre vifs, à Me Nicolas Turpin, conseiller du roi en la Cour des Monnaies à Paris, y demeurant, la terre et seigneurie de Marcy et les biens en dépendant, consistant en un château, maison, jardin, bâtiments, colombier, prés, bois (tant en fief qu'en roture), moulin banal, droits seigneuriaux, de bottiau, chasse et autres, cens et rentes, chapons, droits de lods et ventes, haute, moyenne et basse justice, avec les fiefs de Béguin, Pilloy ou Pillois et Poussin, le tout situé à Marcy et terrain circonvoisin, dont le détail se trouve au dénombrement que ledit messire Claude de Signier en a fourni au roi et présenté à Messieurs les Présidents trésoriers de France, en la généralité de Soissons, du consentement du duc de Mazarin, engagiste des domaines de La Fère et de Marle, suivant leur acte de réception du 6 avril 1697.

Cette donation fut faite à la condition que M⁶ Pierre Turpin n'entrerait en possession réelle de la seigneurie de Marcy, qu'après le décès de messire Claude Signier, qui devait conserver durant sa vie l'usufruit de cette seigneurie et, de plus, recevoir dudit M⁶ Turpin une pension annuelle et viagère de mille soixante livres. Maître Nicolas Turpin devait aussi acquitter, après le décès de Claude de Signier, quelques prestations anciennes sur le moulin de Marcy et les terres de la seigneurie, un obit de quatre livres dix sols envers l'église de Marle, et cent quatre-vingt-quinze livres de rentes dues par constitution aux dames religieuses de la Congrégation de Laon, remboursables à quatre mille livres. »

En 1758, messire François-Grégoire-Alexandre de Signier, chevalier de Malte, lieutenant au régiment de Condé-Infanterie, prenait les titres de seigneur de Rogny, Lugny, Houry, Marcy et autres lieux ; messire Claude de Signier, déjà seigneur de Marcy en 1704, mourut dans son château en 1752.

Sur le corps de logis principal du château de Sons, on lit encore la date de 1634, et sur la grange celle de 1712. Le donjon fut démoli au commencement de ce siècle, on trouva des menottes en fer qui servaient à enchaîner les prisonniers, puis un boulet, des pièces de monnaie, des ossements humains, enfin l'ouverture d'un vaste souterrain comblé. Le château avait une porte fortifiée qui fut enlevée il y a cinquante ans ; il était flanqué de tours en grès et occupait, sous le marquis de Noailles, un plus grand espace qu'aujourd'hui. La tradition prétend qu'il y avait deux châteaux ; on retrouva, en effet, il y a quelques années, des traces de tours dans les ruelles Adam et du Sart.

Sons avait, aux siècles passés, plus d'importance qu'aujourd'hui. On relève le nom des notaires de Sons depuis 1640 *(Gaulier)*.

Les succès remportés par le maréchal de Villars n'empêchèrent pas le partisan Growestein, officier hollandais, de faire invasion dans la Thiérache pendant le siège du Quesnoy et de mettre à contribution un grand nombre de villages. Il passa la rivière d'Oise à Proisy, commune que ne défendait plus son château-fort détruit en 1430.

Le 6 juin 1712, l'officier, laissant de côté la ville de Guise, se jeta sur Vervins, défendu seulement par les habitants. Après un semblant de résistance, le partisan hollandais entra dans la ville, réduisant sa demande de contribution à vingt-cinq mille livres, pendant que ses soldats pillaient les faubourgs. Dès qu'il eut obtenu à peu près la somme voulue, Growestein s'éloigna avec deux otages et se dirigea vers la Chartreuse du Val-Saint-Pierre, qu'il mit aussi à contribution. Un détachement des pillards de Growestein, au nombre de quinze, conduit par un berger de Landifay, s'approcha des fermes de Courjumelles pour mettre les fermiers à contribution. Un laboureur, Pourrier de Sansay, ayant appris que ces maraudeurs attendaient dans un bois voisin la tombée de la nuit, rassembla ses domestiques, leur fit distribuer des armes et, ayant investi le bois, réussit à les envelopper. Il parvint aussi, à force d'audace, à les conduire dans la ville de Guise.

Une autre bande de la troupe du partisan alla se jeter sur le village de Mortiers, elle pilla les maisons, enleva le curé après lui avoir pris ses meubles et son argenterie qu'il avait donnée pour se racheter du pillage ; ils s'emparèrent ensuite de tout ce que possédait sa sœur. De là, les maraudeurs fondirent sur Crécy ; ils mirent le feu à un quartier, près de soixante maisons furent la proie des flammes. La bande pilla tout ce qu'elle put trouver et tua deux pauvres habitants qui avaient refusé de conduire les pillards chez les habitants les plus aisés du bourg. Le butin, tant en meubles, chevaux et marchandises, causa aux habitants une perte de quatre-vingt mille livres.

Cette même troupe, d'environ quatre cents hommes, continua sa route par Cohartille et Grandlup, qu'ils pillèrent. La ville de Marle, livrée sans défense, n'étant plus ville frontière, ne fut pas épargnée. Les Hollandais se présentèrent devant Liesse ; mais les habitants s'étant mis en état de défense, ils n'osèrent les attaquer et passèrent outre. De là, la bande alla à Pierrepont où elle s'empara de la personne du sieur Fromage, lieutenant du comte de Roucy, seigneur du lieu. Après l'avoir rançonné, elle poursuivit son chemin par Cuirieux, Montloué, Machecourt, qu'elle mit à contribution, et Goudelancourt, dont elle enleva le curé. Ce détachement en rejoignit un autre à Montigny-le-Franc. Les habitants et la maison du curé furent pillés, l'église fut saccagée ; les pillards prirent le ciboire et les ornements après avoir rompu et brisé les tableaux. Ils allèrent ensuite à Bucy-les-Pierrepont et à Eboulcau où le curé fut enlevé, puis à Chaourse qu'ils pillèrent ; un grand nombre d'habitants s'étaient réfugiés dans un souterrain s'ouvrant dans l'église fortifiée de trois tours percées de meurtrières, ils n'osèrent les attaquer. Les Hollandais allèrent ensuite à Tavaux, à Bosmont, à Saint-Pierremont et dans les villages voisins, mettant les paysans à contribution, exerçant partout les mêmes brigandages. Ils se dirigèrent sur Vervins ; pour se racheter du pillage et du feu, les habitants payèrent vingt-deux mille livres et donnèrent quatre otages dont deux purent s'échapper : Hubigneau, marchand, et Coulbeau, apothicaire ; la femme du premier délivra son mari en le faisant travestir avec ses habits. A ces détails, Dom Lelong ajoute que « les ennemis abandonnèrent Vervins après avoir pillé les faubourgs et enlevé jusqu'au Saint-Ciboire de l'Hôtel-Dieu ». Comme Growestein était protestant, il s'attaquait surtout aux curés et aux ornements d'église.

Un ancien cultivateur, nommé Oger de Rougerie, récemment retiré à Vervins, s'étant mis à la fenêtre au moment de l'entrée des Hollandais, fut tué d'un coup de feu.

« De Vervins, ces troupes se rabattirent sur Sissonne, qu'elles pillèrent ; elles taxèrent le bourg à dix-neuf cents livres ; pour le paiement de cette somme, ils enlevèrent huit otages. Elles passèrent à Goudelancourt où elles enlevèrent le curé et mirent le village en contribution, après s'être partagés l'argent et le butin. Ces pillards continuèrent leur route jusqu'à Berry-au-Bac et Neufchâtel. » *(Histoire de Rozoy.)*

Des détachements français furent envoyés à la poursuite de ces brigands, mais sans pouvoir les atteindre.

Dans la troupe de Growestein se trouvait un autre chef qui se signala par ses cruautés, il porta le fer et la flamme dans la Thiérache dont il fut le fléau. Son nom, *Drongard*, s'est conservé comme synonyme d'un homme redoutable et comme une injure. On raconte que passant un soir près de la maison d'une femme de Bucilly, il entendit les enfants réciter une prière à laquelle ils ajoutaient : *Préservez-nous, Seigneur, de Drongard et de sa troupe.* Dès lors, un vif repentir s'empara de lui, il entra dans la chaumière, donna à la pauvre mère l'argent qu'il avait sur lui et renonça pour toujours à la profession des armes. *(Dom Lelong.)*

Pendant les fêtes de Versailles, au mois d'août 1712, il arriva un cas singulier. Une dame (Mme de Sandricourt), amie du chevalier de Marle, ayant affaire avec lui, lui dit qu'il manquait quelque chose à son plaisir, qu'il n'était pas tout à fait comme un autre, mais qu'il serait très aisé de le réformer avec un petit coup de ciseaux qu'elle lui donnerait elle-même, qu'il n'en aurait pas plus de mal que de couper le filet à un enfant. Le chevalier amoureux la crut, se mit dans ses mains, et elle lui fit une circoncision qui le mit tout en sang, qui le fit évanouir et dont il fut longtemps malade. » *(Journal de Mathieu Marais.)*

Dans la modeste église de Chatillon, construite toute en grès, on lit sur une pierre l'inscription suivante :

CDT. GROULART

PAROCH. DE CHATILL.

ÆDIF. R. DEHEN

ET J. LEROUX ANDNI

1713

(Groulart, curé de Chatillon, avec R. Dehen et J. Leroux, a bâti ce clocher, l'an du Seigneur 1713).

Un juif du nom de François Loze abjura le judaïsme dans l'église Notre-Dame de Marle, au milieu d'une nombreuse assistance. Les administrateurs de l'Hôtel-Dieu lui firent remettre trois livres, à titre de gratification (1715).

Le roi Louis XIV, surnommé *le Grand*, mourut à Versailles, à l'âge de soixante-dix-sept ans, après avoir régné pendant soixante-douze ans. Un service funèbre, auquel assistèrent les officiers du bailliage de l'Hôtel de Ville et du grenier à sel, fut dit dans l'église Notre-Dame, pour le repos de son âme.

René de Hédouville, chevalier, seigneur de Hédouville et de Révillon, fils de Théodore de Hédouville et de Marie de

Grule d'Ormesson, était lieutenant-général des maréchaux de France au bailliage de Marle. Théodore-François de Hédouville, vicomte de Révillon, fils de Théodore II et de Suzanne Delamar, commandant en chef du bataillon de milice de Laon, était, en 1716, lieutenant des maréchaux de France au bailliage de Marle. La famille de Hédouville portait pour armes : *d'or au chef d'azur chargé d'un lion léopardé d'argent et lampassé de gueules.*

En 1716, un terrible incendie détruisit, à Sons, trente-sept maisons, sans compter les autres bâtiments. Le souvenir de cette catastrophe n'est pas encore entièrement effacé aujourd'hui.

Le sieur du Mangeot, capitaine des chasses du domaine de Marle, gendarme de la garde du roi, étant mort le 31 mars 1718, fut enterré dans la chapelle de la Vierge de l'église Notre-Dame de Marle, en présence de François du Mangeot, doyen de Guise, et de Henri du Mangeot, contrôleur au grenier à sel de la même ville. Une plaque de marbre, encastrée dans la muraille, rappelait le nom et les qualités du défunt ; elle disparut à la Révolution.

Les officiers du bailliage ayant réclamé les droits honorifiques qui leur étaient dûs à propos du pain bénit, on décida qu'ils seraient servis les premiers sur un plateau d'argent, ensuite viendraient les officiers de l'Hôtel de Ville, puis les marguilliers de la paroisse.

L'année 1719 fut signalée par un ouragan mêlé de grêle, qui éclata le 4 août ; il ravagea les campagnes et rendit les terres stériles pendant plusieurs années.

Après l'incendie du clocher de l'église Notre-Dame, arrivé en 1680, de nouvelles cloches furent fondues en 1706, et installées dans le clocher. Un accident survenu à la grosse cloche nécessita une refonte ; elle fut faite dans l'église Saint-Martin, en 1722, par des fondeurs lorrains.

Les registres paroissiaux mentionnent spécialement que l'inscription ancienne serait conservée sur la cloche, c'est sans doute cette décision qui détermina, le 31 mai, Jules de La Porte, duc de Mazarin, à demander à ce que son nom, ou plutôt celui de Pierre Perrin, conseiller du roi, son procureur au bailliage royal et comte de Marle, et celui de Jeanne Gobinet, sa femme, fussent inscrits sur la grosse cloche, comme représentant le duc et la duchesse de Mazarin, Armande de Durfort. Il fut fait droit à cette requête, d'autant plus que le comte de Marle avait participé aux frais de la refonte.

Le 18 mars 1721, M⁰ François Tilorier, prêtre, demeurant à Marle, fut mis en possession de la cure de Richemont, par Philippe Durin, notaire royal et apostolique à la résidence de Pontséricourt, assisté de M⁰ Abel-Antoine Mennesson, curé de Montigny-sous-Marle, en vertu des lettres de provision et de collation accordées par l'évêque de Soissons, le 14 octobre 1720.

C'est le 27 octobre 1728 que le roi Louis XV fut sacré à Reims, en présence du duc d'Orléans, régent du royaume, et des évêques de Soissons, de Laon, d'Amiens, et d'autres prélats. Le 29, Louis XV fit ses dévotions devant la châsse de Saint-Marcoul, qui avait été apportée de Corbeny ; il toucha deux mille malades atteints d'écrouelles, en répétant la formule consacrée : « *Dieu te guérisse, le roi te touche* » ; des aumônes leur furent distribuées. Louis XV retourna à Paris en passant par Soissons, Villers-Cotterêts et Chantilly. Le 22 février de l'année suivante, le roi fut déclaré majeur ; le régent, le duc d'Orléans, mourut le 2 décembre de la même année.

Si, après les incursions de Growestein et de ses lieutenants, la population jouit d'un peu plus de tranquillité, son bonheur n'était pas encore parfait. La pénurie du trésor nécessitait la création de nouveaux impôts : là vénalité des charges publiques, la création du papier-monnaie furent des expédients onéreux pour le pays, mais insuffisants à payer les dépenses excessives de la royauté et de ceux qui la servaient. Quand on voit, par exemple, le duc de Mazarin, comte de Marle, qui avait hérité une partie de la fortune du cardinal, évaluée à cinquante millions de livres, c'est-à-dire à deux cent cinquante millions de valeur actuelle, toucher encore, comme gouverneur de l'artillerie, quarante-deux mille livres, et cinquante-quatre mille livres pour le traitement et l'entretien de sa compagnie des gardes, émarger seul au budget pour cent trente-deux mille livres ! Si l'on songe maintenant que le gage des autres courtisans était à l'avenant et que le luxe de la Cour, au lieu de diminuer ne faisait qu'augmenter ! Quand on songe surtout que le clergé et de nombreux privilégiés étaient exempts de payer des contribuitons, on comprend ce qu'il fallait demander à l'impôt.

Les désastres causés par la chute du système de Law se firent peut-être moins sentir à Marle, à cause de son peu d'industrie ; le principal commerce était la vente du blé. « Marle, dit un état dressé par le directeur des Aides en 1728, pays de labour, les habitants sont peu à leur aise, leur commerce est en blé. » Pierrepont, du doyenné de Marle, est cité comme « passage des pèlerins de Liesse, pays marécageux, les habitants sont à leur aise, leur principal commerce est en chanvre. Bucy, sur la route de Reims, bon terroir en blé. Chaourse, pays de labour, le principal commerce est en grain et laine. »

Le même document donne le nombre des détaillants d'eau-de-vie ; ils étaient à Marle vingt-six, cinq à Bucy, à Chaourse et à Dizy-le-Gros. *(Histoire de Rozoy.)*

La bulle *Unigenitus* divisa le clergé du doyenné

rural de Marle. Un certain nombre de prêtres avaient consenti, pour être agréables à l'évêque de Laon, de La Fare, à signer le *formulaire* prescrit. Soixante-deux prêtres jansénistes, entre autres douze curés du doyenné de Marle et un du doyenné de Vervins, résistèrent. Le doyen de cette ville se chagrina si fort d'avoir signé l'acceptation, qu'il en mourut de regret huit jours après. Cette lutte entre les curés et l'évêque donna lieu à des mesures de rigueur contre les prêtres qui n'avaient pas voulu souscrire au *formulaire*.

Coignard de Marcy, acquéreur des droits des héritiers du duc de Guise, fut autorisé par un édit du mois de septembre 1624 à ouvrir un canal de communication de la Somme avec l'Oise et à rendre la Somme navigable depuis Saint-Quentin jusqu'à Amiens. Une Compagnie se forma plus tard dans le but de construire, en exécution des lettres patentes de 1723, un canal navigable qui aurait rassemblé les eaux des marais du Laonnois et les aurait conduites dans l'Oise, dont la Serre est un des affluents ; il aurait pris le nom de : *Canal de Laon*. Par lettres du 4 juin 1732, le financier Crozat fut subrogé aux droits de Coignard de Marcy et, en 1767, le canal Crozat fut acheté par le roi, puis réuni au domaine de la Couronne. On sait que ce canal ne fut terminé que sous le premier Empire ; il ne réalisa qu'une partie du projet primitif.

L'année 1725 ayant été fort pluvieuse, le blé manqua et le grain récolté fut de mauvaise qualité, en sorte que la disette désola les villes et les campagnes. La misère fut grande et la mortalité augmenta à Marle.

Le 4 novembre 1725, fut solennellement inhumé, dans le caveau du chœur de l'église de Vervins, très haut et très puissant seigneur Louis de Comminges, sire de Coucy et châtelain de Marle, âgé de soixante-deux ans. Les funérailles furent célébrées par M° Antoine Lambert, prêtre, chanoine de l'église Saint-Louis de La Fère, aumônier du seigneur, en présence de Louis Dormoy, avocat au Parlement, et d'autres officiers.

Par lettres patentes du 21 mai 1728, Louis XV établit à Marle un marché franc, qui devait se tenir le second mardi de chaque mois, afin de ramener en cette ville les habitants qui l'avaient désertée ; « de dix-huit cents habitants, la ville n'en comptait plus alors que deux cent quatre-vingt. » (Voir *Pièces justificatives*.)

Le 8 septembre 1729, à la suite d'un orage, une énorme grêle tomba et détruisit ce qui restait de récoltes sur les terroirs de Saint-Pierremont, de Saint-Antoine, de Rary, et d'autres localités voisines.

Après la mort de Comminges, décédé sans postérité, Jean-Charles de Bonnevie, marquis de Coigny, fermier-général, acheta en 1734, le marquisat de Vervins ; il rendit hommage au duc d'Orléans pour la terre de Gronard, relevant du comté de Marle. Le nouveau marquis mourut jeune en 1741. Son beau-père, de Wassigny, fut nommé lieutenant de Vervins, il était tuteur de Marie-Jeanne-Olympe de Bonnevie, dame de la châtellenie de Marle ; cette dernière épousa, le 1ᵉʳ février 1752, Louis-Auguste de Rohan-Chabot, comte de Muret. La famille de Bonnevie portait : *d'argent semé de trèfles de sinople, au chef de gueules chargé de trois croisettes d'argent*.

Les déclarations de domicile devaient être faites au greffe du bailliage de Marle. Le 6 septembre 1735, Robard, prieur de l'abbaye Saint-Jean de Laon, déclara que Dom Nicolas Leclerc, prieur du prieuré de Saint-Pierre, au château de Marle, changeait de domicile, ainsi que Jean-Baptiste Lourdette, prieur titulaire du même prieuré.

Le 19 octobre 1736, messire Nicolas Darras d'Andrecies,

chevalier, seigneur de Bucy-les-Pierrepont, mourut subitement au château d'Erlon[1], chez son beau-frère, messire de la Motte. Son corps fut inhumé dans le chœur de l'église d'Erlon ; sa veuve, Louise-Colombe de Signier, dame de Bucy-les-Pierrepont et de Houry, épousa en secondes noces, le 6 mai 1747, messire J.-B^{te} de Bouchard, écuyer, capitaine d'infanterie.

Le 2 septembre 1736, un arrêt du Conseil du roi ordonna la construction d'un canal qui devait prendre les eaux de la Serre et de la Souche au confluent du Vilpion à Dercy et les conduire jusqu'à La Fère dans l'Oise. Ce canal avait pour but d'assainir les marais formés par ces cours d'eau et de rendre les terres avoisinantes à la culture. Il fut commencé à Dercy et continué jusqu'à Crécy, mais le cardinal de la Rochechouart, évêque de Laon, dans un intérêt qu'on ignore, obtint la suspension du travail ; il ne fut pas repris plus tard, malgré l'arrêt favorable du Conseil, rendu en 1751. Dans le cahier de ses doléances, la commune de Crécy se plaignit de n'avoir pu obtenir le canal fermé au-dessous de son moulin. Les habitants de cette ville furent condamnés à élever et à entretenir une digue pour empêcher les eaux de se répandre sur les terres du village de Pouilly.

Une ordonnance du 27 septembre, rendue par le sieur Bignon, intendant de la généralité de Soissons, décida que le lieutenant général du bailliage de Marle présiderait l'assemblée pour l'élection des officiers municipaux de la ville et que les élus prêteraient serment entre ses mains. Cette décision souleva des protestations de la part des

---

[1] Le château d'Erlon était situé près de la rivière, il était entouré de murailles en grès défendues par des fossés. C'était une solide construction flanquée de contreforts, et située sur une colline qui s'inclina vers la vallée.

officiers de l'Hôtel de Ville. Cependant, en exécution de cette ordonnance, des élections municipales eurent lieu, le 11 août 1741 ; tous les électeurs convoqués au son des cloches et du tambour se rendirent au *Bail*. Le Bail était d'abord une continuation des fossés ou un contre-fossé, on en fit plus tard une esplanade destinée à l'exercice des troupes. « C'est là, dit un ancien mémoire, que se délassent les « citoyens, ils y vont jouir le soir de la fraîcheur. C'est « encore là où les troupeaux vont se mettre à l'abri de la « grande chaleur du midi ; c'est encore là où la jeunesse « va s'exercer fêtes et dimanches aux jeux de battoir, de « paume et de la danse ; c'est enfin là où se tient la foire « aux bêtes, le jour du marché-franc qui arrive tous les « mois. » A l'époque de la Révolution, le bail, propriété communale, s'appela *Champ-de-Mars*.

Les habitants, divisés en six quartiers, se réunirent donc au Bail en présence des officiers municipaux encore en exercice ; le président de l'Assemblée mit dans un chapeau, tenu par le greffier et successivement par chacun des six quartiers, autant de billets qu'il y avait de votants par quartier. Un de ces billets était noir, celui qui le prenait était déclaré *communier*. Ces six communiers devaient élire les magistrats municipaux. Sur les conclusions du procureur du roi, le président leur faisait prêter serment de bien et fidèlement procéder à l'élection des officiers, mais sans pouvoir se choisir eux-mêmes, et, au cas où ils auraient été sollicités par argent ou par boisson, d'avoir à jeter les yeux sur d'autres personnes, mais sur des personnes de probité, capables et affectionnées au service du roi. Après ces préliminaires, on procédait seulement à l'élection.

Les protestants de Lemé étaient toujours remuants. Louis Dubarge, prieur de Lemé, invita par une lettre le sieur Châtelain, bailli de l'abbaye de Foigny, à surveiller les

Huguenots et à ne laisser enterrer les cadavres « de ces misérables » qu'en vertu d'une autorisation spéciale « qui leur impose le cachet sur le front. » Ce même prieur fit reproche à un groupe de femmes et de filles, renfermé dans une chambre donnant sur la rue, d'avoir dit « des chan-
« sons sales et bouffonnes, alors que le curé, précédé de la
« sonnette et suivi de fidèles, portait le viatique à un
« malade. » (1737.)

Le 19 novembre 1737, les habitants de la paroisse de La Neuville-Bosmont, assemblés à l'issue de la messe, choisirent et nommèrent, avec l'agrément du curé et du seigneur, Jacques Lambin, ancien clerc de Foigny, pour remplir les fonctions de clerc laïc et de maître d'école de la paroisse, moyennant un traitement en blé et en argent, valant environ cent livres, sans compter le casuel de l'église, comme clerc laïc, et l'eau bénite. Grâce à cette dernière clause, il pouvait toucher les dons qu'on lui offrait, en portant ou en faisant porter, tous les dimanches, l'eau bénite dans chaque maison selon l'usage. Lambin remplaça Claude Langlet, maître d'école, décédé.

Des travaux de réparations étaient à faire au presbytère de Marcy ; le 12 août 1738, les travaux furent adjugés à Jean Remy, fermier d'Haudreville, ayant pour associés Pierre Dagneau, Claude Sandron, Jacques Lepoivre et Antonin Sandron. La dépense s'éleva à mille deux cent trente-cinq livres, qui furent imposées sur les habitants et sur les propriétaires de terres, suivant l'arrêt du Conseil du roi, tenu à Fontainebleau, le 20 octobre. Ces travaux furent reçus le 11 juin 1739, en présence de messire J.-B^{te} Waudin, desservant de la cure de Marcy, et des principaux habitants.

A cette époque, la ville de Marle ne possédait pas de local assez grand pour tenir les assemblées générales ; les officiers municipaux tenaient leurs séances dans un immeuble provenant du château, acheté par Pierre Faucheux et donné à la ville en 1739, pour servir de mairie. Cette donation fut faite sous certaines conditions qui furent approuvées par l'autorité supérieure. Une inscription placée au-dessous du fronton s'exprime ainsi :

M. Jean-Pierre Faucheux, échevin, demeurant au grenier à sel, a fait construire ledit Hôtel de Ville (1739).

L'évêque de Laon, Etienne de La Fare, qui fut un ardent adversaire des jansénistes, mourut le 23 avril 1744, au village de Leschelles, dans une tournée pastorale ; il fut enterré dans l'église de cette commune.

Nicolas Desmaret, exécuteur des sentences criminelles du bailliage de Marle et du présidial de Laon, jouissait à ce titre de certaines prérogatives : il avait le droit de percevoir, les jours de foires et de marchés, à Laon, sur chaque personne qui apportait des légumes, du fromage ou des œufs, six deniers sur chaque panier et un sou sur chaque marchand forain ayant étalage. Il percevait également ces droits sur les marchés de Bruyères et de Crécy. Nicolas Legrand, marchand bonnetier à Marle, étant à la foire de Crécy, non seulement refusa de payer Desmaret, mais de plus l'injuria. L'exécuteur poursuivit le marchand devant le bailliage de Laon qui condamna Legrand à payer (24 mai 1744).

Cette même année, la ville de Marle eut en cantonnement deux compagnies de dragons du régiment de Bonnelle qui, contrairement à ce qui se passait autrefois, ne commirent aucun désordre.

Le 1er décembre 1743, à l'issue de la messe paroissiale et devant la principale porte d'entrée de l'église, les habitants de Marcy s'assemblèrent pour procéder, en présence du bailli de la justice, à l'élection d'un maire et d'un échevin ; à la pluralité des voix, furent élus : Claude Tellier, maire, Claude Sandron, échevin.

Louis XV étant tombé malade à Metz le 8 août 1744, des prières furent dites en l'église Notre-Dame pour hâter sa convalescence ; son retour à la santé fut célébré le 17 août par des réjouissances publiques avec feu de joie.

Une Compagnie, à la tête de laquelle était Georges Binet, mestre de camp, baron de Liesse, de Sainte-Preuve et de Pierrepont, se forma, en 1746, pour le dessèchement des marais de Laon dans les dix ans. Les entrepreneurs ayant accepté des conditions exhorbitantes, la Compagnie ne fut pas heureuse et fut obligée de renoncer à son entreprise.

Le 7 janvier 1749, maître Guillaume Renard, curé de Tavaux, prit possession du prieuré de Sainte-Léocade de Vigneux, au nom de messire Jacques Wauton, docteur en théologie et chanoine de la cathédrale de Soissons.

Le 5 juillet 1750, les travaux de reconstruction du clocher de l'église d'Agnicourt furent adjugés à Nicolas Soullier, maître charpentier à Laon, moyennant la somme de douze cent cinquante livres, qui furent imposées, en deux années, sur les habitants du village et sur les propriétaires de biens-fonds situés dans l'étendue de la paroisse, en vertu d'un arrêt du Conseil d'Etat du roi tenu à Versailles le 13 avril 1751.

L'ancien clocher, qui menaçait ruine, se trouvait sur le milieu de l'église ; la flèche, flanquée de quatre clochetons, mesurait quatre-vingts pieds de hauteur ; il y avait trois cloches. Le nouveau clocher fut établi à l'entrée de l'église, au-dessus du principal portail, avec une flèche de quarante pieds seulement de hauteur. Ce clocher fut couvert en ardoises, l'église l'était en tuiles. La terre d'Agnicourt appartenait au chapitre de la cathédrale de Laon, qui dota la commune d'une espèce de charte dans laquelle figurait cette disposition : « Si une femme en frappe une autre « en l'injuriant, elle devra payer une amende de cinq sous « ou faire le tour de l'église, en vue du peuple, en portant « deux pierres destinées à cet usage. »

En 1750, le 19 juillet, sur les dix heures du soir, un incendie éclata dans la ville de Vervins, près de la porte de Marle. En 1763, un sinistre encore plus violent réduisit en cendres soixante-dix maisons, des granges et des écuries de cette ville ; beaucoup de victimes de ce désastre vinrent se fixer à Marle ou dans les communes voisines.

L'hiver de 1751 à 1752 fut excessivement rigoureux, il en résulta une affreuse misère, les blés ayant été gelés en terre. Les Pères de la Mission vinrent en aide aux malheureux ; les secours consistaient principalement en potages à la graisse et en vêtements chauds.

Le 2 juin 1751, toute la population marloise fut dans un grand émoi. Marcotte Hilaire, hôtelier à l'enseigne de la *Fleur-de-Lys*, venait d'être trouvé pendu dans sa chambre. A cette nouvelle, des groupes se formèrent dans la rue. Marcotte était un homme estimé, les affaires de son hôtel paraissaient prospères, on se perdait en conjectures sur les motifs de sa funeste détermination. Certains paraissant mieux informés en cherchaient la cause dans la disparition de sa femme du domicile conjugal ; cependant il était jeune encore et ces sortes de misères ne sont pas sans remède.

Aussitôt la justice du bailliage, sans remonter aux causes, ouvrit une enquête afin de savoir si Marcotte s'était suicidé ou si une main criminelle l'avait pendu. Un procès fut fait au cadavre, un curateur fut nommé, et, pendant les informations, le corps du suicidé fut salé pour éviter la putréfaction. L'enquête n'ayant pas abouti, il fut enterré dans les *Fosses des Huguenots. (Archives du Bailliage.)*

Le 2 août 1751, François-Annibal de la Garde, chevalier, capitaine au régiment de Noé, rendit foi et hommage au marquis de Vervins pour sa terre de Richemont. Son dénombrement fut reçu par les officiers de la justice avec les droits seigneuriaux. Ce seigneur avait le droit de faire construire un moulin sur la rivière du Vilpion, et de pêcher toutes les fois qu'il le voudrait. Annibal était chevalier de Saint-Louis par sentence des requêtes du Palais. Le domaine de Richemont consistait en une maison seigneuriale, granges, bâtiments et autres, où se trouvait autrefois le chef-lieu du fief, relevant du marquisat de Vervins.

L'église de Richemont, hameau dépendant alors de La Neuville-Bosmont, tombait en ruines. L'évêque de Laon ordonna, le 13 juin 1746, de la rétablir dans un bref délai, sous peine de l'interdire. Mais, à cause du petit nombre d'habitants, trente personnes à peine logées et occupées dans la ferme que dirigeait François Coulon, fermier du seigneur de la Garde de Saigne, l'église faillit ne pas être reconstruite. L'adjudication des travaux, passée le 5 mai 1749, moyennant deux mille livres, fut confirmée par arrêt du Conseil d'Etat du 20 août suivant. Ce ne fut qu'en 1757 que la construction de l'église fut terminée, grâce aux bons soins de Marie-Françoise-Gabrielle Le Carlier, veuve de Félix-Jean-Louis de la Garde de Saigne, en son vivant chevalier, seigneur du Bocquiaux, ancien lieutenant de cavalerie.

On peut se faire une idée de ce que fut la chapelle de Richemont par le devis dressé en 1749 : il fallut cinq mille carreaux pour le pavage, on pratiqua quatre fenêtres de quatre pieds de hauteur et deux de largeur ; la couverture comprenait cinquante toises carrées de superficie ; le portail dans lequel on pratiqua, au-dessus de la porte, une niche pour la statue de la patronne (sainte Marie-Madeleine) fut construit en pierres de taille, ainsi que les fenêtres et différentes parties des murs. Cette église avait quarante pieds de long et environ vingt de large. L'autel était en marbre. Les murailles mesuraient dix-huit pieds de hauteur y compris les fondations et furent construites en pierres et briques. En 1749, messire Jean-Daniel Poullin était prêtre-curé de Richemont et de Certeaux (Sartiaux), hameau et ancien fief disparu.

Pour le paiement des travaux de reconstruction de l'église, il fut dressé un rôle de deux mille cent vingt-six livres dix sols, somme qui fut imposée sur les biens sis aux terroirs de Certeaux et de Richemont. Ce rôle fait connaître que le terroir de Richemont contenait environ six cents jalois de terre, celui de Certeaux quatre cents. Chaque jalois était imposé pour deux livres trois sols ; vingt-sept propriétaires possédaient les terres de Richemont en 1750. De la Garde de Saigne avait plus de deux cents jalois de terre et cinquante jalois de bois.

Neuf propriétaires possédaient les terres de Certeaux ; la comtesse de Chabot, née demoiselle de Bonnevie, en avait trois cent vingt-quatre jalois, plus trente-six jalois en bois.

Par une requête adressée, en 1756, à l'intendant de Soissons, huit propriétaires et des résidants des paroissiens de Certeaux, demeurant à Autremencourt, demandèrent à être exempts de contribuer aux frais de construction de l'église, disant que l'ancienne paroisse de Certeaux n'avait jamais été imposée pour la réparation de cette église. La demande aurait pu être favorablement accueillie, mais Madame de Chabot avait déjà payé sa taxe, et ils furent obligés de s'exécuter.

Le terroir de Certeaux fut arpenté et partagé, du 19 décembre 1792 au 28 décembre, comme domaine national et mis en vente à ce titre. Cet arpentage fut fait par Caby de Marle à la requête de Pierre Bécret et de Marie-Anne Tellier, veuve de Jean Bataille, demeurant à Autremencourt ; le premier était fermier des deux tiers du terroir de Certeaux, et la seconde fermière de l'autre tiers. Ces deux fermiers durent acquérir, sinon la totalité, tout au moins la plus grande partie des terres qu'ils avaient tenues à ferme, car le 4 vendémiaire an IV, ils en vendaient vingt-huit jalois, tenant au bois de Certeaux à l'est, et à l'ouest à Jacques-Mathieu Meunier, cultivateur à Dormicourt.

D'après Melleville, le village de Richemont aurait été fondé en 1209, par Enguerrand III de Coucy, et l'abbé de Saint-Vincent de Laon ; cet historien donne la copie de la charte de fondation de Richemont et Sartiaux.

Un procès surgit l'année suivante entre messire Marc-Antoine de Préseau, chevalier, baron de Thiernu, seigneur de Montigny-sous-Marle, et les maire, échevins, syndic et les habitants de Marle, à propos de la délimitation d'un territoire touchant aux *Froides-Rives*, non compris dans les limites fixées par la charte communale de 1174 : « de la Croix ly blandy jusqu'aux Martinnes, jusqu'au chemin devant Saint-Etienne et jusqu'aux Planchettes. » Une transaction mit fin à ces contestations.

De Préseau, seigneur en partie de Thiernu, était jaloux de ses prérogatives ; un des siens eut un violent démêlé avec François de Foucault, autre seigneur en partie de Thiernu, qui prétendait que le droit de chasse sur Thiernu lui appartenait du chef de sa femme, en commun avec ses frères et sœurs. Un jour donc qu'il chassait avec son garde dans la garenne de Thiernu, Jean-Baptiste de Préseau, père du précédent, baron de Thiernu, vint lui défendre de chasser : « Je vous défends de chasser ailleurs que sur votre f.... huitième. Partout ailleurs la chasse m'appartient. Ne faites pas de sottise ? » Le baron répliqua : « Il n'y a qu'un j... f..... comme vous, capable d'en faire ? » Il voulut lâcher sur de Foucault ses deux coups de fusil ; de Foucault se retira en disant : « Il ne convient pas à un honnête homme de venir m'interrompre. » Le baron répliqua : « Si je ne suis pas un honnête homme, je suis donc un j... f.... Il n'y en a jamais eu dans ma famille, c'est bon pour vous. » Ce à quoi Foucault répondit : « Il n'y en a jamais eu dans ma famille. » Les deux gentilshommes se défièrent et de Foucault donna à Préseau un rendez-vous à l'arme blanche, à cinq heures du soir, à l'*Arbre du vieux Cimetière*, entre Marle et Thiernu. Le baron s'y rendit, mais de Foucault fit défaut.

Un autre membre de la famille Préseau était plus violent encore que le baron de Thiernu, Romuald de Préseau, dit : de Plouis, fils légitimé du sieur de Préseau, seigneur de Flayen, tira un coup de fusil sur un de ses domestiques qu'il blessa. Une autre fois, il donna un coup de pied à une servante, cassa une chaise sur le dos de la demoiselle Du Fay et tua des pigeons au seigneur de Thiernu. Il avouait ce dernier fait en disant : « Qu'il avait suivi en cela l'ordonnance du roi rendue à cause de la peste. » Sans cesse en lutte, Antoine de Préseau et lui s'attaquaient mutuellement à coups de pistolets et de pelles à feu, aidés de leurs domestiques. Arrêtés pour tous ces méfaits, de Plouis fut jugé le 26 juillet 1734, condamné à neuf années de bannissement du bailliage de Marle, et à quinze livres d'amende (*Combier. Bailliage du Vermandois*).

Dans une assemblée générale des habitants de Marle tenue le 28 juillet 1754 sur la place de la Motte, près du château, la réparation de l'horloge de l'église Notre-Dame fut décidée et fut confiée à Mathieu Lallouette, horloger à Marle, moyennant le prix de deux cents livres. L'horloge

VUE DE LA VILLE DE MARLE EN 1762

fut d'abord placée dans la tour du clocher, puis reportée, en 1755, dans le clocher lui-même. A une date que l'on ne peut préciser, une horloge existait dans le beffroi qui surmontait la porte de Saint-Martin.

Le 18 février 1756, on ressentit à Laon trois secousses de tremblement de terre ; la première, à quatre heures du matin, la seconde, à six heures, et la troisième deux heures après. On prétend qu'il sortait de dessous terre un vent qui faisait jaillir l'eau des pavés. Le 30 avril suivant, de nouvelles secousses se firent encore sentir, elles n'eurent, pas plus que les premières, de conséquences désastreuses. (*Melleville.*)

C'est en 1756 que le hasard fit découvrir des terres pyriteuses, dites : *cendres noires*, dont l'usage comme engrais se répandit bientôt dans le canton de Marle. La Société d'agriculture créée à Laon en 1761, propagea l'emploi des terres pyriteuses ; les seigneurs, propriétaires de nombreux domaines, engagèrent leurs fermiers à faire usage de cet engrais sur leurs terres. Le comte de la Tour du Pin, seigneur de Bosmont, le sieur de Montaigle, seigneur de La Hérie, et autres, firent tous leurs efforts pour propager l'emploi des cendres noires, aujourd'hui abandonnées.

Vers 1757, la ville de Marle eut un procès à soutenir contre le sieur Fouant de La Tombelle au sujet de la propriété d'un arbre abattu sur le revers des fossés de la ville et que le sieur Fouant prétendait lui appartenir, la seigneurie de La Tombelle s'étendant, d'après lui, jusqu'au Bail ou revers extérieur des fossés. Un long procès s'ensuivit, il y eut appel au Parlement. La ville de Marle, à l'appui de son appel, fit dresser le plan des fossés ; le pourtour de la cité, en dehors des fossés, était d'environ sept cents toises et la largeur moyenne de dix-neuf toises, y compris le revers. Ce procès dura plusieurs années. La ville eut finalement gain de cause.

En 1765, les habitants de Marle formèrent opposition à la réception d'un dénombrement présenté par le sieur Fouant aux commissaires de la Chambre des Terriers de Soissons, parce que le sieur Fouant prétendait être seigneur d'une partie de la banlieue de la ville. Plusieurs mémoires furent publiés, un entre autres par Laurent-Antoine Fouant, écuyer, garde de la porte du roi, demandeur et défendeur, contre Jean-Antoine Fresson et les héritiers Debrotonne, contre les religieux du Val-Saint-Pierre, et la duchesse de Mazarin, ci-devant dame engagiste du comté de Marle, qui étaient intervenus en faveur de la ville.

Nous donnons aux pièces justificatives, sous le titre de La Tombelle, un résumé de ces procès et une notice sur ce fief important.

Toujours à cause de la délimitation mal déterminée du terroir de Marle, Marc-Antoine de Préseau, baron de Thiernu, exigeait des habitants du faubourg Saint-Nicolas de Marle et de ceux de Montigny-sous-Marle certains droits que ces mêmes habitants refusaient de payer. Ils appuyaient leur refus sur la charte octroyée par Raoul de Marle en 1174 et sur celle d'Enguerrand de Coucy de 1200 qui avaient affranchi leur territoire de tous droits ; ils prétendaient n'avoir d'autre seigneur que celui de Marle, le duc et la duchesse de Mazarin, mais un arrêt du Parlement du 7 septembre 1759 maintint le seigneur de Thiernu dans ses droits sur la partie de sa seigneurie s'étendant jusque dans le faubourg de Marle.

A l'appui de ses prétentions, Antoine de Préseau publia un mémoire contre les maire, échevins et habitants de Marle, à propos de la délimitation des terroirs. Ces procès se terminèrent par un arbitrage et la Révolution coupa court aux contestations.

Le hameau de Behaine comptait en 1760 trente feux,

trois charrues de terres labourables et vingt arpents de bois ; il formait une paroisse séparée, qui fut réunie à celle de Marcy, son église avait pour vocable Saint-Hubert. Aujourd'hui Behaine n'est plus qu'une ferme, l'emplacement de l'église a disparu ; un lieudit de son terroir s'appelle *la Redoute-de-Behaine*, c'est un monticule qui ne paraît pas justifier son nom.

Le 20 avril 1760, Jacques Ducrot, notaire et arpenteur à Marle, fut nommé *voyer* des chemins et routes de la ville et de la subdélégation par lettre de provision de messieurs les présidents, trésoriers généraux des finances, et grands-voyers de la généralité de Soissons. Cette nomination fut approuvée par le maire Tilorier et par les officiers de l'Hôtel de Ville.

A cette époque, maître Lherminier était chef du Conseil siégeant à Paris du duc de Mazarin, seigneur de Marle, et maître Delamonnaye, avocat au Parlement, était membre rapporteur du même Conseil. Maître Prélat, également avocat au Parlement, était intendant des maisons et affaires du duc et de la duchesse de Mazarin ; de La Prière était leur agent à Marle.

Le 7 juillet 1760, les Brachet, possesseurs de la terre de Cilly, donnèrent au seigneur de Vervins, Casimir de Coigny, le dénombrement de la seigneurie de Cilly, mouvant du marquisat de Vervins, en plein fief, foi et hommage. La seigneurie consistait alors en un château fermé de fossés, en terres, prés, tordoir et arrière-fiefs, avec droit de justice, haute, moyenne et basse sur toute l'étendue du territoire, plus les droits de biens vacants, épaves et bâtardise.

Joseph-Maximilien de Béthune-Hesdigneul, chevalier, **seigneur de La Neuville-Bosmont**, gouverneur des ville et château de Marle, fit le 24 juillet de la même année, au marquisat de Vervins, le dénombrement de son fief de La Neuville-Bosmont, qui se composait d'un château avec granges, écurie et colombier, jardin d'agrément, enclos et bosquet, le tout contenant vingt jalois entourés de murs. Des terres, des prés, des bois nombreux dépendaient du domaine, ainsi que plusieurs arrière-fiefs.

Le 19 mars 1761, le subdélégué de Marle demanda à plusieurs laboureurs de sa subdélégation, des renseignements sur la situation agricole. Jean-Charles Lefebvre, laboureur à Clermont-les-Fermes, transmit, le 29 avril suivant, à Barthélemy Perrin de Lugny, seigneur de Toulis, aussi subdélégué, un rapport fort intéressant et dont voici les principaux passages :

« Clermont comprend sept fermes appartenant à l'abbaye Saint-Martin de Laon, et ayant chacune leur cour fermée qui communique avec la grande place communale ; une allée de tilleuls entoure le mur d'enceinte. Ces sept fermes font valoir dix-neuf charrues, dont quatorze appartiennent à l'évêque de Laon [1], les autres à différents particuliers ; les terres de ceux-ci sont situées sur les terroirs circonvoisins. On récolte du froment sur les trois quarts des terres et du seigle sur l'autre quart. Il y a, à Clermont, quarante arpents de bois, dont les coupes sont réglées à vingt-cinq ans. Pas de prairies naturelles, de marais, de rivières, de ruisseau, de moulin, de biens communaux, de vignes, de chanvre, de lin, de terres incultes, de lazis et de pâtures. On y récolte que peu de légumes pour l'usage de chaque maison.

« On compte soixante-six chevaux, dont quatre de monture, environ trente bêtes à corne et treize cents moutons.

---

[1] Depuis 1734, l'évêque de Laon jouissait de Clermont-les-Fermes, comme mense abbatiale, à titre d'abbé commendataire ; il pourvoyait à la desserte de la chapelle dédiée à Saint-Blaise, édifice qui n'a rien de monumental.

« Clermont est accablé de pauvres qui viennent de quatre à cinq lieues à la ronde, plusieurs des mendiants forts et robustes sont en état de travailler ; c'est ce qui rend les ouvriers et les valets de charrue très rares. Les vieillards et les enfants sont toujours assistés.

« Toutes les terres, autrefois très fertiles, sont épuisées, faute de labour et d'engrais. Aujourd'hui, pour en tirer parti, il faut les bien fumer, les bien repiquer de labour et faire disparaître les ravins : ce qui occasionne des dépenses que la plupart des laboureurs ne peuvent supporter, comme il y a trente ans. La raison est que les tailles sont considérablement augmentées. Les objets fournis par les charrons, bourreliers, maréchaux, en un mot tous ceux dont le laboureur a besoin, se vendent plus cher qu'autrefois. Les corvées des grands chemins, auxquelles on est assujetti depuis dix ans, sont encore un obstacle à la bonne culture des terres.

« Nous avons l'usage de faire scier les blés et les seigles ; nos scieurs viennent des pays vignobles et de la Thiérache ; ils amènent avec eux leurs enfants pour glaner, après que le blé est lié et mis en moi. »

Des lettres patentes du roi, données à Versailles, le 12 juin 1762, ordonnèrent que le duc d'Orléans recevrait les foi et hommage tant des domaines engagés de Marle et de La Fère, que des fiefs qui en étaient mouvants. A cette époque, la municipalité, tant de fois changée, se composait de : François Blavet, président au bailliage, maire ; échevins, Pillon François, Fresson Antoine ; procureur-syndic, Carlier Alexandre ; greffier, Charlet Antoine.

Des réparations furent faites aux puits de la ville de Marle, notamment à celui de la porte Notre-Dame et à celui de la Ruellette. L'année suivante, on travailla au puits Saint-Martin et à celui de la ville, situé près de la maison du procureur du roi au bailliage.

Un arrêt du Conseil d'Etat, du deux décembre 1766, prescrivit que la partie des bois et forêts dépendante du domaine de Marle et de La Fère, qui se coupait à l'âge de quinze ans, fut, à l'avenir, exploitée en coupe ordinaire tous les vingt-cinq ans. Le même arrêt permit au duc d'Orléans de faire abattre et disposer au fur et à mesure les dites coupes, les arbres et les baliveaux anciens qui s'y trouveraient. L'édit ordonna que la vente, tant des bois du parc de La Fère que des arbres de la lisière et de la bordure des deux avenues et du quinconce sis près de la ville de Marle, fut faite au plus offrant et dernier enchérisseur.

Les arbres, dont il est ici question, étaient ceux qui, avant la Révolution, longeaient l'avenue d'Haudreville et l'ancien chemin de Marle à Thiernu. Quant au *quinconce*, les arbres qui le composaient devaient être ceux plantés alors sous les murs de la ville et sur le rideau existant entre la place de la Motte, la rue de la Poterne et le chemin du Moulin.

Un arrêt de la Cour du Parlement confirma les lettres du roi, portant que les domaines engagés de Marle, de La Fère et de Saint-Gobain, demeureraient réunis à l'apanage du duc d'Orléans (Louis-Philippe Ier), en tout droit de propriété.

Un froid excessif régna pendant l'hiver de 1758, le thermomètre marquait, le 5 janvier, le même degré que pendant l'hiver de 1709. Beaucoup d'habitants établirent leurs demeures dans les caves et dans les anciennes carrières qui régnaient sous la ville. Les blés se gâtèrent et l'orge valut dix-huit livres le setier (cinquante-deux litres). Le pacte de famine existait alors, il affama le pays depuis 1740 jusqu'en 1789, au profit des monopoleurs.

Le 17 mars 1770, le marquis de Noailles, chevalier des

ordres royaux de Saint-Louis et de Saint-Lazare, acquit la seigneurie de Marfontaine d'Antoinette Peromet et d'autres. Pour son domaine, le marquis rendit foi et hommage au sieur Fouant, seigneur de la Tombelle et Voharies en partie, par son fondé de pouvoir Merville, régisseur de la terre de Marfontaine.

L'été de 1770 fut très chaud ; le 11 juin, une grêle abondante anéantit les moissons. Ce désastre, joint aux mauvaises récoltes des années précédentes produites par un froid excessif, augmenta la misère des populations qui manquaient de pain. Elles en étaient réduites à se nourrir d'aliments de mauvaise qualité. Aussi beaucoup de maladies régnèrent, notamment la dyssenterie qui fit de nombreuses victimes. Les hivers suivants furent rigoureux, avec des variations brusques de température.

Depuis longtemps les Parlements, notamment celui de Paris, étaient en lutte avec la Cour, une solution était nécessaire. Le Parlement fut dissout et, dans la nuit du 11 janvier 1770, les membres rebelles durent partir en exil. On assure que la ville de Marle fut assignée, comme séjour, à deux membres de la haute assemblée.

Suivant un édit du mois de février 1771, suivi de lettres patentes du mois d'octobre suivant, un procès commencé au bailliage de Marle dut être continué au présidial de Laon ; il s'agissait d'individus accusés de faire la contrebande. Surpris par un employé des gabelles, l'un d'eux lui dit de leur laisser faire leur métier ; ils passèrent du tabac. Mais l'accusé Haution, ayant donné des coups de couteau à un sieur Lefèvre, domicilié à Marle, fut condamné au carcan trois jours consécutifs, de midi à deux heures ; exposé sur la place du *Bloc,* il portait un écriteau devant et derrière avec ces mots : *Homme violent et perturbateur du repos public.* Il fut de plus condamné à cinq ans de galères. Haution, alors journalier à Marle, obtint le 8 août des lettres de rémission.

Au mois d'août 1771, un violent incendie, déterminé par un dépôt de *Cendres houilles* près d'une habitation à Voyenne, détruisit vingt-six bâtiments avec les récoltes, les bestiaux et la ferme de l'abbaye Saint-Jean de Laon, située au lieu dit *la Grande-Cour*.

Le 22 mai 1773, un autre incendie se déclara dans le faubourg Saint-Martin et le détruisit presque en entier, depuis le puits de la maréchaussée jusqu'à la converserie de Foigny, toutes les maisons furent brûlées. Jérôme Lehault, alors maire, fit distribuer des secours aux sinistrés et des logements aux plus pauvres. Les administrateurs de l'Hôtel-Dieu donnèrent également quatre cents livres.

Un phénomène se produisit à Erlon en 1774 ; une fille du village, nommée Catherine Bema, accoucha de quatre grenouilles vivantes, elle accusa du fait un individu de la commune qui, à son tour, le rejeta sur le compte du diable. Une instruction fut ouverte contre le père prétendu, accusé de magie, lequel n'eut que le temps de s'enfuir pour éviter d'être brûlé vif. *(Melleville.)* On sait qu'un édit d'Henri II obligeait les filles enceintes à déclarer leur grossesse sous des peines sévères ; les registres du bailliage de Marle contiennent beaucoup de ces déclarations, on y voit de curieux détails sur les attributions de la paternité.

Louis XV, étant tombé malade en allant de Trianon à Versailles, on crut à une indisposition passagère, néanmoins des prières publiques furent dites pour son prompt rétablissement. Le ciel n'exauça pas les vœux du peuple, et, le 10 mai 1774, le roi mourait de la petite vérole « gagnée dans une nuit de débauche ». Un service funèbre fut célébré à l'église Notre-Dame pour le repos de son âme : toutes les notabilités civiles et militaires assistèrent à cette cérémonie.

Vers la même époque, des séditions et des émeutes populaires éclatèrent à cause de la cherté des grains ; le peuple, non sans raison, attribuait le renchérissement du blé aux accapareurs qui formaient ce qu'on appela le *Pacte de Famine*.

La même année 1774, un chasse-manée allant à manée chercher du blé, fut blessé d'un coup de fusil tiré sur lui, sans qu'il sût d'où le coup était parti. Une enquête fut ouverte, des monitoires furent envoyés aux curés de campagne, pour qu'ils aient à les lire en chaire à leurs paroissiens. Le curé de Marcy ne crut pas devoir obtempérer à cet ordre pour des raisons qu'il donne dans une lettre adressée au procureur du roi : « La fulmination à Marcy « serait tout à fait inutile et ne servirait qu'à alarmer les « esprits faibles qui attribuent à cette triste cérémonie tous « les effets funestes et étrangers qu'elles n'ont jamais, tels « que la stérilité des campagnes, ce dont il n'est pas aisé « de les détromper. Pardonnez-moi ces réflexions, à Dieu « ne plaise que je veuille endoctriner mes maîtres et décli-« ner leurs ordres ; je sais ce que je dois à l'église, au roi « et à la religion. »

C'est le dimanche 11 juin 1775, jour de la Trinité, que le sacre du roi eut lieu dans l'église métropolitaine de Reims, avec le cérémonial habituel. Louis XVI ne se rendit pas à Corbeny « à cause des chemins qui étaient impraticables et le passage de la rivière peu sûr. » La châsse de Saint-Marcoul fut amenée à Reims en procession, et saluée sur son passage par les populations qui se pressaient autour des reliques. Après une messe d'actions de grâces, Louis XVI se rendit dans le parc de l'abbaye de Saint-Remy où attendaient deux mille quatre cents malades. En outre, le roi, par un acte de clémence, fit délivrer cent douze prisonniers enfermés dans les prisons de Reims et leur fit distribuer vingt livres à chacun. Le jeudi 15 juin, il quitta l'arhcvêché pour se rendre à Versailles ; il s'arrêta à Compiègne, où il passa au château la journée du dimanche.

En exécution de l'ordonnance royale, Jean-Louis Desroys, écuyer des domaines du duc d'Orléans, fit mettre en vente par adjudication, le 16 septembre 1775, la seconde coupe extraordinaire des bois de la Tombelle, contenant trente arpents, soixante perches de taillis, six cent trente-deux arbres, tant chênes que faux charmes, situés dans le comté de Marle ; puis le bois de Berjaumont contenant dix-neuf arpents, trois cent quatre-vingt-six arbres, tant chênes que autres ; le bois de la Haie dans lequel trois cent soixante-cinq arbres étaient à vendre ; la *vente de Gercy* comprenant cinq arpents, quatre-vingts arbres, tant chênes que châtaigniers ; enfin, les *bocqueteaux* de la Tombelle, comprenant quarante bouleaux et chênes.

Le 26 septembre 1776, le présidial de Laon condamna Louis Duflot, fermier des moulins et tordoir de Thiernu, et les de Préscau, à reconstruire et rétablir le grand pont du chemin de Montigny, détruit par le dégel et force majeure du 5 février 1776 ; de curer et élargir la rivière du Vilpion ; d'en combler la brèche qui se trouve au-dessous de l'embouchure du canal et décharge de Rogny. *(Combier. Archives du Greffe de Laon, p. 66.)*

Déjà nous avons dit qu'il existait dans les archives du bailliage des déclarations de changement de domicile, faites en vertu de l'édit du mois de novembre 1719. Parmi ces déclarations on remarque, à la date du 20 septembre 1775, celle que fait Dom Thomas Renier, profès de la Congrégation de Saint-Maur, ordre de Saint-Benoît ; puis celle du prieur régulier de Saint-Nicolas d'Haudreville qui déclara avoir pris domicile dans le monastère de Saint-Hercourt, diocèse de Sens. Le 24 juillet 1779, le même prieur déclara avoir été demeurer dans le prieuré conventuel de Notre-Dame-du-Prez, dont il est prieur ; il énumère les biens, héritages et les droits de son bénéfice d'Haudreville et de Montceau-le-Neuf, il reconnaît que le prieuré d'Haudreville est à la nomination de l'abbé de Fesmy. La même année, dom Dominique Souillard, prieur régulier de Saint-Pierre de Marle, déclara demeurer par obédience de ses supérieurs dans l'abbaye royale de Saint-Riquier ; il dit en outre que les biens, droits et héritages de ses bénéfices consistent dans la moitié des revenus des moulins de Marle, franche et quitte de toutes réparations. C'était le seigneur de Marle qui faisait les baux pour le moulin. Depuis 1742, le meunier était chargé des menues et grosses réparations, « au préjudice du prieur, pourquoi il y eut un procès au grand conseil qui n'est pas encore jugé. » Le 11 octobre 1782, dom Martin, bénédictin, prieur d'Haudreville, déclara demeurer par obédience à Rocheville-les-Rouen. Il énumère aussi les biens constituant son bénéfice ; il avait, en sus de la moitié des revenus du moulin, deux tiers dans les deux tiers des grosses dîmes du terroir de Marcy, c'est-à-dire un neuvième dans les neuf gerbes de dîmes ; le prieur en avait quatre, l'abbé de Fesmy deux, et le curé de Marcy trois.

Pendant les années 1780 à 1782, une épidémie meurtrière frappa la population des campagnes. Cette maladie, qualifiée par les médecins d'alors de pleurésie, de péripneumonie ou de fièvre putride bilieuse, enlevait les malades au bout de sept jours ; elle était contagieuse et se répandit dans une grande partie du diocèse. Les habitants de Sons, de Ronchères, de Châtillon, de Pargny, de La Neuville-Bosmont en furent particulièrement atteints. Dans le village de Sons, soixante personnes succombèrent.

Au mois d'août 1780, mourut l'abbé Deswez, prêtre-curé des paroisses de Marcy, Haudreville et Behaine, âgé de soixante-cinq ans ; il fut enterré dans le chœur de l'église de Marcy sous une tombe en pierre bleue, qui, depuis, a été transportée près du portail, exposée aux injures du temps. L'église de Marcy, construite en pierres et en grès, conserve des restes de l'architecture romano-ogivale ; le chœur fut réparé en 1512 et le portail en 1780.

La naissance du Dauphin, le 11 novembre 1781, donna lieu à des réjouissances publiques, un *Te Deum* fut chanté dans l'église Notre-Dame, en présence de toutes les autorités.

Un esprit de révolte travaillait les populations des campagnes ; les ouvriers devenaient exigeants et n'entendaient pas que les fermiers prissent d'autres ouvriers à la place de ceux qui ne voulaient pas travailler aux conditions ordinaires. Les désordres devenaient graves ; pour y remédier, le présidial de Laon porta, le 3 août 1780, une ordonnance ainsi conçue :

> Nous, faisant droit sur le réquisitoire du procureur du roi, ordonnons qu'il en sera référé à la Cour ; cependant, par provision, ordonnons : tous les ouvriers gagés par les laboureurs pour la moisson, de travailler sans délai, ni retard, sous les ordres et suivant les besoins de leurs maîtres. Leur défendons expressément de suspendre, interrompre ou discontinuer les travaux sous tel prétexte que ce puisse être, d'exiger de plus fortes compositions que celles arrêtées et convenues avant la moisson entre eux et les laboureurs, de s'attrouper, de faire des menaces, violences ou voies de fait, soit à l'égard de ceux d'entre eux qui veulent travailler, soit à l'égard des laboureurs ; leur permettons même d'employer d'autres ouvriers au refus persévérant de ceux par eux précédemment engagés à leurs risques, périls et fortune ; faisons également défense de menacer ou maltraiter lesdits ouvriers substitués, le tout à peine pour les contrevenants d'être poursuivis extraordinairement et punis suivant la rigueur des ordonnances Donnons acte audit procureur du roi de sa plainte contre les nommés : Person, Maximilien Lami, Bertrand Robert, Leverte, Nicolas Floupert gagés pour faire la moisson aux fermes de Clermont, de la subdélégation de Marle, comme étant lesdits particuliers, chefs et autres de l'association

formée entre les moissonneurs contre leurs maîtres ; lui permettons de faire informer contre eux et leurs complices, fauteurs et adhérents ; ordonnons que notre présent jugement sera, à la diligence du procureur du roi, imprimé, lu et publié, affiché partout où besoin sera, notamment à Montcornet, Dizy et Clermont ; enjoignons aux officiers des lieux, aux maires et syndics d'y tenir la main et de dénoncer les contrevenants audit procureur du roi.

Fait et rendu en la Chambre du Conseil de l'auditoire et palais royal de Laon, lesdits jour et an, et est le présent signé : Marquette de Vilers, lieutenant criminel ; Laurent de Montigny, de la Campagac, Dagneaux et Pétré, leurs conseillers.

Un arrêt de la Cour du Parlement confirma cette ordonnance en y ajoutant un article concernant le prix à payer aux fermiers. Conformément à cet arrêté, les officiers du bailliage de Marle défendirent par différentes sentences les attroupements, les assemblées de moissonneurs, et le glanage dans les champs avant l'enlèvement complet des récoltes. La maréchaussée était chargée de faire exécuter ces prescriptions, elle y réussissait difficilement ; les brigades de Marle et de Montcornet avaient de la peine à dissiper les attroupements de moissonneurs, notamment à Cuirieux et à Caumont. Des arrestations eurent lieu, les délinquants furent condamnés à des peines diverses : à l'amende, au blâme, ou à de simples admonestations avec affichage du jugement de condamnation.

Le 8 septembre 1780, le pays eut à souffrir d'un orage si terrible « que pendant plus de trois heures, il tomba des torrents d'eau, ouvrant de profonds ravins, emportant les terres, renversant des clôtures et des bâtiments. »

Chaque année, en vertu du règlement du 18 avril 1742, le bailli, accompagné du procureur fiscal et assisté de son greffier, se transportait dans certaines communes sur la place publique, pour tenir les assises.

Dans un plaid tenu à Mortiers en 1780, par l'Eleu de

Laon, il fut défendu aux habitants de tirer des coups de fusil, lors des baptêmes, à peine d'amende arbitraire.

Au mois de janvier 1782, la fonte subite des neiges fit déborder la Serre et ses affluents ; il était tombé auparavant beaucoup de neiges, et le froid avait été rigoureux. La misère du temps, le prix élevé des grains et l'humidité déterminèrent des maladies de poitrine, qui firent beaucoup de victimes dans les villages du doyenné.

Cette même année, des travaux de réparations furent exécutés sur la nouvelle route de Marle à Laon, établie vers 1750. Une reconstruction des trois ponts de Marle avait eu lieu en 1775, l'ingénieur Du Perron fut chargé de la réparation du grand pont établi sur le Vilpion *(Pont rouge)*.

L'ancien sciage du blé à la faucille obligeait les fermiers à employer un grand nombre d'ouvriers agricoles, qu'il était difficile de réunir ensemble à cause de leurs origines différentes. Reconnaissant ces inconvénients, les cultivateurs des environs de Marle résolurent de remplacer les scieurs par des faucheurs. Cette résolution souleva des contestations entre les cultivateurs et les moissonneurs, au point que l'administration supérieure crut devoir intervenir.

A la requête du procureur du roi, le présidial de Laon rendit une ordonnance qui fut approuvée par un arrêt de la Cour du Parlement ; elle était ainsi conçue :

> Vu par la Cour la requête présentée par le procureur général du roi, contenant qu'il a eu avis que, depuis quelque temps des laboureurs-cultivateurs résidant dans l'étendue du ressort du bailliage de Marle se sont immiscés de faire faucher leurs blés, au lieu de les faire scier ; que la Cour, par différents arrêts, a défendu aux propriétaires et cultivateurs de faire faucher leurs blés par rapport à la perte que les propriétaires et les cultivateurs éprouvaient eux-mêmes en faisant faucher leurs blés, parce que, l'épi se trouvant plus agité par la faulx, beaucoup de grains sortent de l'épi, lorsque le grain était en pleine maturité, et comme il est très impor-

tant de renouveler les dispositions des arrêts et règlements que la Cour a rendus sur cet objet, afin qu'ils soient exécutés dans l'étendue du bailliage de Marle. A ces causes requérait le procureur général du roi, qu'il plût à la Cour faire défense à tous propriétaires et cultivateurs demeurant dans le ressort du bailliage de Marle, de faucher leurs blés sous peine de cent livres d'amende contre chacun des contrevenants, du double en cas de récidive, même d'être poursuivis extraordinairement, suivant l'urgence des cas : enjoindre aux officiers du bailliage de Marle et des officiers de justice des lieux, de tenir la main à l'exécution de l'arrêt à intervenir, aux officiers et cavaliers de la maréchaussée de prêter main-forte, si besoin est, pour l'exécution d'icelui, et aux syndics des paroisses de dénoncer les contrevenants au substitut du procureur général du roy au bailliage de Marle ; ordonner que l'arrêt sera publié, imprimé et affiché partout où besoin sera, notamment dans la ville de Marle et dans toutes les paroisses situées dans le ressort du bailliage, et que l'arrêt sera lu, chaque année, au commencement de juillet, à la porte des églises des paroisses, au sortir de la messe paroissiale, à la requête du substitut du procureur du roy au bailliage de Marle et des procureurs fiscaux des justices des lieux, à la dite requête signée du procureur général du roy. Ouï le rapport de maître Adrien Lefèvre, tout considéré ;

La Cour fait défense à tous propriétaires fermiers, laboureurs et cultivateurs demeurant dans l'étendue du ressort du bailliage de Marle, de faucher ou faire faucher leurs blés sous peine de cent livres d'amende contre chacun des contrevenants, du double en cas de récidive, même d'être poursuivis extraordinairement suivant l'exigence des cas, enjoint aux officiers du bailliage de Marle et aux officiers de justice des lieux, de tenir la main à l'exécution du présent arrêt, aux officiers et cavaliers de la maréchaussée de prêter main-forte, si besoin est, pour l'exécution d'icelui, et aux syndics des paroisses, de dénoncer les contrevenants au substitut du procureur général du roy, au bailliage de Marle et dans toutes les paroisses situées dans l'étendue dudit bailliage, et qu'il sera lu, chaque année, au commencement de juillet, à la porte des églises des paroisses au sortir de la messe paroissiale, à la requête du substitut du procureur général du roy, au bailliage de Marle et des procureurs fiscaux des justices desdits lieux.

Fait au Parlement le vingt-six juillet, mil sept cent quatre vingt-deux.

Ainsi les cultivateurs n'étaient pas libres de faire faucher leurs blés.

En 1783, un nommé Mangin, habitant Marle et se disant Suisse d'origine, s'appuyait sur l'édit du roi de 1781. pour être exempt du logement des gens de guerre. Il adressa à l'intendant de la généralité de Soissons une requête, dans laquelle il disait que les officiers municipaux de la ville de Marle n'avaient en vue que leur intérêt personnel plutôt que celui des habitants, que quelques-uns de ces officiers étant marchands favorisaient leurs clients. Les membres de la municipalité, dans une supplique à l'intendant, réfutèrent les allégations mensongères de Mangin, et le prièrent d'ordonner des mesures pour « éviter dans la suite toute
« critique envers les officiers municipaux qui ne cherchent
« qu'à rendre une justice distributive en remplissant les
« charges qu'il a plu au roi de leur accorder, et éviter
« aux dits officiers la critique par la populace, tandis qu'ils
« ne cherchent que le bien de la chose publique ; après
« avoir acheté des charges, on voudrait, sans doute, les
« faire déchoir et leur envahir le peu de privilèges qu'ils
« ont ». On voit dans ce Mémoire, qu'alors il y avait à Marle environ trois cent trente cotes de taille et plus de deux cents maisons sujettes au logement militaire.

Ce Mangin avait été collecteur de tailles et en cette qualité, « avait occasionné des troubles dans la communauté ».

Par ordonnance de l'intendant, en date du 18 juin 1783, Mangin fut débouté de sa demande.

A cette époque, Lehault était maire de Marle, Ducrot, premier échevin, Fillon, assesseur, Bourbier, procureur du roi, et Maillard, lieutenant de mairie.

En 1784, à Bois-les-Pargny, naquit un monstre humain. « Il était aveugle, n'ayant pas de globes dans les orbites

« de l'œil ; à chaque oreille lui pendait une excroissance
« de chair semblable aux boucles d'oreilles alors à la mode ;
« sa main droite n'avait qu'une phalange à la place du
« pouce. Le pouce manquait à la gauche, et le pied droit
« ne portait que quatre doigts. L'organe sexuel, pas plus
« gros qu'un grain d'orge, fit prendre cet enfant pour une
« fille et le fit baptiser sous le nom d'Antoinette ; mais
« l'erreur ayant été reconnue, il fut nommé Antoine ».
(*Melleville.*)

Dans le même village, on peut voir encore à l'ancien château une échauguette recouverte d'un toit pointu, et un pavillon carré portant la date de 1611, flanqué de quatre tourelles en encorbellement. Le rez-de-chaussée est voûté en briques, au-dessus est un vaste appartement avec une grande cheminée au manteau élevé, à la plaque armoiriée. Sous ce monument serpentent des souterrains qui servaient de refuge aux habitants lors des invasions ennemies, notamment à l'époque de la Fronde.

Le 4 mai 1785, on apprit à Marle qu'un incendie considérable avait, la veille, détruit, en partie, le bourg de Rozoy-sur-Serre. Deux auberges, treize maisons, des granges et d'autres bâtiments avaient été la proie des flammes. L'imprudent qui avait mis le feu fut la première victime, trois femmes périrent dans les flammes.

Un nouveau suicide mit en émoi la population marloise. Le 8 juin 1786, Duclos, valet de charrue, fut trouvé pendu dans son habitation, aucun des témoins ne voulut le dépendre avant l'arrivée de la justice, qui se livra à une enquête sur les faits et gestes du suicidé.

Le 25 octobre 1786, par-devant Tilorier, François-Laurent, avocat au Parlement, bailli de la justice, terre et seigneurie de la Tombelle, comparut Jean-Pierre Le Clerc, notaire à Marle, substitut du procureur fiscal, en la prévôté de Marfontaine, lequel, au nom et comme fondé de pouvoir du puissant seigneur Emmanuel-Louis-Marie de Noailles, marquis, chevalier de Saint-Louis, grand'croix de Saint-Lazare, gentilhomme de la chambre de Monsieur, frère du roi, ambassadeur, seigneur de Marfontaine, Voharies, Rougeries, Berlancourt, La Neuville-Housset, Sons et autres lieux, a déclaré que le marquis de Noailles avait acheté solidairement avec Madame Charlotte d'Hallencourt de Dromesnil, son épouse, à Charles Dennequin, moyennant trente-six mille livres, la moitié de la seigneurie de Voharies, consistant en haute, moyenne et basse justice, un manoir et ses dépendances, relevant et mouvant en fief de messire Laurent-Antoine Fouant, écuyer, sous-brigadier dans la compagnie des gardes de la porte du roi, seigneur de la Tombelle.

Le Clerc déclara faire, au nom du marquis de Noailles, foi et hommage au sieur Fouant, à cause de la terre et seigneurie de Voharies et payer le droit de chambellage, soit douze livres ; de cette déclaration, il fut délivré, au château de la Tombelle, un acte que signèrent les sieurs Fouant, Le Clerc, Tilorier et autres.

Déjà, le 17 mars 1780, Nicolas Marville, régisseur de la terre de Marfontaine, avait, par-devant l'avocat Tilorier, rendu foi et hommage, au nom du marquis de Noailles, à Laurent-Antoine Fouant pour la moitié de la terre seigneuriale de Voharies, qu'il avait achetée de différents particuliers, l'année précédente.

Cette même année, les habitants de Marle apprirent que l'intendant du duc d'Orléans avait donné des ordres pour faire abattre les ormes de la promenade du Bail. Cette décision émut vivement la population ; le Bail, comme nous l'avons dit, était une promenade publique dont les habitants jouissaient depuis longtemps. Le 7 août, les officiers municipaux adressèrent au duc Louis d'Orléans un mémoire motivé, rappelant que le Bail, situé au midi de la ville, lui avait toujours appartenu et que les allées d'arbres abritaient les promeneurs pendant la belle saison. Ils supplièrent le prince de renoncer à son projet et de laisser les arbres ; la question de propriété fut résolue par la Révolution.

L'année 1787 peut être considérée comme le point de départ du nouvel ordre de choses. Pour remédier à l'état déplorable des finances et pour répondre aux aspirations de la nation, Louis XVI convoqua des assemblées de notables. Chaque généralité formait plusieurs assemblées départementales et une assemblée provinciale. En exécution d'un édit royal du mois de juin 1787, le roi ordonna qu'une assemblée provinciale se tiendrait à Soissons le 5 juillet ; la province était divisée en cinq élections, le roi nommait la majeure partie des membres de l'assemblée. Le 11 août, l'assemblée provinciale entra en session, sous la présidence du comte d'Egmont. Des décisions pleines de sagesse furent prises dans ces assemblées pour une répartition plus équitable des impôts ; mais elles ne donnèrent pas un résultat assez satisfaisant et on dut convoquer les Etats généraux.

Pendant l'automne de 1787, des maladies contagieuses se déclarèrent dans quelques villages des environs de Marle et firent de nombreuses victimes. Le docteur Berge fut nommé médecin en chef des épidémies. Il se mit en relation avec les chirurgiens de Marle, qui devaient lui signaler le nombre des malades, les moyens curatifs employés et les effets obtenus. Des boîtes de secours étaient déposées dans les bureaux intermédiaires. Mais à des malades il ne faut pas seulement des médicaments, il leur faut encore des aliments réparateurs, surtout aux convalescents ; les ressources limitées, dont disposait l'administration, ne permirent pas d'accorder des secours réellement efficaces.

L'abbé Martin, vicaire à Montcornet, préconisait cinq sortes de pain fabriqué soit avec la bouillie de riz ou de la bizaille, des pommes de terre ou de la dravière ; cette alimentation grossière, non-seulement était insuffisante, mais elle n'était pas à la portée de tous les besoigneux. D'autres moyens économiques furent encore proposés, par exemple, de la soupe au riz ; mais ces moyens ne pouvaient produire un effet salutaire pour la santé.

Une grêle effroyable ravagea, le 15 juillet 1788, toute la Picardie et le Soissonnais. Autour de Laon, des communes entières ne récoltèrent pas même assez de grains pour ensemencer leurs terres. *(Fleury.)* L'hiver arriva dès le mois de septembre et le froid fut très intense. La rigueur de la température augmenta encore la famine. Au mois de mai suivant on était encore obligé de faire du feu ; les bois et les forêts étaient dévastés. Par suite du froid, la moisson fut peu abondante. A cette époque calamiteuse, Marle ne pouvait plus nourrir ses pauvres, les marchés étaient peu approvisionnés en grains.

Ce fut le 5 mai 1789, qu'eut lieu l'ouverture des Etats généraux ; le roi ayant reçu les députés, le 3 mai, il fut d'abord procédé à la vérification des pouvoirs. Le Tiers-État désirait que cette vérification fut faite par les trois ordres réunis, la Noblesse refusa, le Clergé aussi ; cependant, l'abbé Oger, curé de Saint-Pierremont, vota pour la réunion. Ce prêtre avait été nommé quatrième député de l'ordre du Clergé du bailliage de Vermandois, dans l'Assemblée générale du 16 mars. Il était le fondé de pouvoir des curés de Quincy et de Coucy-la-Ville ; comme le curé de Marle, Chollet représentait ses confrères de Berlancourt et de Ribemont, ainsi que l'abbé Maréchal, curé de La Neuville-Bosmont, l'abbé Renaud, curé d'Ebouleau et autres du doyenné de Marle.

En 1789, les habitants de la paroisse de Sons, n'ayant que deux puits pour alimenter la commune, étaient obligés, en temps de sécheresse, d'aller à Marcy avec des tonneaux prendre dans le Vilpion l'eau nécessaire à leurs besoins. Ils demandèrent à l'intendant l'établissement de deux mares et le forage de nouveaux puits. La reconstruction du clocher et de la nef de l'église ayant occasionné des dépenses, il fut établi des rôles de répartition entre tous les habitants, pour payer les sommes imposées.

Les habitants de Châtillon adressèrent les mêmes plaintes au sujet de l'eau ; ils n'avaient qu'un seul puits pour tout le village, situé à cent dix-neuf mètres d'altitude. Ils demandèrent de nouveaux puits et consentirent à payer les réparations faites à l'église et au presbytère.

Les populations, irritées du prix élevé des grains, se livraient à toutes sortes de désordres, pillant les voitures chargées de blé, s'emparant des sacs et en faisant la distribution. Des troupes furent envoyées à Marle pour réprimer ces désordres que l'autorité locale était impuissante à maîtriser.

Le 13 juillet 1788, dans la matinée, un orage d'une violence inouïe éclata accompagné d'une grêle considérable qui brisa les toitures, les arbres et anéantit complètement les récoltes dans un circuit de plus de douze lieues. Les pertes furent énormes, elles furent évaluées à deux cent trente-huit mille livres pour quarante-deux paroisses de l'élection de Soissons.

La Thiérache vit se renouveler la misère de la guerre de Trente-Ans. La moisson rendit moitié moins qu'une année ordinaire. Il ne restait plus de vieux blés. Les marchands de Charleville en avaient enlevé d'énormes quantités pour l'exportation. « Le blé nouveau, quoiqu'il fût de mauvaise qualité, monta de dix-huit à vingt-sept livres en pleine moisson et tendait à la hausse. Au mois de novembre, la livre de pain se payait cinq livres sur le marché de Château-Thierry. »

Pour ajouter à ces désastres, l'hiver fut très rigoureux, la neige tomba en abondance dans le mois de décembre et interrompit la circulation. Le 15 décembre, le froid fut extrêmement vif et, le 1er janvier 1789, le thermomètre Réaumur descendit jusqu'à vingt degrés au-dessous de zéro. Cette basse température persista presque aussi rigoureuse jusqu'au 15 février, date à laquelle commença le dégel.

La misère était extrême, la municipalité de Marle fit distribuer aux indigents deux cents livres de riz accordées par le gouvernement. Le 7 mai 1789, des visites domiciliaires furent faites pour constater la quantité de vivres qui existait dans la ville. Cette quantité fut trouvée insuffisante et il fut défendu aux habitants de rien vendre au dehors. Il fut constaté qu'il existait dans les greniers dix-huit cents jalois de blé et de seigle, du poids de quatre-vingt-quatre livres le jalois. Pour occuper les ouvriers, la municipalité décida que le pont de Béhaine serait réparé et que deux arceaux seraient élevés sur les ravins de la vallée des *Noirs-Trous*.

Afin de parer à toutes les éventualités et de résister aux troupes de vagabonds qui parcouraient les campagnes, les habitants de Marle s'organisèrent en quatre compagnies de milice, sous les ordres des capitaines Leroy, de Guyon, Luquet et de Fresnel ; le 17 mai, les miliciens étaient en état d'assurer la tranquillité.

Le 24 janvier 1789 parurent des lettres du roi, ordonnant de procéder aux élections des députés aux Etats généraux, convoqués à Versailles pour le 27 avril. Les bailliages de

Noyon, de Chauny, de Marle et de La Fère se réunirent à Laon en mars pour nommer trois députations composées chacune de quatre membres, dont un pour le clergé, un pour la noblesse et deux pour le tiers-état.

Au mois de juillet, au moment où les blés commençaient à mûrir, on apprit à Marle qu'une bande de malfaiteurs se répandait dans les campagnes vers Soissons et Rozoy, coupant les blés en vert. Aussitôt les populations s'arment de fusils, de fourches et s'apprêtent à courir sus aux *Carabots*, que l'on n'aperçoit nulle part. De Marle, un courrier est envoyé à Vervins pour demander le secours de la garde en cas d'attaque. En attendant, la milice de Marle est sous les armes, prête à se porter au devant des brigands ; mais des habitants envoyés à leur recherche rassurent leurs concitoyens en disant que c'est une fausse alerte.

Malgré une pluie persistante qui fit craindre un instant pour la récolte, au mois d'août s'acheva la moisson des seigles ; celle du blé commença et donna une récolte moyenne. Néanmoins, par mesure de prudence, la municipalité de Marle demanda à l'intendant de Soissons l'envoi d'un détachement de cavaliers en garnison à Charleville, pour dissiper les attroupements et assurer la tranquillité.

Il était défendu, par un arrêté de l'intendant de la généralité, de vendre du blé dans les greniers, excepté aux gens du lieu et à petite mesure. Néanmoins l'exportation se faisait sur une grande échelle, ce que voyant les populations des campagnes se jetèrent sur les voitures chargées de grains pour les piller.

Lorsque le décret du 4 août, qui abolissait la féodalité et les droits de gabelle, fut connu à Marle, le peuple crut dans quelques endroits que tout ce qui le vexait allait disparaître, il refusa de payer les contributions, notamment l'impôt sur le sel, objet de première consommation. C'est ce que démontra le député de Guise, Viéville des Essarts, à l'Assemblée nationale. « Il coûte chaque année, dit-il, la vie et la liberté à des milliers d'hommes, il donne lieu à des vexations continuelles, à des horreurs et à des inquisitions de toute espèce. »

Il fut décrété par l'Assemblée Nationale, le 6 octobre 1789, que chaque citoyen serait tenu de verser dans les caisses de l'Etat le quart de ses revenus, plus deux et demi pour cent de la valeur de ses bijoux et de son argenterie. A cet effet, un registre fut ouvert à la maison commune pour inscrire les dons patriotiques des citoyens ; nous verrons plus tard ce que produisit le patriotisme des Marlois.

Parmi les membres de la noblesse du Vermandois figuraient les nobles possédant des seigneuries dans le doyenné de Marle : Messire Grégoire-Alexandre de Signier, chevalier, seigneur de Rogny et Lugny ; M⁰ Louis Méry de Bayard, chevalier, seigneur de Marcy-sous-Marle ; M⁰ Le Carlier, seigneur de Vesles ; M⁰ Guislain de Béthune, seigneur de La Neuville-Bosmont, qui se fit représenter ; ainsi que messire du Fay d'Athies et de Béthune, seigneur de la baronnie de Pierrepont, et M⁰ de Lange, seigneur de Bournonville.

Les députés du bailliage de Marle furent : Jean-Louis de Torcy, chevalier de Saint-Louis, et Philbert Maillard, marchand drapier ; ils signèrent et présentèrent le cahier des doléances du tiers-état du bailliage secondaire de Marle.

Parmi les administrateurs élus du département de l'Aisne, figuraient : Ancelot, laboureur à Berlancourt, près de Marle, et Soyer, laboureur à Saint-Pierremont. L'assemblée départementale fut remplacée le 13 juillet, veille de la

Fédération, par les membres du Directoire, au nombre desquels était le citoyen Ancelot de Berlancourt [1].

L'article 21 du cahier des doléances du bailliage de Marle s'exprime ainsi :

« La ville de Marle n'a aucun revenu, ni biens communaux, elle a pour environ mille livres de charges locales et annuelles qui se payent au marc la livre de la taille ; elle avait autrefois des biens patrimoniaux, qui ont été vendus dans le temps des guerres de Louis XIV, pour satisfaire aux contributions. Ladite ville désirerait rentrer en remboursement du prix desdites aliénations... » [2].

Pendant les années 1789 à 1790, une épidémie sévit notamment dans les paroisses de Marcy et de Montigny-le-Franc. A la même époque, une maladie épizootique frappait les villages de Vesle, de Caumont et de Pierrepont, elle fut traitée par le vétérinaire Lacueille qui constata une grande mortalité. Il fut alors question du dessèchement des marais formés par la rivière la *Souche*.

---

[1] Nous donnons aux pièces justificatives, le cahier des doléances du bailliage de Marle. On trouvera dans l'ouvrage de Fleury : *Elections aux Etats généraux*, les doléances des communes de : La Neuville-Bosmont, Bosmont, Goudelancourt-les-Pierrepont, Saint-Pierremont, Marcy, Cilly, Montigny-sous-Marle.

L'église de Bosmont possède une cuve baptismale du XII° siècle qui consiste en un chapiteau renversé, orné de feuillages.

[2] La situation financière de Marle est encore la même aujourd'hui, elle n'a pas d'autres ressources que les centimes additionnels.

Époque révolutionnaire.

1790-1800

En vertu d'un décret de l'Assemblée nationale, rendu le 6 janvier 1790, l'Assemblée primaire de Marle fut convoquée, le dimanche 16 février, pour élire les membres de la nouvelle municipalité.

A dix heures du matin, les officiers municipaux en exercice et les autres citoyens actifs se réunirent à l'Hôtel-Dieu, à cause de l'insuffisance du local de l'*Hôtel-de-Ville*. L'Assemblée était présidée par Mennechet, doyen d'âge, et deux assesseurs. Comme la population excédait le chiffre de cinq cents âmes, le nombre des citoyens à élire devait être de dix-neuf : six officiers municipaux y compris le maire, un procureur de la commune et douze notables. Après la lecture du décret de convocation, il fut procédé à la nomination d'un président de l'Assemblée et d'un secrétaire par un seul bulletin. Le dépouillement du scrutin donna le résultat suivant : l'abbé Chollet, curé de la paroisse Notre-Dame et de Saint-Martin de Marle, fut élu président de l'Assemblée, et le citoyen Remy, ci-devant greffier de l'Hôtel de Ville, élu secrétaire ; Chollet et Remy, ayant accepté, prêtèrent serment en ces termes : « Nous « jurons de maintenir de tout notre pouvoir la Constitution « du royaume, d'être fidèles à la nation, à la loi et au roi, « de choisir en notre âme et conscience les plus dignes de « la confiance publique, de remplir avec zèle et courage, « les fonctions civiles et politiques qui pourraient nous être « confiées. »

La séance, levée à midi, fut reprise à deux heures. Dès l'ouverture, le curé Chollet et le secrétaire prirent place au bureau. Il fut ensuite procédé au choix de trois scrutateurs pour dépouiller les votes. Le scrutin donna pour résultat la nomination du citoyen Delamer, procureur de l'ancien bailliage ; Ducrot et Bourbier, officiers municipaux sortants. Il fut ensuite procédé à la nomination d'un maire, par scrutin individuel ; les billets, déposés dans un vase, furent comptés et dépouillés : Louis Leroy de Torcy, chevalier de Saint-Louis, ancien capitaine de dragons, fut élu. Cet officier avait été nommé déjà député aux États généraux.

Il fut procédé le lendemain, de la même façon, au choix de cinq membres, devant former le Conseil. Furent nommés : 1° Bourbier, ci-devant procureur de l'Hôtel de Ville ; 2° Faroux, curé de l'église Saint-Nicolas ; 3° Ducrot, ancien premier échevin ; 4° Maillard, ex-lieutenant de Marle ; 5° Dhiver, notaire ; 6° Nicolas Lefebvre, laboureur, et Parent Nicolas, maître chirurgien, suppléants.

Les cinq premiers élus formèrent le Conseil communal. Lorsqu'ils eurent prêté serment, on procéda à la nomination de douze notables ; ces notables devaient se joindre au Conseil municipal pour former le Conseil général de la commune.

Les élections étant complètes, les nouveaux élus se rendirent sur la place de l'Hôtel de Ville, où se trouvaient la milice bourgeoise sous les armes et un grand nombre de citoyens ; à l'appel de leurs noms, les magistrats prêtèrent le serment de maintenir, de tout leur pouvoir, la Constitution du royaume, d'être fidèles à la nation, à la loi et au roi et de bien remplir leurs fonctions.

Le maire, Leroy de Torcy, étant mort le 15 mars 1790, il fallut procéder à une élection ; l'Assemblée générale nomma, le 25 suivant, comme maire, Fouant de la Tombelle, chevalier de Saint-Louis, capitaine d'invalides de première classe, qui prêta le serment requis.

L'Assemblée Nationale avait divisé la France en départements et en districts. Les villes de Soissons et de Laon se disputaient l'honneur d'être le chef-lieu du département ; chacune des villes faisait valoir les raisons qui militaient en sa faveur. Dans son embarras, l'Assemblée Nationale convoqua les électeurs à Chauny, au nombre de quatre cent cinquante. A la presque unanimité, la ville de Laon fut choisie comme chef-lieu du département ; par compensation, comme il ne fallait plus qu'un évêque par département, la ville de Soissons conserva son siège épiscopal.

L'Assemblée Nationale ratifia le choix des électeurs, et, par un décret du 2 juin 1790, nomma la ville de Laon, chef-lieu du département de l'Aisne.

La ville de Marle désirait être choisie comme chef-lieu de district, elle adressa aux membres de l'Assemblée Nationale un intéressant mémoire (que l'on peut lire aux pièces justificatives) dans lequel furent longuement motivées les raisons exposées en faveur de Marle. Les officiers municipaux firent, le 18 septembre, près des électeurs des communes environnantes, des démarches pour obtenir leurs voix en faveur de Marle ; mais leurs efforts ne furent pas couronnés de succès. Guise et Vervins travaillaient, de leur côté, dans le même but.

L'Assemblée Nationale choisit la ville de Marle comme lieu de réunion des électeurs et décida que, le 7 juillet, à sept heures du matin, aurait lieu l'assemblée pour procéder aux délibérations (nomination des administrateurs) et opérations ordonnées par la proclamation du roi.

Le 26 janvier, l'Assemblée Nationale, devenue *Constituante*, décréta l'établissement de six districts et en fixa les chefs-lieux à Laon, Soissons, Guise ou Vervins, Saint-Quentin, Château-Thierry. Marle dut se contenter d'être un chef-lieu de canton du district de Laon, comprenant :

Attencourt, Autremencourt, Behaine, Bosmont, Châtillon-les-Sons, Cilly, Cohartille, Cuirieux-Eraucourt, Erlon, Froidmont, Marcy, Montigny-le-Franc, Montigny-sous-Marle, La Neuville-Bosmont, Richemont, Saint-Pierremont-Rary, Sons-et-Ronchères, Thiernu, Toulis, Voyenne.

La commune de Voyenne offrit à l'Assemblée départementale un bénéfice net de trois cents francs sur la somme de mille livres formant le produit des dîmes affermées précédemment dans cette paroisse. L'Assemblée décida qu'il serait fait, « à la diligence de la municipalité de Voyenne,
« une sommation à l'abbaye Saint-Jean de Laon de
« déclarer dans le jour de la notification, si elle entendait
« percevoir ou faire percevoir dans l'étendue du territoire
« de Voyenne la dîme, à la charge de compter du produit
« d'icelle sur l'évaluation qui en sera faite et, en cas de
« refus, que la municipalité, conformément aux règlements,
« serait tenue de procéder incessamment, affiche préala-
« blement apposée, à l'adjudication des dites dîmes, le prix
« de laquelle ne pourrait être moindre que celui fixé par
« la dite requête présentée par la municipalité et duquel
« elle demeurerait responsable. »

Voyenne fut ravagée coup sur coup par deux orages violents, le premier le 29 juillet, et l'autre, accompagné d'une grêle épouvantable, le 27 août 1790. Les récoltes furent totalement ruinées.

Tous les fonctionnaires, les évèques et les curés étaient à la nomination du peuple ; le 24 octobre 1790, une assemblée primaire des citoyens actifs du canton de Marle fut réunie à l'Hôtel-Dieu pour procéder au choix d'un juge de paix. Après avoir nommé un secrétaire et des scrutateurs, et entendu la lecture des décrets de l'Assemblée du 24 août et de l'arrêt du directoire du département, le scrutin fut ouvert. Charles Delamer, procureur du ci-devant bailliage de Marle et procureur de la commune, fut élu juge de paix par trois cent vingt-six voix sur six cent dix-huit votants. Ensuite il fut procédé au choix de quatre assesseurs, ce furent : Leclère, notaire ; de Fresnel, ci-devant conseiller du roi, son procureur au grenier à sel ; Fouant de La Tombelle le jeune ; Me Dhiver, notaire ; tous les élus, ayant accepté leurs fonctions, prêtèrent le serment de les bien remplir.

La nomination de Delamer, comme juge de paix, entraînant sa déchéance de procureur de la Commune, l'avocat Tilorier fut nommé à sa place.

Dans une Assemblée électorale présidée par Tilorier, le 18 novembre, il fut tiré au sort pour désigner les trois officiers municipaux et les deux notables qui devaient se retirer. L'abbé Faroux ayant donné sa démission d'officier municipal, il fut aussi procédé à son remplacement, et à la nomination d'un trésorier de la commune, place vacante par suite de la démission du citoyen Doin.

Par un arrêté du 22 novembre 1790, l'administration du département de l'Aisne établit un Tribunal de Commerce à Marle. Cette ville était, en effet, un centre d'affaires commerciales ; mais la misère du temps, les préoccupations politiques ne permirent pas à cette institution nouvelle de prospérer.

Des troubles continuels avaient lieu parmi les populations, à cause de la cherté des vivres et des idées révolutionnaires qui se répandaient dans les masses. Des voitures chargées de grains étaient pillées, le blé partagé ou vendu à vil prix. Les femmes surtout se faisaient remarquer par leur acharnement et par leur fureur. Pour prévenir ces désordres, l'administration départementale arrêta que des pelotons de dragons seraient envoyés en patrouilles dans les paroisses d'Erlon, de Rogny et de Lugny, tant de jour que de nuit, pour empêcher les attroupements, prévenir les désordres et faire exécuter les décrets de l'Assemblée Constituante. Comme complément à cette mesure, l'administration décida le 7 juillet, que cinquante hommes de troupes de ligne seraient envoyés à Marle, à poste fixe, pour arrêter les séditieux et les perturbateurs du repos public qui seraient conduits dans les prisons de Laon.

Le 14 juillet 1790, fut célébrée à Marle, la fête de la Fédération, en mémoire de la prise de la Bastille ; mais elle n'eut ni l'éclat, ni l'enthousiasme de celle célébrée à Paris. Un autel avait été dressé sur la place du Champ-de-Mars *(le Bail)* aux frais de la fabrique de l'église Notre-Dame [1] et des danses publiques eurent lieu sur le même emplacement.

Cette fête célébrée avec tiédeur à Marle fut, au contraire, l'objet d'une grande solennité dans la commune d'Ebouleau. L'incertitude du temps ne permettant pas de se rendre à

---

[1] Le Directoire avait défendu la célébration de cette fête à Marle par la lettre suivante :

Séance du 7 septembre 1790, neuf heures du matin.

« Le Directoire du département ayant eu connaissance par des voix amies et indubitables des inconvénients graves qui pouvaient résulter de la Fédération projetée à Marle, le 8 de ce mois, et qu'on lui avait dissimulée, a arrêté et arrête à l'unanimité, ouï son procureur général syndic, qu'il sera absolument sursis à tout rassemblement de Garde nationale à Marle ; enjoint au chef de ces gardes et aux citoyens qui les composent, soit de Marle, soit du canton, de se conformer au présent arrêté, et de porter aux officiers municipaux et à leur réquisition le respect et l'obéissance qui leur sont dûs, sous les peines portées par les décrets.

« Sera le présent arrêté imprimé et sur le champ communiqué à la municipalité de Marle, conjointement avec la Garde nationale, les troupes de ligne et la maréchaussée tenue de veiller à son exécution.

« Signé : LAURENT, *président ;* BEFFROY, LOISEL, DE BRY, PERIN, DEVISME, DU CREUX, RIVOIRE, GUILLART, GUINETTE, administrateurs ; BLIN, procureur général syndic. »

(Dossier *Alp. Lalouette*).

l'autel de la Patrie, les citoyens et citoyennes assistèrent en grand nombre à la messe ; le *Veni Creator* suivi du *Te Deum* fut chanté en musique.

Le 14 septembre, arrivèrent à Marle, cinq compagnies de volontaires nationaux et l'état-major ; les habitants protestèrent contre ce logement de troupes, alléguant que la ville ne possédait que cent quatre-vingts maisons susceptibles de loger. Il ne fut tenu aucun compte de leur protestation, et les troupes indisciplinées s'installèrent commodément, traitant les habitants d'aristocrates et faisant toutes sortes de menaces. Par bonheur, le général Rochambeau, de l'armée du Nord, envoya à Marle le capitaine de Hédouville avec mission de réduire à deux le nombre de compagnies, cette mesure soulagea un peu la population.

Le 12 octobre, Tilorier, procureur de la commune, notifia aux officiers municipaux l'arrêté du Directoire du département concernant le serment des prêtres. En conséquence, les curés et les vicaires furent invités à se présenter le 29 novembre, devant l'Assemblée communale, présidée par le maire Fouant de la Tombelle, assisté des officiers municipaux, en présence du procureur de la commune et du secrétaire Joseph Remy. Au jour et à l'heure fixés, sont introduits : Chollet François, prêtre du diocèse de Laon, curé de la paroisse Notre-Dame et de Saint-Martin, depuis 1777 ; les vicaires Simon Neveux et Louis-Nicolas Parent, prêtres. Tous déclarent exercer leurs fonctions et ajoutent que dimanche prochain, avant la messe, ils prêteront le serment exigé. Fidèles à leur parole, Chollet et ses vicaires se présentèrent le dimanche suivant devant la municipalité et devant le peuple assemblé, prêtèrent chacun le serment fixé par les décrets du 12 juillet : « d'être fidèles à la nation et au roi, de maintenir de tout leur pouvoir la Constitution décrétée par l'Assemblée

Nationale et acceptée par le roi ». Il leur fut ensuite donné lecture de leur prestation de serment.

Plus tard, le 25 février 1791, ils demandèrent à la municipalité d'insérer dans l'acte de leur prestation de serment ces mots : « Sous la réserve expresse des droits de la puissance spirituelle ».

Le 14 novembre, le curé Renard prononça dans l'église d'Ebouleau le serment constitutionnel. S'étant rétracté ensuite, il fut dénoncé par la municipalité. Renard Dubois, curé de Montigny-le-Franc, ayant aussi rétracté son serment, fut obligé d'émigrer avec le curé d'Ebouleau. Il fut remplacé par Philippe Leblanc, curé constitutionnel, qui, lui-même, cessa ses fonctions au mois de frimaire an II, après que l'église paroissiale eut été dévastée.

Le 6 décembre 1790, la municipalité mit en adjudication le fermage des *Fossés des Huguenots*, contenant environ huit jalois de terre (quatre-vingts verges le jalois), pour un bail de neuf années ; ils furent adjugés moyennant trente-sept livres par an à Louis Desaint, de Marle.

La rue du Bloc, qui paraît tirer son nom d'un bloc ou d'une table en grès, sur laquelle les coupables étaient exposés, attachés au carcan, était dans un mauvais état, surtout au coin de la maison des demoiselles Le Baron, où elle était impraticable. Les eaux, séjournant dans des trous, exhalaient une odeur malsaine. Les habitants du quartier adressèrent une pétition à la municipalité à l'effet d'obtenir la réfection de cette rue. La dépense fut évaluée à deux mille quatre cents livres ; mais, avant de commencer les travaux, la municipalité en fit la demande à l'administration du district.

Mgr de Bourdeilles, évêque du département, ayant refusé de prêter le serment constitutionnel, il fut pourvu à son remplacement. Comme nous l'avons dit, le peuple nommait à toutes les fonctions. Les élections eurent lieu le 31 janvier 1791. Les électeurs, au nombre de quatre cent quatre-vingts, réunis dans la cathédrale de Laon, prêtèrent individuellement le serment suivant : « Je jure de ne nommer que « celui que j'aurai choisi en mon âme et conscience, comme « le plus digne de la confiance publique et sans y avoir été « déterminé par dons, promesses, sollicitations ou me- « naces. » Après avoir nommé un président et un secrétaire, on choisit des scrutateurs ; l'abbé Faroux, curé de Saint-Nicolas de Marle, fut un des scrutateurs.

Au premier tour de scrutin, aucun des candidats n'ayant eu la majorité, il fut procédé à un second tour. Le Père Flamain de Cuissy, ayant refusé, l'abbé Marolles, député de Saint-Quentin, fut élu, le 3 février, contre l'abbé Tessier, curé de La Ferté-Milon. Une députation fut envoyée vers le nouvel évêque qui accepta sa nomination. Il fut sacré par M. de Talleyrand, évêque d'Autun, dans la chapelle des Tuileries, et présenté au roi, le 26 du même mois.

Des contestations s'élevèrent entre les communes de Marcy, Thiernu, Montigny, La Tombelle, Voyenne et Behaine, au sujet de la délimitation de leurs territoires. Les habitants de Behaine demandèrent à être réunis à la commune de Marle, sous la condition de supporter les charges locales. Cette réunion fut approuvée par le Directoire du département.

Le nouvel évêque fit sa tournée dans son diocèse et vint visiter la ville de Marle. Le *Courrier*, journal dirigé par le député Gorsas, dans son numéro du 11 mai 1791, donna, sur la réception de l'évêque Marolles, les détails suivants :

A Marle, l'évêque a été reçu avec tous les témoignages de la joie la plus vive. Sa conduite apostolique n'a pas peu contribué à augmenter les bonnes dispositions du peuple à son égard. Il a demandé et obtenu, par acclamation, son affiliation à la *Société des Amis de la Constitution*. Ah ! Monsieur, ajoute le citoyen qui nous écrit ces détails, si Pie VI excommunie les Talleyrand, les Marolle, nous méritons d'en avoir un peu notre part, nous qui ne voulons que des évêques choisis par nous, qui nous servons du bref du Saint Père comme d'un narcotique excellent, nous enfin qui brûlons du désir de le brûler et de vous fournir un acte bien plus plaisant, car la toile n'est pas à la veille de tomber. Oh ! ça ira ! Oh ! ça ira !

Le sieur Chollet et ses vicaires rétractèrent leur serment en le modifiant dans un sens qui constituait une véritable rétractation, néanmoins ils continuèrent à avoir la sympathie de leurs paroissiens. Le curé Chollet était un homme d'un grand mérite et d'une charité inépuisable ; il fut en lutte avec ceux-là mêmes qui devaient tout à sa bienveillance. Se promenant un jour avec le citoyen Delamer et l'abbé Pelletier dans le verger de ce dernier, il fut insulté et menacé d'être jeté à la rivière.

A propos de ces rétractations, le journal de Gorsas disait :

Tu te trompes, Pie VI ! Tel est le cri de rage que poussent les *Juliens* de Marle. Ce bref tant sifflé, tant conspué, tant pillé, vient de faire un grand miracle. Les abbés Chollet et Parent, égarés par les inspirations secrètes du *Tentateur*, avaient eu la faiblesse de prêter le serment exécrable. Un rayon de lumière parti du Vatican et réfléchi par le député de Péronne *(l'abbé Maury)* leur a fait voir nettement qu'ils s'étaient trompés. Nouveaux Théodose couverts d'un cilice et les yeux baignés de larmes, ils montent en chaire, tenant le saint bref à la main. Ils vomissent des imprécations contre le moment où leur bouche a pu proférer un parjure, livrant cette Assemblée Nationale à tous les démons infernaux et annonçant l'arrivée de l'Antéchrist. A ces paroles, toutes les dévotes se prosternent la face contre terre ; elles jettent des cris de désespoir et, grâce à la parole évangélique, les bonnes dames sont disposées à arracher les yeux à tous les apostats. Cependant l'infâme Société des Amis de la Constitution de Marle est sourde à la voix du S. Père, elle comble la mesure de ses attentats en dénonçant à la municipalité le zèle apostolique du bienheureux prédicateur. Mais ils ont beau faire, le moment prédit par l'Apocalypse est arrivé et le jour n'est pas loin où les hérétiques de Marle seront brûlés par le feu du ciel, le moyen d'en douter ? le maitre (l'abbé Chollet) l'a dit et les dévotes de Marle le répètent avec complaisance.

Le 20 février 1791, l'abbé Painvin, curé de Pontséricourt, desservant la paroisse de Saint-Pierremont en l'absence du député Oger, fut prié par le maire de lire au prône le mandement de l'évêque constitutionnel Marolles et de chanter un *Te Deum* à l'occasion de son élection à l'épiscopat. Le curé s'y refusa, déclarant ne reconnaître pour évêque que Mgr de Sabran. Le *Te Deum* fut alors chanté par les paroissiens à l'issue de la messe.

Un arrêté du Directoire du département de l'Aisne du 17 novembre 1791 réunit à Grandlup la ferme de Fay, qui appartenait autrefois à l'abbaye Saint-Vincent de Laon. Le même arrêté réunit au village de La Neuville-Bosmont la ferme de Richemont, ancien village fondé par Enguerrand III, en 1209, qui nommait des échevins.

J.-B. Sarrazin, curé de Chavigny et natif de Saint-Pierremont, se présenta, le 20 décembre 1792, devant la municipalité de Chavigny et déclara qu'il avait l'intention de sortir du territoire français, conformément à la loi du 26 août, et de se retirer en Angleterre, en passant par Dunkerque : un passeport lui fut délivré.

Dans le même mois, le tilleul séculaire situé sur la place publique de Saint-Pierremont fut vendu aux enchères et remplacé par un arbre de liberté (peuplier), qu'on planta en grande cérémonie, « en mémoire de la liberté conquise par les Français sur le despotisme ».

Des dissensions politiques s'élevèrent entre le curé de Marle Chollet et le club patriotique de cette ville. A ce sujet, Gorsas écrivait dans sa feuille politique :

Hélas ! on a bien raison de dire que tous ces vilains patriotes ont le diable au corps. La Société des Amis de la Constitution de cette ville a non seulement une correspondance suivie avec le prince des démons, mais Sa Majesté infernale la visite quelquefois. Une voisine, qui en sa qualité de ci-devant sorcière connait les tours de passe-passe du malin, l'a vu à plusieurs reprises descendre dans le club par la cheminée. Oui, mon Frère, nous écrit-elle, je l'ai vu par le trou de la serrure. J'ai vu le diable s'asseoir à la place du président, sous les traits de votre Bureau de Puézy ; voici à telle enseigne l'arrêté qu'il lui fit prendre, sur la motion de son cher fils, César Fresson, tendant à demander au Corps législatif la suppression des noms de commandants que portent les compagnies des régiments ; la Société, considérant que toute espèce de titres qui signifieraient une propriété quelconque sur des hommes voués au service de la Patrie, est un titre anéanti par l'esprit de la nouvelle Constitution française, a arrêté de dénoncer cet abus à toutes les autres Sociétés par la voie du courrier des LXXXIII départements, comme étant la plus sûre et la plus convenable pour une Société patriotique.

Le respectable M. Chollet, qui depuis sa rétractation salariée vit en odeur de sainteté, a tenu chez lui un concile de bonnes dévotes pour aviser aux moyens d'exorciser la Société. Les dignes vicaires, Messieurs Parent et Neveu, furent d'avis de dénoncer le club à l'accusateur public et d'en faire griller les membres comme sorciers, magiciens, loups-garous, etc. La proposition, mise aux voix, ayant été généralement adoptée, le bon Chollet se proposait à faire sa dénonciation, lorsque l'espiègle Satanas fit imprimer et colporter l'arrêté suivant, au nom des Amis de la Constitution :

« La Société prévient ses concitoyens qu'il s'est répandu sur son compte des bruits ridicules, afin d'en éloigner ses membres et d'empêcher les bons citoyens d'assister à ses séances publiques ; les méchants, jaloux de cette Société naissante, ont dit qu'elle faisait venir le Diable. Elle assure le public qu'elle ne l'a jamais fait venir et que s'il s'est trouvé dans ses assemblées quelques démons, ça été ceux de l'aristocratie et de la méchanceté qui, se fourrant partout, viennent sans qu'on les appelle ; au surplus, la Société persistera toujours dans ses principes, qui sont fondés sur le patriotisme, l'ordre et le bien public. »

Cette production infernale a jeté de la poudre noire aux yeux du peuple ; toute la ville de Marle est ensorcelée, et, au grand scandale des bons chrétiens, le club va même dénoncer la municipalité. Ces misérables Huguenots lui font un crime de n'avoir pas instruit le département de la conduite du curé et de ses deux vicaires. Tout se fait ici par compère et commère, disent-ils, le père du sieur Parent est officier municipal. Enfin, mille horreurs semblables. Cependant, ajoute la ci-devant sorcière, nous ne sommes pas vaincus, notre bon M. Chollet et un marguillier y perdront l'esprit et leur latin, ou le diable et les intrus seront chassés. On dit provisoirement des prières de quarante heures dans les caves, et nos commères, les dévotes, font des neuvaines à toutes les bonnes saintes de Marle..... et nous avons déjà la parole d'une douzaine.

Cet article fait voir l'état de division dans lequel se trouvait la population ; tous les citoyens honnêtes faisaient partie de la Société Populaire, dans la crainte de passer pour aristocrates ou Mazarins.

Le 23 juillet, le Directoire du département prit un arrêté ordonnant la formation d'un état de tous les habitants de chaque commune, pour que la police pût être faite plus facilement ; cet arrêté reçut à Marle son exécution.

La municipalité de Marle fut avisée, le 14 septembre, que douze bataillons de Gardes nationaux volontaires seraient répartis entre la Somme et l'Oise, qu'un bataillon serait divisé entre Crécy et Marle, de la manière suivante : Cinq compagnies à Marle avec l'état-major, et les autres avec un lieutenant-colonel à Crécy. Les officiers municipaux, au nom des habitants, adressèrent une pétition aux administrateurs du département demandant à être déchargés du passage continuel de ces gens de guerre.

Au commencement de novembre, fut publiée à Marle la loi portant que les prêtres qui avaient rétracté leur serment devaient être regardés comme réfractaires et en conséquence relevés de leurs fonctions ; le doyen Chollet, qui se trouvait dans ce cas, adressa au maire de Marle, en son nom et en celui de ses vicaires, la lettre suivante :

Nos cœurs éprouvent un plaisir indicible en vous renouvelant et à tous nos concitoyens dans leur chef nos offres de servir la paroisse gratuitement ; cependant si, d'après vos justes observations, vous craignez de vous compromettre ou non, en insérant ces mêmes offres dans le procès-verbal de la municipalité, nous nous en référons à votre prudence, vous pouvez les taire.

Vous rendrez au moins justice à notre amour pour la paroisse et au dévouement respectueux avec lequel nous sommes
Vos très humbles et très obéissants serviteurs,

CHOLLET,
Chargé par Messieurs les vicaires.

Marle, 20 novembre 1791.

Une légère indisposition me retient en chambre.

L'offre de la gratuité proposée par l'abbé Chollet ne pouvait pas empêcher l'application de la loi. Le procureur syndic du District enjoignit au Conseil de la commune de pourvoir au remplacement des prêtres, qui s'étaient rétractés, par des prêtres assermentés. Le Conseil général se réunit à cet effet le 26 novembre.

D'un autre côté, la municipalité était mise en demeure d'agir par la *Société des Amis de la Constitution* qui demandait l'application de la loi par le renvoi du doyen et de ses vicaires. Ces prêtres n'avaient pas suivi l'exemple des curésdéputés qui, comme l'abbé Oger, curé de Saint-Pierremont, avait, du haut de la tribune, prêté le serment constitutionnel.

Le 17 novembre, un arrêté de l'Administration départementale réunissait la ferme de Richemont à La Neuville-Bosmont ; Richemont formait alors avec Certeaux une paroisse sous le vocable de Sainte-Marie-Madeleine ; il y avait un manoir seigneurial établi au lieu dit : *Le Bas-Lieu*.

Dans une Assemblée municipale, tenue le 3 frimaire de l'an II de la République sous la présidence de Lehault, maire, la Garde nationale fut organisée en deux bataillons : le premier formé des contingents de Bosmont, de Cuirieux, d'Autremencourt, de Cilly, de Saint-Pierremont et de Marle, prit le nom de bataillon du Levant ; il avait pour chefs : Guyon, demeurant à Marle, *président ; commandant*, Lamarre, domicilié à Cuirieux ; *chef de bataillon*, Nicolas Poulain, de Marle ; *adjudant*, Colet, de Marle, et Parent Alexis, *porte-drapeau*.

C'est ainsi que la Garde nationale succéda à la garde civique. Un poste fut établi à la Porte-Saint-Martin, avec ordre de ne laisser entrer ni sortir sans s'assurer des personnes. Le service était obligatoire, on ne pouvait se faire remplacer dans la Garde nationale que par un jeune homme âgé au moins de dix-huit ans. Les gardes nationaux devaient se réunir tous les dimanches, pour se livrer à des exercices ; la municipalité demanda des cartouches au district de Laon.

L'émigration prenait alors de grandes proportions, le roi lui-même songeait à fuir le sol français : ce qui agitait fort les esprits.

La route la plus facile aux émigrés, pour gagner la frontière, était celle par Laon, Marle, Vervins, La Capelle,

Avesnes et le Brabant. C'est cette route que suivit la princesse de Lamballe et le comte de Provence. Avant eux, beaucoup d'émigrés avaient pris ce chemin. Lorsque la nuit on entendait les grelots d'une voiture lancée au galop, « voilà encore un émigré », criaient les enfants. Au commencement, le passage des fugitifs donna lieu à des rassemblements qui ne furent pas toujours pacifiques, témoin celui qui mit en émoi le faubourg Saint-Martin, dans la soirée du 8 novembre. Il fallut tout le sang-froid et toute l'énergie du postillon qui enleva sa voiture au triple galop sur la montée difficile du faubourg à la ville, pour garantir ceux qu'il conduisait contre les mauvais traitements de la foule.

« Un soir, on signala à Marle la présence de la princesse de Lamballe, qui se dirigeait vers Bruxelles par la route d'Avesnes. Elle avait changé de chevaux à la poste du faubourg Saint-Nicolas. Il était nuit close quand la voiture partit. Perdu dans les ténèbres ou mal intentionné, le postillon la conduisit droit à la rivière du Vilpion, où la princesse aurait péri, si le maître de poste Debrotonne n'était accouru la sauver du péril. Elle y eut trouvé une mort moins affreuse qu'un an plus tard, quand, rappelée près de la reine par son affection et ce qu'elle appelait son devoir, cette femme, si belle et si malheureuse, fut égorgée dans des circonstances effroyables par les assommeurs dans la prison de la Force. »

Louis XVI, après avoir employé les moyens de conciliation, se résigna à fuir. Il mit son projet à exécution, le 20 juin 1791, à onze heures du soir, et s'échappa de Paris avec la reine, ses deux enfants et sa sœur. Il ne voulut pas suivre le conseil que lui donnait le commandant de Bouillé, de traverser le département en passant par Soissons, Laon, Marle, Vervins, où les relais de poste aux chevaux étaient bien servis ; le roi préféra se retirer à **Montmédy** en passant par **Varennes**, « comme si la fatalité le poussait inévitablement à sa perte. » Il fut arrêté à Varennes.

Le comte de Provence, au contraire, se fit délivrer un passeport, à l'ambassade britannique, sous le nom de sire **Michel Lorster** et prit des voitures anglaises, des domestiques anglais, lui-même parlant parfaitement l'anglais. Le comte sortit des Tuileries un peu après Louis XVI, par un autre guichet, en compagnie du comte d'Avaray et gagna la route de Soissons sans incident. Pendant qu'à la poste on changeait les chevaux, on s'aperçut qu'une bande de roue était brisée et qu'une des jantes était cassée. Un maréchal arrangea la roue, la voiture partit précédée d'un postillon à cheval qui fit préparer une roue de rechange à Semilly. Les voyageurs gagnèrent le faubourg et la porte de Saint-Marcel et prirent la route de Marle, « s'il était presque impossible d'être plus mal mené que depuis Vauxresis, les relais se montraient encore plus lents et plus mauvais de Laon à Marle, de Marle à Vervins, et de cette dernière ville à La Capelle. On perdit un temps précieux à chaque relai et à chacune des rampes interminables de cette route. »

C'est entre Marle et Vervins que le comte d'Avaray fut pris de crachements de sang qu'il avait dissimulés longtemps ; enfin, ils purent gagner la frontière.

Dès que la fuite du roi fut connue, l'émotion fut grande parmi les populations. La ville de Marle connut cette grande nouvelle et, le 22 juin, le *Courrier de Gorsas* faisait connaître l'impression produite à Marle : « La fuite d'un
« roi parjure n'a causé dans cette ville qu'une surprise
« momentanée, suite nécessaire d'un évènement prévu.
« Les Corps administratifs, la Garde nationale et les Amis
« de la Constitution renouvellent aussitôt le serment de

« fidélité à la Nation et à la Loi. Jamais la ville n'avait été
« plus calme. Les ouvrages des champs n'ont supporté
« aucune interruption. Les dragons ci-devant de la reine
« déchirent avec mépris les guidons où se trouve l'écusson
« désormais odieux de Marie-Antoinette. » *(Ed. Fleury)*.

Après la fuite de Louis XVI. le peuple de Paris demanda la mise en accusation du roi ; mais l'Assemblée Constituante s'y refusa. Alors eut lieu la journée du 17 juillet. L'Assemblée continua ses travaux législatifs et, le 30 septembre, elle déclara sa mission accomplie. La Constituante fut remplacée par l'Assemblée législative. Celle-ci vota la loi portant la peine de mort contre tout émigré absent de ses foyers au 1er janvier 1792.

Le 22 janvier 1792, les officiers municipaux étaient réunis au lieu de leurs séances, lorsque Antoine Delamer, juge de paix, déposa sur le bureau un écrit incendiaire trouvé dans l'église, attaché à un pilier. Cet écrit tendait à soulever le peuple du canton et « à renouveler la Saint-Barthélemy » ; le juge fut invité à rechercher l'auteur de ce factum.

Quelques jours plus tard, le sieur Luguet, commandant de la garde nationale, présenta à l'Assemblée un billet trouvé à la porte de Batteux, l'invitant, de par les officiers municipaux, à faire prendre les armes, pour chasser les sœurs et les bigotes de la ville.

Ces écrits anonymes prouvaient l'agitation des esprits et la nécessité de prendre des mesures en conséquence. La municipalité songea d'abord à remédier à la pénurie financière, en demandant au Directoire l'autorisation d'émettre pour vingt mille livres de billets de confiance, qui devaient être échangés contre des assignats de cent livres et au-dessous. Cette autorisation ayant été obtenue, la municipalité fit imprimer des billets[1], ils devaient être enfermés dans un coffre fermant à clef, placé dans la maison commune. Les échanges devaient être inscrits sur un registre spécial avec le nom des personnes auxquelles ils auraient été remis et le jour du dépôt.

Le Conseil nomma des commissaires chargés de signer les billets de confiance, savoir :

Boucher et Lefèvre, pour signer ceux de vingt sols.

Crémont et Degoix, notables, pour signer ceux de quinze sols.

Grizot et Lallouette, ceux de dix sols.

Granson et Batteux, ceux de cinq sols.

Caby et Leclerc, ceux de deux sols six deniers.

Ces billets facilitèrent les transactions commerciales et rendirent de grands services. Plus tard, ils furent retirés de la circulation et brûlés après avoir été représentés dans la caisse par une somme égale à celle de l'émission ; de là l'impossibilité d'en trouver un spécimen.

Afin de calmer les passions religieuses, le Procureur de la Commune adressa aux officiers municipaux le réquisitoire suivant :

Vous remontre le Procureur de la Commune qu'il a appris par des voies indirectes, que plusieurs habitants de cette ville, voulant s'opposer au libre exercice du culte religieux des prêtres non assermentés, ce qui est contraire à la Constitution qui leur laisse la faculté d'exercer leurs fonctions et la liberté de professer le culte que bon leur semble ; que pour prévenir les bruits qui pourraient résulter de leur opposition et éviter qu'ils ne soient ni menacés, ni injuriés, il croyait prudent de ne pas permettre aux gardes nationales de s'assembler en armes, lors de la réception du nouveau

[1] Ces billets furent imprimés à Laon, chez Melleville ; les frais d'impression se montèrent à quatre cent soixante-treize livres.

curé de cette paroisse ; pourquoi il requerrait qu'il vous plaise, Messieurs, ordonner que les décrets de l'Assemblée Nationale seront exécutés ; en conséquence, qu'il sera permis aux prêtres non assermentés de professer leur culte religieux dans l'église paroissiale et autre, hors les jours fixés pour le service des offices de la paroisse. Que défense sera faite de les troubler ainsi que ceux qui y assisteront, ni de les menacer ; enjoint sous les peines de la loi, et d'être poursuivis comme perturbateurs du repos public ; et pour prévenir les suites de tous rassemblements des gardes nationales, qu'il leur soit fait défense de s'assembler en armes, si ce n'est que par un réquisitoire de la municipalité, et que l'officier réponde en son nom des insultes que sa troupe pourrait occasionner ; et que votre arrêté à intervenir soit lu et publié au son du tambour par toutes les rues de cette ville, affiché aux lieux accoutumés et vous ferez bien.

De Bruges.

Le nouveau curé que la ville attendait était Nicolas Couché, prêtre assermenté, ancien bénédictin de l'abbaye Saint-Jean de Laon, et qui joua à Marle un rôle important ; nous aurons souvent occasion de parler de ce personnage.

A la suite du réquisitoire du procureur, la municipalité prit toutes les mesures nécessaires pour assurer l'ordre et la tranquillité publique.

D'après les instructions du Directoire, il fut fait un inventaire des ornements de l'église Saint-Martin et de celle de Notre-Dame ; on trouva : « six calices, trois en argent doré, trois en argent, six patenotes, deux ciboires, un soleil d'argent doré, burettes et croix d'argent, un reliquaire de Saint-Pierre en argent ; le grand autel garni de trois chandeliers, l'autel de la Vierge, celui de Saint-Amateur, trois missels Laonnois et Soissonnais, des chasubles, deux crédences pour le reliquaire de Saint-Pierre et de Saint-Amateur, deux bannières ».

Dans une assemblée générale des citoyens, le 22 avril 1792,

Nicolas Couché, curé de la principale paroisse, fut nommé Procureur de la Commune.

L'ancien bénédictin s'empressa de donner des preuves de son apostasie. Etant dans le chœur de l'église, « il publia hautement que, jusqu'alors, il n'avait rien dit de vrai, qu'il abjurait la religion catholique. Ces paroles, dit un témoin, furent accueillies par des murmures ».

Couché tint le même langage aux habitants du village de Marcy, réunis publiquement au lieu dit : *les Plombs*. Cependant la foi des habitants du village n'en fut pas ébranlée, beaucoup de villageois continuèrent à assister aux offices que leur curé, obligé de se tenir caché, leur disait dans une maison qui existe encore à l'extrémité de la rue d'Haudreville ; l'autel était fourni par un bahut que l'on conserve précieusement. Le curé de Marcy avait refusé le serment.

Chollet avait été obligé de quitter Marle à l'arrivée de son successeur et de se retirer à Laon. De cette ville, il adressa au citoyen Lehault, notaire et ancien marguillier, une lettre au sujet des comptes de la fabrique de 1790 à 1791, elle se terminait ainsi :

« Tous ces comptes épurés, moi seul vous serai redevable
« d'une grande reconnaissance pour l'appui que vous nous
« avez donné en tout temps et surtout dans votre place de
« municipal. Ce qui ajoutera à mes peines présentes, c'est
« l'impuissance où je suis de vous prouver toute l'étendue
« de ma gratitude, ainsi que l'estime avec laquelle je suis,
« Monsieur, votre très humble et très obéissant serviteur.

« CHOLLET, *curé de Marle*. »

La municipalité, ayant été informée que des brigands parcouraient les communes voisines pour y piller et voler, autorisa, par une délibération du 18 mai 1792, le commandant de la Garde Nationale à acheter des balles en quantité suffisante pour fabriquer des cartouches avec sept livres de poudre que la ville possédait. Ces cartouches, ayant été préparées, furent déposées dans une armoire du corps de garde de la porte Saint-Martin.

Une voiture, conduite par des gens de Dercy et chargée de vingt-huit jalois de blé destinés au marché de Laon, avait été arrêtée et pillée par des habitants d'Erlon. Informé de ces faits, le Directoire exerça des poursuites contre la commune d'Erlon et la condamna à restituer le blé saisi. Le blé était alors extrêmement rare.

Le 23 mai 1792, le nouveau Procureur de la Commune adressa à la municipalité le réquisitoire suivant :

Dans un moment où les troubles journaliers agitent une ville renommée jusqu'ici par la tranquillité et la soumission aux lois, le Procureur de la Commune, que l'ordre public intéresse à dire qu'il était de son devoir de rechercher la cause de ces agitations continuelles, a reconnu avec douleur que deux partis, tous deux extrêmes dans leurs manières de penser et d'agir, divisaient la ville ; des propos trop indiscrets d'un côté, des procédés trop violents de l'autre, mettent sans cesse aux prises des citoyens faits pour être unis, quelles que soient d'ailleurs leurs opinions respectives. Il eut pu employer les moyens que lui donne la loi pour réprimer ces excès réciproques ; mais le désir qu'il a de voir tous les citoyens dans un même esprit de paix et de concorde lui fait fermer les yeux sur ce passé, pour ne les ouvrir que sur l'avenir. En conséquence, il requiert la municipalité d'engager tous les citoyens de son enclave d'être infiniment réservés sur leurs propos au sujet du culte, des prêtres constitutionnels et leurs adhérents ; comme aussi tous ceux qui pourraient entendre de ces propos dans la suite, de les dénoncer sans délai à ceux qui peuvent en connaître, au lieu de se porter à des excès que la loi réprouvera toujours. Mais ces règles de justice, que nous nous sommes prescrites, nous engagent également à requérir la municipalité de prendre toutes les mesures qui sont en son pouvoir, pour garantir dorénavant tous les non-conformistes et ceux qui leur sont attachés de toute insulte qu'ils n'auraient pas provoquée ; il serait même à désirer qu'elle put proscrire entièrement le nom d'*aristocrate* et autres semblables qui, étant devenus une injure, ne tendent qu'à entretenir la division parmi le peuple et à lui faire oublier que nous sommes tous frères, tous amis, tous membres de la même Patrie. Mais, afin que les citoyens ayent sans cesse sous les yeux les principes qui doivent guider leur conduite, nous requérons que trois copies soient faites de la délibération qu'il plaira à la municipalité de prendre, que deux soient affichées aux deux portes de la ville, Notre-Dame et Saint-Martin, et la troisième à la porte de la paroisse Notre-Dame, sans préjudice néanmoins d'une publication préalable.

Pour réquisitoire, le 23 mai 1792, l'an quatrième de la Liberté.

Le Procureur de la Commune,
Couché.

Après la lecture de ce réquisitoire, la municipalité arrêta qu'il serait exécuté dans toute sa forme et teneur, et que copie en serait remise à Nicolas Poulain, commandant de la Garde Nationale.

Le 30 mai, six étrangers furent arrêtés par le commandant du poste de la porte Notre-Dame et consignés dans une auberge, leurs papiers n'étant pas en règle. Ils furent amenés à la maison commune et interrogés. L'un d'eux déclara se nommer Louis Furet, maire de Buironfosse, et parcourir les communes pour se procurer du blé ; il en avait pu acheter, disait-il, quarante-cinq jalois au château de La Neuville-Bosmont, chez Mme de Béthune, à raison de dix livres. Après ces explications, les étrangers furent mis en liberté.

Dans une assemblée du Conseil général de la commune de Marle, il fut donné lecture d'un arrêté du District de Laon ordonnant, d'après la loi du 20 avril, de fabriquer de la monnaie avec le métal des cloches. Le Conseil, après en avoir délibéré : « Considérant qu'il n'y a que quatre cloches dans la ville pour les églises, que ce petit nombre est nécessaire pour appeler le peuple au service divin, d'autant plus que des fermes sont éloignées de la ville de plus d'une lieue, arrête que, malgré le désir qu'ont les citoyens de pourvoir aux besoins de la Nation, ils ne peuvent distraire aucune cloche ».

Nous verrons l'Administration départementale ne pas admettre ces raisons et obliger les officiers municipaux à livrer les cloches malgré eux.

En attendant, le Conseil décide de faire fabriquer un cachet pour la mairie, portant au milieu : *Trois fleurs de lys*, en majuscules les mots : *La loi, le roy, la nation*, et pour légende : *La municipalité de Marle, chef-lieu de canton*.

C'est le 4 mai que Couché signe pour la première fois, comme curé, le registre de la fabrique de la paroisse Notre-Dame ; son nom n'y figure plus à partir du 8 juin, à la suite d'une délibération du Conseil.

L'administration supérieure ayant déclaré qu'il y avait incompatibilité entre les fonctions de curé et de procureur, Couché envoya, le 4 juillet, sa démission de procureur au Conseil général assemblé. Le Conseil ne voulut pas trancher la question de lui-même. Une assemblée générale des citoyens fut convoquée sur la place de la Motte et la démission motivée de Couché fut soumise à sa décision ; l'assemblée ayant refusé de l'accepter, Couché continua ses doubles fonctions de curé et de procureur.

Le 9 août suivant, le Conseil général, en exécution de la loi du 22 juillet sur l'armée, nomma pour commissaires encore le curé Couché et J.-B. Doin, qui prêtèrent serment. Il fut ouvert ensuite à la maison commune un registre pour recevoir les dons patriotiques en faveur des veuves et des enfants des défenseurs de la Patrie.

Couché continua donc à être Procureur de la Commune ; à ce titre, il dénonça au Conseil général assemblé, le 26 août, les sœurs d'école et celles de l'Hôtel-Dieu, comme déménageant secrètement de leurs appartements le mobilier qu'ils contenaient. Il requérait les officiers municipaux de s'opposer à ce qu'aucun effet commun ou particulier fût enlevé du couvent et à ce qu'un état des lieux fut dressé. Il requiert encore la municipalité de faire exécuter la loi concernant le service de la Garde nationale.

Dès que le Directoire eut connaissance du décret du 10 août, par lequel l'Assemblée Législative avait suspendu le roi comme chef du pouvoir exécutif et décrété la réunion d'une Convention Nationale, le président Rivoire manda aux généraux Lafayette et Dillon de conclure une suspension d'armes et de marcher sur Paris à la tête de leur armée. Mais les membres du Directoire signataires de cette réquisition furent suspendus de leurs fonctions par un arrêté du Comité Exécutif signé de Danton, Roland et des autres membres.

Le 19 août, le général Lafayette écrivit au Directoire une première lettre qui ne parvint pas à son adresse. Il en envoya une seconde, datée de Montcornet, annonçant sa marche sur Paris ; mais les membres du Directoire avaient été changés et la nouvelle Administration ordonna l'arrestation de l'aide de camp porteur de la lettre et du général Lafayette lui-même.

Le Directoire demanda à l'Assemblée Nationale la formation d'un camp entre Laon et Marle, du côté de la Thiérache, afin de couvrir Paris contre une invasion ennemie. Malheureusement, Lafayette, favorable à ce projet, ne trouva pas d'écho dans son armée et fut obligé de fuir à l'étranger ; tombé entre les mains des Prussiens, il fut enfermé comme prisonnier d'Etat dans la citadelle de Magdebourg.

Le 26 août 1792, eut lieu, dans l'église Notre-Dame, la réunion des citoyens actifs des communes d'Erlon, Marcy, Sons, Châtillon, Thiernu, Montigny-sous-Marle, Cilly, formant la deuxième section de l'Assemblée primaire du canton, sous la présidence du citoyen Meunier, propriétaire de la terre de Dormicourt, assisté du maître d'école de Montigny comme secrétaire. Après l'appel nominal, il fut procédé à la nomination des électeurs-députés du canton, qui furent Messieurs Meunier, à Dormicourt ; Thomas Bernard, aubergiste à Erlon ; Stanislas Jamet, curé de Montigny ; Tellier, maire de Marcy ; Julliart, de Marcy ; et, comme suppléants, deux citoyens de Sons-Châtillon. Après la proclamation des noms, l'Assemblée vota une adresse de confiance absolue dans les membres de la Convention Nationale.

Dans la crainte de persécutions, les prêtres non assermentés prirent la fuite. Le 20 septembre, Nicolas Parent, ex-vicaire de la paroisse Notre-Dame, se présenta devant le Comité permanent de Marle et déclara que, conformément à l'arrêté du 25 juillet dernier, il désirait sortir du territoire français et demandait un passeport pour se rendre à Dunkerque, d'où il gagnerait Douvres. Louis Terrien, ex-curé de la paroisse de Berlancourt, adressa la même demande pour la même direction. Leur demande fut accueillie et un passeport leur fut délivré.

Vers le même temps, les fonctionnaires publics prêtèrent serment, entre les mains du Conseil général de Marle, d'être fidèles à la Nation ; parmi les fonctionnaires figuraient le receveur d'enregistrement et Lalain, curé de Richemont, régent du collège de Marle.

C'est le 22 septembre 1792 que commença l'année républicaine, datée de la proclamation de la République ; les registres de la commune conservèrent encore quelque temps les dénominations du calendrier romain.

Le Procureur de la Commune, Couché, par un réquisitoire du 24 septembre, déclara au Conseil que les Sœurs renonçaient aux fonctions dont elles étaient chargées et se disposaient à quitter la maison, que déjà elles avaient emporté leurs effets et leur mobilier ; qu'il était nécessaire, par conséquent, de dresser un état de leurs meubles, de les enfermer dans une chambre et d'y apposer les scellés ; en outre, de se faire représenter les registres des recettes et des dépenses, de les arrêter, puis de faire déclarer aux Sœurs, sous la foi du serment, qu'elles n'avaient rien distrait et qu'elles remettaient les titres et les papiers entre les mains de la municipalité. Les exigences de Couché furent exécutées à la lettre.

Les Officiers municipaux, ne possédant pas assez de fusils pour armer les citoyens, chargèrent Lassonne et Mennechet, maréchaux à Marle, de fabriquer des piques en fer, au prix convenu de cinq livres par pique emmanchée.

Pressés par le Directoire, les Officiers municipaux durent rechercher, dans le mobilier des églises, les objets d'or et d'argent déjà réclamés ; il les firent peser par le citoyen François Bouquet, orfèvre, et envoyer à l'Administration de Laon. Ces objets en argenterie pesaient vingt-trois marcs trois onces. Il y avait une lampe d'argent, garnie de ses trois chaînes, du poids de douze marcs sept onces six gros ; un adorateur et sa relique, du poids de seize marcs six onces ; une croix processionnelle avec ornement, pesant sept marcs trois onces ; une croix d'autel avec son pied, du poids de quatre marcs ; deux chandeliers d'acolytes, encensoir, navettes, cuillers, burettes, bassin ; des burettes

Marle, octodi 24 Brumaire l'an 2.e de
l'ère républicaine.

Citoyens,

Hier J'ai donné à la Société populaire
ma démission de la place de ministre
du Culte Catholique, et J'ai déclaré
formellement que Je renonçais au titre
et à toute fonction de prêtre, J'espère
que vous rendrez Justice aux motifs qui
m'ont déterminé, et que vous ne verrez
dans ma démarche que le désir de
porter le dernier coup au fanatisme
et à l'aristocratie que Je n'ai cessé
de combattre depuis deux ans, et
qu'enfin Je suis venu à bout de terrasser.
Le peuple aura peut-être encore besoin
d'être éclairé, mais Je me charge de
ce ministère par les mesures que nous
concerterons ensemble, Je n'ai d'autre

but que de le rendre heureux, vous m'avez prouvé que c'est là aussi que tendent tous vos efforts, et il n'y a pas de doute que nous ne réussissions, en restant constamment unis. Je vous prie d'inserer la présente declaration dans vos registres et de vouloir bien m'en donner acte

Je suis avec les sentiments de la plus cordiale fraternité

votre collegue et ami,
Le p.r de la Co.
Fouché

les cit. officiers municipaux de la Co.e de Marle

dorées pesant ensemble trois marcs six onces trois gros. Dans l'église Saint-Nicolas, il fut trouvé deux paix et un goupillon.

Le 27 décembre 1792, le Procureur de la Commune Couché adressa une réquisition aux Officiers municipaux, leur reprochant de ne pas faire intervenir le substitut du Procureur dans la rédaction de leurs actes, quand c'est le Procureur lui-même qui a parlé ; il les requiert, en outre, de ne pas perdre un temps précieux à faire des arrêtés sur des objets que la loi proscrit expressément, mais plutôt d'appliquer la loi lorsqu'il est nécessaire.

Les Officiers municipaux se le tinrent pour dit, mais comme Couché était un citoyen dans lequel la municipalité avait toute confiance, elle le chargea de prélever sur la caisse patriotique mille écus, pour les échanger au District en gros sous et en billets nationaux pour la commodité des affaires commerciales.

Les fonctions de Procureur de la Commune n'étaient pas une sinécure, aussi le citoyen Couché, comprenant qu'il ne pouvait tout à la fois remplir ses devoirs de citoyen et ses devoirs sacerdotaux, adressa aux Officiers municipaux la lettre suivante :

Citoyens,

Hier, j'ai donné à la Société Populaire ma démission de la place de Ministre du culte catholique, et j'ai déclaré formellement que je renonçais à ce titre et à toutes fonctions de prêtre ; j'espère que vous rendrez justice aux motifs qui m'ont déterminé et que vous ne verrez dans ma démarche que le désir de porter le dernier coup au fanatisme et à l'aristocratie que je n'ai cessé de combattre depuis deux ans, qu'enfin je suis venu à bout de terrasser.

Le peuple aura peut-être encore besoin d'être éclairé, mais je me charge de ce ministère par les mesures que nous concerterons ensemble : je n'ai d'autre but que de le rendre heureux. Vous m'avez prouvé que c'est là aussi que tendent vos efforts, et il n'y a pas de doute que nous ne réussissions en restant constamment unis.

Je vous prie d'insérer la présente déclaration dans vos registres et de vouloir bien m'en donner acte.

Je suis, avec les sentiments de la plus cordiale fraternité, votre collègue et ami,

Le Procureur de la Commune,

Couché.

Il fut fait ainsi qu'il désirait, acte lui fut donné de sa démission de curé de Marle.

Le passage des troupes et des blessés militaires obligea la ville de Marle à organiser un hôpital militaire. Cet établissement était soumis à de fréquentes visites et la ville avait à pourvoir à tous les besoins ; à ce sujet, les Officiers municipaux reçurent la lettre suivante :

Nous, Directeur de l'Hôpital ambulant de Marle, vu l'urgence et le besoin pressant pour le bien du service de nos frères d'armes, prions et requérons les citoyens Maire et Officiers municipaux de procurer au prix du maximum, dans le plus bref délai, la quantité de vingt-cinq cordes de bois, savoir : moitié bois de chêne et l'autre en bois blanc. Ce bois est d'autant plus nécessaire qu'il est destiné à chauffer des salles nouvellement faites pour y recevoir les défenseurs de la République.

Signé : Bertier.

Un mois plus tard, des agents du pouvoir exécutif furent envoyés pour visiter cet hôpital. Deux membres de la municipalité les accompagnèrent dans leur inspection. Ils prirent acte des améliorations qu'il y avait lieu d'apporter pour assurer l'hygiène dans les salles et décidèrent que le jardin du ci-devant château, appartenant à la Nation, pourrait être approprié pour la culture des plantes servant à la médecine. Les agents visitèrent également la maison d'arrêt qu'ils trouvèrent défectueuse.

Quelques jours après, arrivèrent cinquante hommes pour le service de l'hôpital ; afin de les loger, la municipalité loua le premier étage de la maison de la veuve Haution.

L'année suivante, le nombre des militaires malades ayant augmenté, l'hôpital fut installé dans l'église Notre-Dame enlevée au Culte. Le nombre des troupes augmentait aussi. Les enrôlements se poursuivaient activement, et on s'occupait de leur équipement. La ville eut encore à fournir trois hommes pour compléter le contingent des volontaires de l'Aisne, qui devaient se rendre à Laon.

Le Procureur de la Commune, n'ayant plus à s'occuper que des affaires de ce monde, multiplia ses réquisitoires. Au mois de juin, il requiert le Conseil général de s'occuper de la réglementation des marchés, et demande la formation d'un tribunal de police devant lequel seraient portés tous les délits concernant les marchés ; l'officier chargé de la police serait assisté de deux sergents de ville. La mesure indiquée par le Procureur était nécessitée par les désordres qui se produisaient à propos de la cherté des grains.

La fabrication du salpêtre était une des grandes préoccupations des administrateurs ; des cuves et des futailles furent réquisitionnées, ainsi que les cendres des boulangers, des briquetiers et des brasseurs ; les caves, les lieux humides furent minutieusement examinés pour recueillir les efflorescences de salpêtre qui s'y trouvaient. L'atelier de fabrication fut installé dans l'église Saint-Nicolas. Un brasseur de Montcornet possédait une grande chaudière pesant six cents livres, elle fut réquisitionnée et amenée à Marle. Le canton de Crécy était un pays vignoble, quinze tonneaux furent réquisitionnés, ainsi que soixante bassines en cuivre.

Le salpêtre avait été introduit à Marle au mois de mars de l'an II. Les habitants ne tardèrent pas à trouver un inconvénient à sa fabrication ; ils disaient que la cuite du salpêtre avait occasionné à Marle une hausse excessive dans le prix du bois de chauffage. Dès le 17, ils avaient demandé au District la suppression de la chaudière, mais le citoyen Cambronne, agent général pour cette fabrication, fit opposition à leur demande et la chaudière resta.

La municipalité avait reçu du District un tableau du *maximum* des grains, fixant le poids et le prix des grains pour les six premiers mois de l'année. La municipalité, à son tour, fixa le prix du bœuf, de la vache, du veau, du mouton, à douze sous la livre, le porc, à quinze sous, avec défense aux bouchers de vendre au-dessus de ces prix.

Un brevet de maître de poste aux chevaux fut délivré à la citoyenne Joséphine Remy, veuve de Philippe Debrotonne ; elle prêta serment entre les mains du Comité permanent.

Au milieu des graves préoccupations du moment, un peu de délassement était nécessaire. La municipalité s'occupa de prendre les dispositions convenables pour célébrer la fête dédiée à l'*Être suprême* et lui donner toute la splendeur possible. Des commissaires furent nommés pour dresser le programme ; il fallait inviter les citoyens à faire acte de civisme, en déposant leurs offrandes sur l'autel de la Patrie, et convoquer toutes les autorités civiles et militaires.

Voici le procès-verbal de cette cérémonie :

« Ce jourd'hui XX germinal, an deuxième de la République, sept heures du matin, sur l'invitation faite par les Membres du Conseil général de la commune de Marle aux corps civils et militaires et à tous les citoyens, d'assister à la fête de l'Être suprême, et en vertu de l'arrêté du Conseil permanent du treize de ce mois, pris à l'unanimité par les Corps constitués, les membres composant le Conseil général se sont fraternellement joints à eux, les membres du Comité de surveillance, ceux de la Société populaire, le juge de paix et son greffier, se sont rendus sur la place de l'Arbre de la Liberté, précédés des citoyens organisateurs ; au son de la musique, le cortège s'est mis en marche précédé de la gendarmerie à cheval et d'un peloton de hussards ; les Gardes nationaux, les officiers à la tête, formaient la haie.

« De jeunes citoyennes, vêtues de blanc, avec une ceinture tricolore, marchaient sur deux lignes ; au milieu de la Garde nationale, le maire et les officiers municipaux ; les membres du Conseil général précédaient cette brillante jeunesse.

« Venaient également sur deux lignes les membres composant le Comité de surveillance, ayant à leur tête le Président, au centre se trouvaient les drapeaux, le juge de paix et le greffier, les membres de la Société Populaire, ayant le président à leur tête et suivis de tous les citoyens ; le cortège était fermé par un détachement de cavaliers en station dans la commune.

« Le cortège arriva dans cet ordre au Champ-de-Mars *(Bail)* où était élevé un rocher sur lequel était placé un vase en forme d'urne entouré de guirlandes de fleurs, symbole de la grandeur de la fête que l'on célébrait ; sur les côtés étaient placés de jeunes arbres artistement rangés et dont le feuillage resplendissait sur la montagne et en rendait la vue pittoresque ; au milieu de la joie et de la plus vive allégresse, la musique se fit entendre et son son mélodieux perça l'air ; pendant toute la cérémonie, l'encens brûla dans l'urne.

« Des groupes de jeunes citoyennes portant en leurs

mains des bouquets, montèrent les gradins et entrelacèrent de fleurs l'urne qui était sur la montagne. Le maire monta les gradins et y prononça un discours patriotique touchant la fête de l'Être suprême, très généralement applaudi. La musique se fit entendre. L'Agent national lui succéda, ses paroles eurent l'assentiment de tous ses concitoyens.

« Le Président de la Société populaire prononça un discours plein d'énergie et de sensibilité, auquel l'Assemblée prit la plus grande part et qui fut vivement applaudi.

« Le commandant de la Garde nationale prit la parole, fit un discours qui lui mérita l'assentiment du peuple.

« Un membre du Comité de surveillance lui succéda et prononça un discours élevé analogue à la fête de l'Être suprême, et dont le Peuple, par ses applaudissements, lui témoigna toute sa satisfaction.

« Ensuite, il fut chanté des hymnes et des chansons patriotiques par des jeunes citoyennes qui joignent, à une expression sentie, un physique agréable, toutes les grâces et tous les talents du chant mélodieux, à la satisfaction de tous les concitoyens.

« Plusieurs citoyens, par un mouvement spontané et simultané, portèrent entre leurs bras les citoyens défenseurs de la Patrie, notamment un canonnier qui avait perdu une de ses jambes et versé son sang pour la Patrie ; ceignirent sa tête d'une couronne civique, l'ont porté en triomphe pendant toute la marche de la fête qui se propagea depuis le Champ-de-Mars jusqu'au faubourg de l'Égalité. *(Saint-Nicolas.)*

« Le cortège revint et gagna la place de l'Arbre de la Liberté, où toutes les autorités s'assemblèrent et témoignèrent les sentiments de la plus parfaite reconnaissance aux citoyens Cloquet, Caby et Lhôte, tous commissaires, du zèle et de l'intelligence qu'ils avaient mis dans l'organisation et les attributs de cette fête.

« La paix, l'esprit de la Constitution et les cris de : Vive la République ! Vive la Nation ! Vive la Montagne ! ont présidé à cette fête qui dura jusqu'à six heures et demie du soir. »

L'attrait de la nouveauté et le programme chargé, surtout en discours, avaient contribué à donner à cette cérémonie un éclat inaccoutumé. Marle ne vit plus, dans la suite, un tel entrain, ni une telle splendeur.

Dans sa séance du 19 messidor (août), le Conseil décida qu'une fête publique aurait lieu le lendemain en réjouissance des succès de nos armées ; les citoyens furent invités à se réunir sur la place publique, à deux heures de relevée, pour entendre « le récit de nos victoires et prendre part aux réjouissances publiques. »

Il décida encore qu'il n'y avait pas lieu d'appliquer la loi relative au désarmement des nobles et des suspects, « attendu qu'il n'en existait pas dans l'enclave de la commune. ». Nous verrons plus tard que la municipalité fut obligée de revenir sur cette mesure.

Toutefois, afin d'éviter d'être déclarés suspects, Fouant de la Tombelle et P. Lacroix de Voyenne déposèrent, sur le bureau du Conseil, leurs croix de Saint-Louis.

Le Conseil tenait ses séances dans l'église Notre-Dame, faute de local assez grand. Il fit tirer au sort les six pionniers requis par l'Administration du District et les envoya à Laon. Il décida, en outre, que, conformément à une délibération du Directoire du département, un atelier de charité serait ouvert afin d'occuper les ouvriers. Le citoyen Collet fut chargé de surveiller le travail ; les ouvriers devaient être employés à faire l'encaissement d'un chemin, près du puits de Jean, sur une longueur de trente toises, au faubourg Saint-Nicolas, et payés à raison de vingt ou trente sous par jour, selon leur travail.

Il y avait longtemps que le Procureur Couché n'avait lancé de réquisitoire, aussi adressa-t-il aux Officiers municipaux la lettre suivante :

Citoyens, il n'est personne qui puisse se dissimuler que la République se trouve dans un danger imminent ; cependant, il serait peut-être aussi dangereux de désespérer du salut commun que de négliger les moyens de l'assurer.

La Convention Nationale avait tout prévu dans sa sagesse, les mesures les plus vigoureuses et les plus respectives avaient été décrétées et la négligence, j'ose le dire, de ceux à qui était confiée leur exécution, nous a entraînés en grande partie dans l'abyme des maux où nous nous trouvons, mais nos ressources ne sont pas épuisées, nos lois peuvent encore être le *palladium* de la liberté ; il ne s'agit que de les faire exécuter.

Parmi ces lois, les unes étaient dirigées contre les ennemis intérieurs, les autres contre les ennemis extérieurs ; celles-ci assurent aux citoyens, par le partage des biens communaux, une partie des bienfaits que leur procure la Constitution ; celles-là, enfin, chargent les citoyens de chaque commune de surveiller eux-mêmes leur tranquillité et leur bonheur. N'en doutons pas, si toutes les lois avaient eu leur plein et entier effet, les ennemis extérieurs eussent été moins entreprenants, les ennemis intérieurs, témoins du bonheur de leurs compatriotes, eussent réprimé leurs efforts contre les révolutionnaires. Ce qu'il y a de plus étonnant, c'est que quelques-unes de ces lois remontent à une époque un peu éloignée.........

Le Procureur de la Commune de Marle, qui a déjà fait sans succès des réquisitions à cet égard, également jaloux de faire jouir ses concitoyens des bienfaits résultant de l'exécution des lois et de voir cesser la responsabilité que leur inexécution fait peser sur lui, requiert la municipalité de faire exécuter, dans le plus bref délai possible, les décrets suivants :

1° Le décret du 24 mars dernier, portant établissement dans chaque commune d'un Comité de surveillance ;

2° Le décret du 25 mars, qui ordonne le désarmement des personnes reconnues suspectes ;

3° Le décret du 30 mai, relatif au mode de réquisition de la fortune publique ;

4° Le décret du 10 juin, contenant le mode de partage des biens communaux.

Requiert, en outre, la transcription sur le registre de la Municipalité du présent réquisitoire.

Fait et donné à Marle, le 5 août 1793, l'an 2ᵉ de la République une et indivisible.

Couché.

Le Conseil donna aussitôt satisfaction au Procureur en faisant inscrire sur le registre le fameux réquisitoire *in extenso*.

De plus, il fit apposer les scellés sur les meubles et sur les papiers existant au domicile de Quentin-Alexis Leclerc, chirurgien ; chez la citoyenne Guyon et sa fille, ci-devant nobles ; chez le citoyen Parent, son épouse et sa fille, comme père, mère et sœur d'un émigré ; chez Faroux, curé de Saint-Nicolas, membre du Conseil général, assesseur du juge de paix, frère d'un émigré.

Tous ces suspects furent amenés à la maison commune ; il leur fut donné lecture de l'arrêté des représentants du peuple Lequeux et Lejeune et de celui du Département, concernant les appositions de scellés ; après quoi, ils furent écroués.

Des visites furent faites chez les aubergistes, aucun étranger suspect n'y fut trouvé.

Le citoyen Bisson, de Marle, ex-noble, déclara avoir envoyé ses titres au président de l'Assemblée Constituante pour en faire un autodafé ; il fut néanmoins arrêté.

Une arrestation plus importante avait eu lieu, elle nous est révélée par la lettre suivante :

Nous, Président du Comité de Surveillance de la commune de

Chéry-les-Rozoy et Agent national, nous requérons le commandant de la Gendarmerie nationale de Montcornet de conduire ou faire conduire le citoyen de Fay d'Athies à la maison d'arrêt de Laon, en vertu du procès-verbal rendu contre lui pour sa qualité de cy-devant noble, et de donner au citoyen garde national conducteur une décharge qui constituera la remise de son prisonnier, sous sa garde et responsabilité.

Fait à la commune de Chéry-les-Rozoy, le 2 ventôse an II.

GUYOT, agent national.

Le sieur de Fay arriva à Marle dans un état qui ne lui permettait pas de continuer sa route, il fut visité par un médecin de Marle qui lui délivra le certificat suivant :

Nous soussigné, Officier de santé, après avoir examiné l'état du citoyen de Fay d'Athies, âgé de quatre-vingts ans, de Chéry, ayant fait sa descente chez le citoyen Couturier, aubergiste au *Chariot-d'Or*, il lui a trouvé une forte fièvre, compliquée d'un dévoiement qu'il a dit avoir depuis plusieurs mois, le mettant dans un grand état de faiblesse, il est hors d'état pour le moment de supporter les mouvements du cheval et de la voiture, sans courir les plus grands dangers.

En foi de quoi nous avons délivré le présent certificat.

CARRÉ, chirurgien.

Le médecin continua à visiter le malade chaque jour et à donner au Comité permanent de nouvelles attestations ; enfin, il proposa à la municipalité de prendre chez lui le citoyen de Fay, de le soigner, tout en répondant de sa personne.

L'abbé Renard, curé réfractaire de Tavaux, obligé de quitter son presbytère, se retira avec son mobilier chez son beau-frère Demonceaux, au compte duquel il vécut jusqu'au moment de sa condamnation à la déportation. Demonceaux fut accusé d'avoir recélé des objets appartenant à la République et détournés par le curé ; mais il put se justifier et fut relâché par le jury d'accusation.

Après renseignements pris sur le compte des détenus, le représentant du peuple, Roux, ordonna la mise en liberté des accusés suivants : Elisabeth Julliart, sœur hospitalière de Marle ; Nicolas Parent, chirurgien ; Catherine Dupont, sa femme et leur fille. Cet arrêté fut mis en exécution à Marle par les citoyens Granson, commissaire, Crémont, officier municipal, et Boucher, agent national de la commune. Les scellés furent levés chez les détenus où rien de suspect ne fut trouvé.

Au mois de septembre, Caignard Charles, membre du Comité de Laon, arriva à Marle à la tête de douze cents Gardes nationaux. Ce nombre augmenta pendant le trajet de Marle à Guise et Vervins ; ainsi s'opérait la levée en masse de tous les hommes valides, ordonnée par le Conseil permanent du département. Quelques artilleurs conduisant quatre pièces de canon accompagnaient les recrues de la première réquisition.

Le lendemain, ces troupes quittèrent Marle pour aller à Guise. Le citoyen Caignard, dont il est parlé, fut plus tard journaliste ; il publia dans l'*Ami de la Patrie*, un parallèle entre la conspiration de Gracchus-Babeuf et la conspiration du prétendant Louis XVIII, article peu favorable à Babeuf.

Les circonstances devenant plus graves, le procureur Couché lança un nouveau réquisitoire, véritable cri d'alarme :

Les dangers, où se trouve la République et quelques portions du département de l'Aisne en particulier, nécessitent des mesures locales qui déjoueront les manœuvres des traîtres. La commune de Marle a quelquefois été forte pour se montrer à la hauteur des circonstances ; mais bientôt une apathie coupable l'a fait retomber dans l'indifférence et l'a privée des éloges dus à un patriotisme soutenu ; par exemple, dans un moment pressant, on crut devoir porter un œil vigilant sur les citoyens suspects, plusieurs furent dénoncés à l'opinion publique et on crut devoir les désarmer, depuis on s'apitoya sur leur sort, on pensa que la sévérité dont on avait usé à leur égard leur ferait ouvrir les yeux sur leur erreur, et qu'ils chercheraient à la faire oublier par un civisme incontestable. Il fut décidé, en conséquence, que leurs armes leur seraient rendues ; il s'agit maintenant de savoir si le succès a répondu à l'espérance, si les personnes jugées suspectes alors, ont cessé de l'être depuis ; la trahison dont nous sommes journellement les victimes exigent de nous la surveillance la plus sévère ; il est temps enfin de sauver les bons citoyens aux dépens des mauvais.

Je requiers, en conséquence, que tous les citoyens reconnus suspects lors de l'enlèvement des armes soient soumis à un examen épuratoire et que ceux qui n'auraient pas effacé par des actes de civisme le soupçon dont ils avaient été frappés alors, emportent la peine décernée contre les gens suspects par les arrêtés des représentants du peuple Lequeux et Lejeune, des administrateurs du département et du district.

Je requiers, en outre, que toutes les dénonciations qui ont été faites ou qui le seront dans la suite contre différents particuliers, soient examinées sérieusement, afin que l'on puisse prendre des mesures efficaces contre ceux qui seraient déclarés suspects et que ceux qui seront reconnus n'avoir pas démérité soient déchargés d'un soupçon offensant et rendus à la confiance de leurs concitoyens.

Après la lecture de ce réquisitoire, les municipaux décidèrent qu'il serait communiqué au Comité de surveillance ; c'était de leur part agir prudemment.

Des poursuites furent exercées contre la veuve Préseau de Thiernu pour obtenir la restitution de certaines portions de biens usagers, appartenant à la commune de Marle et dont les seigneurs de Thiernu s'étaient emparés sans droit. Déjà, le seigneur de Thiernu avait été mis en demeure de rendre une copie de la charte communale qu'il avait en sa possession et qu'il restitua. D'un autre côté, les habitants de Thiernu refusaient de payer à la dame de Préseau le terrage qu'ils lui devaient, et avaient exercé sur le *terrageur* toute sorte de violences.

A cette époque, le commissaire des guerres mit en réquisition la ville de Marle d'avoir à envoyer des briques et mille grands pavés de terre cuite pour la construction des fours de manutention établis à Laon. La ville eut à envoyer en même temps soixante chevaux, pour conduire un convoi de canons et de caissons à l'armée du Nord.

Le Conseil permanent de la commune étant assemblé, il fut donné lecture de la lettre suivante :

Je soussigné Jean-Jacques Faroux, prêtre et curé de la paroisse de Thiernu et de Saint-Nicolas de Marle, district de Laon, déclare à toutes autorités constituées, que je renonce à l'exercice des fonctions attachées à cette qualité. En conséquence, je donne ma démission et autorise la municipalité à s'emparer de tous titres, commissions, lettres de prêtrise y relatives qui se trouvent sous les scellés apposés lors de mon arrestation, comme frère d'émigré ecclésiastique, pour les adresser, ainsi que la présente dénonciation, au Comité d'instruction publique.

Fait à Nointel (Oise), le 26 brumaire de l'an second de la République française, une et indivisible.

FAROUX.

Le Conseil donna acte de cette démission au citoyen Faroux qui fut plus tard mis en liberté. Arrivé à Marle depuis quelques jours, ce citoyen se plaignit à la municipalité de ce que, étant membre du Conseil et assesseur du juge de paix, il était convoqué pour faire une patrouille de nuit, « afin d'empêcher l'enlèvement des blés, sur l'ordre du citoyen Poulain, commandant de la Garde nationale ». Avant de prendre un parti, il en fut référé à l'administration du District (17 brumaire, an III).

Les objets en or et en argent saisis dans les églises et mis sous scellés, furent retirés en présence de deux membres du Conseil et évalués à la somme totale de trois mille sept cent quarante-trois livres. Un procès-verbal en fut dressé et envoyé à l'administration du District. Il en fut de même pour les objets provenant de l'église de Montigny-sous-Marle et qui furent évalués à deux cent quatre-vingt-quinze livres. Toutes ces matières d'or et d'argent furent confiées au citoyen Hivert, qui les conduisit à Laon avec la cloche de Béhaine.

Le Comité de surveillance, pour sa propre sûreté, demanda à la municipalité l'autorisation de faire des perquisitions dans le château de Marle, pour y découvrir le citoyen Mala arrêté comme prévenu de faux ; puis chez Julliart père, dont la fille était mise en état d'arrestation. Le Comité demanda, en outre, qu'une garde suffisante fût mise à sa disposition. Tout lui fut accordé.

Le 28 frimaire, le Conseil permanent reçut un nouveau réquisitoire ainsi conçu : « Nous, Procureur de la commune « de Marle, requérons la municipalité, vu les plaintes à « nous portées des dégâts causés dans les champs de luzerne « et dans les jardins, de faire placer les voitures vides « au *Bail*, et les voitures chargées sur la place du Grenier- « à-Sel. »

En exécution de ce réquisitoire, le Conseil fit défense aux voituriers de commettre, à l'avenir, aucun délit aux propriétés à peine, pour les contrevenants, d'être poursuivis. Cet arrêté fut publié et affiché.

Le 18 nivôse, la municipalité de Marle reçut un courrier apportant une dépêche de la Société Populaire de Laon, celle-ci demandait que quatre députés fussent envoyés pour fraterniser avec les Sans-Culottes, le 20 courant, jour de la prochaine décade et pour assister à la Fête Nationale.

« Le Conseil, par un mouvement spontané, en applaudissant à l'unanimité aux invitations de la Société Populaire et du District de Laon, voulant suivre l'impulsion naturelle du sentiment civique qui l'anime et dont il est vivement pénétré, arrête : que le citoyen Tilorier, adjoint au Conseil, est nommé député, à l'effet d'assister à la fête des Sans-Culottes, nos frères.

« Quant aux trois autres députés, la municipalité de Voyenne sera priée, ainsi que celles de Sons et d'Autremencourt, de nommer chacune un député. »

Le commissaire des guerres présenta à la municipalité un arrêté ainsi conçu :

Au nom de la République une et indivisible,

Le Conseil exécutif provisoire nomme Claude Bazin, commissaire des guerres pour le rassemblement des levées en masse, faites par les représentants Lejeune et Roux ; en vertu d'un décret du 11 septembre 1791 (*vieux style*), il a jugé à propos de l'autoriser à remplir, près des troupes de l'armée de La Fère dont il a confié le commandement et l'administration générale au citoyen Rochambeau, les fonctions de commissaire ordonnateur en chef, il lui enjoint, en conséquence, de l'employer à tout ce qui concerne la subsistance, la police, le logement, les vivres et autres fournitures aux troupes. Mande et ordonne le Conseil exécutif provisoire aux corps administratifs, à l'officier général qui y sont ou seront employés, aux commandants de troupes, à ceux de l'artillerie et du génie, et aux commissaires qu'il appartiendra.

Fait à Paris, le 17 vendémiaire, an II.

Le Conseil exécutif provisoire,

DALBARATTE, J. BOUCHOTTE.

Le 27 pluviôse an II, il fut fait à Marle une réquisition de deux cents quintaux de blé pour la place de Landrecies qui furent répartis entre les cultivateurs suivants :

Le citoyen	Lefebvre Nicolas.........	20	quintaux.
id.	Grizot..................	20	id.
id.	Beaurain..............	20	id.
id.	Fouant de la Tombelle....	10	id.
id.	Debrotonne.............	20	id.
id.	Degoix................	45	id.
id.	Vitu	15	id.
id.	Remy, d'Haudreville.....	50	id.

Les cultivateurs s'obligèrent « sur leur responsabilité et sur leurs têtes, aux termes du réquisitoire, à fournir la quantité demandée en dedans le 2 ventôse prochain. »

Sur l'invitation du Commissaire des guerres chargé de la surveillance des hôpitaux militaires, la municipalité mit en adjudication les travaux à exécuter dans la nef de l'église Notre-Dame pour en faire un hôpital ambulant. Il s'agissait d'établir des latrines dans le pavage et de faire disparaître les inscriptions féodales et royales qui pouvaient rappeler l'ancien régime. C'est ainsi que disparurent des monuments et des pierres tombales qu'il serait si intéressant de connaître.

Après la dispersion des sœurs d'école, l'éducation des filles fut confiée à la citoyenne Donnée qui, au bout de six mois, réclama son traitement, puis quarante-huit livres pour le blanchissage du linge de l'église Notre-Dame. Le Conseil général chargea le trésorier de la Fabrique de payer et d'en représenter quittance.

L'atelier de salpêtre était en pleine activité, le Conseil permanent fixa les heures de travail. L'atelier était ouvert tous les jours, de cinq heures du matin à huit heures du soir, avec des temps de repos pour déjeuner ; il fermait à douze heures, pour reprendre à une heure jusqu'à quatre ; une demi-heure de repos pour collationner et reprise jusqu'à sept heures. L'agent des salpêtres présenta à la municipalité assemblée un *bouquet républicain*, consistant en une assiette pleine de salpêtre, ornée de fleurs et d'un ruban tricolore. C'était le premier fruit du travail ; cent cinquante livres de salpêtre avaient été fabriquées.

Le Comité témoigna sa satisfaction et décida que le salpêtre fabriqué serait envoyé au District pour prouver que l'atelier de la section de Marle était en pleine activité. Il décida, en outre, qu'une somme de cinquante livres serait allouée au chef d'atelier, à titre d'encouragement, et que la chaudière dont se servait le brasseur, fournisseur des étapes, serait mise à sa disposition. Quelques semaines plus tard, le chef d'atelier se plaignit de ne plus avoir de cendres à lessiver ; le Comité décida de faire un nouvel appel aux communes du canton et fixa à six livres de cendres la quantité à fournir par chaque citoyen ; il décida, en outre, de faire part à l'Administration du District du manque de matières premières pour la fabrication du salpêtre.

Il était défendu de chômer les fêtes et dimanches, comme contraire à la liberté, à l'égalité, à l'Être suprême ; il était défendu de célébrer d'autres fêtes que celles permises par la loi. Les jours de décadi seuls devaient être consacrés au repos, tout travail cessant. Des peines sévères étaient réservées aux contrevenants.

Les signes de la féodalité n'étant pas encore entièrement disparus, des commissaires furent nommés pour s'assurer s'il en existait encore. Dans leur zèle, ces commissaires trouvèrent que les armoiries de la maison commune et celles du château n'étaient pas encore suffisamment effacées ; il fut fait un nouveau grattage. Les commissaires durent être satisfaits, car à l'Hôtel de Ville, c'est à peine si l'on peut deviner aujourd'hui l'existence des armoiries royales qui se trouvaient sur le fronton. Celles du château ont complètement disparu.

Sur le réquisitoire de l'Agent national Bourbier, il fut défendu aux bouchers de jeter dans la rue le sang et les intestins des animaux abattus ; il leur fut également défendu de tuer des vaches pleines. Ces prohibitions étaient d'une sage hygiène ; mais, dans une ville qui n'avait pas d'abattoir public, la surveillance était difficile.

Le 17 thermidor an II, ouï l'Agent national, le Comité permanent arrêta que la cy-devant chapelle de Saint-Martin serait employée à loger les chevaux des hussards en station à Marle, et qu'on y établirait des auges et des râteliers. Il fallut d'abord débarrasser la chapelle des fourrages qu'on y avait engrangés.

Le cinquième jour complémentaire ou sans-culottide de la République, un certificat de résidence fut délivré à Madeleine de Fay, en exécution de la loi contre les émigrés ; il était ainsi conçu :

Nous, Maire, Officiers municipaux, membres du Conseil général de la commune de Marle, sur la demande qui a été faite par la citoyenne Madeleine de Fay d'Athies, veuve de Joseph-Maximilien Guislain-Béthune, cy-devant qualifié marquis de Béthune, cy-après nommé, certifions, sur l'attestation de deux citoyens, tous domiciliés dans le canton qui est situé dans l'arrondissement duquel est la résidence de la certifiée, que Madeleine Defay, veuve de Guislain-Béthune, cy-devant marquis, est propriétaire et cultivatrice, demeure à La Neuville-Bosmont, âgée de soixante-dix-huit ans, taille de quatre pieds dix pouces, cheveux, sourcils blancs mêlés, yeux bleus, nez ordinaire, bouche moyenne, demeure actuellement à La Neuville-Bosmont, dans une maison à elle appartenant, qu'elle y réside depuis plus de quarante-cinq ans jusqu'à présent.

En foi de quoi nous avons délivré le présent certificat.

Nous avons vu que le marquis de Béthune, retenu à Marle par son état maladif, avait été transféré à Laon ; c'est pour obtenir sa liberté que le Comité permanent de Marle avait délivré le certificat précédent. Ses démarches obtinrent un plein succès.

Le Représentant du peuple en mission dans le département de l'Aisne, vu la demande en liberté présentée par M. de Fay, âgé de quatre-vingts ans, vu les attestations du Comité révolutionnaire de surveillance, attendu qu'il n'est détenu que comme ex-noble, arrête : d'après l'avis positif et motivé, le citoyen Martin de Fay, détenu à Marle, sera sur le champ mis en liberté à la diligence de l'Agent national.

Laon, 22 brumaire an troisième.

PÉRARD.

La montagne élevée sur le Champ-de-Mars pour la fête de la Fédération existait encore ; le Conseil général, voulant la faire disparaître, nomma deux commissaires avec des pouvoirs très étendus. Ils devaient aplanir la place du *Bail*, la faire entourer d'un fossé et planter une haie vive autour ; ils étaient chargés, en outre, de faire réparer le pont de la Madeleine, de mettre une barrière au *Pont-Rouge*, dans la rivière, pour empêcher que les chevaux aillent plus loin ; de faire pratiquer une descente à l'abreuvoir, en haut et proche de la place servant de salle populaire. Les dépenses devaient être prises sur le prix de la vente des arbres de l'allée d'Haudreville et du Bail, arbres que n'avait pu faire vendre le duc d'Orléans. On requit aussi des ouvriers pour extraire de la craie dans la carrière du Bail ; ils devaient en extraire chacun une toise, faute de quoi ils encouraient les peines portées par la loi.

Le Conseil général étant assemblé, après avoir entendu l'Agent national, délégua un officier municipal pour se rendre sur le marché de Marle, afin d'examiner les blés amenés, s'assurer de leur qualité et prendre les noms des cultivateurs. Ce Commissaire rendit compte au Conseil de ce qu'il avait constaté ; il déclara que les cultivateurs n'amenaient pas de grains au marché et que cette absence donnant lieu à des dénonciations contre les cultivateurs qui s'étaient abstenus, l'Agent national aurait à les poursuivre. Pendant que le Conseil était encore en séance, des pères de famille vinrent déclarer qu'ils n'avaient pu acheter qu'une poignée de blé sur le marché et qu'alors il leur était impossible de nourrir leurs enfants. Le Conseil, après en avoir délibéré et entendu l'Agent national, décida que les cultivateurs qui n'avaient pas amené leur contingent seraient dénoncés.

Dans la même réunion, se présenta la citoyenne veuve Clocquet, chargée par la Société Populaire, de recevoir les offrandes patriotiques pour les défenseurs de la Patrie, elle déposa sur le bureau cent vingt-deux paires de souliers, des chemises et une culotte qui furent envoyées à l'Administration du District. *(23 brumaire.)*

La même Société Populaire, qui veillait avec une sollicitude si patriotique à l'exécution des lois révolutionnaires, adressa au citoyen Pérard, représentant du peuple, la lettre suivante :

Citoyen Représentant,

Vos procédés dans le département de l'Aisne prouvent votre zèle pour le bien général et votre amour pour le bien des Français. Vous avez renouvelé les autorités constituées avec autant de sagesse que de sagacité, environné d'hommes probes et guidé par des sentiments qui caractérisent le vrai et bon patriote. Vos occupations, marquées au coin de la justice, furent couronnées jusqu'à ce jour par autant de succès. Le tribut d'éloges, dont vous êtes payé partout où vous appelle l'honorable fonction de Représentant, en est une preuve non équivoque.

La Société Populaire de la commune de Marle, chef-lieu de canton, subissant juridiction à votre tribunal, vous présente aujourd'hui une juste réclamation. Le citoyen Taupin, agent national près le District de Laon, vient de demander à l'Agent national de notre commune, s'il n'y avait pas, dans le Conseil général dudit lieu, des membres qui cumulaient deux fonctions publiques. La vérité est qu'il y a dans le Conseil trois notaires, savoir : Le citoyen Lehault qui, lors de son élection, a réuni l'unanimité des suffrages ; Leclerc, officier municipal, et Dhyver, notable, tous trois furent choisis librement par le Peuple. Ce choix est certainement le fruit heureux de leur dévouement éclairé. Tous trois ont acquis un juste titre à la reconnaissance publique, en voici la preuve. Le bien public, l'exécution des lois, leur stricte assiduité au Bureau de la Commune, furent toujours l'objet de leur plus tendre sollicitude. La Société Populaire ne vous entretiendra pas, Citoyen représentant, ni de leurs talents, ni de leurs lumières, leur travail le prouve ; enfin, leur conduite morale et politique sont des motifs assez puissants pour vous demander la continuité de leurs fonctions dans le Conseil général.

Si le gouvernail du vaisseau de l'Etat, pour être à l'abri du naufrage et de toutes secousses, a besoin d'être maintenu par des bras fermes et vigoureux, les communes ont besoin aussi de magistrats éclairés pour les diriger dans le sentier de la Révolution. La Société Populaire pense que vous prendrez en considération sa position, d'autant plus que les trois citoyens notables ne sont nullement salariés de la République et que les lois n'exigent pas leur démission. Il serait presque impossible de les remplacer, eux qui sont initiés aux affaires civiles et politiques. La multiplicité des affaires, la correspondance qui a lieu entre les autorités constituées, les passages de troupes réitérés, les fréquentes réquisitions exigent, dans de tels partis des hommes instruits, expéditifs. Il serait donc bien difficile d'y suppléer si nous les perdions ; nous devons cependant vous avouer, Citoyen représentant, avec un plaisir très sensible, que si les citoyens dénommés l'emportent sur la plupart de leurs concitoyens par leurs lumières et par leurs talents, qu'au moins les membres de la Société Populaire ne leur cèdent en rien pour les vertus républicaines,

Salut et fraternité.

Il paraît que cette estimable Société Populaire n'avait pas de local convenable pour tenir ses séances, l'Agent national fit part au Conseil de cette fâcheuse position. Aussitôt instruit, le Conseil en délibéra et prit cette décision :

Considérant qu'il est du devoir du Conseil et de l'intérêt général de lui procurer une salle suffisante et commode. Considérant que c'est par la Société Populaire que la Révolution s'est effectuée et soutenue. Considérant que c'est une Assemblée où l'esprit public se fortifie et se vivifie, que l'œil vigilant étend toujours ses regards sur les malveillants et les ennemis de la chose publique, leurs trames ourdies, et les livre à l'examen sévère des Tribunaux révolutionnaires pour leur faire expier leurs forfaits.

Arrête que l'école dite des Frères sera appropriée pour servir de salle de réunion, et charge les citoyens Pesant et Pelletier d'y veiller et de la mettre dans un état convenable.

Déjà la municipalité s'était occupée de donner une salle de réunion à la Société Populaire ; elle avait offert à cet usage la chapelle du couvent des Sœurs, mais le directeur de l'hôpital militaire réclama ce local pour agrandir l'hôpital permanent. La municipalité songea alors à lui donner une salle dans le château, mais elle fut prise par l'autorité militaire pour en faire un magasin d'approvisionnement (*17 nivôse*).

Le bois venant à manquer pour la fabrication du salpêtre, le Conseil général décida, l'Agent national entendu, que les communes de Marcy et de Dercy, n'ayant pas fourni la quantité qui leur était assignée, seraient obligées, en compensation, de loger et de nourrir chacune deux hussards, jusqu'à ce que les cultivateurs aient le bois requis.

Dès le 5 mars 1794, le boucher de l'hospice de Marle avait refusé de continuer ses fournitures « au prix de la loi » ; il prétendait ne plus pouvoir trouver de bétail, à cause du passage continuel des troupes. Cette réclamation fut reconnue juste. Sur la plainte formulée par le Conseil de la commune et appuyée par l'administration de l'armée du Nord, le district de Laon ordonna, le 13 mars, que les bouviers, conducteurs de bestiaux appartenant à la République « seraient tenus de fournir à la municipalité de Marle les bestiaux qu'elle jugerait à propos d'extraire des bandes » par eux conduites. Quelques jours après, le commissaire-ordonnateur de Laon était engagé «. à envoyer des bœufs à Marle pour le service des étapes ». Il fut défendu aux bouchers de vendre de la viande « à d'autres qu'aux citoyens malades et sur bons, à peine d'amende ». (*Histoire de Rozoy.*)

L'approvisionnement des marchés, malgré les réquisitions, était toujours difficile à obtenir, et le peuple des campagnes s'opposait à la sortie des grains ; on en jugera par ce qui arriva à Voyenne. Cette commune était réquisitionnée pour livrer cinquante sacs de blé destinés à Mons-en-Laonnois. Les voitures étaient chargées, prêtes à partir, lorsqu'elles furent entourées par un attroupement de femmes et de filles qui, voulant s'opposer au départ, se mettent en devoir de décharger les voitures. L'agent national intervient, il invoque l'arrêté du représentant Loiseau en date du 22 nivôse, elles n'écoutent rien ; enfin, aidé de la Garde Nationale, c'est-à-dire de douze citoyens armés de piques, l'agent réussit à dissiper le rassemblement ; mais bientôt après, il se reforme et, malgré l'agent, les femmes s'enhardissent, jettent le blé en bas des voitures et le transportent dans le *Temple de l'Eternel*. Il fallut promettre à ces révoltées que le blé ne sortirait qu'après en avoir référé à l'Administration du District.

Le Conseil général de Marle avait, à plusieurs reprises,

signalé au District le manque des grains et l'impossibilité de s'en procurer. A ces représentations, le Comité permanent de Laon répondit par l'arrêté suivant :

Vu les délibérations du Conseil général de la commune de Marle en forme de dénonciation dirigée contre les communes, lesquelles ont été désignées, par arrêté du District du 24 nivôse, pour l'approvisionnement des marchés de Marle, d'où il appert que les dites communes n'ont pu fournir qu'une faible partie de la quantité qui leur était demandée, en se refusant à en fournir davantage, sur ce qu'elles n'ont pas de quoi subsister jusqu'à la récolte prochaine ;

Considérant que le refus de fournir ne vient point de l'impossibilité absolue de le faire, mais de la cupidité, de la malveillance et de la passion démesurée des cultivateurs d'accumuler leur richesse, en vendant au plus offrant et peut-être à des personnes soudoyées pour nous affamer des grains qu'ils refusent à leurs frères de Marle ;

Considérant que de tels prétextes d'impossibilité, inavouables par eux-mêmes, le sont encore moins quand les besoins du peuple commandent impérieusement ;

L'Agent national entendu, arrête : que pour mettre l'Administration en état d'exécuter l'arrêté du Représentant du peuple dans sa pleine et entière exécution, elle doit sévir contre ceux qui refusent de s'y soumettre.

La municipalité de Marle fera toute instance auprès des communes requises pour presser les versements des contingents sur les marchés, ainsi que la liste nominative des cultivateurs et propriétaires de grains qui n'auraient pas fourni leur cote-part dans le délai qui leur sera prescrit, afin que l'Administration puisse prendre contre eux toutes les mesures portées sur l'arrêté du Représentant Loiseau et qu'exigent les circonstances.

LOBJOY, *procureur*.

A la suite de cet arrêté, les Officiers municipaux décidèrent d'envoyer dans les communes de Montigny, Cilly,

Bosmont, Saint-Pierremont, Thiernu, Châtillon et Marcy, qui n'avaient pas fourni leur contingent, une escouade de cavaliers à loger et à nourrir aux dépens des refusants.

Quelques jours plus tard, l'agent national déposa sur le bureau du Conseil général des lettres des maires des communes assignées pour l'approvisionnement du marché, ils alléguaient tous l'impossibilité de fournir ce qui était demandé ; « ce qui a fait que le marché a été nul, que le peuple n'a pu y acheter sa subsistance, a été trompé dans son attente et qu'il a témoigné d'une manière sensible toutes ses alarmes, il a chargé ses magistrats de prendre toutes les mesures pour assurer sa subsistance. »

Le Conseil général avisa de cet état de choses l'Administration du District qui lança un second arrêté : « Considérant que le peuple ne peut souffrir, décrète que le citoyen Jean-Baptiste Tisserand, maire et cultivateur à Saint-Pierremont, comme ayant le plus de grain disponible, sera conduit dans la maison d'arrestation de Laon. »

Pareille mesure fut prise envers Laurent Le Blond, à Bosmont ; Mathieu, Meunier, à Montigny ; Louis Legros, à Cilly ; François Sandron, de Marcy ; Herbet, à Châtillon, tous cultivateurs qui furent conduits à Laon par la gendarmerie.

Des commissaires spéciaux se rendirent dans les communes, accompagnés de gendarmes et de hussards, et se présentèrent chez les cultivateurs désignés. Quelques-uns s'exécutèrent, notamment ceux de Saint-Pierremont et de Montigny, les autres persistèrent dans leur refus. Malgré tout, le blé n'arrivait pas sur le marché de Marle, il était pillé et enlevé par la populace qui se le partageait.

Les gendarmes firent au Comité permanent de Marle la déposition suivante : « Etant en tournée de service aux fermes de Béhaine, nous avons vu environ une quarantaine d'hommes et deux femmes, armés de pistolets et de sabres qui entrèrent chez les citoyens Vitu et Remy, fermiers, montèrent dans le grenier de Vitu, y enlevèrent un jalois de blé qu'ils payèrent à raison de vingt livres et demandèrent du pain ; Vitu leur distribua dix pains qu'ils mangèrent sur-le-champ ; ces mendiants paraissaient avoir un pressant besoin de subsistance, ils déclarèrent qu'ils reviendraient pour battre le blé en gerbes. » Les gendarmes ont ajouté que pareils faits s'étaient passés chez le citoyen Fouant de la Tombelle, le 13 pluviôse ; les mendiants étaient alors au nombre de plus de cent.

Pour mettre fin à ces attroupements et à ces pillages, le Conseil décida de rétablir la Garde de police de sûreté, dont faisaient partie tous les hommes valides ; les malades et les sexagénaires pouvaient se faire remplacer. Les officiers étaient tenus de monter la garde et de rester à leur poste. Par malheur, cette nouvelle milice mit peu d'empressement à remplir ses devoirs, préoccupée qu'elle était de sa propre subsistance.

Le Comité permanent décida aussi que le blé de la fabrique paroissiale Notre-Dame serait vendu aux indigents de Marle, un peu au-dessous du cours, mais argent comptant et au prorata des besoins des acheteurs.

Pour subvenir aux besoins des habitants de Laon, la municipalité de cette ville se fit céder par les propriétaires de Laon, leurs redevances en grains, elle menaça alors les fermiers de les contraindre par la force armée à payer leur fermage en grains. C'est ce qui arriva à la veuve Langlet, du faubourg Saint-Martin, de Marle. Le Comité protesta contre cette manière de faire, qui privait la ville de Marle des subsistances dont elle avait un pressant besoin ; il en avisa aussitôt le District et le Comité de Salut public.

Les cultivateurs de Saint-Pierremont, malgré l'arrestation du maire, n'amenaient pas au marché de Marle la quantité de blé qu'ils devaient fournir, « au grand mécontentement du peuple » que la municipalité avait peine à contenir. Bien plus, cinq hussards, envoyés dans la commune de Saint-Pierremont pour en imposer, se virent refuser le logement par le citoyen Soyer de Saint-Antoine. Le Conseil général ne pût que signaler le fait à l'Administration supérieure.

Le marché de Marle restait toujours sans approvisionnement malgré les efforts des commissaires et malgré les réquisitions appuyés par la force armée ; « aussi voyait-on la consternation partout, les larmes de pères de famille sans pain pour nourrir leurs enfants. »

Il était défendu aux meuniers de se faire payer en nature le blé qu'on leur donnait à moudre, ils devaient seulement demander le seizième du prix du blé payé aux marchés. Les préposés au maintien de l'ordre pour les affaires étaient impuissants ; ils étaient insultés, et, malgré leurs efforts, des individus s'emparaient du peu de grain amené sur le marché et le distribuait à leur guise ; les Officiers municipaux, sans appui, ne pouvaient que réprimander les fauteurs de désordres. Le marché suivant ne fut pas mieux approvisionné. Le Comité, qui s'attendait à un mouvement populaire, siégea en permanence ; bientôt la salle des séances fut envahie par une multitude en fureur qui, sans respect pour les membres de l'Assemblée, les accabla de reproches, les menaça, et ne quitta la salle que grâce à l'intervention de la force armée.

Le Conseil, remis de son émotion, rédigea une proclamation dont voici le texte :

Les membres, composant le Conseil général de la commune de Marle, n'ont vu qu'avec déplaisir leurs concitoyens se porter en masse à leur séance pour raison d'approvisionnement du marché ; leur sensibilité en a été tellement affectée qu'ils ont estimé ne devoir pas laisser passer sous silence cette comparution, sans vous tracer les réflexions qu'elle leur a inspirées.

Nous avons jusqu'ici parcouru le cercle de nos devoirs que nos qualités de membres du Comité général nous imposaient, ces devoirs que nous tenions de nos fonctions et la mission qui nous est donnée, nous ne sommes pas faits pour les méconnaître, ni pour oublier que vous nous avez spécialement commis pour défendre vos intérêts, vos propriétés, pour faire exécuter les lois, vous environner de leur protection tutélaire, favoriser autant qu'il est en leur pouvoir les approvisionnements du marché, procurer des secours pour les pauvres infirmes et les vieillards invalides, pour la maison d'hospice ; nos démarches à cet égard n'ont pas été infructueuses, puisque nous venons d'obtenir un secours provisoire.

Chacun de nous en appelle à votre témoignage d'avoir apporté de bonnes intentions par un grand zèle et le plus entier dévouement, chacun de nous ose se flatter d'en avoir donné tous les genres de preuves qui ont dépendu d'eux. La splendeur, le salut de la Patrie, votre bonheur, chers commettants, voilà notre ambition la plus chère, l'estime de vous-mêmes et la nôtre, voilà notre douce récompense.

Chers Citoyens, si des malveillants par des suggestions perfides, par de coupables mensonges s'agitaient autour de vous ou cherchaient à obtenir la confiance que vous nous avez donnée, méfiez-vous d'eux, venez par députations dans le sein de vos magistrats, y déposer les effets qu'ils n'auraient pu produire dans vos âmes et dans les consciences fraternelles, l'illusion du soupçon disparaîtra de vos cœurs qui s'ouvriront d'allégresse et de reconnaissance.

Autrefois, il fallait obéir à un gouvernement absolu et tyrannique, à des ordres arbitraires ; la plénitude de la puissance se concentrait dans les mains d'un seul. Autrefois, dans un temps de terreur, l'homme le plus vertueux, le plus paisible ne se réveillait souvent que pour se voir enfermé dans les prisons du despotisme ! Mais couvrons d'un voile épais ces temps de perfidie, ils fuyent loin de nous ; la justice, la probité sont à l'ordre du jour ! Que tant d'efforts, tant de sollicitude, que tant de bonne volonté, que des intentions aussi fraternelles soient donc récompensés par une confiance indéfinie ; il nous faut des consolations pour rester à notre poste laborieux, où vos suffrages nous ont appelés, il faut pour votre gloire, pour témoin de votre bonheur commun que vous ne cessiez, un seul instant, de nous regarder comme vos frères les plus chers qui n'ont rien tant à cœur que votre intérêt et de vous voir vous entendre conférer avec eux sans aigreur, toutes les fois que vos besoins l'exigeront, ils vous tendent les bras, ils vous en conjurent au nom des liens sacrés de l'amitié la plus tendre et de la fraternité la plus étendue.

Chers Compatriotes, nos frères, nos bons amis, écoutez vos magistrats, pénétrez-vous de leur exposé, ils vous parlent le langage de la vérité et de l'amitié.

Fait au Conseil permanent, le vingt-un ventôse, troisième année républicaine.

Ont signé : Lehault, Lefèvre, Rougier, Bourbier, agent ; Lerat, Mauclerc, Crémont, Pinon.

Cette proclamation fut lue et publiée dans l'enclave de la commune de Marle et affichée.

Nous ne savons si le langage modéré et convaincant des magistrats réussit à calmer les esprits ; car nous voyons encore les mêmes scènes se reproduire, à cause de la pénurie des marchés.

Les citoyens vinrent, en effet, dans l'Assemblée du Conseil, réclamer du pain et des secours pour leurs familles. La perplexité des membres était grande, ils savaient que les cultivateurs des campagnes n'avaient plus de grains, et c'est en vain qu'ils s'adressèrent à l'Administration supérieure. Ils exposaient ainsi leurs doléances :

« Malgré toute votre sollicitude, malgré toutes vos
« démarches, le dernier marché de Marle s'est trouvé telle-
« ment dépourvu, que cent familles sont venues aux séances

« du Conseil, leur annoncer, avec la dernière expression
« du besoin, qu'eux et leurs enfants manquaient de pain ;
« ils vous observent que les communes que vous avez assi-
« gnées pour l'approvisionnement du marché ne se sont pas
« présentées malgré les cavaliers de chasseurs en station et
« toutes les mesures de précautions prises ont été infruc-
« tueuses. Nous sommes, Citoyens, au dernier expédient,
« nous vous conjurons de venir à notre secours et de prendre
« en considération notre urgent besoin. Notre reconnais-
« sance égalera notre bonheur. »

Pour faire diversion, l'Agent national informa le Conseil que les cordonniers refusaient, sous prétexte que le cuir était en hausse, de fournir, chaque décade, deux paires de souliers ; sans égard pour cette considération, le Comité enjoignit aux cordonniers de faire, chaque décade, la fourniture ordonnée par la loi.

Le Comité reçut aussi la visite du citoyen Romain, ordonnateur de la première division de Valenciennes, qui lui remit une lettre avisant les officiers municipaux qu'ils avaient à toucher une somme de deux mille huit cent quarante-huit livres pour fournitures de foin et de chandelles faites aux troupes de la République. Le citoyen Follet, juge de paix, fut délégué avec tous les pouvoirs nécessaires pour toucher cette somme.

La question des subsistances préoccupait toujours le Conseil général, qui décida de ne plus siéger en permanence, mais seulement trois jours de la semaine : dimanche, mardi et vendredi.

En 1794, jour de la Pentecôte et jour de la fête de l'Être suprême, le citoyen Marprez, grand vicaire de la cathédrale de Soissons, ancien archidiacre de Château-Thierry, coucha comme soldat dans l'église de Marle, où il y avait cent cinquante lits, un pour deux hommes.

Le Conseil était en séance le 24 germinal, lorsqu'il fut fait lecture d'un arrêté du district, sanctionné par le citoyen Houllier, représentant du peuple en mission, portant que, lors du recensement fait dans la commune de Marcy, il avait été trouvé chez Laurent Vinchon, meunier, soixante-dix jalois de blé qui furent mis à la disposition de l'Administration de Laon, pour être déposés dans les magasins de Paris. Vinchon fut de nouveau requis de fournir soixante jalois de blé, dont les deux tiers pour les indigents de Marle ; en cas de résistance, un détachement de hussards aurait été envoyé sur le champ à Marcy et nourri aux frais de Vinchon.

Dans la même séance, une plainte fut déposée par plusieurs habitants de Marle, à cause des vols nombreux qui se commettaient chaque nuit. Le Conseil arrêta que le commandant de la Garde Nationale s'entendrait avec le commandant du détachement de hussards et la gendarmerie, pour faire des patrouilles de nuit « afin d'arrêter les mauvais citoyens, ennemis de la société et de l'ordre public. »

Le Conseil étant réuni, reçut deux arrêtés du District de Laon, concernant le désarmement de Nicolas Couché, ex-administrateur du District, et la nomination de deux commissaires chargés de se transporter chez la veuve Sérurier, où Couché avait un appartement, et dans le cabinet qu'il s'était réservé dans l'ancien presbytère. Les commissaires nommés, déclarèrent, après un scrupuleux examen, n'avoir trouvé dans ces deux pièces aucune espèce d'armes.

Couché avait cessé d'être procureur de la commune de Marle. Chargé de toucher diverses sommes provenant d'échange pour la caisse patriotique, il en avait rendu un compte exact. Il avait été aussi nommé provisoirement aux étapes et s'était acquitté de cette mission avec zèle. Toutefois, ces emplois lui paraissaient bien modestes et son ambition aspirait à de plus hautes destinées ; grâce à ses démarches, il obtint de faire partie de l'Administration départementale.

L'ex-bénédictin Couché s'était marié à Marle, le 18 frimaire, an III, comme l'indique son acte de mariage :

Le citoyen Nicolas Couché, administrateur du District de Laon, fils majeur de Louis Couché et de Marie-Madeleine Le Blat, ses père et mère, de la ville de Liège, d'une part, et Marie-Nicole Sérurier (sœur du comte Sérurier), fille majeur de défunt Louis-Nicolas Sérurier et de Louise-Perrette-Marie-Madeleine Bidat, ses père et mère de cette commune, d'autre part, assistés de Paul-François-Jérôme Lehault, des citoyens Godard, Joseph Crémont, Louis Guyard, Cloquet, tous quatre amis de l'époux ; de l'autre part : Antoine Prévolan et Quentin Montain-Dufresnoy, parents de l'épouse, à l'effet de contracter mariage. Lequel acte a été fait double et d'après la parole de la loi, qui, ayant été proclamée, les parents ont signé les dits jours et an.

COUCHÉ, Anne-Marie-Nicole SÉRURIER, PRÉVOLAN, de Soissons, CRÉMONT, Quentin DUFRESNOY, LEHAULT, CLOQUET, GUYARD.

De son mariage, Couché eut plusieurs enfants : une fille, Victoire, morte jeune ; Joseph-Alphonse, né le 11 messidor an IV ; Jules, né à Marle, le 16 floréal an VIII.

Le 7 fructidor an IV, Nicolas Couché, commissaire du Directoire exécutif près de l'Administration municipale, assisté de Jacques Granson, directeur de la poste aux lettres, déclara le décès de Nicole, fille de Marie Sérurier, sa femme, décédée le 7, à cinq heures du soir, âgée de dix-sept mois.

Nous donnons l'acte de baptême de Louis Sérurier,

comme intéressant une honorable famille de Marle qui a rempli de hautes fonctions.

L'an 1775, le vendredi septième jour d'avril, a été baptisé dans cette église Notre Dame-Saint-Martin, par moi, vicaire de cette paroisse soussigné, Louis-Barbe-Charles Sérurier, né aujourd'hui de légitime mariage de Louis-Nicolas-Clair Sérurier, ancien officier au régiment de Royal-Roussillon infanterie, lieutenant-général civil et criminel, juge gruyer au bailliage de Marle, et de dame Louise-Perrette-Marie-Madeleine, son épouse ; le parrain fut Louis-Gaspard Cloquet, petit garçon de cette paroisse, représentant messire Nicolas-François Dougny, chevalier, seigneur de La Neuville-sous-Laon, conseiller du roy en sa Cour des Monnaies de Paris ; la marraine fut demoiselle Anne-Marie-Nicole Sérurier, petite fille de cette paroisse, sœur de l'enfant baptisé, représentante de dame Barbe Ledoux du Mont-Bourgogne, capitaine de ville à Reims, qui tous ont commenté, le père présent, les susdits représentants par procuration, ont signé avec nous le présent acte.

LEFEBVRE, *vicaire ;* Nicole SÉRURIER, *marraine ;*
CLOQUET, *parrain.*

Après Thermidor, Couché fut considéré comme terroriste et soupçonné d'entretenir une correspondance avec le syndic Pottofeux, détenu à Soissons à cause des événements de Germinal. La justice descendit chez lui pour y saisir les preuves de ses relations avec les conspirateurs venus à Paris pour Pichegru et la jeunesse dorée. Couché fut arrêté et transféré à Vervins « pour l'éloigner des nombreux révolutionnaires de Laon ». *(Ed. Fleury.)*

Couché, comme administrateur du Département, avait été chargé de faire exécuter le décret de la Convention relatif à la levée en masse. Pour s'acquitter de cette mission, il envoya des lettres de convocation pour requérir « à cause des circonstances » tous les jeunes gens de dix-huit à trente-cinq ans de se rendre à Rozoy, puis à Marle, et de là aux lieux qui leur seraient indiqués.

Nous avons dit que Couché avait un fils, né à Marle, vers 1800 ; ce jeune homme, d'abord peintre, s'engagea dans l'armée et devint sous-officier vétéran à la quatrième compagnie. Entré au Val-de-Grâce le 15 mars 1833, il y mourut le 24 mai suivant des suites d'une mauvaise fièvre.

La transcription de l'acte de décès de Jules Couché sur les registres mortuaires de Marle laisserait supposer que ses parents habitaient encore cette ville six mois avant le décès ; Couché et sa femme seraient allés ensuite demeurer à Paris.

Un manuscrit parle ainsi de Couché : « C'était un nouveau Julien l'Apostat ; monté dans la chaire de l'église de Marle, il y dit publiquement que jusqu'alors il n'avait dit que des bêtises et des mensonges, qu'il abjurait la religion. A ces paroles, malgré l'effervescence qui régnait, un murmure général indiqua le mépris que l'on avait pour de tels discours. Ce prêtre rénégat tourmenta cruellement les honnêtes gens pendant ces temps malheureux ; mais Dieu le récompensa comme il le méritait : il mourut à Paris dans la plus grande misère ! »

Malgré les édits sanguinaires de la Convention contre les prêtres, plusieurs se hasardèrent, au péril de leur vie, à offrir le sacrifice de la messe dans des maisons pieuses de la ville. La messe fut dite chez Mme Luquet, grand'mère de Mlle Fresnel. Amateur Langlet, serrurier, allait la servir ; pour déguiser son action, il portait ordinairement son panier à ouvrage, afin de faire croire qu'il allait travailler. Elle fut célébrée aussi chez les demoiselles Prinet, Baron et Agnès Pelletier ; chez cette dernière, on y fit plusieurs fois la première communion ; elle habitait, ruelle du Petit-Haudreville, une maison provenant des frères Daoust qui dirigeaient les petites écoles.

La ville de Marle était toujours dans la plus grande détresse[1] ; le 25 germinal, la salle du Conseil fut envahie par un nombre considérable de femmes, qui demandaient du pain à cor et à cri. Le maire leur répondit que l'alimentation du peuple faisait l'objet constant de ses efforts, il les engagea à se retirer et à rester calmes. Après leur départ, le Conseil déclara : « que s'il est douloureux pour le Peuple de souffrir la faim, il l'est également pour les magistrats de ne pouvoir leur procurer les secours tels qu'ils le désirent. Le Conseil considérant que la commune n'a aucune ressource que la charité publique, arrête que les citoyens Lehault, maire, et Bourbier, agent national, se rendront auprès de l'Administration du District, à l'effet de leur exposer les besoins du Peuple, et à aviser aux moyens d'y pourvoir dans le plus bref délai. »

Le lendemain, à leur retour, les députés rendirent compte au Conseil de leur mission, ils déposèrent sur le bureau un extrait des registres du District concernant la commune de Voyenne et portant sommation aux cultivateurs d'envoyer quarante jalois de blé destinés à l'hospice de Laon ; puis un autre arrêté qui ordonnait que les blés conduits à Laon seraient envoyés à Marle dans les vingt-quatre heures et distribués aux indigents. Le même arrêté prescrivait aux habitants de Thiernu d'amener au marché de Marle du blé et de l'avoine dont le prix serait payé comptant aux propriétaires. Pour assurer l'exécution de cette mesure, le commandant de gendarmerie et dix hussards furent requis et chargés de veiller à ce que les grains parvinssent au marché.

La commune de Voyenne ne s'exécuta pas. La municipa-

---

[1] Il avait existé, sur la place de Marle, une *Halle*, sous laquelle se tenaient les marchés aux grains et les marchands forains ; elle fut brûlée par les Impériaux en 1535.

lité de Marle expédia un courrier au District qui ne put que confirmer son arrêté, dont une expédition fut portée à Voyenne par une estafette. Les habitants parurent s'émouvoir, on apprit même à Marle, qu'après bien des lenteurs, les cultivateurs avaient chargé leurs voitures, « lorsqu'une foule d'indigents se sont mis à crier que les blés ne partiraient pas. » Devant ces menaces, la municipalité de Voyenne fit distribuer à chaque pauvre un pugnet de blé et avisa la commune de Marle qu'il lui était impossible de lui envoyer du blé et de la pamelle, que des familles n'en avaient pas assez pour vivre.

Pour toute ressource, la municipalité envoya à Laon la lettre des habitants de Voyenne, revêtue des signatures légalisées.

Voyenne, persistant à ne rien envoyer, malgré les arrêtés et les instances des Marlois, le Directoire décréta l'arrestation de la municipalité et des propriétaires de Voyenne, et chargea les agents nationaux de l'exécution de cet arrêté. Dès que cette décision eut été notifiée à la commune de Voyenne, des habitants montèrent au clocher pour sonner le tocsin et se disposèrent à la résistance. Deux des plus riches et des plus gros cultivateurs furent arrêtés et conduits prisonniers à Laon.

C'était là une mesure énergique, mais qui ne donnait pas de pain aux pauvres de Marle. La municipalité décida alors d'acheter du blé, elle chargea deux commissaires de faire ces achats et mit à leur disposition une somme de vingt-sept mille francs souscrite par les habitants. Cette décision, jointe à une demande d'argent, fut aussitôt notifiée au Directoire.

L'hôpital militaire, qui occupait l'église Notre-Dame, ayant été évacué, la population demanda à rentrer en possession de cette église, le *Bulletin des Lois* accordant cette faculté. Alors, les lits et le matériel furent transportés à l'Hôtel-Dieu, et l'édifice débarrassé fut rendu au culte. Nicolas Debrotonne, religieux prémontré demeurant à Marle, cédant aux instances des habitants, demanda à exercer le culte catholique en se soumettant aux lois de la République.

Un autre prêtre de Marle, Jean Parent, déclara élire domicile dans la ville et fit la confession suivante : « Je reconnais que l'universalité des citoyens français est la souveraine, et je promets soumission aux lois de la République. » Une déclaration semblable fut faite le 9 brumaire, par Jean Penart, prêtre, ancien religieux, qui déclara vouloir rester à Marle, en supporter toutes les charges et reconnaître la souveraineté du peuple, il était en outre muni d'un certificat de civisme.

L'année suivante (an V), un prêtre constitutionnel et un réfractaire desservaient l'église de Marle. Par suite d'un malentendu dans la fixation des heures, l'office du premier fut troublé par l'arrivée inopinée des partisans du second, ce qui produisit un véritable tumulte. Des vociférations on en serait venu aux mains, sans l'intervention de l'Agent municipal. Le Commissaire de la commune ne manqua pas de signaler au Tribunal de Laon « les effets terribles qu'avait produits cet incendie dans un pays devenu inflammable par les suggestions du royalisme et du fanatisme. » (*Ed. Fleury*).

La nouvelle Constitution de l'an III, promulguée par l'Assemblée Constituante, fut acceptée à Marle, le 14 juillet 1793, avec enthousiasme, et un commissaire, le citoyen Guyot, fut chargé de porter à Paris l'acte d'acceptation. Cette Constitution modifiait les administrations municipales : toutes les communes du canton ne formaient plus qu'une municipalité, chacune des communes élisait un agent municipal et un adjoint. Ces agents nommèrent parmi eux un président qui présidait l'Assemblée cantonale, auprès de laquelle était placé un commissaire du Directoire exécutif. Comme la ville de Marle ne possédait que treize cent vingt habitants, elle n'avait pas droit à une Administration municipale, réservée seulement aux villes ayant plus de cinq mille habitants.

La fête du 14 juillet fut remplacée par celle du 10 août; nous ne voyons pas qu'elle ait été célébrée à Marle ; la disette assombrissait trop tous les esprits. C'est au point que les Gardes nationaux eux-mêmes, malgré leur amour de parade, ne faisaient plus de service et ne montaient plus de garde. La municipalité crut nécessaire, dans l'intérêt public, de réchauffer leur zèle. Conformément à la loi du 28 prairial, elle convoqua tous les citoyens pour le jour de décadi, dans la maison du Culte, afin de procéder à la formation des compagnies et à la nomination des officiers qui devaient être choisis le 20 messidor. La Garde Nationale ainsi réorganisée, il fut décidé que cinq patrouilles auraient lieu, tant de jour que de nuit, divisées en quatre pelotons composés de quatre hussards et d'un gendarme, pour parcourir les communes du canton, surveiller les maisons et arrêter les voleurs.

Les hussards en garnison à Marle pour maintenir l'ordre, étaient le plus souvent des causes de désordre. Ainsi, une nuit, le maire Lehault fut réveillé par un cafetier qui avait chez lui un volontaire et un maréchal des logis de hussards, ces deux hommes ne voulaient pas sortir et, par leurs cris, troublaient le repos public. Le maire, ceint de son écharpe, les invita à se retirer, le volontaire à son logement et le hussard à son poste. Loin d'obéir à l'invitation paternelle du magistrat, les soldats l'insultent et veulent se jeter sur lui. Le maire envoie chercher le Procureur de la commune et des gendarmes qui, avec beaucoup de peine, conduisirent les ivrognes en prison. Appelés le lendemain devant le Conseil pour répondre de leur conduite, ils déclarèrent ne rien savoir des faits qui leur étaient reprochés. Le Conseil, usant d'indulgence, décida que le sous-officier serait conduit à l'armée du Nord par la gendarmerie et que le volontaire serait changé de régiment.

La fin de la crise alimentaire semblait approcher pour les habitants de Marle. On se rappelle que, malgré les réquisitions faites dans les communes chargées d'approvisionner le marché de Marle, celui-ci était toujours dépourvu ; nous avons vu la résistance des cultivateurs de Voyenne, qui, du reste, n'étaient pas plus empressés à fournir des chevaux pour transporter les bagages des troupes en passage que pour amener du blé. Enfin, le Conseil fut avisé de l'arrivée d'une certaine quantité de blé à Laon, dont une partie était destinée à Marle, au prix de cinq cent cinquante livres environ le quintal métrique. Les soumissionnaires furent convoqués dans l'église pour aviser aux moyens de donner du blé aux indigents qui ne pouvaient en acheter.

Le 11 fructidor, la municipalité reçut un arrêté du Comité de Salut public, relatif à l'approvisionnement du marché, notifié par l'Administration du District, déclarant que quarante quintaux de blé étaient destinés à Marle. Cette quantité devait être amenée par les cultivateurs du pays et ainsi répartie : Fouant de la Tombelle, quatre quintaux ; Gérard, cinq quintaux ; Vitu et Remy, quatre chacun ; Degoix, Lefebvre, Grizot et Fresson, chacun un quintal. Ce blé devait être rendu au marché, à neuf heures du matin ; faute d'obtempérer à cet ordre, les refusants devaient être passibles des peines prescrites par l'arrêté du Comité de Salut public.

Le dernier jour complémentaire, le Procureur de la Commune fit part au Conseil qu'un jugement du juge de paix du canton, rendu aux termes de la loi du 4 thermidor, confisquait les grains, et qu'il importait de procéder à son exécution en mettant les grains en vente sur le marché de Marle. Le Conseil réuni décida que les trente-trois jalois de seigle et les six jalois de blé saisis sur deux cultivateurs seraient vendus sur le marché, à l'exception d'un tiers en nature qui serait versé dans les magasins militaires. Il devait en être de même pour les vingt-trois jalois de blé confisqués sur Druon de Nouvion, ainsi que seize autres jalois qui devaient être vendus aux mêmes conditions. Le prix de la vente s'éleva à plus de deux mille livres pour les cultivateurs et à pareille somme pour la commune de Marle.

Malgré cette bonne aubaine, les marchés étaient peu approvisionnés ; celui du 10 vendémiaire (an IV) n'avait reçu du blé que de deux cultivateurs de Marle et de la veuve Béthune, de La Neuville-Bosmont. Le peuple n'avait pu s'en procurer en quantité suffisante pour faire « du pain seulement, sans pâtisserie ». Prévenu de cette situation, le Conseil arrêta que les cultivateurs qui ne fourniraient pas leur contingent seraient poursuivis devant le juge de paix et contraints de le faire. La commune de Marcy, refusant son contingent, fut poursuivie.

En attendant que le blé fut plus abondant sur le marché, le Conseil fit distribuer par des commissaires spéciaux soixante-quinze livres de savon à tous les individus de la ville, au prorata de la population et au prix fixé. Cependant, des confiscations de grains ayant été faites chez des laboureurs qui n'avaient pas fourni leur contingent en temps voulu, ces grains furent amenés au marché et vendus au peuple ; l'argent en provenant devait être versé provisoirement entre les mains de la municipalité.

Certains habitants de Marle, au lieu de témoigner leur reconnaissance aux Officiers municipaux pour leur sollicitude, répandaient des calomnies contre eux dans le but de les discréditer auprès du peuple. Afin de mettre à néant ces calomnies, le Conseil rédigea la proclamation suivante :

Le Conseil général, n'étant instruit qu'indirectement des propos tenus contre ses membres, ne peut, par voie juridique, atteindre les auteurs de ces sortes de calomnies, qu'il regarde plutôt comme l'effet d'une disette des denrées nécessaires à la vie que comme de justes mécontentements et, en conséquence, croit, dans sa sagesse, devoir les livrer à l'oubli et au mépris ;

Considérant, néanmoins, qu'il y va de son intérêt, de son honneur, de prouver à ses concitoyens, qui l'ont investi de leur confiance, qu'il a rempli selon leurs vœux des fonctions pénibles avec zèle et équité, au milieu des orages de la Révolution et d'une pénurie de grains presque générale ;

Le Conseil, après en avoir délibéré, le Procureur de la Commune entendu dans la présente délibération, arrête, à l'unanimité, qu'une Proclamation sera faite au Peuple et publiée avant la dissolution, dont le motif est de prouver aux habitants sa fidélité, l'exactitude, l'activité de chacun de ses membres dans leurs fonctions respectives ;

Que preuve évidente peut en résulter par la compulsion des registres de la commune, qu'aucune autorité supérieure n'a jamais sévi contre aucun de ses membres, que l'homme de loi a souvent sacrifié ses propres intérêts au bien général, que le négociant a volontiers oublié ses intérêts pour se rendre également à son poste ; que tous enfin, animés d'un même cœur et d'un même esprit, ne respiraient que le bonheur et la tranquillité publique, que tout le Corps conserva la branche d'olivier, symbole de la paix et de la concorde ; que, les yeux fixés sur le livre des lois, il en a heureusement opéré l'exécution dans la commune qu'il représente ;

Le Conseil, considérant enfin que, guidé et conduit par les sentiments de sagesse et de justice qui caractérisent le vrai magistrat du

Peuple, il est à l'abri de toute inculpation, après avoir sagement exercé ses fonctions dans les temps les plus orageux de la Révolution ; il invite, bien plus, il provoque tout citoyen quelconque qui douterait de sa fidèle gestion à vouloir bien se présenter à la maison commune, d'y faire ses observations, auxquelles il lui sera répondu d'une manière très lumineuse et satisfaisante ;

Concitoyens ! demain nous réunissons nos vœux aux vôtres pour le choix de nos magistrats ; choisissons, dans le silence des passions, des hommes plus vertueux et éclairés, alors nous serons les premiers à rendre hommage, à l'unanimité, à leurs vertus et à leurs qualités ; s'ils l'emportent sur nous par la supériorité de leurs talents et de leurs lumières, jamais ils n'effaceront, quelqu'adroits qu'ils soient, notre zèle affectueux pour le bonheur général que nous porterons jusqu'au tombeau.

Fait en la maison commune, en séance publique, le 16 brumaire quatrième année républicaine.

LEHAULT, DOIN, LEROUX, ROUGIER, LALOUETTE, LEFEBVRE, BOUCHER, MAUCLERC. CRÉMONT, BOURBIER.

Le lendemain eurent lieu des élections ; le citoyen Jacques Faroux, ex-curé de Saint-Nicolas, fut nommé président de l'Administration municipale du canton ; mais il refusa ces fonctions, comme étant frère d'émigré. Le Directoire consulté déclara Faroux inéligible et ordonna que l'Assemblée primaire du canton fut de nouveau convoquée.

L'ex-curé de Marle, Couché, fut nommé Commissaire près de l'Administration municipale de Marle et Behaine par une commission à lui délivrée par le Directoire exécutif. Cette nomination fut notifiée à la municipalité et le citoyen Follet, qui remplissait les fonctions de Commissaire, donna sa démission.

C'est encore pour un prêtre, Nicolas Carton, chanoine, détenu en la maison de justice, que fut délivrée une attestation appuyée par de nombreux signataires de Sons et de Châtillon, certifiant que l'abbé Carton, âgé de quarante ans, et dont le signalement était donné, avait séjourné dans les dites communes chez divers particuliers, à des époques différentes, depuis le 27 frimaire de l'an III jusqu'au 7 nivôse, et depuis le 26 nivôse jusqu'au 2 germinal. Malgré ces attestations, Carton fut convaincu d'émigration; traduit devant le Tribunal départemental, il fut condamné à la déportation et conduit de brigade en brigade jusqu'à la frontière belge. (*21 nivôse an IV.*)

Carton, en effet, avait émigré, mais il était rentré en France accompagné de son collègue Danthemy, ex-chanoine. Ils habitèrent le village de Sons, logés chez Thérèse Pamart, veuve d'Antoine Labarre ; ces prêtres donnaient l'instruction aux enfants, officiaient à Sons, à Châtillon, à Cohartille, et ne rentraient dans leurs chambres que pour y coucher. On ignorait dans le village qu'ils eussent émigrés. Arrêtés par le brigadier de gendarmerie de Marle, Lamborion, ils furent interrogés par le juge de paix, officier de police du canton, enfermés dans les prisons de Marle et conduits à Laon. Carton fut condamné à la déportation, comme nous l'avons dit, tandis que Danthemy monta sur l'échafaud, le 25 nivôse an IV [1]. (*15 janvier 1796.*) Carton devint doyen de Montcornet en 1804, il était natif de Lavaqueresse,

---

[1] Le curé Louis Danthemy fut arrêté à Sons, sa paroisse, le 24 décembre 1795, au moment où il venait de faire faire la première communion de grand matin ; huit gendarmes l'arrêtèrent. La commune entière s'était levée pour s'opposer à son arrestation ; mais l'abbé Danthemy engagea la foule à se disperser paisiblement, de crainte de s'attirer de grands désagréments. Il fut conduit à Marle, puis à Laon. Il eut à subir diverses humiliations et des outrages. Il comparut devant le Tribunal criminel, et de nouveau, le lendemain matin, pour entendre sa sentence de mort. Le même jour, à cinq heures du soir, il fut guillotiné. (*Gaulier.* M. S. de Sons, page 56.)

L'abbé Hamy Jean-Antoine, curé de Marcy, avait refusé de prêter le serment et se moquait des mandements de l'évêque constitutionnel, Marolles ; il disait de lui : « C'est un fromage de Marolles, les chats le mangeront, j'aime mieux un coup de pied qu'un mandement. » Il fut obligé d'émigrer en Hollande ; il était encore dans le village en novembre 1792 et l'année suivante. Après le Concordat, il fut nommé curé de Landouzy-la-Ville, où il resta pendant près de quinze ans ; puis il passa à la cure de Chauny, en juin 1817, où il mourut âgé de soixante-dix ans, le 26 avril 1824.

En exécution de la loi et d'une délibération du Directoire exécutif concernant « la juste punition du dernier roi des Français », une fête fut célébrée dans toutes les communes de la République par les armées de terre et de mer, par les fonctionnaires publics, officiers municipaux et agents du canton. Le 1er pluviôse, tous devaient se réunir à Marle, chef-lieu de canton ; là, en présence du peuple, ils devaient déclarer qu'ils étaient sincèrement attachés à la République, qu'ils vouaient une haine éternelle à la royauté, et ce, en présence des agents de toutes les communes du canton.

L'anniversaire de la mort de Louis XVI rappelait un évènement trop douloureux pour que la population prit part à ces bruyantes démonstrations ; elle assista avec indifférence à l'exécution d'un arrêté du Conseil général ainsi conçu :

Ce jourd'hui, premier jour de la deuxième décade du second mois de l'an II de la République, Nous, membres du Conseil général de la commune de Marle, réunis sur la place au-devant de la maison commune, avons fait apporter sur la dite place les titres, minutes, papiers et registres concernant les ci-devant droits féodaux supprimés, déposés en la maison commune par les citoyens : Leclerc, notaire public ; Cloquet, receveur d'enregistrement, et Caloy, greffier du juge de paix, demeurant à Marle, auxquels nous avons fait mettre le feu, aux acclamations du Peuple, et ont été consumés en notre présence. De tout quoi nous avons dressé le présent acte, lesdits jour et an.

Bientôt furent mis en adjudication : 1° La location de dix-huit jalois de terre provenant de la fabrique de l'église Saint-Nicolas ; 2° d'un jardin provenant des anciennes sœurs de Marle ; 3° de dix petits jardins de la *Ménagerie*, derrière le château, provenant de la fabrique de l'église d'Autremencourt ; 5° de dix jalois de terre sis à Marcy, provenant de l'émigré ex-curé de Marcy ; 6° le moulin à eau, tordoir, terres et prés de Cilly, provenant de l'émigré Brachet ; 7° de soixante-dix-sept arpents de terre à Châtillon, provenant de l'émigré Pierre-Joseph de Watigny ; 8° de terres et d'une maison à Saint-Pierremont, provenant de la fabrique de l'église.

Des réquisitions de chevaux furent faites dans le canton pour l'armée ; un recencement donna mille chevaux et trente-quatre mulets ; les propriétaires furent invités à amener à Marle, le 30 ventôse an IV, tous les chevaux âgés de quatre ans, pour les soumettre au choix des commissaires nommés à cet effet. Le 5 germinal, il fut fait une réquisition de cinq chevaux à fournir par les cultivateurs de Marcy, Erlon et Ronchères, qui devaient les amener sur la place de Marle. Quelques jours plus tard, des chevaux hongres furent choisis.

Ces levées successives donnèrent lieu à des réclamations qui nécessitèrent un nouveau recensement des chevaux du canton, on n'en trouva plus que neuf cent soixante. Les cultivateurs se plaignaient des commissaires qui commettaient des partialités dans le choix des chevaux.

Nouvelle levée le 19 floréal, les chevaux durent être amenés à Marle, puis dirigés sur Laon, avec menaces contre les réfractaires, de peines sévères et de chasseurs à loger jusqu'à exécution.

Pour faire diversion, l'Administration municipale décida, en exécution d'un arrêté du Directoire exécutif, que la *Fête de la Jeunesse* serait célébrée à Marle, le jour de décadi, à dix heures du matin ; qu'à cet effet, les jeunes gens et les jeunes filles seraient convoqués, ainsi que la Garde nationale.

Le 10 germinal, toutes les autorités constituées, les fonctionnaires, le peuple en habit de fête, réunis sur la place du Marché, le cortège se forma dans l'ordre suivant : en tête marchait un vétéran, père de famille, ensuite des groupes de jeunes gens et de jeunes filles défilant devant les autorités. Les administrateurs et le commissaire du pouvoir exécutif étaient entourés du commandant de la Garde nationale, des officiers, des sergents, du porte-drapeau, de la gendarmerie et d'un détachement de hussards. Après avoir parcouru les principales rues de la ville, le cortège se dirigea vers l'autel de la Patrie, élevé au Champ de Mars. Le commissaire du pouvoir exécutif, Couché, sur l'invitation des administrateurs, prononça avec la plus grande énergie un discours sur les devoirs de la jeunesse envers la Patrie et ses droits dans la Société. « Ce discours terminé, le cortège reprit sa marche dans le même ordre, en chantant des airs patriotiques. De retour sur la place, le citoyen Couché fit un autre discours, dans lequel il rappela toutes les vertus qui caractérisent le vrai républicain ; il engagea les citoyens à donner à la jeunesse l'exemple de l'union et de la fraternité ». Puis il invita les citoyens à se réunir par groupes et à s'asseoir à des banquets civiques et frugaux. La fête se termina par des jeux et par des danses publiques.

Pour payer les frais, on vendit les vieux fers qui se trouvaient dans la maison commune.

La célébration de cette fête avait fait remarquer que des vides existaient dans les rangs des officiers de la Garde nationale ; il fut décidé de pourvoir à leur remplacement. Les gardes nationaux convoqués et réunis en assemblée nommèrent : capitaine, Nicolas Terrien ; lieutenant, Williot, et Pierre Desgardes, sous-lieutenant ; il fut ensuite procédé au choix des sergents et des caporaux de chacune des compagnies. Ces élections furent confirmées le 28 germinal an IV.

La municipalité qui, malgré tous ses soins, ne parvenait que très difficilement à pourvoir aux besoins de la population, vit le nombre des habitants augmenter par suite de l'arrivée à Marle d'une partie des bouches inutiles envoyées de Maubeuge, alors assiégé. Ces malheureux reçurent de la part des bons Marlois les services fraternels que nécessitait leur détresse. Sur ces entrefaites, une épidémie meurtrière éclata dans la ville, elle fit en peu de temps un si grand nombre de victimes que le cimetière ordinaire devint insuffisant. C'est alors que le Conseil général prit, à la date du 1er floréal (24 avril 1794), l'arrêté suivant :

« Vu la grande mortalité qui règne à Marle depuis
« quelque temps, considérant qu'on ne peut continuer
« à enterrer dans le cimetière, arrête qu'à l'avenir, les
« corps seront enterrés dans une pièce de terre dépendant
« de l'Hôtel-Dieu, à peu de distance du cimetière du fau-
« bourg Egalité *(Saint-Martin)*, dont vingt-cinq à trente
« verges seront prises dans ladite pièce de terre ».

Déjà la municipalité avait eu à s'occuper des inhumations, elle avait supprimé le cimetière situé autour de l'église Notre-Dame et avait décidé que les morts de l'enceinte de la ville et du faubourg Saint-Nicolas seraient enterrés dans le champ de repos Saint-Martin et que, depuis la porte Notre-Dame jusqu'au bout du faubourg Saint-Nicolas, les corps seraient enterrés derrière la maison de culte Saint-Nicolas.

Afin de ne pas laisser les enfants sans instruction, la municipalité ouvrit un concours pour la place d'instituteur à Marle. Les candidats furent interrogés et examinés sur la lecture, l'écriture et le calcul ; le citoyen J.-B. Mennechet, ayant donné des preuves de savoir, fut nommé aux appointements de six jalois de blé ; il devait avoir soin de l'horloge. Ce choix fut ratifié par l'Administration départementale le 15 du même mois.

- La destruction des cloches était une des grandes préoccupations du Jacobinisme. Le District dirigea ses efforts de ce côté ; mais, malgré les ordres donnés par les représentants du Peuple, la municipalité de Marle avait pu conserver son clocher. Le citoyen Leclercq, commissaire du canton, qui, à plusieurs reprises, avait engagé le Conseil à s'exécuter, lui adressa la lettre suivante :

Je prie la municipalité de bien faire attention qu'elle n'a que quelques jours pour mettre à exécution l'arrêté des représentants Roux et Lejeune, à compter du jour de la publication, sous peine d'être regardée comme suspecte ; en conséquence, voulant moi-même me mettre à l'abri de tout reproche, je la requiers d'ordonner des ouvriers pour mettre la grille du chœur à bas, pour être envoyée sans délai à l'Administration avec tous les ornements et linges de leurs églises ; la cloche restante qui ne sert pas pour le service, mais que pour sonner l'heure, et celle des sœurs, et enfin de mettre les autels, qui indiquent un culte, de côté, de faire ôter la Vierge qui se trouve au-dessus de la porte Notre-Dame, ôter les tombes et l'espèce de couronne qui se trouve encore au principal portail ; les croix de fer des cimetières seront également envoyées. Si elle a des observations à faire, je ne l'empêche pas ; mais je la prie de me donner une attestation que j'ai fait mon devoir, même à l'égard des clochers de Notre-Dame et de Saint-Nicolas, qu'ils feront mettre à l'affiche quand ils seront prêts, quoique je les aie requis dans le temps de le faire plus tôt.

La municipalité protesta contre le reproche de s'être opposée à l'exécution des arrêtés, puis elle décida que, dans le délai de trois jours, il serait procédé à l'enlèvement de la grille de l'Eglise, et que, dans le même intervalle, il serait fait une distribution d'affiches pour procéder, le 5 nivôse (25 décembre), à l'adjudication des travaux de la ci-devant église de Marle, avec la clause expresse de garantir les bâtiments voisins de tout dommage et l'église elle-même de la chute des bois, à cause des malades dont elle serait alors remplie.

Le 8 nivôse, l'adjudication ne put avoir lieu, personne ne s'étant présenté ; elle fut remise au lendemain. Le lendemain, se présentèrent les citoyens Robert Bataille, couvreur, et Louis Lalouette, ils dirent : « Qu'attendu la « rigueur de la saison, il était impossible d'abattre la croix « qui était d'un poids énorme, puisqu'au dire des anciens « elle pesait environ quinze cents, mais qu'ils offraient d'en « scier les bras au prix de quarante livres par jour et par « ouvrier qui y serait employé. »

Ce prix paraissant élevé, il en fut référé à l'Administration départementale : « Le Conseil, considérant que les frais, soit de descente de croix, soit le sciage de ses bras, doivent être au compte de l'Etat, le fer en provenant étant employé à son profit, que la demande du citoyen Bataille, de quarante livres par jour pour chaque ouvrier, peut jeter dans une dépense considérable ; après avoir ouï le substitut de l'Agent national, arrête : qu'il en sera référé à l'Administration supérieure pour par elle statuer ce qu'il appartiendra. »

La question de la croix du clocher ne fut qu'ajournée. Par suite du réveil de la persécution religieuse, parut un arrêté du Département « ordonnant que les signes exté-
« rieurs du culte seraient abattus au profit de ceux qui
« professent ledit culte : arrête qu'il sera de nouveau
« notifié aux dites personnes qu'elles aient à faire abattre,
« à leurs frais, les croix existant sur les clochers et autres
« édifices, dans l'étendue du canton, sous le délai de trois
« jours, et qu'à défaut de ce faire, elles seraient déclarées
« déchues du droit qu'elles avaient à l'usage desdits édi-
« fices, et qu'alors les agents municipaux seront autorisés
« à faire toutes défenses nécessaires pour l'abatage desdits
« objets ».

En conséquence, le 15 germinal (4 avril 1798), l'agent municipal fit abattre la croix du clocher et la remplaça par un bonnet de la Liberté. Cette opération coûta deux cents francs qui durent être payés par les personnes fréquentant les églises.

A la perte de la croix du clocher, la population de Marle dut ajouter celle des cloches, qui étaient très harmonieuses. On rapporte que des troupes, passant à Marle, donnèrent de l'argent pour les entendre sonner. L'église eut encore à déplorer la perte d'un aigle en cuivre qui servait de lutrin, et d'une lampe en argent massif qui avait été donnée par Mademoiselle Beffroi avec une riche chaîne en argent.

Un arrêté du Directoire exécutif, rendu le 4 messidor an IV, prescrivit à la municipalité de célébrer la Fête de l'Agriculture. En conséquence, les Officiers municipaux décidèrent que cette solennité serait célébrée le 10 avec toute la pompe possible, que les cultivateurs du canton, la Garde nationale, les Autorités civiles et militaires seraient convoqués à cet effet.

Le jour dit, à onze heures du matin, les Corps constitués se rendirent sur la place du Marché, ils n'y trouvèrent que la gendarmerie et le détachement du seizième régiment de cavaliers en garnison à Marle ; les autres invités ne se présentèrent pas. Cependant le cortège se rendit au Champ de Mars *(Bail)* ; là encore, aucun individu ne s'étant présenté, la fête ne put avoir lieu.

Les 9 et 10 messidor devait se célébrer la Fête de la Liberté dont le programme avait été tracé par un arrêté du Directoire. Malgré les convocations faites et les mesures prises pour donner à la cérémonie toute la pompe possible, les Autorités locales se trouvèrent seules sur la place, la majorité des citoyens s'étant abstenue.

La *Fête de l'Agriculture*, le 23 messidor, eut plus de partisans. Les Autorités se réunirent sur la place publique où avait lieu la fête. Une large inscription placée sur l'arbre de la Liberté portait ces mots : « Honneur aux braves qui renversent les trônes ! Les Français ne reconnaissent plus d'autre maître que les Lois ! » Parmi les invités étaient les instituteurs, le Procureur les engagea dans une harangue chaleureuse, en présence des corps constitués, à inspirer à leurs élèves des sentiments républicains, le respect pour la vertu et les talents, et la reconnaissance de la République. Après ce discours, les Autorités rentrèrent à la Maison commune, pour rédiger le procès-verbal que nous donnons dans son laconisme : « La fête a été célébrée en la manière accoutumée ».

Pour expliquer le peu de temps accordé à cette dernière fête, par les Autorités de Marle, il faut ajouter qu'à deux heures de relevée, devaient être amenés sur la place trente chevaux réquisitionnés chez les cultivateurs de Marle et du canton. Le département avait prescrit au canton de Liesse, d'envoyer à Marle les denrées nécessaires pour la subsistance de ces chevaux. De nombreux passages de cavalerie augmentant encore la disette, les Officiers municipaux défendirent aux boulangers, aux aubergistes et à tous les particuliers, de vendre du pain aux charretiers des armées et à tout militaire ayant étape, sous peine d'amende. « Il était encore défendu aux boulangers de vendre plus d'une livre de pain à la fois et aux cultivateurs de livrer du blé aux particuliers, sans un bon du commissaire délégué par le Conseil ».

La *Fête des Vieillards*, décrétée par le Directoire exécutif, fut fixée au 10 fructidor et célébrée en présence des Autorités civiles et militaires du canton. Tous les vieillards furent invités à se rendre à la Maison commune, pour recevoir les félicitations des Administrateurs, ensuite des bouquets de fleurs leur furent présentés, et les vieillards qui n'avaient pu assister à la convocation en eurent également. C'est dans ces démonstrations toutes de déférence que consista la fête. Dans une assemblée du Conseil général de la commune, il fut donné lecture d'une lettre du commissaire du Directoire exécutif, signalant les efforts que faisait le fanatisme, pour troubler la tranquillité publique ; le Conseil, prenant en considération cette communication, décida que chaque agent municipal du canton serait invité à surveiller les hommes connus sous le nom de *Magisters*, qui s'érigent en ministres du culte, chantent des offices, des cantiques et se répandent en injures contre le gouvernement. « Les agents, dit la délibération, auront à signaler ceux qui exciteraient des désordres à l'occasion de la vente des presbytères, ainsi que ceux qui, au mépris des lois, sonneraient les cloches pour d'autres causes que pour les assemblées pour lesquelles elles sont autorisées. Les agents auront à rendre un compte exact à l'Administration des découvertes qu'ils pourront faire sur ces différents objets ».

Un arrêté du Directoire du 28 fructidor, prescrivant la célébration d'une fête pour l'anniversaire de la fondation de la République, fut communiqué au Conseil général, le deuxième jour complémentaire de l'an IV. La municipalité fixa la solennité au premier vendémiaire, à dix heures du matin, et prescrivit les mesures nécessaires.

Le programme de la fête fut agrémenté par la lecture que fit le Président de l'Assemblée cantonale, de la déclaration des Droits de l'Homme et des devoirs qui précèdent la Constitution de l'an III, puis du premier article de cette Constitution. Comme cette lecture n'avait rien de bien attrayant, peu de citoyens se présentèrent. La seconde partie de la fête fut mieux accueillie : elle consistait en jeux variés et en danses publiques.

Le commissaire du pouvoir exécutif, Couché, se plaignit au Conseil du manque d'organisation qui existait dans l'Administration municipale et de la lenteur avec laquelle les officiers étaient constitués. Dans son zèle, Couché proposa un règlement au terme duquel les membres de l'Administration cantonale seraient divisés en six bureaux ou commissions, tenant chacun un registre des affaires sur lesquelles ils seraient appelés à délibérer. Il conclut que le travail ainsi divisé, la marche des affaires serait activée. Le commissaire entra ensuite dans les détails de son règlement et traça le travail de chacun des bureaux. Par déférence, le Conseil approuva cette création nouvelle, mais décida que le règlement serait soumis à l'appréciation de l'Administration départementale, avant d'être appliqué. Aux reproches de Couché, la municipalité pouvait opposer la lettre suivante émanée du Ministre de l'Intérieur :

Paris, 12 décembre 1789.

J'ai vu avec bien de la satisfaction, Messieurs, les soins que vous vous êtes donnés pour le maintien de l'ordre et que les habitants de votre ville ayant eu une obéissance constante pour les Lois.

Je me suis empressé de rendre compte au roy du zèle et de la prudence qui dirigent votre conduite et je la lui ai présentée comme un témoignage de votre affection à son service. Sa Majesté m'a chargé de vous marquer sa satisfaction, et de vous faire connaître la confiance qu'elle met dans la continuation de vos services.

Je suis, Messieurs, très parfaitement votre très humble et très obéissant serviteur.

Signé : LAMBERT.

Le Conseil ayant appris que des marchands refusaient les pièces de dix et de cinq centimes nouvellement fondues avec le métal des cloches, décida de publier à son de caisse que les monnaies de billon ayant cours légal, les marchands étaient tenus de les recevoir en paiement.

La *Fête des Époux*, prescrite par l'Administration départementale du 27 germinal, fut célébrée à Marle avec plus d'empressement, grâce aux dispositions prises par les Officiers municipaux. Toutes les Autorités civiles et militaires convoquées se réunirent à la Maison commune ; de là, le cortège se dirigea sur la place publique ; n'ayant trouvé personne, il se rendit à l'Autel de la Patrie. Là, le commissaire Couché prononça un discours de circonstance, après lequel furent chantés des hymnes patriotiques et des chants civiques, « chacun étant à sa place respective ».

Afin d'exciter le zèle des citoyens pour célébrer la *Fête de la Vertu*, les agents nationaux du canton furent tenus d'y assister, à moins de motifs sérieux. Le Conseil chargea le citoyen Couché de tous les détails de la cérémonie, comptant sur son civisme pour y apporter tous ses soins. Un registre fut ouvert pour insérer les noms des défenseurs de la Patrie, ainsi que les noms de ceux morts en combattant. Les pères et mères de ces défenseurs furent aussi invités à assister à la solennité.

Le 10 prairial, les diverses Administrations avec tous leurs membres, les fonctionnaires, les agents municipaux réunis au cortège, se rendirent à l'Autel de la Patrie, élevé au Champ-de-Mars. Toute la cérémonie consista en discours et dans le chant d'hymnes patriotiques.

En vertu d'un arrêté du Département en date du 13 prairial, les membres du Conseil furent convoqués extraordinairement pour s'occuper des « scélérats qui cherchaient à propager les principes de Babeuf et de ses complices ». Les membres déclarèrent unanimement qu'ils n'avaient connu Babeuf et ses doctrines que par les papiers publics, qu'à leur connaissance aucun étranger n'avait parcouru les communes pour y fomenter le désordre. « La loi sur les passeports y est observée exactement, il ne se forme dans le canton aucun rassemblement illégal sous quelque dénomination que ce fut, le Peuple y attend avec calme et tranquillité le bonheur que lui promet la Constitution de 1795, qu'il a juré de maintenir, et à laquelle, seule, il est attaché. Les membres de l'Administration lui ont constamment inspiré les principes républicains par leur exemple, ils reconnaissent tous que la Constitution qui a mis fin au désordre de l'anarchie est seule capable de mettre fin à la Révolution et d'assurer le bonheur de tous. Les membres présents renouvellent unanimement le serment de la maintenir ou de mourir en la défendant. »

C'est surtout dans le département de la Somme, à Roye, que Babeuf fit des partisans. Natif de Saint-Quentin, il vint de bonne heure à Roye où il s'occupait du terrier des seigneurs. Il épousa à Damery la femme de chambre du château, il en eut plusieurs enfants. Une de ses filles étant morte jeune, on rapporte qu'aussitôt sa mort, il lui ouvrit la poitrine, en ôta le cœur et le mangea, « afin, disait-il, qu'il retournât à son origine ». C'est à Roye qu'il mit à exécution ses principes en poursuivant les employés de la régie et en prêchant le partage des biens communaux entre tous les habitants. Babeuf fut arrêté, mis en prison, puis rendu à la liberté. Il publia à Noyon un journal avancé : *Le Tribun du Peuple*. Il fit partie de l'Administration départementale et fut accusé de faux dans une vente de biens nationaux. Enfin, Babeuf partit pour Paris où il propagea les principes du *Babouvisme* ; puis, ayant voulu faire un coup d'Etat, il fut arrêté, jugé par la haute Cour réunie à Vendôme et condamné à mort. *(Babeuf à Roye, par E. Coët.)*

Le 21 germinal an IV, le Ministre de la Guerre nomma le citoyen Brucelle, maître de poste à Marle, route de Paris à Maubeuge, en remplacement de la veuve Debrotonne, son épouse, démissionnaire, à la charge d'avoir de bons et suffisants équipages pour le service des malles-postes et pour celui des messageries. Brucelle prêta serment de remplir bien et fidèlement les devoirs de sa charge.

La Municipalité avait à fournir des emplacements pour le Tribunal de paix et pour l'Administration cantonale, un bureau militaire pour le passage des troupes, enfin deux écoles. Le Conseil décida de mettre ces différents services dans un grand local dit : *la Maison des Sœurs*. Les audiences de la Justice de Paix se tinrent longtemps dans la chapelle de la Maison des Sœurs ; le bureau militaire fut placé dans l'église Saint-Martin, devenue libre ; enfin la maison dite du *Régent* et celle du vicaire furent louées à des particuliers.

L'ancien curé de Saint-Nicolas, l'abbé Faroux, avait été nommé président de la Municipalité du canton ; mais, comme frère d'émigré, il n'avait pas accepté ces fonctions et en avait référé au Directoire exécutif. Cette Administration déclara Faroux incapable de remplir cette charge, ajoutant « qu'il avait été mis en liberté, non en vertu d'un jugement, mais par un arrêté du Représentant du Peuple ». C'était Etienne d'Hivert, agent municipal, qui faisait les fonctions de président de l'Administration municipale du canton. Ce dernier fut remplacé l'an V par le citoyen Follet, qui prêta serment de haine à la royauté, à l'anarchie et d'attachement à la Constitution.

La Municipalité fut prévenue de l'arrivée à Marle de douze cents artilleurs ; dans l'impossibilité de loger ce grand nombre de militaires, elle décida que quatre cents hommes seraient détachés pour loger dans la commune de Voyenne. C'était un grand embarras que le logement et la nourriture des soldats de passage ; un fonctionnaire, nommé *Étapier*, était chargé de fournir le pain aux défenseurs de la Patrie, il lui était souvent impossible, à cause du manque complet de farine, de fournir du pain en quantité suffisante. Ce fut le cas précisément cette fois. La Municipalité crut devoir intervenir et prit, à la date du 22 décembre 1794, l'arrêté suivant :

« Le Conseil, considérant qu'il est de son devoir de pourvoir à la subsistance des troupes qui passent isolément. Considérant qu'il n'y a que mauvaise volonté de la part de l'Étapier, qui lui paraît être d'un sordide intérêt, puisqu'il lui est permis d'acheter librement des blés, et qu'il pourrait s'en procurer des magasins militaires.

« Considérant que la plupart des Étapiers ont fait leur fortune aux dépens de la République, et qu'aujourd'hui ils sont insouciants sur le sort de leurs semblables ; qu'il serait bon d'examiner leur fortune trop rapide, afin de les ramener, s'il était possible, aux mœurs républicaines, à la bonne foi, à la justice, à l'humanité.

« Le Conseil, ouï l'Agent national, enjoint au citoyen

Lalouette, étapier, de continuer à fournir du pain aux troupes qui passent isolément, sauf à lui, à s'en faire payer, le vendeur étant responsable et garant des évènements.

« Arrête que le citoyen Lalouette, étapier, sera dénoncé à l'Administration du District, pour, par elle, prendre à son égard tel parti qu'elle avisera. »

La Municipalité, en dénonçant l'Étapier, nous paraît se départir de la modération qu'elle a toujours apportée dans ses actes.

Les Administrateurs eurent bientôt à s'occuper de l'exécution de la loi du 3 brumaire et de l'instruction du Ministre de l'Intérieur, concernant la célébration de la *Fête des Époux*. Ils prirent les mesures nécessaires pour donner à la cérémonie toute la splendeur dont elle était susceptible. Le programme consistait dans la promenade du cortège municipal dans toutes les rues de la ville, et dans l'invitation des citoyens et des citoyennes à se rendre au bal champêtre qui devait avoir lieu à trois heures après-midi.

Mais les habitants n'avaient pas le cœur à la joie. L'Administration hospitalière venait de décider que, faute de ressources, l'Hôtel-Dieu serait fermé et les pauvres malades secourus à domicile. Aussi, la fête passa-t-elle à peu près inaperçue.

Il fallut, bon gré mal gré, que la municipalité s'occupât de la *Fête de la Reconnaissance* qui fut célébrée le 10 prairial, et de celle de l'*Agriculture* qui eut lieu le 10 messidor. Le programme n'était pas chargé, il fut le même pour les deux fêtes « célébrées en la Maison commune, dit le procès-verbal », c'est-à-dire sans enthousiasme.

La *Fête de la Liberté* dura deux jours, les 9 et 10 thermidor, elle fut « célébrée avec toute la splendeur dont elle est susceptible », non-seulement à Marle, mais dans tout le canton.

Coutant Jacques, messager, commis de la malle-poste, se rendit adjudicataire des convois militaires, au prix de dix-sept francs pour une voiture à quatre chevaux, treize pour une de trois chevaux, quatre francs pour un cheval de selle ou de trait, pour un parcours déterminé.

La moisson approchant, la municipalité s'occupa du glanage exclusivement réservé aux indigents. Elle rappela que le règlement faisait défense aux laboureurs et aux fermiers de vendre le droit de glanage ou d'en faire le prix d'une convention ou d'accorder une préférence aux femmes et aux enfants de leurs moissonneurs. Elle arrêta que les Agents ne délivreraient pas de cartes aux femmes et aux enfants des moissonneurs étrangers, que les gardes-champêtres surveilleraient exactement les glaneurs qui ne seraient pas munis d'une carte ; les délinquants devaient être poursuivis devant le juge de paix.

La fête du 10 août fut célébrée le 23 thermidor an V, de la manière indiquée dans l'arrêté du Directoire exécutif, « autant que la localité le permettait. »

Il en fut de même pour la *Fête des Vieillards* qui eut lieu le 10 fructidor, dans toutes les communes du canton « avec une grande simplicité, mais avec beaucoup de patriotisme. »

Dans le même mois, fut encore célébrée la fête de la fondation de la République : « la Municipalité, considérant que le moment où les méprisables ennemis de la République ont été vaincus, est celui où les véritables amis doivent le plus lui manifester leur attachement, et que si l'enthousiasme que leur a causé cette victoire n'a pas éclaté jusqu'ici, c'est parce que l'époque, où la République fut fondée, était trop rapprochée. »

« Considérant que les circonstances exigent que la fête de la République soit célébrée, sinon avec toute la pompe qu'elle commande, du moins avec toute la joie qu'elle doit inspirer, le Commissaire entendu, arrête : que la Fête sera célébrée le 1er vendémiaire à Marle, que, pour donner à cette cérémonie toute la pompe dont elle est susceptible, les Agents municipaux de chaque commune seront invités à y prendre part.

« Les Autorités, les Instituteurs seront convoqués avec un piquet de cinquante gardes nationaux. La solennité commencera à dix heures et sera terminée par un discours du président Follet, analogue à la circonstance. »

Au jour indiqué, le cortège, réuni à la maison commune, se mit en marche, précédé par la musique. Après avoir parcouru en bon ordre les divers quartiers de la commune, il se dirigea vers la place publique où un autel avait été dressé. Là, le Président, sur l'invitation des Administrateurs municipaux, prononça un discours patriotique qui fut chaleureusement accueilli par le peuple.

Après ce discours, le cortège reprit sa marche au chant des hymnes patriotiques. Puis, le Président engagea la jeunesse à se réunir l'après-midi, afin de terminer la fête par des jeux et par des danses, mettant gracieusement la musique municipale à la disposition du peuple. L'invitation fut entendue et le soir, à la faveur d'une brillante illumination, des danses s'organisèrent dans les différentes rues et sur la place du Marché. « En sorte que cette solennité a reçu, ainsi que toutes les autres fêtes républicaines, tout l'éclat que commandent des époques aussi chères que glorieuses à de vrais Républicains. »

Le quatrième jour complémentaire de la Ve année républicaine, se présentèrent devant l'Assemblée communale deux prêtres : Dehève Louis et Joseph Moussette, qui déclarèrent être domiciliés à Marle et prêtèrent serment à la Constitution.

Un arrêté de l'Administration départementale ordonnait le rétablissement du séquestre sur les propriétés des individus portés sur la liste des émigrés et qui, n'ayant obtenu que leur radiation provisoire, étaient obligés de sortir du royaume. Tels étaient : Béthune, de La Neuville-Bosmont (Madeleine de Fay, décédée) ; Signier, de Rogny ; Brachet, de Cilly ; Terrien, ex-curé de Berlancourt ; Chollet, ex-curé de Marle. ; de Watigny, chevalier ; Parent, ex-curé de Marle ; Sarrazin, de Saint-Pierremont ; Hamy, ex-curé de Marcy.

Dans une séance de l'Assemblée municipale du 22 brumaire, il fut donné lecture d'un arrêté du Directoire exécutif concernant les prêtres et les autres ministres du culte qui avaient contrevenu aux lois. L'Administration municipale déclara ne pas connaître de prêtres dans ce cas, qu'elle savait que beaucoup d'entre eux avaient fait des pénitences publiques, mais qu'elle ignorait dans quelles circonstances. Elle décida enfin que la liste ci-jointe serait adressée au Directoire, savoir : les citoyens Louis, ministre du culte à La Neuville-Bosmont ; Hourlier, aumônier ; Courteville, à Cilly ; Legros, de Dercy, membre du culte à Thiernu ; Dufour, ex-ministre à Sons-Châtillon ; Leclerc, ministre à Froidmont ; Moussette, ministre du culte à Cohartille.

L'Accusateur public près du Directoire accusa réception de cette liste dans une lettre en date du 7 frimaire an VI, signée : *Reneufve*.

Le membre du culte Courteville adressa un certificat à la Municipalité, attestant qu'il n'avait jamais rétracté ni modifié la déclaration qu'il avait faite, en exécution de la loi du 7 vendémiaire an IV.

Le curé de Marcy, Hamy, ayant refusé de lire en chaire un mandement de l'évêque constitutionnel Maroles, reçut un blâme sévère de la part de l'Administration supérieure, surtout à cause des faits qui s'étaient passés dans son église. En effet, une lutte s'était engagée entre ceux des paroissiens qui voulaient le punir de sa hardiesse et ceux qui l'approuvaient. Hamy dut prendre la fuite, non sans avoir été fort maltraité.

Le 24 vendémiaire, le Corps municipal réuni, il fut donné lecture d'un arrêté du Directoire ordonnant la célébration d'une pompe funèbre à l'occasion de la mort du général Hoche, le *Pacificateur de la Vendée*. Le Conseil arrêta que la cérémonie funèbre aurait lieu le 30 vendémiaire et que toutes les Autorités seraient invitées à y assister, pour relever par leur présence cette auguste solennité. Au jour dit, le cortège formé des Corps constitués, escorté des gendarmes et des Gardes nationaux, précédé d'une musique lugubre et d'une caisse ceinte d'un crêpe, se dirigea vers la maison du culte, où était élevée une pyramide. Arrivé à ses pieds, le Président de l'Administration donna lecture du procès-verbal du Directoire et de son commissaire ; puis on chanta l'*Ode* envoyée par le District. Le cortège reprit ensuite sa marche et se rendit à la Maison commune. Là, le Président donna lecture d'une adresse du département de l'Aisne à la Convention et des pièces relatives à la conjuration royaliste. Tous ces documents furent ensuite déposés sur le bureau de la Maison commune, pour que tous les citoyens pussent en prendre connaissance.

Déjà nous avons parlé de l'observation des fêtes décadaires durant lesquelles tout travail devait être suspendu. Le Ministre de l'Intérieur adressait, le 19 brumaire, de nouvelles instructions au sujet de ces fêtes et l'Administration municipale prit la délibération suivante : « Considérant qu'il a toujours été dans ses principes de mettre en vigueur les lois républicaines, arrête : 1° le Commissaire du Directoire entendu, que les séances de la dite Municipalité se tiendront tous les quintidis de chaque décade ; 2° que le Juge de Paix tiendra ses audiences un des jours de la décade ; 3° que les Administrateurs de l'Hospice seront invités à fixer un jour de la décade pour vaquer à leurs fonctions ; 4° que les Instituteurs seront invités à ne donner congé à leurs élèves que les jours de décade ; 5° que les ministres du culte seront invités à transporter leurs cérémonies aux jours décadaires ; 6° que le Receveur de l'enregistrement fermera son bureau le jour des décades ; 7° que les marchés se tiendront le primidi, quintidi et le nonandi de chaque décade ; 8° que le marché-franc sera fixé au primidi de la deuxième décade de chaque mois. Enfin que les boutiques seront fermées les jours de décade, et que les cultivateurs suspendront leurs travaux ce jour là ou à la demi-décade. » Des peines étaient édictées contre les contrevenants.

Le 2 pluviôse an VI, à la suite des dispositions prises en Conseil le 25 nivôse, fut célébrée la *Fête de la Paix* avec une solennité inaccoutumée. La Municipalité avait invité, au son de la cloche et du tambour, tous les citoyens à se trouver à onze heures sur la place publique. Le cortège des Autorités s'étant formé s'avança dans l'ordre suivant :

La marche était ouverte par un détachement à cheval de la Garde nationale, immédiatement après suivait un détachement à pied de Gardes nationaux sur deux haies, au milieu marchaient les Autorités constituées, décorées de leurs marques distinctives, elles environnaient un Arbre de Liberté porté par quatre citoyens et orné de rubans aux couleurs nationales, elles semblaient ainsi le prendre sous leur sauvegarde. Tous les autres fonctionnaires, employés, notaires et pensionnaires suivaient les Autorités ; la brigade de gendarmerie fermait la marche. Les tambours de la Garde nationale, un trompette de la gendarmerie, une musique militaire faisaient entendre alternativement leurs cris aigus, terribles ou mélodieux ; le Peuple se précipitait en foule vers le cortège et semblait jouir avec enthousiasme d'un spectacle qui lui rappelait et les maux auxquels la chute du trône l'avait soustrait et les biens que le régime républicain allait lui faire goûter. Comme l'Administration avait décidé que, le jour de la Fête de la Paix, elle célèbrerait « la juste punition du dernier des rois », la publication s'en fit à chaque carrefour au son de la trompette.

Après avoir parcouru les principales rues de la commune, les groupes rentrèrent à la mairie d'où ils étaient partis ; c'est près de là que devait se planter l'Arbre de la Liberté. Tout étant disposé, on procéda à la plantation, et, tandis que les membres de la municipalité le soutenaient, l'air retentissait des cris de : Vive la République ! La plantation achevée, le président Follet lut la loi du 24 nivôse dernier ; puis le commissaire du Directoire, Couché, fut invité à parler. Il prit occasion de cette loi pour faire comprendre combien les temps étaient changés, puisqu'il fallait aujourd'hui des *pieux* pour faire respecter les Arbres de Liberté, tandis que dans les premiers jours de la Révolution, l'enthousiasme général était le plus sûr garant de leur conservation. Il représenta les Arbres de Liberté, comme le symbole et même comme le gage de la liberté civile. Il engagea les pères à raconter à leurs enfants, à la vue de ces arbres, les prodiges au milieu desquels on les avait plantés, puis il exhorta ceux qui éprouvaient des torts de la part des hommes chargés de l'exécution des lois, à venir en demander le redressement aux pieds mêmes de l'Arbre de la Liberté.

Au milieu des cris mille fois répétés de : Vive la République ! le cortège se rendit au Temple ; au milieu avait été dressé un autel de la Patrie. Le Président fit un discours sur les avantages de la paix avec les puissances étrangères, de l'union et de la concorde entre les citoyens. Ensuite il lut la loi du 24 nivôse an V, et lorsqu'il eut prononcé la formule de serment, tous les Fonctionnaires, Employés et autres, s'écrièrent d'une voix unanime : *Je le jure !* Alors le Peuple, cédant à l'enthousiasme que lui inspirait cette cérémonie sainte, fit entendre mille fois ces mots : *Je le jure!* Ici, le Commissaire, invité pour la seconde fois à parler, dit que la Nation française était trop grande, trop magnanime pour avoir l'intention de se réjouir aujourd'hui de la mort d'un homme, qu'elle ne voulait que célébrer l'anniversaire de la royauté et la chute d'un trône aux pieds duquel la France était enchaînée depuis tant de siècles ; et, après avoir retracé les maux que la royauté avait faits au Peuple français, il ajouta à l'occasion du serment qu'il n'offrirait aux yeux qu'un vain spectacle, s'il n'était entre les citoyens un lien qui les unit contre les ennemis intérieurs. En terminant, il exhorta les citoyens à déposer sur l'autel de la Patrie leurs haines, leurs divisions, leurs querelles et à ne plus reconnaître d'autres ennemis que ceux des lois.

Pendant les différents intervalles, un artiste habile faisait entendre sur l'orgue des airs républicains, et accompagnait avec l'instrument sonore un amateur qui chanta le *Chant du Départ.*

Bientôt, un spectacle attendrissant frappa tous les regards, une femme du Peuple était accouchée la veille d'une fille, les deux témoins et le père, invités par le Président, s'avancèrent avec l'enfant qu'ils déposèrent sur l'autel de la Patrie ; le nom de Cornélie qui lui fut donné fournit au Commissaire l'occasion de retracer les vertus de cette femme romaine, son zèle infatigable pour l'éducation de ses enfants qui furent ensuite victimes de leur dévouement pour le Peuple. La Municipalité adopta cette enfant et prit l'engagement de surveiller son éducation et de lui faire inspirer des sentiments dignes de celle dont elle portait le nom.

La cérémonie se termina par des chants républicains. L'Administration municipale, consultant moins son zèle que ses facultés, fit distribuer au Peuple une demi-pièce de bière.

Le reste de la journée se passa en danses et en banquets fraternels ; le soir, toutes les maisons furent illuminées et procurèrent aux citoyens une promenade agréable dans les rues. Enfin, le 3 pluviôse trouva encore les citoyens au milieu des danses et des plaisirs, cette dernière journée se passa comme la première, chacun se retira enchanté des plaisirs innocents auxquels il venait de se livrer.

Malgré sa longueur, nous avons tenu à donner en entier le compte-rendu de cette fête pour racheter le laconisme des précédentes, et surtout pour donner une idée de l'état des esprits à cette époque.

Le 19 ventôse an VI, il fut déposé sur le bureau de la Municipalité un certificat de résidence, attesté par des citoyens n'étant ni parents ni amis, portant que Marie-Cécile Colart, veuve Préseau, dont le signalement était donné, âgée de soixante-six ans, avait résidé sans interruption dans la commune de Thiernu depuis le 20 frimaire an II jusqu'au 27 brumaire an III de la République. Le Président et les membres de l'Administration du canton de Marle décidèrent que ce certificat serait publié. Le Commissaire du Directoire, Couché, en vérifia l'exactitude.

A l'occasion de la *Fête de la Souveraineté du Peuple,* les Administrateurs municipaux et le Juge de Paix du canton adressèrent, le 29 ventôse, la proclamation suivante :

« La fête la plus intéressante pour vous se célèbre
« demain, celle qui doit éterniser les droits dont vous êtes
« en possession ; y seriez-vous indifférents ? quand les
« amis des royalistes, vos ennemis, en frémissent de rage
« et jurent de vous en punir, si leurs trames réussissent !
« Montrez, citoyens, qu'un même esprit vous anime, que
« vous êtes résolus à vous opposer en masse à leurs
« efforts. Cessez donc vos travaux et venez en foule
« embellir une fête qui est tout entière pour vous, vos
« magistrats vous y invitent, et soyez convaincus que la
« confiance que vous leur avez témoignée jusqu'ici ne les
« abandonne pas quand il s'agit de vos intérêts les plus
« chers. C'est là, pour ainsi dire, que vous préludez au
« choix du lendemain, et que, ne formant tous qu'une
« même famille, vous jurerez de ne nommer pour vos
« représentants que ceux qui, par principes et par goût,
« consolideront la République que vous avez jurée. »

De son côté, l'Administration municipale avait pris toutes les mesures pour donner à la fête la solennité voulue. Les Corps constitués, les Fonctionnaires, les Vieillards, qui 'avaient été invités, se rendirent à la Maison commune.

Le matin, à l'aurore, une salve d'artillerie annonce la fête. A dix heures, au signal donné par un coup de canon, le cortège sort de la Maison commune et s'avance en ordre, précédé de jeunes gens porteurs de bannières, sur lesquelles se trouvaient les écriteaux voulus par la loi. Le cortège étant arrivé dans l'enceinte où se trouvait élevé l'Autel de la Patrie, les bannières sont plantées aux côtés de l'Autel, les Vieillards se placent en demi-cercle, les Fonctionnaires publics les imitent, ainsi que les Instituteurs et leurs élèves ; la force armée occupe l'extérieur. La cérémonie s'ouvre par des chants de circonstance et par des hymnes patriotiques. Les baguettes blanches que portaient les Vieillards sont réunies en faisceaux ceints de ceintures tricolores. Un Vieillard appelé donne lecture aux Magistrats du texte de la loi, les Fonctionnaires publics répondent dans les termes voulus, puis on lit la proclamation du Directoire exécutif, enfin la cérémonie se termine par des chants patriotiques. Le cortège reprit dans le même ordre le chemin de la Maison commune.

L'après-midi fut consacrée à des courses, tant à cheval qu'à pied et à des danses. « La soirée offrit à la vue un spectacle utile et agréable par l'illumination dont la commune fut embellie. »

Après la fête, il fallut en payer les frais. Ils s'élevèrent à quatre cent quatre-vingt-onze francs ; un état de répartition fut dressé pour toutes les communes du canton, à raison de trois centimes en principal de la contribution personnelle, mobilière et somptuaire de l'an V ; l'Administration de l'Aisne avait autorisé cette imposition extraordinaire. La ville de Marle eut à payer cent quarante-quatre francs ; Montigny douze francs, Saint-Pierremont deux francs, Voyenne quarante-sept francs et ainsi des autres communes.

Le lendemain, il fut procédé à des élections ; le président Follet « à cause de ses principes anti-républicains » fut remplacé par le citoyen Crémont. Au mois de germinal, eurent lieu des élections d'Agents municipaux ; le citoyen d'Hivert fut nommé pour Marle ; Nicolas Dupuis, pour Bosmont ; Bernard, pour Erlon ; Julliard, pour Marcy ; Louis Dehon, pour Toulis et autres.

Déjà nous avons parlé de l'enlèvement de la croix du clocher de Marle, elle fut abattue par les ordres de l'Agent municipal et remplacée par un bonnet de la Liberté qu'y plaça le citoyen Simon, moyennant la somme de trente francs. Des réparations furent faites en même temps à la couverture en ardoises pour garantir l'horloge.

Les Agents municipaux des communes de Sons et de Châtillon furent dénoncés comme n'ayant pas fait enlever de leurs églises les signes extérieurs du culte. Trois jours leur furent accordés pour exécuter la loi. sous peine d'être dénoncés à l'Administration centrale. Des mesures furent prises aussitôt par ces communes pour enlever la croix et la remplacer par un bonnet phrygien.

C'est dans la séance du 5 floréal, qu'il fut question de la célébration de la *Fête des Époux* et que fut publié un arrêté concernant les loups. Ces fauves commettaient des dégâts dans les communes, ils enlevaient des moutons et attaquaient les gens isolés. Des primes devaient être payées à ceux qui tuaient un loup, pourvu que le fait fût prouvé. Tous les citoyens en état de tirer à la chasse furent invités à se réunir pour organiser des battues.

La célébration de la *Fête des Époux* se réduisit à la promenade des Autorités dans les rues de la commune et en divertissements publics : courses et danses.

Le 10 prairial, eut lieu la *Fête de la Reconnaissance* ; elle fut suivie, le 10 messidor, de celle de l'*Agriculture* ; le 9 thermidor, de celle de la *Liberté* ; enfin, la *Fête des Vieillards*. Ces solennités furent célébrées « en la manière accoutumée » c'est-à-dire avec la même indifférence.

Nous n'avons pas fini avec toutes ces fêtes civiques dont le Peuple se fatiguait et dont l'Administration s'ingéniait à varier le programme.

L'anniversaire de la fondation de la République fut célébrée, le 18 fructidor, par la promenade civique des Autorités accompagnées de la musique militaire, et par des réjouissances publiques.

Malgré le peu d'éclat qu'avaient ces fêtes, elles occasionnaient des dépenses, dont on aurait bien pu se passer. Ces dépenses devaient être payées par les communes du canton et s'élevèrent à cinq cent quarante-six francs. La ville de Marle eut à payer pour sa part cent soixante francs ; les communes de Voyenne, cinquante francs ; de Froidemont, vingt-huit francs ; et de Sons, quarante-sept francs.

Dans sa séance du 15 vendémiaire an VII (1798), l'Assemblée municipale prit l'arrêté suivant : « Tous les Membres se rassembleront le décadi, à une heure de l'après-midi, au lieu des séances, avec tous les Fonctionnaires publics et les joueurs d'instruments. Le son de la cloche annoncera la réunion ; alors commencera la promenade dans l'ordre suivant : Trois Gardes nationaux ouvriront la marche, les autres formeront la haie ; la Gendarmerie fermera la marche. Les Instituteurs et leurs élèves marcheront les premiers et seront suivis par ceux qui se présenteront pour être mariés et ceux qui les accompagneront ; puis les joueurs d'instruments, précédés d'un tambour de la Garde nationale, joueront des airs républicains ; un porte-drapeau ou, à son défaut, l'homme du bureau, portera un étendard tricolore ; enfin, viendront les Membres de l'Administration et les Fonctionnaires.

La promenade civique dans les jours ordinaires n'aura lieu que d'une porte à l'autre de la ville, les Fonctionnaires et les Citoyens rentreront ensuite au lieu de la réunion. Le citoyen Granson, organiste, d'après l'invitation qui lui en sera faite, jouera sur l'orgue des airs républicains, et chacun ayant pris la place qui lui sera assignée, il sera donné lecture des lois et des arrêtés. Le Président invitera ensuite ceux qui auront à parler sur la cérémonie, à le faire sans délai ; il invitera aussi les Instituteurs à désigner ceux de leurs élèves qui auront à réciter les Droits de l'Homme, ou des chapitres de la Constitution, ou des morceaux de littérature propres à former des citoyens. Le Président procédera ensuite à la célébration des mariages, si l'on doit en célébrer ; après quoi, il sera chanté quelques couplets patriotiques. La séance étant déclarée terminée, tous les Fonctionnaires mêlés sans ordre avec les autres citoyens, ayant les joueurs d'instruments à leur tête, se rendront au lieu désigné pour le divertissement des Citoyens.

Tel est le programme qui fut suivi « le jour anniversaire de la juste punition du dernier des rois ». On y ajouta, après la prestation de serment, des imprécations contre les parjures et l'invocation à l'Être suprême pour la prospérité de la République.

C'est encore ce programme qui servit le jour de la Fête de la Souveraineté du Peuple, « la plus solennelle ». Aux Autorités constituées et aux Fonctionnaires s'étaient joints des groupes représentant l'Agriculture, l'Industrie, le Commerce, les Arts et les Sciences figurés par des citoyens portant les attributs de leur profession. Au centre de ces groupes étaient portées avec pompe les tables de la Constitution ; des détachements de Gardes nationaux et la Gendarmerie protégeaient le cortège qui se rendit au Temple, où la musique chanta des airs patriotiques.

Le Président monta à la tribune et fit lecture de la proclamation du Directoire relative aux élections ; après cette lecture, le Président prononça un discours respirant le plus pur patriotisme et ayant pour but d'éclairer le peuple sur ses vrais intérêts. Le Commissaire du Directoire, Couché, prononça aussi un discours sur le même sujet. Ces deux allocutions furent écoutées au milieu des applaudissements et aux cris de : Vive la République ! Dans la seconde réunion, on procéda à la plantation d'un Arbre de Liberté en remplacement de l'autre : les honneurs qu'on lui avait rendus l'avaient fait périr.

La célébration de la Fête de la Jeunesse, plusieurs fois remise, eut lieu avec solennité le dix germinal.

Crémont (Joseph), en qualité de Président de l'Administration municipale de Marle, reçut l'ordre de faire célébrer une cérémonie funèbre en mémoire des citoyens Bonnier et Roberjois, plénipotentiaires français assassinés à Rastadt, le 20 avril 1798 ; Jean Debry, député de Vervins, qui faisait partie de la mission, ne fut que blessé.

« Le 20 prairial, les dispositions étant prises pour donner à cette fête auguste le caractère imposant qui devait concourir au but de son institution, les membres des Administrations, les Fonctionnaires publics, les Instituteurs et leurs élèves, portant un crêpe au bras et un rameau de chêne à la main, sortirent de la Maison commune et parcoururent en ordre les principales rues ; de nombreux citoyens les suivirent. Le cortège était précédé d'un drapeau tricolore orné d'emblèmes lugubres et escorté par un détachement de Gardes nationaux à pied et à cheval.

De jeunes enfants portaient des bannières sur lesquelles étaient placées des inscriptions analogues à la cérémonie. Un corps de musique militaire exécutait des airs tristes et lugubres ; la marche était fermée par un détachement de gendarmes et de dragons.

« Les principales rues parcourues, le cortège se rendit au Temple de la Réunion ; on y voyait au milieu une pyramide couverte d'inscriptions rappelant le forfait de l'Autriche, elle était ombragée par des cyprès et par des branches de chêne. Arrivé à l'Autel de la Patrie, le commissaire du pouvoir exécutif, Couché, prononça l'éloge funèbre des victimes ; il termina son discours par ces mots terribles : *Le Peuple français dévoue le tyran de l'Autriche aux Furies infernales !* »

Couché dénonça cet horrible forfait au monde indigné, il en appela à tous les Peuples, aux fidèles alliés de la République, au propre courage du Peuple ; il chargea les républicains de sa vengeance et termina par cette péroraison : *Guerre à l'Autriche, vengeance ! vengeance !* » Ce cri fut répété avec enthousiasme par tous les spectateurs. Ensuite, le commissaire proclama « honorablement les noms des conscrits du canton partis pour l'armée : il y avait eu beaucoup d'enrôlements volontaires. »

La cérémonie terminée, il y eut un moment d'émotion ; puis le cortège rentra à la Maison commune.

Dans une Assemblée communale, il fut donné lecture de l'arrêté de l'Administration centrale de l'Aisne du 16 thermidor et ainsi conçu : « Considérant que le citoyen
« d'Hivert, agent de la commune de Marle, tolère complai-
« samment l'inexécution des lois, que, exclusivement
« occupé de son intérêt personnel, il sacrifie toujours l'in-
« térêt public, et souvent aussi la probité et la moralité qui
« doivent faire le caractère propre d'un fonctionnaire

« public : en conséquence, le citoyen d'Hivert est suspendu
« de ses fonctions ».

Il fut remplacé par le citoyen Morin.

En même temps que l'agent de Marle, furent révoqués les agents municipaux de Cuirieux, de Marcy et de Sons. « Ce dernier, le citoyen Lebègue, était atteint et convaincu du crime d'être sans républicanisme et sans lumière, dévoué à la cause des prêtres déportés, dont sa commune fut longtemps le repaire ; il semblait qu'il n'avait accepté les fonctions d'agent que pour épier les mesures que la tranquillité publique provoquait contre eux et pour être à même d'en prévenir les effets ».

Tandis que la commune de Marle s'occupait de ses affaires intérieures, de réquisitions de grains et de chevaux, la Patrie en danger subissait des échecs dans sa lutte contre la coalition. Le général Moreau était battu par le russe Souwarow, et Joubert, qui le remplaça, était tué le 15 juin, à la bataille de Novi, dans les premières charges. La mort de Joubert était une perte pour la France, aussi la Convention ordonna-t-elle que des honneurs funèbres fussent rendus à sa mémoire.

En exécution des arrêtés du Directoire prescrits à cette occasion, la municipalité de Marle prit toutes les dispositions pour que cette cérémonie fût digne du vaillant général que la Patrie pleurait. Toutes les Autorités civiles et militaires, convoquées à la Maison commune, se rendirent en cortège au Temple décadaire ; un catafalque y avait été érigé en l'honneur du héros regretté par la Patrie ; il était ombragé de branches de chêne et de cyprès, symbole de la douleur publique. Arrivé à l'Autel de la Patrie, le Commissaire du Directoire prononça l'éloge funèbre du général Joubert ; « son discours remplit les auditeurs du plus profond attendrissement ».

A cette cérémonie funèbre succéda la Fête de la Fondation de la République, qui fut célébrée d'une façon toute particulière. L'Administration centrale tenait à ce qu'elle « eût un caractère imposant et majestueux, qui dût la distinguer » ; dans ce but, elle arrêta les dispositions suivantes :

Le troisième jour complémentaire, à sept heures du soir, le son de la cloche annoncera la solennité du lendemain.

Le 1er vendémiaire, dès l'aube du jour, le son de la cloche donnera le signal de l'allégresse.

La matinée sera consacrée aux jeux et aux exercices propres à développer l'adresse et les forces du corps ; il y aura courses à pied et à cheval.

A neuf heures du matin, toutes les Autorités civiles et militaires, réunies au lieu des séances, se rendront au Champ-de-Mars, précédées d'une musique militaire, escortées d'un détachement de la Garde nationale.

Les concurrents porteront pour marque distinctive un ruban tricolore au bras gauche.

Les prix seront portés sur des brancards ornés de fleurs et de verdure.

Les membres de l'Administration municipale seront juges des jeux.

Les concurrents se rendront à la barrière du départ, ils partiront simultanément au signal qui leur sera donné par le tambour.

La barrière s'ouvrira d'abord par les courses à pied, ensuite par les courses à cheval. L'espace à parcourir sera d'un kilomètre pour le premier exercice et de deux pour le cheval. Les noms des vainqueurs seront proclamés solennellement par le Président de l'Administration, il leur donnera à chacun l'accolade fraternelle et leur remettra les prix qui leur seront décernés ; ils seront ensuite reconduits en triomphe, au milieu des fanfares et des cris de joie.

A deux heures, les Autorités se réuniront de nouveau à la Maison commune ; le cortège se dirigera vers le Temple décadaire où était élevé un Autel de la Patrie. Au milieu des Autorités marcheront cinq groupes portant chacun une inscription.

Le cortège, en sortant du Temple, la musique exécutera des airs patriotiques ; le moment du silence sera annoncé par un roulement de tambours. Un membre montera à la tribune et prononcera un discours qui sera suivi de la prestation du serment civique.

L'orateur prononcera solennellement les noms des défenseurs morts dans les combats, les noms des militaires blessés, ceux des citoyens qui se sont distingués par quelque action d'éclat ; enfin les noms des élèves qui ont mérité des prix par leur républicanisme, leur assiduité au travail et leurs succès dans les sciences.

La cérémonie sera terminée par un chœur général, des danses suivront aussitôt : les Administrateurs, entourés de la force armée, se retireront dans leurs locaux respectifs.

Le soir, les édifices publics et les lieux destinés aux plaisirs seront illuminés.

Les Agents municipaux et leurs adjoints seront tenus de se faire accompagner de chacun dix hommes de la Garde nationale dont cinq à cheval ; ceux d'entre eux qui négligeront de s'y trouver seront signalés à l'Administration centrale comme insouciants dans l'exercice de leurs fonctions.

Les Fonctionnaires publics, la Gendarmerie, l'Agent national et les Militaires seront prévenus officiellement.

Ce programme reçut sa pleine et entière exécution le 1er vendémiaire de l'an VIII, jour de la Fête ; un Autel de la Patrie était élevé dans le Temple, un discours fut prononcé, et les Fonctionnaires prêtèrent le serment civique. Alors, nouveau discours « des plus énergiques qui fut souvent interrompu par des cris de : *Vive la République !* »

L'après-midi eurent lieu les jeux et les exercices ; le soir, brillante illumination ; « de sorte que cette solennité reçut tout l'éclat que commandaient des époques aussi chères que glorieuses à de vrais républicains. »

Une Révolution politique s'était opérée le 18 brumaire, le Consulat avait remplacé le Directoire et Bonaparte avait été nommé Premier Consul ; des changements s'opérèrent dans les Administrations. Les Agents municipaux et les Fonctionnaires de Marle prêtèrent, le 15 juin an VIII, un nouveau serment ainsi conçu : « *Je jure fidélité à la République une et indivisible fondée sur l'égalité, la liberté et le système représentatif.* » Cette formule remplaça celle du serment à la Constitution de l'an III.

Un nouvel ordre de chose commençait. Le département fut divisé en sous-préfectures ou districts ; on sait les luttes qui ont eu lieu à propos de la division du département entre Laon et Soissons, Vervins et Guise. La ville de Marle fut choisie comme siège du jury des électeurs appelés à décider laquelle des deux villes, Guise ou Vervins, serait chef-lieu du District, ce fut Vervins qui l'emporta. Marle aurait bien voulu devenir aussi chef-lieu de District, la municipalité remit à l'Assemblée un mémoire rédigé dans ce sens, après s'être assurée du concours des localités voisines ; mais la ville de Marle dut se contenter d'être le chef-lieu de canton. *(Pièce justificative.)*

Bien que les fêtes décadaires imaginées par la Révolution fussent peu suivies par le peuple de Marle, la Fête de la Proclamation de la République fut maintenue, elle fut réunie à celle de la Concorde et célébrée en même temps. C'est la dernière cérémonie que la Municipalité de Marle offrit à ses concitoyens. Nous en donnons le procès-verbal :

« Cejourd'hui, 25 messidor an VIII de la République française, correspondant au 14 juillet ; vu la loi du 3 nivôse dernier qui ordonne que l'anniversaire du 14 juillet 1789, jour de la conquête de la Liberté sur le Despotisme, sera célébrée chaque année dans la République ; vu également la circulaire du Préfet de l'Aisne du 18 de ce mois, qui recommande aux Municipalités de donner à cette fête tout l'éclat et la pompe que les moyens de la localité permettent.

« Le Maire et les Adjoints de la ville de Marle, après avoir fait annoncer le jour d'hier, au son du tambour, que cette fête serait célébrée aujourd'hui, après avoir fait prévenir et invité officiellement tous les Corps constitués, les Fonctionnaires publics, tous s'étant réunis sur la place, le cortège a parcouru en ordre les principales rues de la ville, précédé d'une musique militaire, et de là s'achemina vers le Temple décadaire où l'Autel de la Patrie avait été orné et décoré le mieux possible ; là, étant rendu, le Maire prononça un discours analogue à cette fête, à celle de la Concorde, et retraça en même temps les brillants exploits et les victoires éclatantes de nos armées, lequel a été applaudi aux cris mille fois répétés de : Vive la République ! »

Avant les changements dont nous venons de parler, un rapport détaillé avait été présenté aux Administrateurs de l'Aisne au sujet de Jean-Marie-Antoine Hamy, ex-curé de Marcy, inscrit sur la liste des émigrés. Ce rapport avait été communiqué, le 15 ventôse an VIII, aux Agents municipaux du canton de Marle par le Commissaire du Gouvernement.

« Les Administrateurs, après s'être entourés de tous les renseignements nécessaires pour ne pas errer sur un sujet aussi important et uniquement guidés par les principes de la plus impartiale justice, déclarent :

« Que ledit Hamy, membre du culte catholique et pourvu de la commune de Marcy, s'en est absenté vers le 25 novembre 1793, après s'être au préalable muni d'un passeport pour se rendre dans le département du Pas-de-Calais (Licques), son pays natal ; qu'après sept semaines d'absence environ de la commune de Marcy, on écrivit à son père, domicilié à Boulogne-sur-Mer, lequel répondit qu'il n'avait pas vu son fils ;

« Que sur cette réponse négative, l'Administration municipale de Marcy dénonça à l'Agent national du District de Laon, ledit Hamy comme émigré et comme ayant soustrait la plus grande partie de ses effets, notamment son linge ;

« Qu'il fut ensuite procédé à la vente des meubles restants, sans qu'il ait fait contre cette vente aucune réclamation connue ;

« Qu'effectivement plusieurs personnes assurent aujourd'hui avoir reçu des lettres de lui et l'avoir vu plusieurs fois en 1794 et en 1795, mais que les soussignés n'ont pas cherché à s'assurer si ces témoignages épars laissaient ou non une lacune à la résidence d'Hamy sur le sol français ;

« Qui ont dit encore qu'en 1795, il a fait auprès du Département de l'Aisne des réclamations qui n'ont pas été écoutées, mais qu'à cet égard les Administrateurs soussignés ne peuvent s'appuyer que sur des ouï-dire, mais ils peuvent assurer avec certitude que Hamy, depuis la suppression de son état, passait pour n'être pas l'ami de l'ordre nouveau et pour avoir rétracté le serment qu'il avait prêté ; qu'il a dû craindre les effets des lois rendues contre les prêtres réfractaires et contre les suspects et qu'il a pu disparaître pour s'y soustraire ;

« Ils peuvent assurer également que, depuis la disparition dudit Hamy, on a constamment entendu dire qu'il rôdait dans le pays, tantôt sous un déguisement, tantôt sous un autre ; aussi la gendarmerie fût-elle constamment envoyée à sa poursuite sans qu'il ait été possible de le découvrir.

« Ils ajoutent que cette manière de vivre d'Hamy nuit infiniment à l'esprit public, elle a un air de persécution qui apitoye sur son sort les gens de la campagne, à la charge desquels il est, ce qui rend odieux le Gouvernement qui le force à vivre ainsi ;

« Ils pensent, en conséquence, que ledit Hamy serait beaucoup moins dangereux si, au lieu d'être caché et errant, il était mis sous la surveillance, non pas de la commune où il a exercé le culte, mais de celle qui l'a vu naître. »

Nous ignorons quelles furent pour Hamy les suites de ce rapport Nous avons dit déjà qu'il fut nommé, après le Concordat, à la paroisse de Landouzy-la-Ville.

La guerre contre les coalisés nécessitait un passage continuel de troupes dans la ville de Marle, si bien que le service des étapes et des convois laissait à désirer, faute de ressources suffisantes. Le Préfet de l'Aisne alloua des fonds aux Étapiers et aux Convoyeurs pour continuer leur service. La ville avait aussi à loger et à nourrir des prisonniers de guerre, faits dans les différentes rencontres des armées françaises avec les ennemis.

Il fallait aussi des vivres pour les troupes en campagne, dix quintaux de blé furent réquisitionnés dans la commune de Cuirieux. Les enrôlements militaires continuaient ; le tirage au sort fut réglementé ; le remplacement était permis après l'examen de la demande par les Préfets. Les conscrits bons pour le service partaient aussitôt pour Laon.

Des Conseils généraux et des Conseils d'arrondissement furent organisés ; le Premier Consul nomma les premiers titulaires qui furent Fouan de la Tombelle et Lefebvre, des fermes de Clermont, conseillers généraux (3 juin 1800).

CHAPITRE X

ÉPOQUE CONTEMPORAINE
1800-1870

Les Archives de Marle ne contiennent pas les registres des délibérations de 1800 à 1815. Ces documents ont été déchirés ou brûlés par les Alliés, sans doute parce qu'ils contenaient les faits qui s'étaient passés sous le régime impérial.

Il nous est donc impossible de relater ce qui se rapporte à Marle pendant cette période. Nous répéterons que la ville eut beaucoup à souffrir des réquisitions continuelles en hommes et en chevaux, que prescrivait l'état de guerre dans lequel se trouvait la République.

Nous avons dit que l'abbé Oger, curé de Saint-Pierremont, avait été nommé député de la Constituante. Après la dissolution de cette Chambre, l'abbé Oger rentra dans sa paroisse, où il exerça son ministère jusqu'à sa mort survenue en 1807, il était âgé de cinquante-deux ans et fut inhumé dans le cimetière. Le curé Oger, originaire de Rozoy-sur-Serre, était un homme érudit ; il s'occupait de médecine, les malades venaient de loin le consulter.

Pour passer la rivière du Vilpion, à Marle, il n'y avait qu'un pont de bois appelé le *Pont-Rouge* ou *Pont-du-Val-Saint-Pierre*, situé à l'extrémité de la dernière rue du faubourg Saint-Nicolas. Ce passage était difficile et dangereux. L'Administration impériale songea à faire construire un pont en maçonnerie, à plusieurs arches, dont elle confia le soin, en 1808, à l'architecte Labouret, ingénieur distingué. Les travaux commencèrent immédiatement, et furent poussés avec vigueur, grâce à un été chaud qui permit de mettre la rivière à sec.

Les cloches avaient été enlevées à la Révolution. Le village de Marcy en avait conservé une ancienne pour les besoins de la commune. En l'an X de la République, elle fut refondue, on y lit l'inscription suivante :

J'ai eu pour marraine Marie-Louise Dupuy, épouse de François Sandron, cultivateur, et pour parrain Jean-Pierre Tellier, adjoint. J'ai été bénite par Mre *Jean-Marc-Antoine Hamy, curé ; Claude Sandron, maire ; Pierre Coët, maréchal ; Alexandre de Lorme, maître d'école.*

Fait par les Antoine père et fils.

Il y eut, en 1812, une affreuse disette qui augmenta encore le nombre des indigents. Les Bureaux de bienfaisance, organisés en 1796, vinrent au secours des malheureux ; du 1er avril au 1er septembre, les pauvres du canton de Marle reçurent cinq mille six cent vingt-cinq francs d'aumônes. La charité publique s'exerça sur une grande échelle.

Le Directoire était trop faible pour gouverner le pays ; il fallait une main plus vigoureuse pour donner aux affaires la direction salutaire dont elles avaient besoin. Vint le Consulat, et Bonaparte régla les destinées de la France. Les tribunaux et les municipalités furent reconstitués sur des bases nouvelles ; l'agent municipal fut supprimé et le premier magistrat de la cité reprit le titre de maire. Les maires et les adjoints étaient nommés par les préfets, ainsi que les conseillers municipaux appelés à donner leur avis.

Mais le titre de Premier Consul et de Consul à vie ne suffit pas à Bonaparte, il se fit sacrer empereur le 2 décembre 1804 ; une députation de la municipalité de Marle dut assister à cette cérémonie célébrée à Notre-Dame. A Sons, un *Te Deum* fut chanté et un bal organisé.

Alors commença cette série de victoires qui couvrirent de gloire les armées françaises. Malheureusement ces succès énivrèrent l'Empereur et il continua ces guerres désastreuses. A la bataille d'Eylau, où les Prussiens et les Russes furent complètement défaits après une lutte sanglante et acharnée, périt le colonel Bourbier, natif de Marle, officier de la Légion d'honneur (8 février 1807).

Après cette victoire, fut signée la paix de Tilsitt, mais ce traité fut de courte durée. Pendant la guerre d'Espagne, les Autrichiens reprirent les armes. Ils furent battus à Wagram et implorèrent la paix qui fut signée au mois de décembre 1809.

L'Empereur mit ce repos à profit pour répudier la comtesse de Beauharnais et épouser Marie-Louise d'Autriche ; ce mariage fut d'abord heureux, l'impératrice mit au monde, le 20 mars 1811, un héritier qui fut nommé *le Roi de Rome*. Cette naissance donna lieu à des réjouissances publiques que célébra la ville de Marle.

Mais ces guerres continuelles épuisèrent les ressources du canton. Les réquisitions successives d'hommes, de chevaux, de fournitures aux troupes, exigeaient de nouveaux sacrifices et amenèrent la disette. La fortune des armes devait bientôt être défavorable à l'Empereur, son régime absolu mécontentait les populations, son ambition devait amener une catastrophe.

La campagne de Russie, dont les préparatifs importants avaient épuisé les communes, aboutit à la déroute de Moscou. L'armée, poursuivie par la température et par les

Russes, fut harcelée et la débandade se mit dans les rangs : c'était un *sauve-qui-peut* général.

A la nouvelle des désastres de l'Empereur, malgré les victoires de Lutzen et de Bautzen (mai 1813), une coalition se forma contre la France. La *Bataille des Nations* se livra à Leipsick ; malgré l'infériorité du nombre, Napoléon triompha des nombreux ennemis pendant les trois célèbres journées d'octobre. Néanmoins, il fallut battre en retraite, regagner la France et préparer de nouveaux efforts. A ce moment, l'Espagne et l'Italie révoltées furent abandonnées par les troupes françaises.

Au commencement de 1814, les armées de l'Europe franchissent le Rhin ; les Prussiens suivent la vallée de la Marne, tandis que les Autrichiens et les Russes longent la vallée de la Serre. Cette marche explique le faible envahissement de l'arrondissement de Vervins et du canton de Marle.

Néanmoins, devant le danger, Napoléon déploie toutes les ressources de son génie militaire. Malgré ses forces insuffisantes, il se poste entre les deux armées, il tombe tantôt sur l'une et tantôt sur l'autre. Les plus importants combats furent ceux de Champaubert, de Montmirail, de Craonne ; mais, malgré l'héroïsme des chefs et des soldats, les armées coalisées avancent sur Paris.

Bientôt a lieu une défection complète, les corps constitués abandonnent Napoléon et acclament Louis XVIII rappelé au trône par l'armée ennemie.

Napoléon veut lutter encore. Enfin, vaincu par les circonstances, après bien des hésitations, il abdique à Fontainebleau. Le 20 avril 1814, il quitte cette retraite pour se retirer à l'Ile d'Elbe que lui accordaient les souverains alliés.

Quand les coalisés entrèrent en France, une troupe de

cosaques du Don logea à Marle, le 2 février 1814, et commit beaucoup de désordres. Pour éviter le pillage, on fut obligé de la nourrir à discrétion. Cette année-là il y eut un passage continuel de troupes et des logements militaires ; plusieurs fois la ville fut sur le point d'être pillée. Une fois entre autres, un régiment de Baskirs, qui n'avaient pour vêtements que des peaux d'ours et d'autres animaux, c'étaient les hommes les plus hideux que l'on puisse voir. Il voulut entrer dans la ville pour s'y loger à discrétion et la piller ; mais, grâce à l'énergique résistance du gouverneur militaire de Marle pour les alliés, la cité fut épargnée : il leur défendit de passer le grand pont. Ils campèrent dans la plaine voisine, où on leur envoya des nourritures. La ville, reconnaissante du service que le gouverneur avait rendu, lui fit un présent considérable en argent.

Le pont sur le Vilpion venait d'être achevé lorsque l'empereur de Russie passa à Marle, cette même année ; la ville lui fit une réception *magnifique*, elle le considérait comme un ancien allié de Napoléon et comme un ami de la France. Une garde d'honneur se forma pour l'accompagner, mais il ne voulut pas qu'elle quittât le ville. Le peuple demanda de l'accompagner au moins jusqu'à la limite du canton, il remercia avec affabilité, en disant *qu'il ne craignait pas de voyager sans escorte par toute la France*.

Parmi les vexations dont les habitants de Marle furent en butte de la part de l'ennemi, il en est une qui mérite d'être racontée à cause de sa singularité. Un officier prussien, en garnison à Marle, obligea les habitants à se découvrir devant les soldats, les dames et les demoiselles devaient faire la révérence et être vêtues de blanc. Il était en outre enjoint à tout individu, circulant dans les rues, d'avoir une cocarde blanche, faute de quoi une certaine punition, nommée la *schlague*, devait être infligée à celui qui se trouverait en défaut. Pour éviter d'être fustigé, chacun se conforma à cet ordre du mieux qu'il pût, quelques-uns néanmoins furent surpris sans le signe recommandé, on les mena au corps de garde placé dans la maison de M. Odent père ; là, plusieurs Marlois furent condamnés à une amende pécuniaire. D'autres, qui portaient encore le symbole de l'ancienne mode, le seul objet peut-être que, dans sa haine pour tout ce qui était antique, la Révolution ait respecté, le ciseau prussien fut inexorable et coupa leurs *queues* de cheveux, malgré les énergiques protestations qu'ils firent à ce sujet. Hazard, tamisier, fut une des victimes, Il n'est sorte de *nargues* que ces soldats firent aux gens de Marle.

« Arsène Hulin, serrurier ; Louis Simon, serrurier ; Joseph Caillot, maçon, et d'autres plus heureux qui purent se sauver, ayant eu le malheur de parler de Napoléon, furent pris par les Prussiens et reçurent chacun cinquante coups de schlague. » *(Manuscrit Pelletier.)*

L'Hôtel-Dieu de la ville étant trop petit pour contenir le nombre des soldats malades, les alliés firent de l'église une ambulance ; alors on fut obligé d'aller dire la messe dans la chapelle de Saint-Martin. Les malades qui mouraient étaient si nombreux, qu'on était contraint de les porter dans un champ situé près de la rivière, au haut du faubourg Saint-Martin, vers l'ancienne maladrerie.

Des inondations étant survenues entraînèrent à l'eau plusieurs cadavres. L'air fétide qui régnait dans l'église Notre-Dame (*hôpital*) asphyxia en partie plusieurs de ces malheureux malades ; alors, les croyant morts, on les portait dans le champ où de grandes fosses étaient préparées. L'air libre qu'ils respiraient les rendait à la vie, et plusieurs durent à cette cause de ne pas être enterrés vivants.

Les alliés répandaient sur leur passage, à Marle, une proclamation déclarant qu'ils ne faisaient pas la guerre à la France, mais aux soldats de Napoléon. Les hostilités se portèrent vers Château-Thierry et Soissons. La ville de Marle ne présentait plus qu'un passage continuel de troupes à loger et à nourrir.

Le 12 février, les Russes étaient arrivés à Laon, et Soissons se tenait sur la défensive. Les Russes se conduisirent mieux que les Prussiens, « la masse de l'armée moscovite a laissé des souvenirs relativement bons, et la tradition populaire se garde bien de les confondre avec les Prussiens dont elle n'a conservé, au contraire, que de mauvais souvenirs, tant ils étaient agressifs, malintentionnés, vindicatifs, pleins de rancune, souvent même cruels à froid. » *(Ed. Fleury.)*

Le général prussien Bulow lança du quartier général de Laon, le 24 février 1814, une proclamation s'adressant aux Français, dans laquelle il disait : « Nous ne venons pas partager la France. » Ce document fut accueilli avec défiance, d'autant plus que le premier soin de Bulow fut de s'emparer des caisses publiques et des recettes des impôts.

Enfin, le 1er juin, une proclamation du préfet de l'Aisne annonça au département que la paix avait été signée le 30 mai ; une ordonnance royale du 6 juin rendit aux familles les conscrits levés par avance sur la classe de 1815. Louis XVIII était désormais roi de France. Des dégrèvements de contributions furent accordés, malgré ces améliorations, le département de l'Aisne ne put payer ses impôts.

La France commençait à jouir d'un peu de repos sous le **nouveau régime** ; lorsque tout à coup, on apprit la nouvelle que le 1er mars 1816, Napoléon, quittant l'île d'Elbe, avait débarqué à Cannes, et se dirigeait sur Grenoble, à la tête d'une petite armée. Louis XVIII envoya des troupes contre Napoléon ; mais les soldats l'acclamèrent. Dès lors la marche de l'Empereur ne fut plus qu'un triomphe ; le 20 mars il entrait à Paris, que le roi avait quitté la veille pour s'enfuir à Gand.

C'est alors que parut l'acte constitutionnel, puis un nouvel appel au peuple, et un appel aux armes. Les souverains alliés réunis au Congrès de Vienne déclarèrent qu'ils combattraient Napoléon sans trêve, ni merci.

L'Empereur fait face à toutes les difficultés ; son armée à peine organisée, il marche le premier au devant de l'ennemi. Le 15 juin, Napoléon passa à Marle, à la tête de quarante-cinq mille hommes remplis d'ardeur. Le lendemain, il battit, à Ligny, Blücher et son armée prussienne pendant que le maréchal Ney contenait l'armée anglaise aux *Quatre-Bras*, et que Napoléon envoyait Grouchy poursuivre les Prussiens.

Le 18 juin s'engagea la terrible bataille du Mont Saint-Jean, dite de Waterloo, dans laquelle Napoléon, malgré toute sa tactique, fut obligé de succomber sous le nombre. Alors se produisit un sauve qui peut général, la vieille garde tint à l'orage, mais à huit heures du soir l'armée épuisée battait en retraite et se dirigeait sur Laon, lieu de ralliement.

Toute la journée, les Marlois avaient entendu le bruit du canon ; bientôt on vit repasser à Marle de nombreux fuyards et les débris de la grande armée. Napoléon traversa la ville pour relayer[1] sans s'y arrêter, il était accompagné du

---

[1] On rapporte que pendant le relais, le maître de poste, saluant respectueusement Napoléon, lui dit : *A Sa Majesté l'Empereur, le maître de poste, Dehon !*

maréchal Ney et d'autres officiers généraux ; son air abattu fit comprendre que tout était perdu, et que le maréchal Grouchy n'avait pas répondu à l'attente de l'Empereur.

Napoléon n'avait plus d'armée, les Prussiens et les Russes marchèrent sur Paris ; la lutte devenant impossible, l'Empereur abdiqua en faveur du roi de Rome, mais sans succès, après un règne de cent jours. Napoléon se livra aux Anglais, qui lui donnèrent pour prison l'île de Saint-Hélène. Le 8 juillet, Louis XVIII faisait sa rentrée aux Tuileries.

Le 13 octobre 1815, on ressentit à Marle une vive commotion et comme une détonation ; c'était le magasin à poudre de Soissons qui venait de sauter causant la mort de trente-neuf personnes et renversant un grand nombre de maisons.

Comme en 1812, l'année 1816 fut calamiteuse ; le blé était excessivement cher et le nombre des mendiants considérable, quelques-uns de ces malheureux tombèrent d'inanition dans les rues de Marle. On comptait quinze cents pauvres pour le canton, le nombre était grossi par des mendiants qui ne méritaient pas la commisération publique ; c'étaient les plus hardis et les plus menaçants.

Après la chûte de l'empire, le royaume se réorganisa, les municipalités reprirent leur existence ; la ville de Marle qui, avec ses registres municipaux déchirés par les alliés, avait perdu le souvenir de ses libertés communales, fut pourvue d'un maire nommé par le Préfet de l'Aisne. Le premier acte de ce magistrat, M. Niay, fut l'ouverture d'un registre destiné à l'insertion des actes administratifs et des arrêtés ; il fut ouvert le 1er janvier 1816 et le sieur Jérôme Gayaut, ancien secrétaire de la mairie, nommé greffier de la Justice de Paix, fut remplacé par le sieur Grondron, ancien militaire, âgé de vingt-sept ans.

Le Préfet nomma neuf conseillers municipaux. Ils se réunirent le 24 janvier pour examiner les comptes de la Ville.

Le 28 février 1816, se présenta devant le maire, Desains Antoine, qui montra son diplôme de docteur en médecine inséré au Tribunal de première instance de Laon et déclara vouloir s'installer à Marle ; ce que constate le registre. Quelques jours après, Victorice Penant fit, comme pharmacien, la même déclaration de résidence, ainsi que le chirurgien Carlier et Bourbier Louis, pharmacien. Ce dernier quitta son officine au mois de mars 1829. Quant au sieur Penant, il céda sa pharmacie à M. Piot, dit Brice, dont le frère habitait la Grande Rue, à l'*Hôtellerie de l'Arbre d'Or*, aujourd'hui disparue. La grand'porte de cette ancienne hôtellerie est celle de la chartreuse du Val-Saint-Pierre ; elle a la forme d'une croix.

A la même époque, le sieur Tilorier fut nommé maire, et le sieur Maillard, adjoint, par arrêté préfectoral du 13 juin 1816.

La ville de Marle était alors éclairée par des réverbères suspendus au milieu des rues à l'aide de cordes s'enroulant sur des poulies. Leur nombre était insuffisant ; dans le but de les augmenter, la veuve Fouant de la Tombelle fit don à la ville d'un réverbère pour être placé entre sa maison et celle de Brice, son vis-à-vis. Pour l'entretien annuel de ce réverbère, la municipalité vota vingt-cinq francs. L'exemple de Madame Fouant fut suivi par la veuve Meunier et par d'autres habitants du faubourg Saint-Nicolas.

L'Administration s'occupa, en 1823, de la reconstruction du pont Morbo, situé à la Madeleine, et dont l'état de viabilité était dangereux pour les passants. Elle s'occupa aussi des cordes à puits dont l'entretien avait été laissé par la Révolution à la charge des habitants, la ville les reprit à sa charge. Elle fit l'acquisition d'une pompe à incendie et de son matériel, enfin elle organisa une Compagnie de sapeurs-pompiers, dont les officiers étaient nommés par le Préfet de l'Aisne.

Le 7 mai 1823, parut une Ordonnance royale prorogeant l'époque du desséchement des marais de Pierrepont, concédé en 1814 à Messieurs Danès et Delaplace, jusqu'en 1825. Cette date fut encore reculée ; les travaux furent terminés par l'ingénieur Dubus, le 31 décembre 1831.

C'est en 1824 que mourut au château de La Neuville-Bosmont qu'il avait acheté, Topin François, natif de Renneval, ancien conseiller du roi en l'élection de Laon, ancien président du district. Topin fut maire de La Neuville-Bosmont de 1800 jusqu'à sa mort. il avait été liquidateur d'office de la famille de Béthune ; il fut enterré dans le cimetière [1].

L'année suivante, un immense incendie éclata dans le village de Voyenne, le 5 janvier. Malgré les secours, vingt-deux maisons furent brûlées, ainsi que vingt-cinq bâtiments ruraux avec leur contenu.

Par un brevet, le Ministre des Finances accorda, en 1829, au sieur Dehon (Pierre-Louis), la charge de maître de poste pour la route de Marle à Valenciennes, à la charge d'avoir toujours le nombre de postillons, de chevaux et d'équipages prescrit par le service des relais ; ce à quoi consentit le sieur Dehon.

Nous avons vu qu'à l'époque révolutionnaire, une seule cloche avait été conservée ; elle était insuffisante pour le service divin.

Une délibération du Conseil municipal, du 3 mai 1829,

[1] Topin (François), propriétaire à La Neuville-Bosmont, fut l'un des plus utiles et des plus intelligents administrateurs du canton de Marle. Il en fut de même du comte de la Tour du Pin, nommé commissaire pour liquider les dépenses de la guerre (1814-1815).

décida que pour remplacer les cloches de l'église, une souscription publique serait ouverte et que les souscripteurs pourraient se libérer en trois années. L'église avait été rendue au culte en 1800.

Trois nouvelles cloches furent fondues sur la place du Grenier à sel et bénites le 19 juillet 1819, par le doyen Birtelle, après le chant du *Te Deum*. Ces cloches eurent un accident ; pendant que le métal était en fusion, une fuite se déclara et le métal se répandit sur la place, à la grande stupeur des curieux. Un d'eux, Antoine, mourut à la suite des brûlures qu'il reçut. Il paraît aussi que le fondeur avait ménagé une ouverture par laquelle les personnes pieuses introduisaient des pièces d'argent, afin de donner aux cloches un son argentin, mais le fondeur eut soin de s'approprier les offrandes.

Signalons, en passant, un arrêté du maire de Châtillon-les-Sons, rendu le 18 octobre 1817, concernant la sécurité publique « pendant les deux jours de la fête appelée vulgairement la *Kermesse* » :

Parmi les peuples civilisés, l'union ayant toujours été le plus bel ornement de la Société, nous la recommandons à toutes personnes qui prendront part à cette fête publique et à cette fin nous avons pris le présent arrêté :

Article premier.

Tous bruits, disputes et faits de mains qui s'élèveraient et auraient lieu entre plusieurs personnes réunies soit dans les rues, soit dans les cabarets, seront sévèrement réprimées.

Article 2.

Il est défendu, conformément au règlement de police, aux joueurs de violon et autres instruments de divertissement, de jouer pendant les offices divins, comme également il est défendu à tous gens étalant des jeux non prohibés de faire jouer pendant les dits offices, sous peine d'encourir l'amende prononcée par les dits règlements.

Article 3.

Et est défendu à toutes personnes faisant usage de la pipe de fumer quoi qu'avec couvert, soit dans les rues, soit dans les courts, soit dans les bâtimens ruraux, sinon dans les foyers et places servants à l'habitation.

Article 4.

Il est défendu aux cabaratiers et cafetiers de donner à boire après dix heures du soir et aussi pendant les offices de l'église.

Article 5.

Il sera rédigé un nombre suffisant d'extraits du présent arrêté et distribué dans les cabarets et cafés, pour être placé dans l'endroit le plus apparent de leur domicile.

Article 6.

Le garde champêtre faisant en pareil jour fonctions de commissaire de police est chargé de l'exécution du présent arrêté.

Le Maire : Tellier.

Toutes les autorités devaient, avant d'entrer en fonctions, prêter le serment suivant : « Je jure fidélité au roi des Français, obéissance à la Charte constitutionnelle et aux lois du royaume ».

Le 14 janvier 1819, parut un arrêté préfectoral autorisant la commune de Montigny-le-Franc à s'imposer de six mille sept cents francs, pour liquider les dépenses causées par la guerre de 1815.

Après les mémorables journées de juillet 1830, surnommées les *Trois-Glorieuses*, Charles X prenait, pour la troisième fois, le chemin de l'exil, tandis que son cousin, le duc d'Orléans, était proclamé roi des Français, sous le nom de Louis-Philippe Ier. L'avènement du roi constitutionnel donna lieu à des réjouissances publiques et à de bruyantes manifestations dans la ville de Marle.

Dès le début de son règne, Louis-Philippe réorganisa l'administration municipale. Le maire, l'adjoint et les conseillers étaient nommés par le Préfet, et n'entraient en fonctions qu'après avoir individuellement prêté le serment de fidélité au roi, à la charte et aux lois du royaume.

La Garde nationale, alors en grand honneur, fut constituée d'après un règlement du Préfet de l'Aisne, en date du 23 avril 1831. Des officiers furent nommés : le commandant fut Sulpice Delgorde, ancien militaire ; capitaines : Bourbier et Defer ; lieutenants : Boutroy, Anginiard, Dussart, qui tous prêtèrent serment de fidélité.

La Garde nationale formait trois bataillons cantonaux : le premier à Marle, le second à Tavaux, le troisième à Cohartille, formant en tout près de deux mille hommes.

L'année suivante, la fête du roi fut célébrée le 1er mai, d'après un programme arrêté par la municipalité ; à cette occasion, une abondante distribution de pain fut faite aux indigents.

Dans le mois de juillet 1832, le feu prit dans une grange appartenant à M. Baurin, cultivateur ; les prompts secours apportés par les pompiers nouvellement organisés et par les soldats d'une batterie du 8e régiment d'artillerie en cantonnement à Marle, arrêtèrent les progrès de l'incendie. On eut seulement à déplorer la perte de quelques chevaux d'artillerie et des bâtiments.

La présence de ces troupes était motivée par la nécessité de mettre à la raison les habitants de Sons qui ravageaient les bois de l'Etat, et qui avaient jusque-là résisté à toutes les injonctions administratives. Devant la force armée, les déprédations cessèrent ; mais une fois les troupes parties, elles reprirent presque aussitôt. Les Gardes nationaux et les pompiers furent alors envoyés à Sons et à Bois-les-Pargny.

Ils partirent en entonnant une chanson de circonstance, sur l'air de la *Marseillaise* :

En avant, marchons
Contre les gens de Sons.

Cette même année, il y eut une abondance considérable de blé et de pommes. Le blé valait six francs le jallois et le cidre un sou trois liards le litre ; aussi, très souvent, on ressentit les effets de cette boisson.

Une maladie épidémique nommée *choléra-morbus*, après avoir exercé de grands ravages en Europe, vint tout à coup fondre sur Paris et y sévir d'une manière affreuse. Dans la plus grande intensité, il mourut deux mille personnes par jour. Bientôt la maladie se répandit en province, notamment dans le Laonnois. Le bourg de Crécy-sur-Serre en fut vivement atteint, il y mourut cinq cents personnes. La ville de Marle ne fut pas épargnée ; malgré tous les soins, soixante-cinq cholériques succombèrent. Voyenne compta cinquante-neuf victimes. A Toulis, presque la moitié de la population fut emportée par le fléau ; en général, le canton eut à déplorer des pertes nombreuses. Il était défendu de sonner et de chanter aux enterrements ; le clergé accompagnait le corps en récitant des prières à voix basse. « Aussi il n'y avait rien de plus triste que de rencontrer ces convois, dont le silence n'était interrompu que par les pleurs des parents. »

Le narrateur ajoute que cette mortalité n'effraya pas beaucoup le peuple, car tandis que l'on portait en terre les morts du faubourg Saint-Nicolas, on courait danser à la fête à Fichaux.

Le 16 février 1833, un brevet de maître de poste aux chevaux fut accordé par le Ministre des Finances au sieur Goujon Armand, cultivateur et aubergiste au faubourg Saint-Nicolas, qui en fit la déclaration au maire Desains.

Dans sa séance du 8 avril 1834, le Conseil municipal autorisa le sieur Martin Degoix à construire sur l'emplacement de l'ancienne tour de la Porte-Marie, moyennant une rente annuelle et perpétuelle de six francs.

L'année suivante, la municipalité institua à Marle deux fêtes patronales qui devaient avoir lieu : celle de Saint-Martin d'été, le dimanche 4 juillet, et celle de la Madeleine, le dimanche suivant le 22 juillet. Ces fêtes furent d'abord peu fréquentées, la fête à Fichaux (Madeleine) dura plus longtemps.

L'Administration municipale s'occupa aussi de la réfection des ponts, notamment du pont du canal destiné à déverser les eaux du Vilpion sous les vannes du moulin de Montigny, et celui du Val-Saint-Pierre qui la précède. La ville fut autorisée par le Préfet à faire les dépenses nécessaires auxquelles devait participer le meunier Damay.

Les jours gras de l'année 1837 furent marqués par un incident horrible. On donnait un bal au Casino, plusieurs jeunes gens étaient déguisés ; l'un d'eux nommé Edme Moura, alla inviter une demoiselle Anginiard pour une contredanse. Au même instant, il tomba à ses pieds ; les jeunes gens le plaisantèrent, il ne répondit pas. On alla chercher son père qui était dans une pièce voisine, il supposa une nouvelle espièglerie de son fils. Cependant, on lui enleva son masque et on vit Moura, le visage contracté, ne donnant plus signe de vie. Il fut alors transporté chez lui et le bal cessa aussitôt, chacun emportant chez soi l'émotion causée par cette triste fin.

Moura, malgré les démarches de ses parents, fut enterré sans le secours de la religion ; une foule considérable assistait à son enterrement.

C'était alors l'abbé Goujart qui était doyen ; un soir d'hiver, pendant un salut, des gens de la campagne, sortant de chez un notaire, se prirent de querelle sous le portail de l'église Notre-Dame ; ils criaient *à l'aide, à l'assassin.* Les assistants effrayés, croyant à la présence d'un chien enragé ou d'un accident causé par la chute de la voûte, se sauvent dans la sacristie, montent dans la chaire, sur les bancs en poussant des cris. Enfin, le calme se rétablit peu à peu, et l'office continua.

Ce qui faisait craindre la chute d'une voûte, c'est qu'un accident de ce genre était déjà arrivé. Le jour de Pâques, entre les vêpres et le salut, une pierre d'une ogive du chœur s'était détachée et était tombée avec fracas en se brisant ; heureusement, il n'y avait personne dans le chœur de l'église.

Une autre fois, une porte des galeries supérieures, mal fermée et battue par le vent, vint tomber au milieu des assistants, blessant gravement M. Oudin, de Froidmont, qui eut une large plaie à la tête par laquelle le sang s'échappait en abondance. Grâce aux soins du docteur Desains, ses blessures n'eurent pas de suites fâcheuses.

L'hiver 1837 à 1838 fut très rigoureux ; le thermomètre baissa jusqu'à vingt-deux degrés au-dessous de zéro. On trouva plusieurs personnes mortes de froid, notamment une femme près de la ferme de la Tombelle. La charité publique vint au secours des malheureux. disons que Nicolas Lehault et sa belle-mère (Fouant de la Tombelle), donnèrent quatre cents francs pour les pauvres.

Le ministère accorda au médecin Mouret, une médaille d'argent en récompense de son zèle pour la propagation de la vaccine (1839). Le procédé nouveau alors commençait seulement à se répandre en France.

Le samedi 8 juin, un orage éclata sur la ville de Marle et sur les environs ; il y causa de grands désastres. Une partie des terroirs de Marle et la Tombelle particulièrement furent frappés par la grêle qui détruisit les moissons, brisa les vitres et les ardoises. Les dégâts furent évalués à cent mille francs.

Dans la nuit du jeudi au vendredi 11 octobre, un nouvel

orage éclata sur Marle ; la grêle et la tempête effrayaient tellement les habitants qu'ils pensaient être à leur dernier jour ; les vieillards de la ville disaient que, de mémoire d'homme, on n'entendit un tel orage. Beaucoup de carreaux furent cassés, la foudre tomba en plusieurs endroits, sans causer d'incendie. Des éclairs affreux rendaient encore le spectacle plus effrayant. *(Manuscrit Pelletier.)*

Plusieurs évènements intéressant le canton s'étaient passés durant cette période.

Le 2 janvier 1830, mourait à Nevers Pierre d'Autancourt, né à Montigny-sous-Marle, le 28 février 1771. Fils d'un sous-brigadier des fermes du roi, il fut d'abord clerc de notaire, puis s'engagea dans l'armée ; il fit toutes les campagnes de la Révolution et de l'Empire. De simple soldat, d'Autancourt devint successivement major de chevau-légers polonais de la garde, maréchal de camp, général de brigade, baron de l'Empire et commandeur de la Légion d'honneur ; il fut anobli par l'Empereur et portait la particule. Une rue de Paris porte son nom. La commune de Montigny possède un portrait d'Autancourt, donné par Lalouette-Fossier de Marle.

Le 18 mai 1830, le sieur Pierre Cochois s'obligeait à refondre la cloche de Bosmont, pesant environ douze cent cinquante livres, et à en fournir une autre. Celle-ci fut bénite en 1831 et nommée Félicité, comme l'indique son inscription.

A la suite de la prise d'Anvers, un détachement d'artillerie séjourna à Marle plusieurs mois. L'accueil que les soldats reçurent de la part des habitants, en détermina quelques-uns à s'y établir.

L'année 1840 était annoncée par les plus sinistres prédictions qui, toutes heureusement, ne se réalisèrent pas. Au mois de décembre, un froid glacial et une neige abondante vinrent tour à tour clore l'année. Dans le courant de janvier, après plusieurs jours de fortes gelées, il tomba une grande quantité de neige qui, en fondant, amena un dégel si extraordinaire que les anciens du pays ne se rappelaient pas en avoir subi de semblable. Toute la plaine qui s'étend depuis Marcy, Haudreville, Marle, Thiernu, Montigny ne formait qu'une nappe d'eau. Le faubourg Saint-Nicolas et les jardins étaient couverts de plusieurs pieds d'eau. Pendant la nuit, les habitants les plus rapprochés du grand pont furent obligés de quitter leurs maisons que l'eau avait envahies, pour se réfugier dans la partie la plus élevée du faubourg, chez des parents et des amis qui s'empressèrent de les recevoir. Les eaux firent de grands dégâts, beaucoup d'arbres furent déracinés, et les blés submergés eurent beaucoup à souffrir. Les communications étaient impossibles, un nommé Féron, de Montigny, qui revenait d'Hirson avec sa famille, fut obligé de rester plusieurs jours à Marle, en attendant que l'eau ait baissé. Après cette inondation, les sources de la prairie d'Haudreville *(le Buis)* coulèrent en abondance. On donnait comme certain à Marle que toutes les fois que les sources de cette prairie coulaient, le blé était cher. En effet, lors des semailles, le blé valut cinquante-six francs le sac. Cette remarque a été faite de temps immémorial et a toujours été trouvée juste. *(M. S. Pelletier.)*

L'été de 1841 fut très humide, des pluies continuelles firent craindre pour les récoltes ; la moisson fut, en effet, médiocre et le blé d'une qualité inférieure.

Le 20 septembre fut fondé le Comice agricole de Marle, comprenant les cantons de Sissonne, Crécy, Rozoy et Marle. Beaucoup de cultivateurs s'inscrivirent et un grand nombre d'agriculteurs du canton ont obtenu des primes pour leurs produits dans les Expositions. Le Comice de Marle est le premier qui ait existé en France.

L'été de l'année 1842 fut remarquable par sa température et son abondance de récolte. A ce propos, le *Journal de l'Aisne*, du 29 août, publia l'article suivant : « L'été de cette année fut splendide, il occupera une large place dans les annales météorologiques ; il fait aujourd'hui l'objet de toutes les conversations, chacun demande à sa manière ou selon ses souvenirs plus ou moins fidèles des renseignements à ce sujet. La magnifique température dont nous jouissons depuis assez longtemps est un phénomène pour la génération actuelle. C'est une nouveauté, quoique cela soit déjà arrivé plusieurs fois, à la connaissance de ceux de nos lecteurs qui datent seulement du commencement du siècle présent.

1802 — 1808 — 1811 — 1812 ont laissé des exemples assez mémoratifs d'une belle ou d'une haute température. Ajoutons que chacune de ces années a eu son cachet particulier.

1802. — 16 juillet, chaleur excessive pour notre latitude, 20° Réaumur.

1808. — Eté sec et brûlant, mais assez court.

1811. — Trois saisons donnant un printemps perpétuel mais incomparable ; elle se nomme ordinairement l'année de la comète, dont le vin excellent fut fort recherché.

1818. — Eté constant, chaleur continue mais modérée.

1822. — Année de grande abondance, récolte prématurée, haute température.

Telles sont les différences qui ont signalé ces cinq époques marquantes. Une année extraordinaire sous tous les rapports, sera celle de 1842, qui sera notée dans l'histoire pour la magnificence et le luxe du ciel, mais en même temps pour les grandes catastrophes qui sont venues fondre sur la France, entre autres l'horrible accident du chemin de fer de Paris à Versailles, dans lequel périt l'amiral Dumont-d'Urville. »

La première moitié du printemps (1842) fut froide et sèche, il est vrai que c'était un temps favorable pour les *mars*. Mais au mois de mai, le blé paraissait à peine et il était en si petite quantité qu'on craignait pour la récolte une élévation dans le prix des denrées ; l'absence totale de pluie venait confirmer ces appréhensions. Heureusement, quelques jours d'une pluie bienfaisante vinrent humecter la terre et donner une sève abondante aux arbres et aux récoltes ; la campagne était alors admirable.

La municipalité s'occupa d'une École communale pour les garçons ; les voisins s'opposèrent à l'alignement donné par le maire, mais le Conseil d'État décida que l'alignement serait maintenu.

L'été ne fut qu'une suite continuelle de beaux jours et, chose digne de remarque, c'est que le jour il faisait une chaleur étouffante et la nuit un froid assez vif. On fit la moisson au commencement de juillet, et le 20, tous les blés étaient rentrés.

Le 10 juillet, une éclipse presque totale de soleil eut lieu, elle commença vers quatre heures du matin et finit environ à sept heures.

Le 18 du même mois fut un jour de deuil pour la France ; le duc d'Orléans, héritier présomptif de la couronne, se brisa la tête en sautant de voiture sur le chemin de la Révolte. Ce Prince était venu à Marle quelques années auparavant, il avait passé la revue de la Garde nationale réunie au Bail.

Au moment de l'équinoxe de septembre, des pluies abondantes survinrent et l'on craignit beaucoup pour les vendanges ; mais ces craintes ne furent que passagères. La pluie fit grossir le raisin et les fruits ; la vendange fut magnifique, le vin, le cidre furent excellents et abondants, On donna au vin le nom de *vin de l'éclipse*.

Malgré une année si favorable aux biens de la terre, il y eut à Marle et dans le canton un grand nombre de malades atteints, pour la plupart, de fièvres cérébrales et typhoïdes. Les victimes furent nombreuses, malgré les soins dévoués qui leur furent prodigués.

A cette époque, le Préfet de l'Aisne proposait au maire de Marle la création d'une succursale de la Caisse d'épargne de Laon. Le Conseil, reconnaissant l'utilité de cette institution, vota une somme de cent francs et invita le Préfet à en ajouter deux cents, à prendre sur les ressources votées par le Conseil général, pour subvenir aux frais de premier établissement.

Le mois de janvier 1843 ne fut qu'une suite continuelle de pluies et de brouillards ; il tomba une grande quantité de neiges qui donnèrent en fondant une eau abondante. Du 15 au 25 du même mois, régna un vent impétueux qui souffla sur Marle et les environs, en causant des dégâts considérables aux arbres et aux cheminées.

Vers la fin de février, le temps était humide et très doux, ainsi que dans les premiers jours de mars. Au commencement du mois d'avril, le froid fut assez vif, des gelées blanches et des giboulées survinrent qui anéantirent les fleurs des arbres, en sorte qu'il y eut peu de fruits.

Les grains de mars furent semés par un assez beau temps, à la suite duquel il plut pendant quelques jours ; le blé et les maïs levèrent alors en abondance, de sorte qu'au mois de mai la campagne était admirable, ce n'était qu'un tapis de verdure. Toutefois, les gelées survenues le jour du vendredi-saint atteignirent fortement les vignes. (*M. S. Pelletier.*)

Dans le mois de mai, malgré la température clémente, il y eut quelques cas de fièvre cérébrale. Le dimanche, 10 mai, pendant les vêpres, un nommé Willot, garçon brasseur, en traitement à l'Hôtel-Dieu, alors situé sur la Motte, se jeta au bas de son lit, dans un accès de fièvre chaude, malgré les efforts de sa garde-malade pour le retenir, courut aux lieux d'aisance, en arracha le siège et se précipita dans la fosse. On s'empressa d'aller à son secours ; quand on le retira, il était mort ; il avait été asphyxié.

Il fallait à la ville de Marle une autorisation royale pour qu'elle pût vendre les parcelles de terrain du cimetière ; c'est ainsi que Messieurs Lehault, Pelletier, Desains et autres purent obtenir une concession à perpétuité, pour faire élever un monument funèbre.

En juin et juillet, de violents orages accompagnés de vents impétueux renversèrent les blés et anéantirent les espérances des cultivateurs. Des pluies torrentielles commencèrent vers la fin de juillet, et continuèrent jusqu'au 10 août. Le vent d'est ne cessant de souffler, les blés coupés ou couchés germèrent pour la plupart.

Le 24 août, vers les neuf heures du matin, un violent orage éclata sur Marle, des éclairs affreux et des coups de tonnerre se succédèrent sans interruption pendant une heure et demie. La foudre tomba en plusieurs endroits, notamment dans le jardin de la Tannerie Marcotte, sur deux peupliers qu'elle brisa ; les morceaux allèrent tomber près de plusieurs ouvriers réfugiés dans un bâtiment voisin.

Une meule de vesces située près du chemin de Marcy fut incendiée. On sonna le tocsin dans ce village, croyant que le feu était à Marle. Enfin, la foudre tomba à la *Patte-d'Oie* sur un peuplier, puis au chemin de Rougeries à Marle, sur un dizeau de blé qui fut brûlé. Des glaneurs, surpris par l'orage, s'étaient réfugiés sous d'autres dizeaux situés dans le même champ, et ne furent pas atteints, ils ressentirent seulement une vive secousse.

Le mois de septembre fut très beau, on fit la récolte des

menus grains ; jamais on en vit une si grande quantité ; il y avait des meules de tous les côtés. Vers la fin d'octobre, il y eut de violents ouragans qui occasionnèrent de sérieux dégâts aux arbres fruitiers. Le reste de l'année fut marqué par des brouillards humides et malsains ; beaucoup de personnes en souffrirent.

C'est cette année que fut bâtie, dans la ruelle du *Petit-Haudreville*, une immense construction en pierres de taille, sur l'emplacement d'une maison qui avait été habitée par Mlle Marie-Thérèse Pelletier « personne vertueuse et très attachée à la religion comme l'avaient été ses frères et sœurs, fuyant le monde et ses attraits, occupée à la prière et à la bienfaisance. C'est dans cette maison que l'on offrit le sacrifice de la messe dans des temps difficiles. » Cet immeuble avait été acheté par Louis Daoust, en 1702, des sieurs Dagneau et Guyart. Louis Daoust et son frère Martin avaient reçu la tonsure de l'évêque de Laon et s'occupaient de l'instruction de la jeunesse dans les petites écoles chrétiennes pour les garçons de la paroisse Notre-Dame-Saint-Martin de Marle. Ils étaient aussi employés au chœur de l'église, en qualité de clercs et de choristes. Après leur mort, la maison, par arrangement de famille, fut cédée en 1751 à Mademoiselle Marie Daoust, leur sœur, veuve de feu Me Léonard Pelletier, ancien conseiller du roi, assesseur à l'Hôtel de Ville et commune de Marle ; elle fut habitée, après la mort de la veuve, par Louis-Nicolas Pelletier, son fils, marié en 1724 à Mlle Marie-Catherine Tilorier, fille de Me Antoine Tilorier, maire de la ville de Marle. De leur union, naquirent douze enfants dont sept seulement vécurent. L'aîné, Louis-Nicolas Pelletier, après avoir été avocat au Parlement de Paris, se décida à embrasser l'état ecclésiastique, et fut chanoine titulaire de la cathédrale de Laon¹. Parmi les filles, une se consacra à l'instruction de la jeunesse au couvent des sœurs Sainte-Benoite de Marle ; son frère, François-Antoine-Nicolas Pelletier, épousa Marie-Adélaïde d'Heilly, fille de Louis-François d'Heilly, maître horloger à Paris. Il laissa pour unique héritier de la famille, Louis-Nicolas-Marie Pelletier, ancien élève du Collège de Laon et propriétaire à Marle. C'est lui qui, après la mort de sa tante Thérèse Pelletier, survécut à ses frères, fit démolir l'ancienne bastille appelée *Poterne*, et jeta les fondements de cette maison que l'on voit aujourd'hui. Elle fut bâtie sur l'emplacement de l'ancien hôtel, mais l'enclos fut agrandi par des jardins achetés à Magnan et à Mennechet.

L'architecte de cette nouvelle construction fut M. Boquet de Trépigny ; la première pierre du socle fut posée le 26 mai 1840, à l'angle sud-ouest. Dans cette pierre on enferma des monnaies de tous les rois, à partir d'Henri IV inclusivement. En démolissant l'ancienne maison, sise près de la Poterne, on trouva, sous une poutre portant la date de 1641, une monnaie romaine et une médaille en cuivre qui représentait d'un côté un autel avec ces mots : *Vincet Deus proteget aris*, de l'autre, un navire en pleine mer et ces mots : *Sic tuta mediis procellis*. En creusant les fondations du côté sud-ouest, on rencontra, à un mètre de profondeur, une couche de paille brûlée ; il fallut creuser à huit mètres pour avoir la bonne terre. On fut obligé de jeter des arcades pour construire. Ces amas de cendres provenaient d'un immense incendie, comme ceux qui désolèrent tant de fois la ville.

L'hiver de 1843 à 1844 fut très humide. Le printemps

---

¹ Le corps du chanoine Pelletier fut ramené à Marle par son neveu et inhumé dans le cimetière Saint-Martin. Sur une croix en fer est fixée une plaque en cuivre portant une longue épitaphe.

de cette dernière année fut sec et chaud ; contre l'ordinaire, il fit un temps magnifique pendant la semaine sainte, à l'exception des derniers jours durant lesquels la température se refroidit un peu. Les fêtes de Pâques furent très belles, sous le rapport de la température, mais la fin du mois fut très froide, au point que l'on se chauffait encore à la Pentecôte (26 mai) comme à la Toussaint. L'été en général fut froid, à l'exception de quelques jours ; à la Saint Jean, il régna une chaleur suffocante. Un vent assez violent ne cessa de souffler durant cette saison. Au mois de juillet, il y eut beaucoup de cholérines et plusieurs cas de choléra qui occasionnèrent de nombreux décès. Les blés étaient magnifiques, tout promettait une récolte sèche et abondante, malheureusement des pluies torrentielles et continuelles survenant, on fut à la veille d'en déplorer la perte. Le 11 août, la majeure partie des blés était coupée, ils commençaient à germer et la pluie ne cessait pas. Plusieurs cultivateurs s'empressèrent de saisir quelques moments où le soleil se montrait pour retourner leurs gerbes et les enlever ; à peine avaient-ils achevé cette opération que la pluie commençait à tomber. Mais s'ils évitaient un malheur, c'était pour tomber dans un autre. Au bout de quelques jours, ils furent obligés de sortir les gerbes et de faire des meules, car les blés rentrés fermentaient et dégageaient une chaleur intense capable de causer des incendies spontanés.

Le jour de l'Assomption fut une vraie journée d'hiver. Des prières solennelles eurent lieu pour demander le beau temps ; dès lors, les pluies commencèrent à s'apaiser. Eu égard à l'abondance de la récolte, la moisson fournit une plus grande quantité de grains que l'année précédente, mais les pluies lui ôtèrent de la qualité. Néanmoins le blé valut environ trois francs cinquante le double boisseau ou vingt-huit francs les deux hectolitres. *(Manuscrit.)*

Les pluies abondantes avaient causé le débordement des rivières et le défoncement des chemins ; les routes étaient impraticables. Celle de Marle à Laon était submergée dans les parties basses.

Pendant l'été de 1844, de nombreux et continuels incendies se déclarèrent dans l'arrondissement de Laon ; la terreur se répandait dans les campagnes, car ces sinistres étaient attribués à la malveillance.

L'agence de Marle fut fondée en 1844, pour les cantons de Crécy, de Rozoy, de Sissonne et de Marle ; la cotisation pour chaque membre fut de six francs par an. La réunion des membres de l'Agence aux grains a lieu tous les mardis après-midi, dans une salle spéciale. Les services que rend à la culture cette précieuse institution, continuent toujours à être appréciés.

Au commencement du mois de mars de l'année suivante, le thermomètre descendit jusqu'à quinze degrés centigrades. Le vent soufflait du nord-est, il tomba de la neige en abondance, à la fin de mars il était impossible de cultiver la terre. Cet état atmosphérique rappelait celui de 1814, époque à laquelle eurent lieu les combats de Craonne et de Laon. Toute la semaine sainte et le jour de Pâques (28 mars), la neige et la glace couvraient encore la terre ; le temps commença à s'adoucir vers la Quasimodo. Cet hiver prit rang parmi les plus rigoureux et les plus longs ; tous les travaux restèrent suspendus depuis le 1er décembre et le nombre des indigents augmentait chaque jour.

Tel que l'avait prédit le savant Arago, il y eut à la fin de juin des chaleurs excessives, mais de peu de durée ; le vent clair du nord-est et les orages furent fréquents.

Vers la moisson, le vent changea et le temps se mit à la pluie comme l'année précédente, ce qui amena les mêmes craintes pour la récolte ; vers la fin d'août la pluie cessa et la moisson put se faire avec beaucoup de perte sur la qualité et sur la quantité, le blé avait germé en partie.

La récolte des pommes de terre fut presque perdue, particulièrement en avançant sur le nord ; une maladie qui a donné lieu à beaucoup de commentaires attaqua ces tubercules. Des craintes sérieuses s'emparaient des esprits, car on prétendait que les pommes de terre malades empoisonnaient ceux qui en mangeaient.

Le blé à la fin de décembre valut quarante-deux francs les deux hectolitres ; les pommes de terre valaient quinze francs le double hectolitre. En général, il y eut peu de fruits, peu de pommes et beaucoup de vivres perdus.

Il fit un temps magnifique en automne ; à ce propos le *Journal de l'Aisne* s'exprimait ainsi : « Jamais, depuis cinquante ans, nous n'avons joui d'un aussi beau temps que celui qui régna pendant les vingt derniers jours d'octobre. Le ciel a constamment été pur et sans nuage ; le thermomètre Réaumur marquait seize degrés à l'ombre. Le jour de la Toussaint, belle journée d'automne, tandis que les autres fêtes de l'année avaient été froides et pluvieuses. Le reste de l'année fut très humide ; cependant on pût faire les semailles. Vers la fin de décembre, il y eut de violents ouragans et du tonnerre, notamment la nuit de Saint-Jean ».

Le 14 avril, l'évêque de Soissons vint à Marle donner la confirmation à six cents enfants des paroisses. Il alla ensuite chez Mme Pelletier mère, où il dîna. Après le repas, il visita la maison et se retira à cinq heures « laissant « M. et Mme Pelletier émerveillés de la bonté et de l'ex- « quise politesse dont il avait usé à leur égard, pendant « les courts instants qu'ils avaient eu le bonheur de le « posséder ».

Les premiers jours de janvier 1846 furent froids ; il y eut un peu de neige et de pluie, mais bientôt survint le dégel qui amena une douce et molle température. Le 20, très belle journée de printemps ; le soir, le ciel vers le nord était sillonné d'éclairs et, pendant la nuit, des bourrasques de vent continues soufflaient avec violence. La veille, il était tombé une pluie diluvienne.

La fin de janvier fut marquée par des pluies torrentielles donnant partout une grande humidité ; toutes les campagnes, surtout dans les parties basses, furent submergées. Les nombreux moulins établis sur les cours d'eau de la Serre et du Vilpion, noyés par les eaux, durent cesser de fonctionner.

Au mois de février, le sieur Luce offrit au Conseil d'acheter un terrain d'un are quatre-vingt-quatorze centiares, touchant à la *Croix-Chaudron*; la municipalité, après avoir nommé des experts, fixa à cent francs le prix du terrain.

M. Albert Debrotonne fut élu député en 1846, il fit partie successivement de l'Assemblée constituante en 1848 et de l'Assemblée législative en 1849, 1852 et 1857.

La ville de Marle était le siège électoral du canton, les électeurs des communes, ayant à leur tête le maire ou le curé, venaient déposer leurs votes dans le scrutin ouvert à l'Hôtel de Ville. On se rappelle encore l'abbé Jacquelet, chaussé de grandes bottes, conduisant voter à Marle ses paroissiens d'Erlon et de Marcy.

La fin du mois de mars fut très orageuse, il tonna le lundi de Pâques. Le *Buis* d'Haudreville, par suite des pluies, se mit à couler [1]. Cette inondation envahit la prairie, les

---

[1] Cette source fort curieuse, à cause de son intermittence, est située près du mur de clôture de la première ferme qui regarde Marle. Elle ne donne que dans les années humides, en d'autre temps elle est à sec. Cette année, (1897), il y avait dix-sept ans qu'elle n'avait pas coulé.

chemins étaient impraticables. Dans la semaine sainte, il était difficile encore de parvenir aux fermes d'Haudreville : « L'eau du *Buis* était claire et limpide et se jetait dans le Vilpion ».

La remarque que quand le Buis coule, le blé est cher, s'est encore vérifiée cette année-là ; depuis la Saint-Martin jusqu'au mois de janvier 1847, le blé valut soixante-quatre francs les deux hectolitres.

Après les pluies vinrent la sécheresse et des chaleurs très fortes ; il cessa de pleuvoir la veille de l'Ascension.

Dans les premiers jours de juin, le thermomètre centigrade marqua de 28 à 30 degrés à midi ; la chaleur augmenta encore dans le mois d'août. Cette température fut très nuisible à la culture et au jardinage ; les fruits et les récoltes furent presque nulles.

Les froids prirent dans le mois de décembre, la gelée fut assez forte pour que les rivières fussent prises de glace. Le dégel survint vers Noël. Le blé fut rare et cher, mais d'une bonne qualité ; il valut jusqu'à soixante-quatre francs le double hectolitre. Les pommes de terre qui furent encore malades étaient très chères et la misère était grande.

Cette même année fut signalée par de nombreux incendies, la panique régnait dans la campagne, on montait la garde et on arrêtait les étrangers. La gendarmerie étant insuffisante, des détachements de troupes faisaient des patrouilles. Par suite de la misère, la mortalité fut grande ; la fièvre typhoïde, la dyssenterie et même le choléra exercèrent leurs ravages.

Pendant l'hiver de 1847, la misère fut grande encore, la cherté du blé était excessive, et il se vendait près de quatre-vingt-huit francs le double hectolitre, et encore les cultivateurs ne voulaient pas vendre à ce prix. Des importations de blé étranger eurent lieu ; en attendant la misère était profonde, des quantités de mendiants assiégeaient les fermes et les villages ; les incendies étaient fréquents. Un malaise général régnait parmi la population ; la Garde nationale de Marle fut consignée prête à marcher contre les perturbateurs et les pillards.

« Ce qu'il y eut de plus déplorable, c'est que dans certaines localités, les principaux fauteurs n'étaient pas dans le besoin, mais profitaient des circonstances pour mettre le trouble dans le pays ; on redoutait d'autant plus cet hiver que des idées de Communisme et de Fouriérisme se propagèrent avec leurs utopies. Cependant force resta à la loi et plusieurs expièrent leurs méfaits sur l'échafaud. On peut dire qu'en général la charité publique vint largement au secours de l'indigence. Le pain blanc valait cinq sous et demi la livre et le bis cinq sous. » *(Manuscrit.)*

Le jeudi 14 février, le thermomètre marquait à 6 heures du matin six degrés au-dessous de zéro, les rigueurs de l'hiver qui duraient déjà depuis quatre mois semblaient vouloir se prolonger.

Au moment où les cloches de Marle sonnaient pour le *Gloria* du samedi saint, le 3 avril 1847, la plus grosse cloche se brisa. Cet accident joint à celui arrivé à la plus petite cloche, obligea à ne plus les sonner. Une nouvelle refonte fut décidée ; elle fut confiée à Gallois, fondeur à Paris, qui fit cinq nouvelles cloches ; elles furent bénites le 24 août de la même année.

Le dimanche de la Quinquagésime le froid était très vif et la neige couvrait la terre, quand un dégel soudain arrivant, produisit une crue d'eau si considérable que les deux rivières de la Serre et du Vilpion se rejoignirent, inondant la Madeleine et la plaine de Marle. Il y avait trois pieds d'eau au milieu du chemin de la Madeleine entre les deux ponts, en sorte que la ruelle des *Soupirs* et celle du *Repentir* ressemblaient à un torrent.

Le jour de la Pentecôte (23 mai), il y eut vingt-cinq degrés de chaleur. Le jeudi 5 août, le feu prit à la grange du sieur Carlier, au coin de la rue des Juifs, elle était pleine de récoltes ; une partie de la maison Coulbaux, chef d'institution, fut consumée. Cet incendie fut déterminé par un enfant qui jouait avec des allumettes chimiques.

Les 15 et 16 août, il y eut deux orages qui ravagèrent plusieurs villages et qui occasionnèrent des pertes considérables ; deux maisons furent incendiées à Vesles. Ailleurs, une pluie torrentielle détruisit les récoltes qui restaient encore sur pied. Dans une commune, l'inondation força les habitants à se réfugier dans leurs greniers. Dans d'autres endroits, des grêlons gros comme des balles à fusil, portaient la dévastation dans les vignes ; les arbres fruitiers furent brisés et déracinés.

Le 20 août, un orage épouvantable éclata sur les communes de Bois-les-Pargny, de Châtillon et de Sons, des grêlons énormes ne cessèrent de tomber pendant une demi-heure, les récoltes furent hachées.

« L'eau et la grêle tombèrent en si grande abondance que des gerbes furent entraînées à plus de deux kilomètres. On vit le lendemain des herses en bois accrochées à des pommiers, et le gibier tué en si grande quantité qu'on le ramassait dans des paniers. Les grêlons, qui pesaient quinze à vingt grammes, brisèrent un grand nombre de vitres. Bien qu'une partie des récoltes fût déjà rentrée, la perte fut évaluée à cent quarante-sept mille francs. » *(Gaulier)*.

Vers la fin de l'automne, il y eut beaucoup de brouillards à la suite desquels de nombreuses personnes tombèrent malades ; les maux de gorge, le croup, la suette miliaire sévirent particulièrement. L'humidité nuisit aussi à la conservation des fruits dont la quantité fut si grande, que les arbres cassaient sous leur poids. La mesure de pommes pour faire le cidre se payait un franc et la vente s'en faisait difficilement.

Cette année, les médecins de Marle firent usage de *l'inhalation* pour déterminer l'insensibilité dans les opérations chirurgicales et anéantir la douleur.

Cette même année, la ville acheta cinquante seaux en toile imperméable pour les incendies ; c'était une dépense de cent cinquante francs. La croix de fer qui était sur la Place fut mise au cimetière et inaugurée le 2 novembre.

Au mois d'août, il y eut une bénédiction de cinq nouvelles cloches, les parrains et marraines donnèrent à l'église, qui venait d'être restaurée, des aubes, des candélabres dorés et la lampe du chœur. La cinquième cloche fut refondue ; lorsqu'on la monta au clocher, la corde cassa et la cloche retomba sur le sol sans accident.

Le 24 février 1848, une révolution éclata à Paris, la République fut proclamée. Quelques conseillers municipaux ayant refusé de reconnaître le nouveau régime, le Préfet de l'Aisne en nomma neuf autres ainsi qu'un maire et un adjoint; le docteur Desains fut maire.

Le dernier acte du roi Louis-Philippe avait été la naturalisation d'un sieur Berton, né d'un père belge, qui voulait se fixer à Marle.

Après l'installation des nouveaux élus, la municipalité dut s'occuper de la plantation d'un arbre de liberté. A cet effet, le 5 avril 1848, un peuplier, orné de drapeaux et couronné aux couleurs nationales, fut planté sur la place devant l'Hôtel de Ville, en mémoire de la République française, aux acclamations du peuple et des soldats du 24ᵉ régiment de ligne de passage à Marle. Après la bénédiction, le doyen monta au balcon de l'Hôtel de Ville et prononça un discours « dans lequel il s'efforça de faire comprendre la signification des mots : Liberté, Égalité, Fraternité. » Le maire lui succéda, puis la musique militaire se fit entendre et joua la *Marseillaise*, les *Girondins* et le *Chant du Départ*. Les Sœurs et leurs élèves y assistaient montées sur la galerie du grand portail de l'église Notre-Dame.

Les débuts de la République avaient été pénibles. On craignait un nouveau quatre-vingt-treize, les affaires étaient suspendues, la poste avait cessé son service, on ne recevait ni lettres, ni journaux, on ne connaissait la situation que par quelques personnes échappées de Paris. C'est ainsi qu'on apprit la fuite de Louis-Philippe et la proclamation de la République. Le nouveau gouvernement fut accueilli d'abord avec défiance, le mot République évoquait chez plusieurs les tristes souvenirs de la Terreur. La rapidité avec laquelle les événements se précipitaient, la nouvelle que l'insurrection continuait à ensanglanter la capitale, jetaient le trouble et l'effroi dans les esprits. Pendant ce temps, des clubs se tenaient et les têtes s'échauffaient. Les doctrines aussi dangereuses qu'absurdes du communisme avaient gagné les campagnes et faisaient des adeptes dans la personne de ceux qu'on appelait *Communeux* ou *Partageux*. La disette vint encore s'ajouter au malaise général. Par suite des événements et de la mauvaise récolte le pain était cher, il était le plus souvent de mauvaise qualité. Le peuple qui ne sait pas remonter aux causes éloignées, s'en prit aux meuniers et aux marchands de grains, il les accusa d'accaparer le blé pour le vendre plus cher et d'affamer ainsi la population. La faim est toujours mauvaise conseillère, des murmures on en vint aux menaces ; à plusieurs reprises, des placards incendiaires furent affichés sur les murs de Marle. Les Gardes nationaux durent pendant plusieurs nuits monter la garde pour protéger les citoyens menacés. Des bandes de paysans armés de bâtons et de fourches se présentèrent à Marle, sonnant à la porte des maisons bourgeoises pour réclamer du pain, la menace sur les lèvres : ceux de Bois et de Sons paraissaient particulièrement farouches. Pour éviter le pillage et des malheurs plus grands encore, il fut décidé que la distribution des secours se ferait à jour fixe et militairement. Au jour dit, les pauvres devaient se rendre sur la Place et, passant entre deux haies de gardes nationaux convoqués à cet effet, recevaient des secours en argent et en nature ; ils devaient aussitôt après avoir reçu leur part s'en retourner dans leur pays.

La Garde nationale fut réorganisée et divisée en deux compagnies, ayant leurs officiers, les cultivateurs des environs formaient la garde à cheval. M. Lhotte-Meunier était alors commandant, il fut remplacé plus tard par M. Watteau-Lhotte. Les Pompiers étaient au nombre de vingt-cinq.

Une fête publique eut lieu à Marle le 22 juillet, elle attira beaucoup de curieux au début ; un tir à la cible fut organisé pour les Gardes nationaux, une oriflamme tricolore attachée au clocher pendait jusqu'au bas de la flèche.

Après l'insurrection de juin 1848 et la disparition des ateliers nationaux, une escouade d'insurgés (30 à 40), fut envoyée à Marle, pour être employée à des travaux d'utilité publique. On fit alors baisser la rampe de la route de Montcornet, et cette partie de la chaussée a conservé le nom de *Montagne des Insurgés*.

L'analyse des registres municipaux fournit peu de faits intéressants, la municipalité s'occupa des budgets, des chemins vicinaux, du traitement de l'instituteur et du garde-champêtre, mais ces œuvres utiles offrent peu de documents d'histoire locale à recueillir.

Le 22 juin 1850 on apprit la mort du doyen Leredde, décédé subitement dans son confessionnal ; de magnifiques funérailles furent faites à ce digne ecclésiastique. A l'occasion de son enterrement, on exhuma les corps des doyens Birtelle et Terrien que l'on plaça sous une croix monumentale élevée au milieu du cimetière.

Par suite des pluies abondantes, des inondations eurent lieu dans la plaine de Marle, entre la route de Vervins et le village de Montigny. « Un incendie terrible éclata la même année (1852) dans la commune de Sons, plus de cent maisons et un grand nombre de bâtiments avec les récoltes et les bestiaux furent consumés. La perte évaluée à deux cent mille francs n'était couverte par des assurances que pour une faible partie. C'est grâce aux secours de l'Etat et surtout aux dons particuliers, sollicités par Messieurs Viéville, maire, et Olivier, curé, que tout a pu être rétabli. » (*Gaulier.*)

Des portraits ornent la salle aux délibérations de l'Hôtel de Ville : MM. Desains, Bourbier, Debrotonne ; à ces illustrations, le sieur Charles Desnoyers, maréchal de camp en retraite, ajouta celui de *Sérurier*, marlois, ancien ministre plénipotentiaire, pair de France. Déjà la femme de Desnoyers, Félicité Dorigny, avait fait don, par testament, à la ville de Marle, d'une somme de deux mille francs « pour l'éducation d'une fille pauvre de la ville, au choix du maire. »

C'est le 8 décembre 1854, que mourut, à l'âge de soixante-quinze ans, Desains Antoine, docteur en médecine. Il avait été médecin des épidémies, vice-président du Conseil d'arrondissement pendant vingt-et-un ans, et maire de la ville de Marle depuis 1831. Sa mort fut un deuil public ; deux discours furent prononcés sur sa tombe, un par Odent, adjoint, l'autre par Debrotonne Arsène.

Une rue importante de la ville porte le nom de *Desains*, en mémoire des nombreux services que rendit cet homme de bien, comme médecin de l'Hôtel-Dieu de Marle, pendant cinquante ans.

« Intelligence d'élite, caractère ferme et droit, cœur
« excellent, sa vie a été un long dévouement, et sa mort
« celle d'un juste. » *(Epigraphe.)*

Son portrait sur toile décore la salle de l'Hôtel de Ville. Desains est représenté debout, ceint de son écharpe tricolore, au moment où il lit à de jeunes mariés les articles du Code civil. Ce portrait ayant été avarié accidentellement, un autre fut refait d'après l'ancien, par le peintre Genaille, de Monceau-les-Leups ; c'est celui qui se trouve à la Mairie.

A la suite du Coup d'Etat de 1851, le prince Louis-Napoléon, président de la République, fut proclamé empereur sous le nom de Napoléon III. Il avait recueilli à Marle la majorité des suffrages.

La découverte faite au mois de juillet 1851, auprès d'Aubenton, de monnaies impériales de César, Marc-Aurèle et Tibère, avait mis en éveil les archéologues. Une trouvaille non moins importante fut faite en 1856, sur le territoire de Barenton-Cel, au lieu dit : *le Champ-des-Prés*. Au milieu des débris de tuiles et de poteries, on mit à découvert des monnaies romaines, de grands et moyens bronzes, à l'effigie d'Antonin, de Lucile, d'Adrien, et une pièce d'argent de Trajan, puis des objets en bronze et en fer oxydé (1859).

Rappelons à ce sujet la découverte faite au lieu dit *le Tombois*, sur le territoire de Voyenne. Cette commune accepta, le 28 octobre 1859, un jardin, une maison et mille francs, que lui donna Mlle Beaurin, pour en faire une maison d'école de filles, dirigée par des Sœurs.

Malgré ses faibles ressources, la municipalité de Marle n'hésita pas à voter deux mille francs pour l'acquisition d'une pompe à incendie. Elle s'engagea à payer le maître de poste, Cochon, qui, dans des incendies survenus à Voyenne, à Thiernu, à Cilly, à Montigny, avait conduit les pompiers.

La proclamation de l'Empire nécessitait la présence à Marle d'un commissaire de police du canton. Le 12 août 1858, le maire Debrotonne installa le sieur Vignol, comme commissaire. Déjà pareille installation avait eu lieu, notamment en 1853, le 12 mars. Le commissaire cantonal exista jusqu'après 1870 ; lors de l'invasion prussienne, il n'en fut plus nommé.

L'Agence aux grains, dont nous avons indiqué plus haut la fondation, avait été autorisée par un arrêté du Ministre du Commerce, le 10 avril 1849. Une Commission municipale fut choisie pour élaborer un règlement qui fut approuvé par le Préfet. Aux termes de ce règlement, la ville percevait sur la vente des grains un droit qui ne devait pas être inférieur à cinquante centimes. L'agent ou le facteur inscrivait les ventes, surveillait les réceptions, arrangeait tout conflit entre l'acheteur et le vendeur, puis prélevait un droit proportionnel sur la vente. Cette Agence existe encore, mais elle perd de son importance.

Un nommé Pamard, de Sons, avait fondé à Laon en 1848, avec la collaboration de Brasseur, un journal républicain-socialiste, ayant pour titre : *Le Paysan*. Cette feuille disparut au coup d'Etat (1852), et ses fondateurs durent se réfugier à l'étranger. Clément Pamard revint à Sons, où il exerçait la profession d'arpenteur ; il mourut en 1874. *(Gaulier, M. S.)*

A l'occasion de la naissance du prince impérial, une adresse du Conseil fut envoyée à l'Empereur Napoléon, au mois de mars 1856.

Le dimanche, 19 décembre 1858, s'éteignit à Marle, M. Albert Debrotonne, maire, conseiller général, président du Comice et député ; il était né à Malaise, le 3 juillet 1792. Mgr de Garsignies, évêque de Soissons, assista à ses obsèques, qui furent célébrées dans l'Église de Marle, et prononça son oraison funèbre. Jamais on n'avait vu pareille affluence, l'Eglise était plus qu'insuffisante à contenir la foule.

Le 16 août 1861, un orage ravagea la vallée de la Serre, notamment les cantons de Marle et de Rozoy ; la grêle était énorme, elle anéantit les moissons, brisa les arbres et les vitres, et tua le gibier dans la plaine. La perte pour Autremencourt fut évaluée à deux cent mille francs.

Un incendie se déclara, le 6 novembre de la même année, dans la commune de Vesles, et réduisit dix ménages à la mendicité. Déjà, le 18 mai 1758, un sinistre plus important avait détruit une partie du village et fait périr quatre personnes.

C'est en 1862, que fut érigé le maître-autel en pierre de l'église de Séchelles, annexe d'Agnicourt. Cette église qui n'est qu'une chapelle de secours, est « depuis un temps immémorial » l'objet d'un pèlerinage à Saint-Agapit. Les femmes font toucher à la statue des langes appelés *panchettes*, qu'elles appliquent sur le ventre de leurs enfants pour les guérir des coliques et du carreau.

Nous avons dit que des fêtes avaient été instituées aux faubourgs Saint-Martin et Saint-Nicolas ; ces fêtes étaient tombées en désuétude et n'étaient plus fréquentées. Sur le désir d'un grand nombre d'habitants, M. le Maire proposa au Conseil l'établissement d'une fête patronale ; il fut décidé, à la majorité de faveur, que la fête serait appelée *Notre-Dame de Septembre* et fixée au dimanche suivant la Nativité, ce qui fut adopté. Elle fut célébrée en 1862 avec un grand entrain, grâce aux jeux qui furent institués et aux illuminations. Elle a été fixée depuis au premier dimanche de septembre.

Il fut question, en 1864, de l'établissement d'un chemin de fer à Marle, la ligne nouvelle devait servir de prolongement à celle de Paris à Laon et gagner la Belgique. La création d'un bureau télégraphique, réuni à la poste aux lettres, fut aussi décidé. Ce ne fut que plus tard que ces projets furent mis à exécution.

Le mois de janvier 1865 fut très pluvieux, il tomba une grande quantité de neiges qui, en fondant, amena le débordement de la rivière du Vilpion, dans la nuit du 26 au 27, et l'enlèvement de la grande passerelle de la Madeleine. A la suite de cet accident, le Conseil municipal assemblé décida le rétablissement provisoire de la passerelle, en attendant la construction d'un large pont en fer pour les voitures, avec trottoirs pour les piétons.

Malgré les fréquents sinistres qui désolaient ce village, l'importante commune de Sons n'avait pas encore de pompe à incendie. En 1865, une souscription ouverte dans la commune fournit une somme de douze cent soixante-quinze francs permettant d'acheter un matériel et d'organiser une escouade de pompiers, dont M. Labare Emile fut nommé sous-lieutenant. La ville de Marle était plus soucieuse, car elle fit l'acquisition de quarante nouveaux seaux en toile, et d'une seconde pompe à incendie.

Le 10 novembre 1865, eurent lieu les obsèques de M. Pelletier (Louis-Nicolas), maire, décédé à Marle, dans sa cinquantième année ; c'était une des personnes les plus honorables de la ville, il avait été longtemps conseiller municipal et fabricien. Un cortège nombreux l'accompagna à sa dernière demeure.

Par un testament olographe du 2 septembre 1858, Pelletier donna à la ville de Marle une somme de deux mille francs une fois payée, destinée à constituer une rente à la caisse de secours des pompiers.

Par une autre disposition testamentaire du 6 novembre 1865, Pelletier légua à la ville de Marle, une somme de six mille francs pour aider à la fondation d'une salle d'asile, et d'autres sommes plus importantes pour les Ecoles.

Le défunt fit encore d'autres legs importants à l'église Notre-Dame et à l'Hôtel-Dieu ; il donna sa maison à l'évêché de Soissons avec sa riche bibliothèque.

A la nouvelle de l'horrible attentat commis contre la vie de l'Empereur de Russie, le Conseil municipal vota, le 13 juin 1867, une adresse à Napoléon III pour lui exprimer sa vive indignation et ses vœux pour le bonheur de l'empire russe.

Nous approchons de l'année terrible, comme préliminaires, le Conseil municipal s'occupa de l'équipement des Gardes nationaux mobiles formant la sixième compagnie du troisième bataillon du département de l'Aisne. (1869.)

Au mois de juin 1870, le douze, à onze heures du soir, mourut Jérôme-Paul-François Lehault, âgé de quatre-vingt-sept ans, sans laisser d'enfant. Né à Marle le 29 juin 1763, il fut notaire, maire de la ville, comme l'avait été son père, et conseiller d'arrondissement. Lehault avait perdu sa femme, Antoinette Fouant de la Tombelle, le 8 août 1857, et le 10 avril 1830, son père âgé de quatre-vingt-deux ans. De nombreux assistants suivirent ses obsèques ; c'était un homme de bien très aimé. Sur sa tombe, le maire Odent prononça le discours suivant :

« M. Lehault a consacré toute son existence à faire le
« bien.

« Vous tous qui l'avez connu, vous savez combien il était
« juste et bon ! Tous, vous avez admiré sa modestie et sa
« simplicité dans les diverses positions qu'il a occupées.
« Fonctionnaire, il fut constamment dévoué au service des
« intérêts publics.

« Il était doué d'un jugement sûr, d'un esprit sage et
« d'un cœur excellent ; tous les actes de sa vie en portent
« le témoignage.

« Le bureau de charité lui doit de nombreuses marques
« de sa généreuse sollicitude. M. Lehault a contribué puis-
« samment à l'établissement de l'école communale gratuite
« dirigée par les Frères et à la création récente d'une salle
« d'asile, en assurant surtout le traitement des Sœurs de
« cet établissement.

« Au nom de la ville de Marle, dont il a été le bienfai-
« teur, j'adresse un suprême adieu à celui dont les œuvres
« perpétueront le souvenir ».

La municipalité a donné le nom de *Lehault*, à la rue qu'habita longtemps cette honorable famille.

La guerre est déclarée à la Prusse au mois d'août 1870, nous ne raconterons pas les désastres éprouvés par l'armée française après quelques succès obtenus. Nous dirons seulement que la division du général Vinoy, formant le 13ᵉ corps d'armée, se dirigeait vers le théâtre de la guerre, lorsqu'elle apprit la catastrophe de Sedan ; elle se replia immédiatement sur Paris, poursuivie par l'ennemi. Le 4 septembre, au petit jour, l'armée de Vinoy, venant de Montcornet, arrivait à Marle ; elle reçut de la part des habitants le meilleur accueil.

Le général apprit ici l'évacuation de Reims par la division d'Exéa et son arrivée à Laon. Il y trouva également une dépêche du général de Maudhuy, datée de Laon, qui lui confirmait, dans tous les détails, le désastre de Sedan et un télégramme du Gouvernement de la Défense Nationale ainsi conçu :

« La Révolution vient de s'accomplir dans Paris. Reve-
« nez avec votre corps d'armée vous mettre à la disposition
« du Gouvernement qui s'établit. »

Le lendemain, le général Vinois dirigea ses troupes sur Laon par des directions différentes, et rejoignit la division Maudhuy, le même jour. La division Blanchard arrivait aussi à Laon, le treizième corps se trouvait ainsi réuni. Le 9 septembre, il arrivait à Paris, où il bivouaquait sur l'avenue de la Grande-Armée et le long des talus des fortifications.

La chute de l'Empire amena un changement dans l'organisation municipale. Une Commission provisoire fut nommée pour s'occuper des intérêts de la ville ; c'est elle qui eut à répondre, par l'organe de son président, aux exigences des Prussiens. Après la déroute de Sedan, l'invasion allemande continua sa marche en avant ; dans les premiers jours d'octobre, un détachement de landwehr arrivait à Marle. Indépendamment des passages nombreux qui eurent lieu et d'une garnison saxonne qui resta jusqu'au 31 mai 1871, la ville eut encore à subir les réquisitions de toutes sortes et le paiement de contributions exorbitantes.

Le 19 décembre 1870, un détachement prussien devait traverser Marle, lorsqu'une compagnie de cinquante francs-tireurs, venant de Vervins, se présenta dans la ville pour s'opposer au passage des Prussiens. On leur fit observer que leur nombre était bien faible pour résister à huit cents Prussiens et à une batterie d'artillerie. L'ordre était arrivé au maire Odent de faire partir les francs-tireurs pour Guise ; cet ordre leur fut transmis, mais ils refusèrent d'obéir. M. Odent leur fit remarquer que leur présence pourrait amener de grands désastres pour la ville. Comme ils étaient avinés, il fut difficile de s'en faire comprendre.

« Les francs-tireurs s'avancèrent sur la route à la rencontre de l'ennemi, aussitôt qu'ils l'aperçurent, ils firent feu à une longue distance, sans autres résultats que de blesser un cheval et se sauvèrent dans toutes les directions.

« A cette fusillade, l'ennemi, qui se trouvait à un kilomètre de Marle, sur la route de Laon, répondit par un bombardement dirigé contre la ville ; M. Odent se hâta d'arborer le drapeau blanc au clocher de l'église. Le bombardement continuant, M. Odent comprit que le drapeau n'avait pas été aperçu par l'ennemi ; sans perdre une minute et au risque d'être tué par les projectiles qui tombaient sur la route qu'il avait à parcourir, il descendit rapidement de l'église au faubourg Saint-Martin, portant à la main un autre drapeau parlementaire. L'ennemi l'ayant aperçu, le bombardement cessa aussitôt.

« Depuis lors, on apprit que cinquante-quatre obus ont été lancés ; par un hasard inattendu, aucune personne ne fut atteinte, plusieurs maisons de la ville, surtout dans le faubourg Saint-Martin, furent assez gravement endommagées, ainsi que quelques monuments du cimetière. L'émotion fut grande dans la ville.

« M. Odent expliqua à l'officier allemand que la ville de Marle était étrangère à la fusillade dirigée contre ses troupes ; l'officier retourna vers ses soldats en promettant de venir s'expliquer avec M. Odent, mais il ne reparut pas, il avait repris le chemin de Laon avec sa colonne. »

« La Commission provisoire appréciant le dévouement envers la ville et les habitants dont M. Odent a fait preuve au péril de sa liberté et même de sa vie, déclare à l'unanimité, qu'il a bien mérité de ses concitoyens, et que mention de sa belle conduite sera faite sur le registre de ses délibérations pour être conservée dans les Annales de la Ville. »

Nous n'ajouterons rien aux éloges mérités décernés au premier magistrat de la Cité, sa conduite héroïque méritait plus que la reconnaissance publique.

Tandis que siégeait la Commission, on apprit que la

maison de M. Maireau, maire de Voyenne, avait été incendiée par les Prussiens, sans autre motif que la vengeance [1]. Il fut décidé qu'une députation serait envoyée le lendemain à Laon, près du baron de Lamberg et du commandant prussien, pour expliquer à ces officiers ce qui s'était passé à Marle. M. Odent, qui était à la tête de cette députation, parvint, à force d'instances, à obtenir du Préfet prussien que la Ville n'aurait pas à fournir d'otages, mais seulement une forte contribution. Le bombardement est le seul épisode qui ait marqué à Marle.

Sans entrer dans les détails de l'occupation prussienne, nous donnons le résultat des charges laissées à la ville :

Contribution prusienne payée dans le million imposé au département.	3.840 fr.	50
Part dans les réquisitions par les troupes.	2.195	
Fourniture de bas, couvertures.	344	80
Contributions d'octobre, novembre, décembre.	27.470	»
Contributions janvier, février 1871.	27.472	»
Abonnement au *Moniteur*.	12	»
Réquisitions diverses.	8.298	»
Pertes, dommages, bombardement.	6.339	»

Ici s'arrête notre tâche ; les événements qui suivent sont trop modernes pour que nous ayons à les rappeler au souvenir de nos compatriotes.

[1] C'est ce qui a fait dire au *Moniteur prussien* : « Marle a capitulé et Voyenne a ouvert ses portes. » Ainsi s'écrit l'histoire.

PIÈCES JUSTIFICATIVES

PIÈCES JUSTIFICATIVES

Charte de la Commune de Marle.
(1174)

Au nom de la Trinité sainte et indivisible, *Amen*.

Raoul, par la grâce de Dieu seigneur de Marle, sçavoir faisons à tous présens et à venir, l'institution et establissement de la paix et commune que, du consentement et avis de nos plus grands et principaux, nous avons accordé aux hommes de Marle et à leurs successeurs et héritiers, suivant les us et coutumes de la ville de Laon, en la teneur qu'il s'en suit : sçavoir qui ceux, à la fête de Toussaint ou au jour prochainement suivant, paieront à nous ou à nos héritiers cent livres monnaie de Châlons pour chacun an.

Or, les bornes et limites de cette paix et commune seront de la Croix-ly-Bandit jusqu'aux Martines et jusqu'au chemin de Saint-Etienne et jusqu'aux Planchettes *(Pormanes)*, dorénavant dans lesquelles limites il ne sera loisible à personne de prendre pour quelque forfait qui que ce soit, franc ou serf, sous la justice ; que si la justice n'était présente, il lui sera permis de le tenir sans forfaiture jusqu'à ce que la justice vienne, ou de l'amener en la maison du justicier jusqu'à ce qu'il satisfasse pour son forfait, ainsi qu'il en sera jugé.

Que si quelqu'un a fait tort, comme serait à un soldat, à un marchand, à un du lieu ou à un étranger, étant sommé dans quatre jours, par devant les maire et jurés, qu'il comparaisse en justice et qu'il se purge et justifie de sa faute qu'on lui impute, et qu'il en paie l'amende ainsi qu'il en sera ordonné ; que s'il ne veut se soumettre à l'amende, qu'on le chasse hors la ville, avec tous ceux qui pareillement et particulièrement sont de sa famille, sauf les mercenaires qui ne seront contraints si ne veulent de sortir avec lui, et qu'on ne permette d'y retourner jusqu'à ce qu'il ait, par une digne satisfaction, réparé la faute ou forfaiture ; que si dans le contour et circuit de ladite ville il a des possessions en maisons ou en vignes, les maire et jurés nous demanderont justice du susdit malfaiteur, et si étant sommé de notre part, dans la quinzaine, il ne veut payer l'amende de la coulpe et que nous ne puissions tirer raison de lui, il sera loisible aux jurés de détruire et ruiner toute la possession de ce malfaiteur, et s'il n'était de Marle, l'affaire nous étant rapportée, si après notre avertissement dans la quinzaine il ne vient payer l'amende de sa forfaiture, il sera loisible aux maire et jurés de prendre vengeance de lui comme ils pourront.

Si le coupable, chassé de la ville, est conduit par ignorance dans un lieu dépendant du territoire de Marle et qu'il puisse prouver son ignorance par serment, le coupable pourra être mené ailleurs, pour cette fois seulement.

Si, comme il arrive quelquefois, quelqu'un donne un soufflet à un autre ou qu'il lui crache quelques vilenies, injures ou reproches, étant légitimement convaincu, il devra satisfaction à celui qu'il a offensé, selon sa condition, et aux maire et jurés pour avoir violé la commune ; et si celui qu'il a offensé dédaigne de recevoir son amende, il ne lui sera plus loisible d'en tirer vengeance en dedans ou dehors les limites de la commune, et s'il l'a blessé, il paiera au blessé les frais de médecin et donnera satisfaction pour avoir violé la loi selon le jugement du maire et des jurés.

Si quelqu'un a une haine mortelle contre un autre, qu'il ne lui soit pas loisible de la poursuivre au sortir de Marle ou de lui dresser des embûches lorsqu'il y vient ; que s'il le tue ou l'estropie, qu'il soit appelé pour cause de persécution ou d'embûche et qu'il se justifie par le jugement de Dieu ; que s'il l'a blessé hors des limites de la commune, s'il n'appert de la poursuite ou des embûches par légitime témoignage ou déposition des hommes de la commune, il en sera cru sur serment ; que s'il se trouve coupable, il rendra tête pour tête, membre pour membre, ou bien avec jugement des maire et jurés, pour tête ou pour la qualité du membre, il paiera le prix suivant estimation.

Si quelqu'un forme une plainte contre un autre pour cas capital, qu'il s'adresse d'abord à nous ; s'il ne peut obtenir justice par nous ou par notre bailli, il s'adressera aux jurés de la commune, recherchera qu'il n'a pu avoir justice ni par nous ni par notre officier, alors les jurés, si nous sommes à Marle, s'adresseront à nous ou à notre officier pour qu'il soit fait droit au plaignant, et si nous pouvons ou même si nous négligeons d'en faire justice, les jurés chercheront à ce que le plaignant ne perde pas son droit.

Si l'on surprend quelques larrons, qu'on nous les amène pour en faire justice ; que si nous ne le faisons pas, que les jurés le fassent.

Nous ordonnons que les hommes paient à leur seigneur le cens pour leurs terres seulement, lequel, s'ils ne paient au temps fixé, ils seront à l'amende, selon leur condition, et requis de leur seigneur ne donneront rien que de leur bon gré. Il sera loisible néanmoins à leur seigneur de les mettre en cause pour leurs forfaits, de tirer et de prendre d'eux ce qui sera ordonné.

Les hommes de la commune, excepté les familiers des églises ou des grands qui sont dans la commune, pourront prendre femme de quelque condition que ce soit ; mais touchant les familiers des églises qui sont hors des limites de la commune ou des grands qui sont de ladite commune, il ne sera loisible de prendre femme sans l'autorité et volonté de leur seigneur.

Si quelqu'un de basse condition blâme ou injurie un honnête homme ou femme et que quelque homme de bien de la commune y survienne, il lui sera loisible de le reprendre, et s'il continue d'être importun, de lui donner un, deux ou trois soufflets sans forfaiture ; que s'il est accusé de l'avoir frappé par haine ou méchamment, il lui sera loisible de se justifier par jugement, disant que ça n'a été par aucune haine qu'il l'a frappé, mais seulement pour mettre la paix et la concorde. Or, nous n'entendons ici aucunement comprendre les gens de main morte et accordons ce privilège aux hommes de la commune, sçavoir qu'on n'enlève de leurs maisons couchettes ni quelques ustensiles ou meubles.

Si quelqu'un de la commune, mariant sa fille, sa nièce ou sa cousine, lui donne terre ou argent et qu'elle meure sans enfants et sans héritiers, tout ce qui sera donné de terre ou d'argent qui se retrouvera encore, retournera à ceux qui l'ont donné et à leurs héritiers : semblablement, si l'homme meurt sans héritiers, sauf le douaire qu'il a donné à sa femme, durant sa vie jouira du douaire ; mais après sa mort il retournera aux parents de son mari. Si l'homme ni la femme n'ont aucun héritage, mais que trafiquant en marchandises, ils se soient enrichis et qu'ils n'aient point d'héritiers, l'un d'eux mort, tout le bien retourne au survivant ; que si tous les deux meurent et qu'ils aient des parents, ils donneront en aumônes, pour leurs âmes, autant de bien qu'ils voudront, et le reste demeurera à leurs parents, les deux tiers de leur bien seront employées en aumônes, pour leurs âmes, et l'autre à la réparation et construction des murailles de la ville.[1].

(1) Il semble résulter de cette disposition que les murs de la ville n'étaient pas encore entièrement construits en 1174.

De plus, nul étranger, des gens d'église ou soldat de Marle ne sera admis en l'institution de cette commune sans le consentement du seigneur. Que si, par ignorance, sans la volonté du seigneur, quelqu'un y est reçu, il lui sera permis, dans la quinzaine, sans forfait, de s'en aller sain et sauf avec tout son bien où il voudra.

Quiconque sera reçu en cette commune, dans un an de sa réception, qu'il bâtisse une maison, ou qu'il achète des vignes, ou qu'il apporte autant de biens meubles à Marle qu'il faut pour être justiciable, si le cas y échet qu'il y ait plainte contre lui.

Si quelqu'un nie avoir ouï le ban de Marle, ou qu'il soit prouvé par les échevins seulement, ou qu'il se justifie par un serment en levant la main.

Les hommes de la commune ne seront contraints de plaider hors de Marle que si nous avions action contre quelqu'un d'eux ; justice nous sera faite par les jurés.

Si un ecclésiastique commet quelque forfait dans les limites de la commune, il sera contraint par l'évêque, archidiacre ou officier d'en faire raison.

Si quelqu'un des grands du pays forfait contre les hommes de la commune, étant sommé, ne lui veut faire droit, si ses gens sont trouvés entre les limites de la commune, tant eux comme leurs biens seront pris pour amende du tort fait, et ce par la justice du lieu où ils seront trouvés en délit, de sorte que les hommes de la commune aient leurs droits et que la justice ne soit privée de sa droiture.

Outre ce, nous avons accordé librement et libéralement à toutes personnes demeurant à Marle toutes les aisances que nos prédécesseurs ont eues auparavant l'établissement de cette commune.

Si quelqu'un d'eux est pris en quelque lieu et détenu pour chose à nous due, nous les mettrons en liberté entière. De plus, nous leur avons cédé tous les droits que nous possédions en la franche ville qui est sous Marle, excepté et réservé les chapons et l'écolage. Ils pourront suivant leur volonté, transporter le pont ou en bâtir un autre.

Les gens de guerre et la cavalerie ne nous sont dus à nous et à nos héritiers qu'en deçà des rivières de l'Oise et de l'Aisne.

Or, tout cet établissement a été fait par notre bonté et celle de nos principaux, sauf notre droit et celui de l'église, de sorte que s'ils ont anticipé par cas fortuit quelque chose de notre droit, de celui de l'église ou des principaux de Marle, il lui sera loisible dans quinzaine, sans forfaiture, de demander ce qu'ils ont anticipé.

Afin donc que cet établissement demeure ferme et assuré à toujours, moi et Agnès, ma femme, mes enfants et mes plus grands, nous l'avons approuvé et juré, et de plus juré et fait jurer par témoins, dont les signatures suivent : Raoul de Housset, Hue de Coucy, Aubry de Bosmont, Arnoult de Marfontaine, Huart son fils, Renaud de Rozoy.

Fait l'an de l'incarnation du Seigneur mil cent septante quatre.

(Traduction du texte latin, sur parchemin, portant un sceau en cire)

Ratification de la Charte.

Moy, Enguerrand, seigneur de Marle, comte de Perche, sçavoir faisons à tous présents et à venir, que d'autant qu'entre nous et nostre commune de Marle y ayant souvent débat pour que nous la mettions en demeure et voulions qu'elle soit jugée par nos hommes.

Se disait devoir être jugée par les échevins de Marle, enfin par l'avis des gens de bien, nous avons accordé de notre grâce pour toujours aux susdits habitants de Marle et approuvons que toute et quante fois que nous ou nos héritiers ou successeurs aurons quelque chose à démêler avec les mayeur, jurés et communauté de ladite ville pour quelque occasion ou pour quelque forfait d'où leurs débats puissent procéder, il sera toujours jugé par les échevins de Marle.

Nous voulons aussi et accordons que dorénavant qui que ce soit de la communauté pour quelque chose ou forfait que ce soit, ne puisse être jugé cy-après par les jugements de nos hommes.

Nous accordons aussy pour toujours aux mayeur et jurés de Marle de pouvoir arrêter et retenir sous ma justice tous ceux qui auraient enfreint ou violé la commune dans les termes de la commune, punir à leur volonté, de plus il sera loisible aux mêmes bourgeois de prendre selon ma justice tout ce qui sera dû par amendes si ce peut procurer toutes lesquelles choses en ce qu'elles demeurent fermes et à toujours nous avons fait ainsi ce mot d'écrit sur ce sujet que nous avons scellé.

Fait et passé l'an du seigneur, mil deux cent, le cinquième avril.

La Ville de Marle s'engage à soutenir Philippe-le-Bel dans ses démêlés avec le Pape Boniface VIII.

Univernis presentes litteras inspecturis, major et scabini juratique et tota communitas villa Marle, laudunensis diocesis, salutem. Cum quam plurima enormia et horribilia, quorum aliqua heresim immanem continent, manifeste contra Bonifacium, tunc sede apostolico presidentem, ex parte plurium personarum fervore dilectionis sancte matris ecclesie ac zelo fidei catholice accensarum significata dicta proposita que fuerint; presente excellentissimo principe domino nostro Philippo Dei gratia Francie rege, et multis prelatis pro suarum ecclesiarum negociis congregatis, juramenta que assertive prestita ab ipsis illustribus et nobilibus personis ipsa crimina proponentibus et significantibus, prout in instrumentis super hoc confectis plenius continetur, a quibus prefatus Dominus Rex et prelati instanter et pluries fuerint requisiti, ut ad honorem Dei, fidei catholice et ecclesie sancti matris, super convocatione generalis concilii congregandi, per quod fuerit faciendum ad veritatem inquirendam et sciendam super ipsis, et aliis, loco et tempore congregandis, cum ad ipsum regem tanquam ecclesie pugilem precipimus et ad prelatos tanquam ecclesie columnas pertineat laborare, operam dare studerent efficacem, quod deliberacione diligenti perhabita necessario debere fieri visum fuit, et ne ad impedimentum convocacionis predicti concilii contra dictum dominum regem regnum suum sibi adherentes, contra ipsos prelatos ecclesias suas vel sibi adherentes, predictus B. per se vel per alium sua vel quavis alia auctoritate procedere vel procedi faceret, excommunicando, suspendendo, interdicendo status ve eorum deprimendo, vel alias quoque modo colore quocumque quesito ad idem concilium summum que futurum proximum pontificem catholicum ex parte ipsorum appelatum extiterit seu eciam provocatum. Nos, nolentes sicut nec decet ab ipsorum vestigiis deviare, predicti convocationi concilii pro nobis et nostris subditis consentimus et illud fieri prout nos tangit per presentes supplicamus instanter prefatis appellationibus adherentes, et nihilominus ex eisdem causis et sub eisdem formis ipsum concilium summum que futurum pontificem et ad illos ad quos faciendum est in hiis scriptis pro nobis et nostris subditios et nobis adherentibus appellamus et etiam provocamus nos nobis subditos et adherentes et adherere nobis volentes protectionem Dei sancte matris ecclesie dicti concilii et aliorum quorum faciendum est, in quantum spiritualitatem tangit, ad nostram defensionem supponentes, protestantes nos appellationem seu provocationem hujus modi innovaturos ubiquando et quociens' viderimus expedire. In quorum testimonium sigillum presentibus duximus apponendum.

Datum anno domini M CCCI tertio die jovis post festum sanctorum Jacobi et Christofori.

Pro communitate Marlæ.

Charte concernant les Foires et Marchés.

Henry par la grâce de Dieu roy de France et de Navarre à tous présents et à venir salut. Les manants et habitans de la ville de Marle en Picardie, appartenant à notre très cher frère Henri, roi de Navarre. Nous ont fait entendre que ladite ville est située en bon et fertile païs, sur le grand chemin de Champagne au païs de Flandre où passent et repassent ordinairement plusieurs sortes de marchandises pour conduire en diverses provinces de notre roiaume et fréquentent chacun jour plusieurs habitants des lieux circonvoisins qui y portent vendre et débiter leurs denrées et marchandises, semblablement en dépendent plusieurs villages qui y apportent grand commerce et trafic pour l'augmentation et décoration de laquelle ville les dits habitants y feraient volontiers establir chacun jour de mardy un marché et deux foires chacun an, au jour de lundi de devant la Mi-Carême, outre les marchés ordinaires de chacun vendredi et une autre foire de longtems établie le jour de Saint-Remy, premier d'octobre, ce qu'ils nous ont très humblement suppliés à eux accorder et à leur impartir nos lettres à ce nécessaire. Sçavoir faisons que inclinant libéralement à la requête desdits habitants, avons en ladite ville de Marle de nos grâces spéciales, pleine puissance, autorité royale a été ordonné et établi, créons et établissons par ces présentes, un marché le jour de mardi de chacune semaine et une foire chacun an, le jour de lundi de devant la Mi-Carême outre les foires et marchés susdits de longtemps établis en ladite ville, lesquels foires et marchés tiendront dorénavant et perpétuellement en ladite ville de Marle, permettons à tous marchands et autres qui y fréquenteront, de vendre, acheter marchandises, décharger et distribuer toutes sortes de denrées et marchandises non prohibées avec semblables privilèges, franchises, habitants dont jouissent les autres villes diverses où est accoutumé foire et marché en nostre royaume pourvu qu'à trois lieues à la ronde de ladite ville s'y vit autres foires et marchés lesdits jours.

S'y donnons en mandements au bailli de Vermandois ou à son lieutenant à Laon et à tous nos autres juges et officiers qu'il appartiendra et de nos présentes lettres de création et établissement de foires et marchés, ils fassent, souffrent les suppliants, laissent et nos successeurs jouyr plainement et paisiblement... faire mettre ou donner à souffrir leur estre mis ou donné ore et à l'avenir ne semblablement aux marchands fréquentant les foires et marchés ou à leurs denrées et marchandises aucun empêchement faisant audit et publié si même est, à son de trompe et cry public les foires et marchés par tous les lieux qu'il appartiendra d'établir dans ladite ville de Marle loger, places, étaux et autres choses nécessaires pour jouir et tenir en sûreté les jours ou lesdites foires et marchés tiendront les marchandises dans les étaux ensemble leurs denrées et marchandises ainsi qu'il est accoutumé faire à autres marchés de notre royaume. Car tel est notre plaisir et afin d'en perpétuer mémoire et que ce soit chose ferme et stable nous avons fait mettre notre scel à ces présentes.

Donné à Paris, au mois de may l'an de grâce mil cinq cent soixante-quinze, et de notre règne la première

Par le roy : *de Laon*, sceau en lacs de soie rouge et vert.

Règlement du duc de Mazarin.

CAS AMENDABLES POUR ESTRE PUBLIÉS PAR TOUS LES VILLAGES DES COMTÉS DE LA FÈRE, DE MARLE ET HAM, ET PAR TOUTES LES TERRES OU PAREILLE CHOSE A LIEU.

Quiconque incitera querelle, usera de paroles injurieuses et fera des serments odieux, mesme pour assurer des choses véritables, par passion et par colère, sera chastié avec la dernière rigueur, et il ne lui sera fait aucune grâce pour l'amende qu'il payera sans deslay, dix livres.

Deffenses seront faites très expresses à tous ceux qui élèvent des poullains de les laisser courir çà et là sur les héritages du terroir sans cordes, ni licols. Pour cela il sera estroitement enjoint à qui que ce soit, huit mois après que lesdits poullains auront esté près de leur mère, de les retenir dans les estables, écuries ou entraves et de ne les laisser sortir dehors sans licols, cordes aux pieds ou autres choses pour les arrêter, ce qui sera observé à l'égard des autres bestiaux dont les maistres payeront l'amende sans rémission, s'ils sont rencontrés dans les jardins et parrages de leurs voisins.

Quiconque entrera dans les jardins d'autrui et nuitamment ou de jour, pour y fourager et enlever les fruits des arbres, sera puny sur le champ de la prison et ensuite de l'amende.

Deffenses seront faites et publiées partout à qui que ce soit sous peine de punition corporelle et d'amende, de courir dans les villages, la nuit, sous quelque prétexte de nopces, de festes ou autres réjouissances, surtout pendant le temps de la récolte auquel il sera défendu, fort soigneusement à qui que ce soit, de sortir de la maison, demi-heure avant le soleil levé et d'estre trouvé dehors le soir, demi-heure après le soleil couché, sous peine et punition d'amende.

Deffenses seront faites à tous habitants et plus précisément à tous jeunes gens de joüer aux cartes, dez et autres jeux de hazard, à raison des jurements et querelles qui naissent d'ordinaire en ces sortes de jeux.

Deffenses très expresses seront faites à tous taverniers, cabaretiers vendant vin de donner à boire chez eux, sous quelque prétexte que se soit, pendant le service divin, festes et dimanches, à peine de payer l'amende sans dellay et sur le champ pour la première fois et de punition corporelle pour la récidive.

S'il arrive quelque contestation et quelque différend entre les particuliers pour prétention de grains et d'héritages, il sera fait défenses rigoureuses d'enlever la moindre chose de ce qui est en différend, sans auparavant appeler le royer et avoir obtenu son consentement, sous peine de rapporter ce qu'il a enlevé au lieu où il l'a pris et d'une amende pécuniaire.

Pareilles deffenses seront faites aux dixmeurs d'enlever les dixmes qu'en présence de jurés nommés pour conserver le droit du maistre.

Deffenses seront faites à qui que ce soit de tenir un troupeau à part, mais il sera ordonné à tous laboureurs de joindre tout leur bétail ensemble et de n'avoir qu'un seul berger ou pâtre pour tout le village.

Deffenses seront faites à tous laboureurs, etc., d'envoyer leurs bestiaux dans les champs sinon deux fois vingt-quatre heures après que toutes les gerbes ont esté enlevées, affin que les glaneurs puissent avoir lieu de faire leur petite récolte ordinaire.

Il sera enjoint à tous les habitants de chaque village d'obéir exactement aux ordres du maire qui sera eslu pour les affaires de la communauté, surtout lorsqu'il s'agira de rétablir des ponts et chaussées et chemins à quoy ils seront fidels de satisfaire ponctuellement tour à tour en personne et non par personne commise de leur part, sous peine d'amende qu'ils payeront sans rémission.

La taxe des amendes sera de xx sols les grosses, quatre sous les moindres et les veuves et pauvres moitié, et pour ressidive le double.

Les jureurs et blasphémateurs seront chastiés selon la rigueur des ordonnances qu'il faut observer.

Deffenses à tous taverniers de donner à boire chez eux à aucuns habitants du village où ils seront établis.

Les présents règlemens seront lus et publiés par toute l'estendue des villages de la prévoté, à l'issue des messes paroissiales.

Fait à Paris le 30 décembre 1668.

Cahier des doléances des habitants de Marle présenté aux Etats-Généraux.

Cahier des humbles requête et remontrances que font au roy leur souverain seigneur, les sujets de sa Majesté du Tiers-Etat du bailliage et seigneur royal de Marle, en Picardie, pour être portées aux Etats assignés en la ville de Sens, lesquelles remontrances ont été montrées en l'assemblée particulière convoquée en la ville de Marle, suivant le mandement de ladite Majesté et lettres missives de M. le lieutenant-général de Laon, le 25 juillet mil six cent quatorze.

Premièrement : Les sujets du Roy, du Tiers-Etat, supplient sa Majesté de les tenir pour ses très humbles et très obéissants subjets et serviteurs, et en cette qualité la supplient de les maintenir en paix.

Les garder et préserver des extorsions et insolences que commettent ordinairement les gens de guerre.

Faire défenses à toutes personnes de faire levée de gens de guerre et de les mettre aux champs, sans expresse commission de sa Majesté, sinon qu'il soit permis à toutes personnes de leur courir sus, et qu'il plaise au roy en faire justice comme de rebelles et criminels de lèze Majesté.

Apporter quelques bons règlements en l'ordre des personnes et de la justice et abréviation des procès.

Ensemble quelque bonne modération pour empêcher les prix excessifs des offices de judicature, et en la présence d'iceux faire choix et élection des personnes selon leurs mérites et vertu.

Réprimer les entreprises que font les gens puissans contre l'authorité de la justice royale.

Retrancher toutes nouveautés, offices nouveaux, et établissements de nouvelles commissions.

Révoquer les loûvetiers qui travaillent et ruinent le pauvre peuple, plus même que les gens de guerre.

Donner quelque bon ordre à ce que le sel soit distribué plus doucement, et que ceux qui ont payé leur impost au grenier à sel ne soient plus sujets à la recherche.

Et au surplus se remettant à sa Majesté de pourvoir à tous autres désordres selon son bon plaisir, et maintenant la justice et la paix entre ses mains et avec tous les voisins du royaume.

Foires et Marchés.

Louis, par la grâce de Dieu, roi de France et de Navarre à nos amés et féaux, Conseillers les gens tenant notre Cour de Parlement, Cour des aydes à Paris et autres nos officiers et justiciers qu'il appartiendra salut. Nos chers et bien-aimés les maire, eschevins et communauté de Marle en Picardie, nous ont fait représenter que la ville de Marle, qui estoit cy-devant composée de plus de huit cents bons habitants, ne l'est tout au plus aujourd'hui que de deux cent quatre-vingt dont la plus grande partie consiste seulement en pauvres manouvriers. Ce qu'ils ne croient devoir attribuer qu'aux fréquents passages des troupes qui y abondent de Laon, Guise et Vervins, Ribemont et autres différentes villes ; en sorte que le plus grand nombre des habitans ne pouvant plus résister à la dépense que les troupes leur causoient se sont trouvés obligés d'abandonner le lieu de résidence, et se sont retirés dans les villages circonvoisins pour fixer leur demeure.

Dans la triste situation de leur ville, les exposants ont cherché les moyens de la pouvoir repeupler ; mais comme entre ceux qu'ils ont trouvé pour rappeler les bons habitants et conserver ceux que l'estat et leurs affaires y a fait rester, celuy de l'établissement d'un marché-franc dans ladite ville le second mardy de chaque mois a paru le plus convenable et le plus avantageux pour la rétablir par le commerce qui s'y ferait au moien de ce marché, dont le jour ne se rapporte à aucun des jours des marchés voisins et ne porterait aucun préjudice au commerce desdits lieux. Les exposants ont présenté requeste à notre Conseil à ce qu'il nous plaît leur accorder la permission d'établir un marché franc en la dite ville de Marle pour y estre tenu le second mardy de chaque mois et, sur leur requête, après avoir pris l'avis du sieur intendant de la généralité de Soissons, serait intervenu avis de notre Conseil, le 23 juillet mil sept cent vingt-six, pour l'exécution duquel nous avons entre autres choses ordonné que toutes lettres nécessaires seraient expédiées, lesquelles les exposants nous ont très humblement supplié de leur accorder. A ces causes et l'avis de notre Conseil qui a vu ledit arrêt du vingt-trois juillet mil sept cent quatre vingt-six cy-attaché sous le contre scel de notre chancellerie, voulant favorablement traiter les maire, échevins, habitants et communauté de la dite ville de Marle, nous leur avons permis, conformément audit arrest et par ces présentes signées de notre main, leur permettons d'établir un marché-franc dans ladite ville de Marle, le second mardi de chaque mois Voulons, en conséquence, que toutes personnes puissent y mener et conduire, vendre et acheter, eschanger chevaux, vaches, moutons et autres bestiaux, ensemble toutes sortes de grains, denrées et marchandises licites et permises sans que pour raison et l'achapt, vente, trocq ou eschange desdits bestiaux, denrées et marchandises, les droits ordinaires et accoutumés puissent être exigés; desquels de notre grâce spéciale, pleine puissance et autorité royale, nous les avons affranchis et affranchissons par ces dites présentes. Si vous mandons que ces présentes vous ayez à faire respecter et du contenu ou icelles jouir et user les exposants pleinement, paisiblement cessant ou faisant cesser tous troubles et empeschement à ce contraire. Car tel est notre plaisir. Donné à Versailles le vingt-troisième jour de mars, l'an de grâce mil sept cent vingt-huit et de notre règne le treizième.

Louis

Par le roi : PHILIPPEAU.

Sceau en cire en lacs de parchemin : *Armes royales*.

Registré en la Cour des Aydes, ouy le procureur général du roy, pour être exécutées selon leur forme et teneur et jouir par les impétrants de l'effet et contenu en icelles. Fait à Paris, en la première Chambre de la la Cour des Aydes, le quatrième jour du mois de juillet mil sept cent trente.

Signé : LEFRANC.

Registré, ouy le procureur général du roy, pour jouir par les impétrants de ladite ville et les habitants, communauté d'icelle en leur effet et coutume et estre exécutées selon leur forme et teneur suivant l'arrest de ce jour. A Paris en Parlement, le trente janvier mil sept cent trente.

Signé : YSABEAU.

Insinué au bureau de Marle, le dix octobre mil sept cent trente-trois, reçu cent vingt livres, conformément à l'édit de décembre mil sept cent trois, article dix du tarif des insinuations.

Registré au registre tenu à cet effet, folio 39 verso de l'année mil sept cent trente-trois des mains et dossiers de Me Berthout.

Signé : BONNET.

EXTRAIT DES REGISTRES DU CONSEIL D'ÉTAT

Sur la requête présentée au Roy en son Conseil par les maire, échevins et communauté de Marle en Picardie, contenant que la ville de Marle qui estoit cy-devant composée de plus de 800 habitants, ne l'est tout au plus aujourd'huy que de 200 dont la plus grande partie consiste seulement en pauvres manouvriers et que les supplians ne croyent devoir attribuer qu'au fréquent passage de troupes qui abondent de Laon, de Guise, Vervins et Ribemont et autres différentes villes, en sorte que le plus grand nombre des habitans, ne pouvant plus résister à la dépense que les troupes leur causaient, se sont trouvés obligés d'abandonner le lieu de leur résidence et se sont retirés dans les villages circonvoisins pour y fixer leur demeure. Cependant les suppliants, touchés de la triste situation de leur ville ont cherché les expédients de la pouvoir repeupler, mais entre ceux qu'ils ont trouvés pour rappeler les bons habitans dans la dite ville et y conserver ceux que l'état de leurs affaires y a fait rester, celui qui leur a paru le plus convenable est l'établissement d'un marché-franc le second mardy de chaque mois dans ladite ville qu'ils espèrent, d'autant plus que Sa Majesté voudra bien avoir la bonté de leur accorder, qu'outre que leur ville pourra se rétablir par le commerce qui s'y fera par le moyen de ce marché; le jour d'ailleurs qu'ils demandent ne se rapportant à aucun des jours des marchés de leurs circonvoisins, il ne pourra porter aucun préjudice au commerce des dits lieux. Requièrent à ces causes les suppliants qu'il plait à Sa Majesté leur accorder la permission d'établir un marché-franc en la ville de Marle pour être tenu le second mardy de chaque mois et que sur l'arrest qui interviendra toutes lettres nécessaires leur seront expédiées. Vu la dite requête, l'avis du s^r intendant de la généralité de Soissons. Ouy le rapport du sieur Le Pelletier, conseiller royal au Conseil de Sa Majesté, contrôleur général des finances. Le Roy en son Conseil, ayant égard à ladite requête, a permis et permet aux maire, eschevins et habitans de la communauté de la ville de Marle, d'établir un marché-franc dans la dite ville le second mardy de chaque mois. Veut, en conséquence, Sa Majesté, que toutes les personnes puissent y mener et conduire, vendre et acheter, troquer, échanger chevaux, vaches, moutons et autres bestiaux, ensemble toutes sortes de grains, denrées et marchandises, sans que pour raison de l'achapt, vente, troque ou eschange desdits bestiaux, denrées et marchandises les droits ordinaux et accoutumés puissent être exigés desquels Sa Majesté les a affranchis et exemptés en vertu du présent arrest pour l'exécution duquel toutes lettres nécessaires seront expédiées. Fait au Conseil d'Etat du Roy, tenu à Versailles, ce vingt-trois juillet mil sept cent vingt-six.

Signé : RANCHIN.

Collationné.

Adresse des Habitants de la Ville de Marle et des Paroisses qui l'avoisinent à l'Assemblée Nationale, au sujet de l'établissement des Districts.

(1789)

NOSSEIGNEURS,

Ce qui vous a gagné la confiance des provinces, ce qui a multiplié cette quantité prodigieuse d'adhésions de toutes les villes à vos travaux, pour la régénération du royaume, c'en est le sage et noble motif, l'intérêt public.

Nous serions indignes, Nosseigneurs, de mériter l'attention de votre auguste Assemblée, si nous osions lui en exposer d'autres.

Quelque perte qui puisse résulter pour notre ville d'un nouvel ordre de choses, nous nous y soumettons ; et si notre contribution patriotique, qui n'est pas encore achevée, monte déjà à plus de 8,000 livres, nous ne pouvons pas la regarder comme une privation, puisque c'est à la Patrie que nous en faisons le sacrifice.

Nous ne vous observerons donc pas, Nosseigneurs, ce que nous aurions pu présenter dans d'autres circonstances, que la ville de Marle est un ancien apanage de la couronne, et même un de ses domaines utiles, depuis le bon et immortel Henri IV ; qu'elle jouit de la plupart des titres qui illustrent les villes de province, bailliage royal, gruerie, grenier à sel, traites, direction, subdélégation, maréchaussée, hôtel-Dieu, hospitalières, etc. Nous n'ajouterons pas que, située dans un terroir fertile, mais dénuée de commerce, elle ne subsiste que par ses différentes juridictions ; et que, si, en les perdant aujourd'hui, elle n'obtenoit pas un district, ses principaux citoyens demeureroient sans place, le plus grand nombre de ses habitants sans emploi, et qu'une population d'environ 2,000 âmes se trouveroit dissipée et la ville presque déserte.

Mais le même motif, qui nous a fait taire sur nos intérêts particuliers, ne nous permet pas de demeurer indifférens sur l'intérêt public, sur celui d'une campagne immense, précieuse à l'Etat par sa population et par sa fertilité, et qui se trouveroit dépouillée en un moment de tous les avantages auxquels il semble qu'elle a droit de prétendre.

C'est donc une population de vingt à vingt-cinq mille âmes, qui forme notre arrondissement à la distance d'environ deux lieues, qui vous parle par notre bouche. Voici les motifs que leurs adresses multipliées nous commandent de vous mettre sous les yeux pour obtenir un district dans notre ville : car le vœu d'un peuple est une loi pour les citoyens.

Le maintien de l'ordre, l'administration de la chose publique, celle de la justice, la manière de la rendre la plus utile, la plus commode pour le peuple, Nosseigneurs, voilà ce que vous vous proposez.

Or, l'établissement d'un district dans la ville de Marle nous paroît réunir ces précieux avantages.

Notre ville est à cinq lieues de Laon ; ce seroit à tort que l'on ne l'en auroit représentée que distante de trois lieues. — Même distance de Guise, — huit lieues de La Fère, — six lieues de Rozoy, — trois lieues de Vervins. — Elle est, à la distance de deux lieues et demie au plus, le centre d'environ quatre-vingts, tant paroisses que hameaux et grosses fermes. — Elle est aussi le centre de quatre grandes routes, pour Laon et la capitale, pour une partie de la Champagne, de la Flandre ; le passage et le séjour des troupes, ce qui a déterminé le Conseil, sur l'avis de l'Assemblée provinciale, à arrêter la construction d'un pont sur ses deux rivières, préférablement aux autres villes du canton.

Marle est, en grande partie, la clef de la Thiérache pour le passage des bleds qu'elle envoie à Soissons et à Paris.

Cette dernière considération, Nosseigneurs, vous paroîtra intéressante pour l'ordre public, l'un des principaux objets de votre législature.

Dans la disette des grains, nous avons toujours été assez heureux pour concilier l'intérêt du commerce du canton avec l'approvisionnement du peuple. Nous en conservons les honorables témoignages de M. le Contrôleur général et de M. le premier Ministre des Finances.

S'il y a eu beaucoup de tumulte à Vervins, à Montcornet, à Rozoy et dans d'autres bourgs ou villes voisines, nous avons su maintenir la tranquillité sans gêner le passage des grains, qui est de la plus grande importance : ce n'étoit pas chez nous, mais dans l'éloignement, que notre maréchaussée alloit apaiser les troubles.

Or, l'établissement d'un district, dans notre ville, est le moyen de conserver dans l'arrondissement cette paix si désirable, surtout dans la réunion de plusieurs grandes routes qui exigent plus de surveillance. Il favorisera l'agriculture et le commerce. Il ne forcera pas le cultivateur à abandonner ses travaux, pour aller chercher des tribunaux à cinq et six lieues. S'il conserve un état à une bonne partie de nos concitoyens, ce ne sera pas uniquement pour leur propre avantage, mais pour celui de tout ce qui nous avoisine. Plus un pays est fertile, plus il mérite l'attention de l'Etat.

On ne nous objectera point la difficulté de trouver des membres, pour les nouvelles places à établir : Marle a dans sa population plus de trois cents citoyens actifs, et plus de deux cents éligibles.

Nous ne saurions croire que les villes voisines prétendent nous comprendre dans leur district, afin de procurer plus d'étendue à leur ressort, plus de travail à ceux qui seront employés, soit dans l'administration, soit dans la magistrature.

Nous l'avons dit, ce n'est point pour enrichir telle ville, pour illustrer tel siège, pour augmenter la fortune de tel citoyen, que la nation réforme les anciens établissements. Les députés ont fait un serment solennel de ne considérer que l'intérêt général : ils ne se proposent que de mettre les différens secours plus à portée du peuple : or, l'inspection du local de notre distance des autres villes, de la population nombreuse dont la nôtre est le centre, prouve la nécessité d'y établir un district pour remplir cet objet.

Dira-t-on que dans les cas où l'assemblée de département alterneroit dans chaque district, notre ville ne suffiroit pas pour loger la totalité des électeurs ? On pourroit faire cette objection avec plus de justice à plusieurs villes ou bourgs qui nous avoisinent. Les électeurs pourront se loger dans une ville qui renferme plusieurs juridictions royales, un grand nombre de maisons bourgeoises, plus de trente auberges, et où il n'est pas un citoyen aisé qui ne tiendra à l'honneur de les recevoir.

Mais d'autres villes croient avoir plus de droit que la nôtre à devenir un chef-lieu de district.

Nous répondons : 1° Notre demande ou plutôt celle de notre arrondissement, ne préjudicie nullement aux intérêts de la ville de Laon, distante de cinq grandes lieues, ni de la ville de Guise, qui est à la même distance ;

2° Quant aux autres lieux qui prétendroient à un district préférablement à Marle, nous osons dire que nous ne croyons pas leurs prétentions soutenables.

Que Vervins, distant de trois lieues, se contente de son commerce avantageux, au lieu de solliciter les paroisses qui sont à notre porte de favoriser ses vues, ces paroisses s'y refusent ; elles savent que Vervins, justice seigneuriale, dépendant autrefois de notre bailliage, n'est pas à leur commodité ; que ses chemins sont souvent impraticables, et son entrée toujours de la plus grande difficulté.

Que Rozoy, distant de six lieues, qui n'est regardé comme un bourg qu'à cause de son chapitre, et qui subsiste d'ailleurs par son commerce, renonce à la même prétention ; nous pouvons assurer que, dans la province on ne se serait avisé de placer un district dans ces lieux au préjudice de Marle ; au contraire, la ville de Laon et la nôtre n'ont d'autre ressource que leurs juridictions, ou celles qui en tiendraient lieu. D'ailleurs, Marle est à six lieues des frontières ; les autres villes ou bourgs de Thiérache en sont très près.

Nous ajoutons que beaucoup de seigneurs et gentilshommes vivent dans leurs terres voisines de Marle, au grand avantage du peuple et que c'est un secours de lumières pour le district qui sera placé dans le centre de leur résidence.

Seroit-ce une témérité, Nosseigneurs, d'espérer que ces motifs réunis mériteront votre attention : que vous daignerez prendre intérêt à l'avantage réel de plus de quatre-vingts paroisses et hameaux dont le vœu est le même que le nôtre ; à la conservation d'une ville, le domaine d'un roi qui nous est si cher ; à l'agriculture dont elle est le centre ; aux moyens de paix et d'ordre public si désirables, que sa situation vous présente, et qu'elle a toujours employés avec autant de zèle que de succès ! Les villes ou bourgs du canton, qui annonceroient des prétentions contraires à ce simple et fidèle exposé, pourront-ils présenter des motifs aussi puissants.

Pour nous, Nosseigneurs, quelle que soit votre décision, la soumission, l'attachement, le respect pour les sages députés de la nation, et les vœux les plus ardens pour la réussite de leurs travaux dans la régénération du royaume, sont et seront nos sentimens invariables.

De Guyon, chevalier de Saint-Louis et maire. Mennechet, échevin. Bourbier, procureur du roi, de l'Hôtel de Ville. Sérurier, lieutenant-général et criminel au bailliage. Faroux, curé de Saint-Nicolas de Marle. Delamer, procureur du roi au bailliage. F.-L. Vituz. Chollet, curé. Caby, greffier du bailliage royal. Fabre, receveur général. Léfebvre, Labre, Sendron, syndics de Marcy. Bouquel, marchand orfèvre. Leclerc. Julliart. Marcotte. Parent. Prinet. Parent. De Frenel, capitaine d'infanterie. Ciocquet, receveur des gabelles. Tilorier, avocat en parlement. Doin, marchand. Thibault d'Aubigny, adjoint au criminel. Batteux. De Brotonne. Simon. Bataille. Cesteau. Crémont. Carlier. Delrand, audiencier du bailliage. Bouchet. Fanelleau, greffier du principal. Claude. Remy, secrétaire, greffier de l'Hôtel de Ville.

(Communiqué par M. A. Matton).

Doléances du District de Marle (Extrait).

COMMUNE DE LA NEUVILLE-BOSMONT

Le seigneur jouit encore du droit de chasse qu'en plusieurs temps il l'a fait conserver. Le gibier nous coupe premièrement seigle, blé, avoines, depuis le mois de mai jusqu'au mois de septembre.

Les directeurs des aides ont des commis si *estrique* (stricts) et sérieux qu'ils *ferions* un procès à un homme qui porterait un *ver* de vin à un malade par charité. Sela est très véritable.

SAINT-PIERREMONT

Pourvoir à ce qu'à l'avenir on ne délivre plus avec autant de facilités des lettres de chirurgiens-jurés aux majors perruquiers, qui, souvent peu aptes à saisir les leçons abstraites de saint Cosme, obtiennent, après avoir fait le métier de perruquier pendant quelques années, le privilège d'aller dans leurs provinces, déranger au moins les santés des citoyens.

Abolir la sépulture en caveau et la préséance, tous les droits honorifiques des seigneurs dans les églises où tous sont égaux et où les honneurs ne sont dûs qu'à Dieu.

BOSMONT

Sire, votre royaume n'est pas *foncièrement* si pauvre qu'on vous le fait ; mais le peuple l'est, parce que vos grands seigneurs, votre haut clergé, vos magistrats qui se disent nos protecteurs, vos financiers qui nous mettent à la mendicité, ne paient rien ou peu de chose, en comparaison de ce qu'ils possèdent, pour le besoin de l'Etat et que nous payons tout.

Encore, Sire, comment nous traite-t-on ? On ne nous parle pas par notre nom, on nous traite de drôles, d'animaux, de gueux et de fripons. Enfin, Sire, un paysan français nourrit votre Majesté, vos princes et tous vos grands, et vous fournit de braves soldats, dont les sueurs se tournent en or pour vous ; et cependant il est traité en vil esclave par des gens qui n'ont sûrement pas pour Votre Majesté le même amour et le même respect que lui.

Ah ! Sire, il faut qu'ils en aient beaucoup pour tout souffrir sans se plaindre ; se plaindre à qui ? Si, si, bon roy, il se plaint, mais il y a tant de monde intéressé à étouffer ses plaintes que ses cris ne parviennent pas jusqu'à vous.....

MONTIGNY—SOUS-MARLE

..... Ils demandent et espèrent que chaque ordre nommera ses députés, c'est-à-dire le clergé les siens, les nobles les leurs, le tiers-état des villes aussi les leurs, et le tiers-état des campagnes aussi les siens, sans qu'il soit pris, pour ces derniers, aucun représentant dans les villes, ni aucun privilégié qui ne pourrait que leur être contraire, comme par le passé, que des chevaliers de Saint-Louis le représentaient ou des magistrats également privilégiés ; mais bien des gens de la campagne, instruits, bien entendu, autant que faire se pourra, mais entièrement roturiers.

La Tombelle.

La terre de la Tombelle ou de la *Tomelle,* comme on la désignait autrefois, est un démembrement du domaine de Marle donné en dot à une fille de la maison de Coucy ; il formait un arrière fief, mouvant de la seigneurie de Marle, dont elle faisait autrefois partie.

Les délimitations du terroir de Marle et de celui de la Tombelle n'ont pas été, à l'époque du démembrement, parfaitement déterminées, de là les contestations qui survinrent dans la suite, entre les seigneurs de la Tombelle et la commune de Marle.

D'après certain généalogiste, Henri de *Tomelle*, chevalier, serait le premier seigneur du fief de la Tombelle, dont la fille Agnès épousa Hugues de Voulpaix (1230); puis Wiard de la Tombelle dont un fils fut abbé de Saint-Nicolas-aux-Bois (1260).

Dans d'anciens titres on trouve cité le nom de La Tombelle, au mois d'avril 1271, Pierre Clerc de Marle donna à l'abbaye de Foigny deux pièces de terre sises à Marcy, puis six sous parisis, une poule et trois chapons de rentes, à prendre sur des maisons qu'il possédait à La Tombelle *apud Toumellam propè villam de Sartiaux*. Certeaux ou Sartiaux était un hameau situé près de La Neuville-Bosmont, aujourd'hui détruit, mais dont un bouquet de bois rappelle le nom. Au xviie siècle, le village appartenait à Enguerrand III, sire de Coucy, qui, pour y attirer des habitants, promit à tous ceux qui viendraient s'y fixer, trois pugnets de terre pour un cens annuel de quatre deniers, et un jallois de terre à Richemont.

Isabelle Le Wautier de Marle légua en 1274, à la même abbaye de Foigny, tous ses biens, sauf cinq jallois de terre situés au bois de la Tombelle près de la villa Sartiaux, et qui devaient revenir au couvent après la mort de sa sœur.

Le plus ancien dénombrement de la terre de la Tombelle qui appartenait alors au sieur Mahin, date du mois de février 1220; cet acte a été approuvé par Guillaume de Coucy, seigneur de Marle. Cette terre fut ensuite possédée par la famille de Mailly et des Leleique. En effet, on voit que le 17 décembre 1455, Eustache Debouzier, seigneur de Vertaing et Isabelle de Leleigue, sa femme, ont fait donation à Isabeau Debouzier, leur fille, en faveur de son mariage avec Arnould de la Hamade, seigneur de Condé, des droits que, du chef de la dite dame de Vertaing, ils avaient dans les terres de la Tombelle, Franqueville et Marle, et les fours banaux de Marle, indivis avec Louis de Mailly, seigneur d'Hauteville et de Commines. Ces droits ont été fixés à la moitié de ces terres, par une sentence arbitrale du 15 décembre 1468, dans laquelle on voit qu'Isabeau Debouzier, dame de Condé a rendu foi et hommage pour cette moitié de la seigneurie de la Tombelle, au comte de Brienne et de Marle, le 11 octobre 1470.

Un terrier de 1470 indique que la terre de la Tombelle était échue aux héritiers des successions de la dame de Montagne et de Jeanne de Fère-en-Tardenois, dame de Fère.

De Louis de Mailly et d'Isabelle Debouzier, la Tombelle passa par acquisition à Jean Vairon, bourgeois de Laon, qui d'abord avait acquis la moitié d'Isabelle Debouzier et acheté l'autre moitié de Colart de Mailly, fils de Louis de Mailly et son donataire, par contrat du 18 octobre 1487 ; il en paya les droits de quint et requint à Marie de Luxembourg, comtesse de Marle.

Devenu seigneur de la terre de la Tombelle, Jean Vairon [1] fit procéder au papier terrier de sa seigneurie ; on voit dans cet acte que le château, chef-lieu de la seigneurie de la Tombelle, est situé au midi de Marle, et au milieu de son territoire qui s'étend d'un côté jusqu'aux barrières de Reims, de là aux fossés ou bailles de Marle, en tournant au faubourg Saint-Martin, de là à la Magdeleine, de la Magdeleine aux fossés de La Neuville-sous-Marle, lequel fossé fait les séparations des terroirs de la Tombelle et de Thiernu. Ce dernier s'étend jusqu'au Vilpion et au pont Varin dit Paradis, qui est sur le fossé de La Neuville.

Cet acte constate encore que la seigneurie de la Tombelle possédait des droits seigneuriaux, cens, rentes, chapons à prendre dans Marle, plus le droit de terrage et de banalité sur trois fours banaux, dont l'un était situé sur La Motte, un autre à la porte Saint-Martin et le troisième à La Neuville ; les habitants étaient tenus d'y faire cuire leur pain, moyennant une redevance de cinq sols. Les fossés ayant été détruits, leur emplacement fut occupé par des maisons dont les habitants devaient une redevance au seigneur de la Tombelle. Enfin, cette seigneurie avait vingt livres parisis de rente à prendre sur le vinage de la ville de Marle, plus le droit de lods et ventes, dans lequel elle fut maintenue par un arrêt du Parlement du 13 août 1633.

En 1544, la terre de La Tombelle appartenait pour moitié à Jean Piat, seigneur de Vabre, et l'autre moitié à Jean, Pierre et Isabelle Aubelin qui, par acte du 13 décembre, partagèrent les terres labourables et convinrent que les droits seigneuriaux, rentes, terrages et la justice demeureraient en commun.

Le 1er juillet 1547, Jean Aubelin fournit le dénombrement de la Tombelle à Antoine, duc de Vendôme, comte de Marle ; il cite les droits de terrage qu'il possède sur des maisons, des courtils et des vignes, plus sur trente-et-un chapons et trois poules de cens dûs à Noël, chaque année, sur des héritages séant au Tresfond de la Tombelle, la haute, moyenne et basse

---

(1) Son fils Jean Vairon II, fut seigneur de Dormicourt. Les Vairons portaient : *de gueules à trois virons d'argent posés en face, celui du milieu cantonné.*

justice. Il est dit aussi que trois fiefs mouvaient de la seigneurie entre autres la terre de Voharies et le droit de vinage sur les chariots passant par la ville de Marle.

Un autre dénombrement est celui de Nicolas Marquette, fils de Gérard Marquette et d'Elisabeth Aubelin, ses père et mère, seigneur pour sept huitièmes de la terre de la Tombelle. Ce dénombrement fut présenté au bailliage de Marle, le 1ᵉʳ août 1618.

Le domaine de la Tombelle consistait alors en trois cent vingt-quatre jalois de terre, en la justice, le terrage sur trois cent quarante jalois en cent soixante-quatre pièces, plus le droit de lods et ventes, en cas de mutations, sur les maisons élevées sur l'emplacement des fours banaux. Ce droit fut confirmé par arrêt du Parlement du 13 août 1533, au profit de Nicolas Marquette, seigneur de la Tombelle, contre René du Bec, marquis de Wardes, et Isabeau de Coucy, son épouse, seigneurs de Vervins. Ces derniers avaient pris fait et cause pour Antoine Haynault, leur fermier, qui avait perçu le droit de lods et ventes sur une maison acquise par Pierre Dupré, dans l'enclos de la ville de Marle, lieu dit *proche la porte Saint-Martin*, il fut prouvé que cet immeuble était tenu en censive de la seigneurie de la Tombelle comme construit sur l'emplacement du four banal détruit [1].

Un troisième dénombrement de la seigneurie de la Tombelle fut présenté par Charles Marquette, au bailliage de Marle, le 16 août 1659, sans soulever de contestations ; mais il n'en fut pas de même pour celui que ce seigneur présenta, en 1678, au bureau des finances de Soissons. Les opposants, habitants la ville de Marle, prétendirent ne rien devoir au seigneur de la Tombelle, attendu que les biens qu'ils possédaient étaient situés sur la commune de Marle et qu'ils ne reconnaissaient pas d'autre seigneur que le comte de Marle, auxquels ils payaient annuellement cent dix livres dix sols pour leurs héritages ; mais ces motifs ne prévalurent pas et par une sen-

---

(1) La famille Marquette avait pour armes : *de gueules accompagnées de deux étoiles d'or, l'écu chargé de trois merlettes de sable sans becs ni pattes*

Le seigneur de la Tombelle, Marquette, exerça des poursuites contre Brisset, laboureur à Marle, pour certaines redevances dues au seigneur et qu'il dût payer (1632-1633).

Elisabeth Agnet, veuve de Charles Marquette, en son vivant avocat au Parlement, protesta contre la saisie féodale du fief de Voharies, mouvant de la seigneurie. Elle fut secondée, dans sa réclamation au Bailliage de Vermandois, par la dame Anne-Louise d'Eu, femme d'Aimé de Caurel, seigneur de Tagny, qui se joignit à elle (1680).

tence du bureau des finances du 8 juin 1682, les opposants furent déboutés de leurs demandes.

Ces oppositions se renouvelèrent en 1687 contre Elisabeth Agnel, veuve de Charles Marquette, mais une sentence du 24 juillet 1690 condamna les opposants à payer, parce que le terrain, situé entre la ville de Marle et la rivière du Vilpion, était du territoire et de la *directe* de la Tombelle, qu'il en était de même du faubourg Saint-Nicolas, dit *de la Neuville*, au-delà duquel s'étend la seigneurie de la Tombelle, puisque cette seigneurie avait la directe sur des jardins sis au lieu dit *les Froides-Rives*, situés au-delà de La Neuville-sous-Marle.

En 1698, Charles-Antoine Marquette, fils de Charles, était seigneur de la Tombelle pour les sept huitièmes ; il présenta son dénombrement d'une façon conforme aux précédents, mais de nombreuses oppositions se soulevèrent de la part : 1° des maire, échevins et habitants de Marle ; 2° des administrateurs de l'Hôtel-Dieu ; 3° des filles de la congrégation de Sainte-Benoîte ; 4° de Daniel Roger ; 5° de Nicolas Sérurier ; 6° des curés et marguilliers des églises de Notre-Dame et de Saint-Martin.

Ces opposants prétendaient, comme les précédents, ne rien devoir au seigneur de la Tombelle, ne reconnaissaient devoir qu'à la commune de Marle ; ils entendaient par commune les héritages du faubourg Saint-Martin et de la Madeleine, ceux du Bail et Faux-Bail, ceux compris entre la ville et la Tombelle selon les bornes de la commune, à prendre de la Haute-Borne au chemin de Reims, droit à une autre dépendant de la vallée Cuvillier, et de là à la borne de la briqueterie Guillaume, à celle de la Justice, et à celle du Muid-de-la-Reine.

Une sentence, rendue le 20 décembre 1710, déboute les opposants, les condamne à payer les cens dûs ; il n'est fait d'exception qu'en faveur des filles de Sainte-Benoîte.

Les marguilliers et les administrateurs en appelèrent seuls de cette sentence ; mais une transaction étant intervenue, ils se désistèrent de leur appel ; il fut convenu que le droit de la commune et de la justice de Marle sur le terroir de Marle demeurerait indemne de tous droits féodaux et que le cens de la pièce de terre dite : *le Muid-de-la-Reine* serait réduit.

En 1741, Philippe Desoize, bourgeois de La Fère, étant devenu seigneur de la Tombelle par l'acquisition de cette terre aux héritiers de Charles-Antoine Marquette, présenta au bureau des finances de Soissons son dénombrement, conforme aux précédents. Cet acte souleva une opposition de la part des officiers du bailliage de Marle, mais un arrangement eut lieu ;

le dénombrement fut reçu à la charge que le droit de commune de la ville et de la justice de Marle sur partie du terroir de la Tombelle demeurerait, sans que le seigneur de la Tombelle y pût prendre d'autre droit que le même cens sur plusieurs héritages.

Le sieur Fouant Antoine [1] acheta la terre de la Tombelle en 1749 et continua à percevoir les lods et ventes sur quelques habitants de Marle ; toutefois, Antoine Hernet, fermier des religieux du Val-Saint-Pierre, refusa de payer le terrage sur une pièce de terre sise au terroir de la Tombelle, au lieu dit : *près du bois Saint-Martin* ; les religieux intervinrent à leur tour, soutenant que le terrage n'était dû qu'au seizième au lieu du treizième, mais cette prétention fut repoussée par sentence du 1er juillet 1753 et ils furent condamnés à payer.

Laurent-Antoine Fouant de la Tombelle, écuyer, garde de la porte du roi, reçut de son père, le 27 septembre 1757, la seigneurie de la Tombelle avec tous ses droits et ses censives [2]. Mais il eut de nombreux procès à soutenir contre différents habitants de Marle qui ne voulaient pas payer le terrage et les autres droits dus au seigneur de la Tombelle, notamment pour des terres situées entre les deux rivières, au lieu dit : *près de la fosse Colin Moreau*. Parmi les protestataires, on voit les noms de Vélin, de Debrotonne, d'Antoine Hécart, de Gérard pour quelques jalois sis au lieu dit : *la Carrière-Dure*, de Fresson, de Jean Vuarnet et d'autres.

C'était toujours au sujet de la délimitation de la commune de Marle, déterminée ainsi par la charte d'Enguerrand : « De la Croix-ly-Bandi, jusqu'aux Martines, jusqu'au chemin devant Saint-Etienne et jusqu'aux Planchettes », que ces procès étaient suscités. Toutes ces doléances sont consignées dans un long mémoire du procès dans lequel interviennent les habitants déjà cités, comme défendeurs, et demandeurs, les religieux de la Chartreuse du Val-Saint-Pierre et la duchesse de Mazarin.

Ce procès fut jugé au bailliage de Laon, des mémoires furent échangés entre les parties ; enfin le procès fut jugé en novembre 1775 sans que les intervenants au procès aient été satisfaits de la sentence rendue.

Déjà, en 1764, plusieurs habitants de Marle, censitaires de la seigneurie de la Tombelle, avaient formé opposition à la réception d'un dénombrement que Fouant, seigneur de la Tombelle, présentait aux commissaires de

---

(1) Arrière-petit-fils de François Fouant, écuyer, homme d'armes de la compagnie des archers du roi, seigneur en partie.

(2) Il eut pour femme Marie-Gabrielle Dagneau.

la Chambre du Terrier, à Soissons. Ces oppositions avaient toujours pour motif le refus de payer pour les biens situés dans ladite commune de Marle.

Le chef-lieu de la seigneurie de la Tombelle était le château, manoir féodal, qu'habitèrent les seigneurs. Ce manoir, muni de tourelles aux angles du bâtiment principal, était élevé sur un monticule, entouré de murailles fortifiées de meurtrières et de fossés profonds ; quelques traces de projectiles se voient encore sur les murailles.

Ces moyens de défense ne mirent pas toujours les seigneurs à l'abri des déprédations des ennemis, notamment pendant la guerre de la Fronde. Au mois de juin 1652, les Espagnols voulurent piller Autremencourt, village voisin de la Tombelle ; ils furent reçus à coups de fusils par les habitants retranchés dans le clocher de l'église et protégés par les fortes murailles du cimetière bâties en grès et munies de meurtrières ; on voit encore les traces de projectiles.

A l'époque des Rogations, les processions de Marle allaient jusqu'à la Tombelle par la route de Montcornet, s'arrêtaient au calvaire élevé sur l'emplacement d'une chapelle et revenaient à Marle par le chemin de la briqueterie qui s'appelait *Chemin de la Procession*.

La ferme isolée de la Tombelle reçut souvent la visite des ennemis ; aux Espagnols succédèrent, à l'époque révolutionnaire, les mendiants qui venaient en troupes demander du pain et du blé, alors que le fermier lui-même n'en avait pour son personnel.

Près de la Tombelle existait les *bois des meurdris* ou des *meurtris*, dont le nom rappelle un combat ou un carnage. Il y a soixante ans environ, un homme d'Antremencourt, Nicolas Henri, fut assassiné dans ce bois ; une croix plantée rappelait l'emplacement du crime. Le bois des meurdris a été défriché.

Les défrichements successifs des bois entourant la Tombelle, ont amené le tarissement d'une source d'eau vive qui prenait naissance non loin de l'ancienne chapelle et qui s'écoulait dans la vallée. De nos jours, le philanthrope Pelletier avait offert une récompense à qui pourrait retrouver cette source.

La chapelle de la Tombelle, dédiée à Sainte-Madeleine (?) devait occuper un tertre voisin de la croix actuelle. Elle a disparu depuis longtemps, mais elle est mentionnée dans d'anciens titres.

Sur la droite du grand chemin de Reims à Marle, vis-à-vis de Dormicourt, un canton est dit : *de la Tombelle*. Près du bois de Royaumont appartenant jadis à l'abbaye Saint-Jean de Laon, se trouvait la *cense de la Tombelle*.

Antoine-Nicolas Fouant, officier de la garde de la porte du roi, fut le dernier seigneur de la Tombelle ; il fut nommé chevalier de Saint-Louis par le brevet suivant :

« La Nation, la Loy, le Roy,

« Louis par la grâce de Dieu et par la Loy constitutionnelle de l'Etat, roi des Français, chef suprême de l'armée.

« Ayant trouvé que par les services que le sieur Antoine-Nicolas Fouant de la Tombelle, cy-devant garde de la porte du roy, a rendus à l'Etat, cet officier était digne d'obtenir la décoration militaire.

« Sa Majesté luy accorde cette marque honorable de ses services et l'autorise, en conséquence, à la porter.

« Donné à Paris, le treizième jour du mois de décembre l'an mil sept cent quatre-vingt-onze et de notre règne le dix-huitième. »

Par le Roy : Louis de Narbonne.

Fouant de la Tombelle, après avoir cédé sa ferme, vint se retirer à Marle dont il fut maire. Il avait épousé Adrienne-Clotilde Quénescourt de Nesle ; il en eut plusieurs filles, l'une d'elles, Charlotte-Héloïse mourut à la Tombelle, le 3 août 1810 ; une autre fille, Antoinette, épousa, le 7 frimaire an XII, Lehault Paul-François-Jérôme, notaire à Marle, fils de Paul Lehault, ancien notaire, et de Marie Madeleine Dufresnoy.

Fouant de la Tombelle mourut à Marle, en 1822, et fut enterré dans le cimetière de Saint-Martin.

Sa femme Clotilde Quénescourt lui survécut ; après avoir fait beaucoup de bien pendant sa vie, elle mourut le 12 mars 1837, âgée de soixante-quatorze ans. Elle laissa par testament une rente de trente francs établie sur une pièce de terre, au profit des sœurs institutrices des filles pauvres.

La famille Fouant portait pour armes : *d'azur à la fasce d'or, accompagné en chef de deux roues d'or ancrées de sinople et en pointe d'une fleur de lys d'or.*

Note sur Fresson.

(Page 288.)

Fresson, né à Etréaupont en 1706, après avoir été brasseur à Marle, et avait même été appelé dans cette ville aux honneurs de l'Echevinage, vint se fixer à Saint-Quentin (vers 1779), chez la veuve Graux, rue de la Fosse. Il y publia un ouvrage des plus singuliers, sous le titre : *Nouvelle découverte d'une altitude très aisée et très naturelle qui guérit très promptement la fluxion de poitrine, rhumes de toute espèce, pleurésies, fièvres, points de côté et qui procure la circulation du sang, avec le détail des propriétés d'une eau que l'on emploie en topique dont les effets sont aussi prompts que salutaires.* (In-8° imp. Saint-Quentin.)

Le titre seul suffit pour donner une idée de ce qu'il renferme, sans qu'il soit nécessaire de développer ses recommandations sur la manière de respirer par le nez, de se coucher avec une main sur la poitrine et de reproduire la recette d'une eau composée de plantes cueillies sous certaines influences lunaires (*Vermandois*).

Souvenirs du passage de Napoléon Ier à Marle, au retour de Waterloo.

Après avoir relayé à la poste du faubourg Saint-Nicolas, la lourde voiture qui transportait Napoléon et son escorte gravit le Mont avec difficulté. Arrivés devant l'Hôtel du *Soleil-d'Or*, rue Notre-Dame, les voyageurs mirent pied à terre pour laisser souffler les chevaux. L'Empereur demanda à l'hôtelière un verre d'eau ; après avoir bu, il se tourna vers ses officiers et leur dit : « *Mes enfants, prenez soin de mes soldats.* »

Une foule considérable se trouvait sur le passage de la voiture impériale. Au moment où l'Empereur descendait la rue Lehault, une femme d'Autremencourt, montrant le poing, s'écria : « *Brigand, tu m'as pris tous mes fius !* » Cette femme avait donné six enfants à l'armée, quatre d'entre eux avaient péri, un cinquième revint mutilé ; du dernier on fut longtemps sans nouvelle.

Découverte archéologique à Erlon.

Des fouilles entreprises tout récemment à Erlon, au lieu dit la Croix-Méry, ont amené la découverte de sépultures mérovingiennes. Les objets trouvés sont ceux du mobilier funéraire de cette époque : des colliers, des bracelets, des bagues, des agrafes, des boucles de ceinturon et des vases en terre cuite contenant des pièces en argent à l'effigie de Faustine et d'Alexandre. Déjà, il y a plusieurs années, on avait mis à nu, en labourant au même endroit, deux sarcophages en pierre. Le même fait s'est produit à Autremencourt au lieu dit le Vieux-Cimetière. Ces découvertes et d'autres encore, indiquent l'existence, dans nos environs, de nombreuses stations gallo-romaines.

Signalons également à Châtillon, au nord-est de la colline sur laquelle est bâti le village, l'emplacement d'un camp retranché, reconnaissable aux circonvallations qui existent encore.

Acte de Décès.

EXTRAIT DES REGISTRES DE LA COMMUNE DE MONTIGNY-SOUS MARLE

L'an mil sept cent et trois a esté inhumé Lambert Paradis, natif de Montigny, après avoir esté administré de tous les sacrements des mourants particulièrement du S. Viatique qu'il a receu trois fois, à cause de sa maladie extraordinaire qui a duré trois mois, aiant jetté par haut du bois, des cailloux, du chanvre et une espèce de lexarde. Il est le premier qui a entré les pieds devant par la porte de la petite neffe que l'église et les habitans ont fait faire à frais communs.

Fait ce 28 juin 1703.

+   MENNESSON, *Curé.*
Marque de Pierre Paradis père.

Le général Baron d'Autancourt.

(Page 461).

D'Autancourt, né à Montigny-sous-Marle, le 28 février 1771, était le fils de Pierre d'Autancourt, sous-brigadier des Employés des Fermes du roi, et de Marie-Antoinette Fétrot.

Parti pour son sort, il fut incorporé comme soldat, le 1er septembre 1792, dans le 2e bataillon de l'Aisne. Il fit ensuite partie de l'armée du Nord, où il devint caporal, le 15 septembre 1793, et quartier-maître trésorier, le 1er brumaire an II.

Le 15 pluviôse, il s'enrôla dans le 1er bataillon de la Vienne, employé à l'armée du Nord, et le 15 prairial suivant, il était nommé commis greffier du tribunal militaire. Appelé ensuite à la 2e division de la même armée, comme officier de police de sûreté et juge militaire, ayant le rang de capitaine d'infanterie, il cessa ses fonctions à La Haye, en Hollande, en exécution de la loi du 2e jour complémentaire de l'an III.

Parvenu au grade de lieutenant provisoire de gendarmerie, le 27 germinal an IV, il devint lieutenant quartier-maître le 28 fructidor. Titulaire le 29 pluviôse an VI, à la résidence de Bruxelles, il fit la campagne de l'an VIII à l'armée de l'Ouest et fut promu capitaine le 7 germinal.

Placé avec son grade dans la gendarmerie d'élite, le 3e jour complémentaire de l'an IX, il fit partie de l'armée des Côtes en l'an XII, et y fut nommé successivement adjudant-major, le 2 pluviôse an XII, chef d'escadron le 26 germinal, membre de la Légion d'honneur le 25 prairial, enfin officier de l'Ordre le 8 germinal an XIII.

Il suivit la Grande-Armée en 1806 et devint, le 8 avril 1807, major en second du 1er régiment chevau-légers-lanciers-polonais de la Garde. Après avoir fait la campagne d'Espagne en 1808, il revint en Allemagne en 1809, prit part aux batailles d'Essling et de Wagram, et reçut le titre de Baron, le 15 août suivant.

Il fit la campagne de Russie en 1812, celle de Saxe en 1813, et fut nommé, le 28 novembre, général de brigade major en premier. Pendant la campagne de France, il commandait la 2e brigade de la cavalerie de la Garde aux batailles de Brienne, de la Rothière et de Montmirail ; le 27 février 1814, il obtenait le titre de Commandant de la Légion d'honneur. Mis en non-activité le 1er septembre, il eut le commandement de la Gendarmerie de la Garde impériale, le 10 avril 1815, et fut, de nouveau, mis en non-activité le 1er octobre de la même année.

Admis à la retraite, le 1er janvier 1825, il demeura à Paris, 23, rue du Faubourg-du-Roule, avec le titre de chevalier de 1re classe de l'Ordre du Mérite militaire de Pologne.

Il reprit du service dans sa vieillesse on ne sait pour quel motif, et commanda, le 8 août 1830, comme Maréchal de Camp, la 1re subdivision de la 15e division militaire. Il mourut à Nevers, le 2 janvier 1832.

Voici, à titre de document, l'Acte de baptême de d'Autancourt :

« Aujourd'hui, vingt-huit feuvrier, est venu au monde et a été baptisé le même jour Pierre, fils de Pierre d'Autancourt, sous-brigadier des employez demeurant à Montigny-sous-Marle, et Marie-Antoinette Fétrot, sa fème, son parein a été Antoine Saudron, son cousin de la paroisse de Cilly, et sa mareinne Marie-Hélène Fétrot, de la paroisse de La Hérée, du diocèse de Reims, qui ont signez avec nouz et le père de l'enfant le jour et an susdits.

« ANTOINE SAUDRON, MARIE-HÉLÈNE FÉTROT. LEHAULT, *curé.* »

ADDITION A LA PAGE 148

Antoine de Roye, mort à la bataille de Marignan, avait épousé Catherine de Roucy, qui lui avait apporté en dot les Seigneuries de Pierrepont, Nizy, Chacrise, Hartennes, Taux, Nanteuil et Villemontoire, les comtés de Roucy et de Braine, et le vicomté de Buzancy. Son fils, Charles de Roye, né au château de Muret, le 15 janvier 1510, hérita de ces domaines à la mort de Catherine, et devint de plus vidame du Laonnois. Après avoir suivi la carrière des armes, il mourut le 15 janvier 1551 à l'âge de 45 ans et fut enterré à Muret.

ADDITION A LA PAGE 189

Emploi du Scel aux Causes.

Les Jurés ou échevins de la ville apposaient le scel aux causes pour authentiquer les affaires courantes et les transactions des particuliers en l'absence des notaires publics. L'emploi du sceau de la commune, au contraire, était limité aux actes politiques et administratifs de la communauté bourgeoise et demandait une certaine solennité ; ce sceau devait être apposé dans l'assemblée des bourgeois convoqués au son de la *Bancloque* ou cloche du beffroi.

ADDITION A LA PAGE 450

Le 2 octobre 1815, Alexandre Ier, empereur de Russie, se rendant de Vitry-le-François à Bruxelles, arriva à Marle. Il y fut reçu par le marquis de Nicolaï, préfet de l'Aisne. Après un repos de quelques heures, il alla, sur l'invitation du Préfet, visiter la ville de Laon.

PLANCHES DE SILEX

1. Hache polie.
2. Hache en partie polie.
3. Silex taillé.
4. Débris de silex ouvré.
5. Grattoir retouché.
6. Silex taillé.
7. Grattoir.
8. Perçoir.
9. Lame.
10. Silex acheuléen.
11. Géode en silex.
12. Silex taillé.
13. Silex poli.
14. Hache polie à tranchant transversal.
15. Silex robenhausien.
16. Hache polie. Débris.
17. Coup de poing.
18. Silex moustérien.
20. Hache ouvrée.
21. Hache polie. Débris.
22. Nucleus.
23. Racloir retouché.
24. Lame de couteau.
25. Lame.
26. Nucleus retouché.
27. Lame de couteau.
28. Racloir retouché.
29. Silex taillé.
30. Silex ouvré.
31. Silex avec son conchoïde.
32. Pointe de silex.
33. Perçoir.
34. Silex robenhausien.
35. Perçoir.
37. Percuteur.

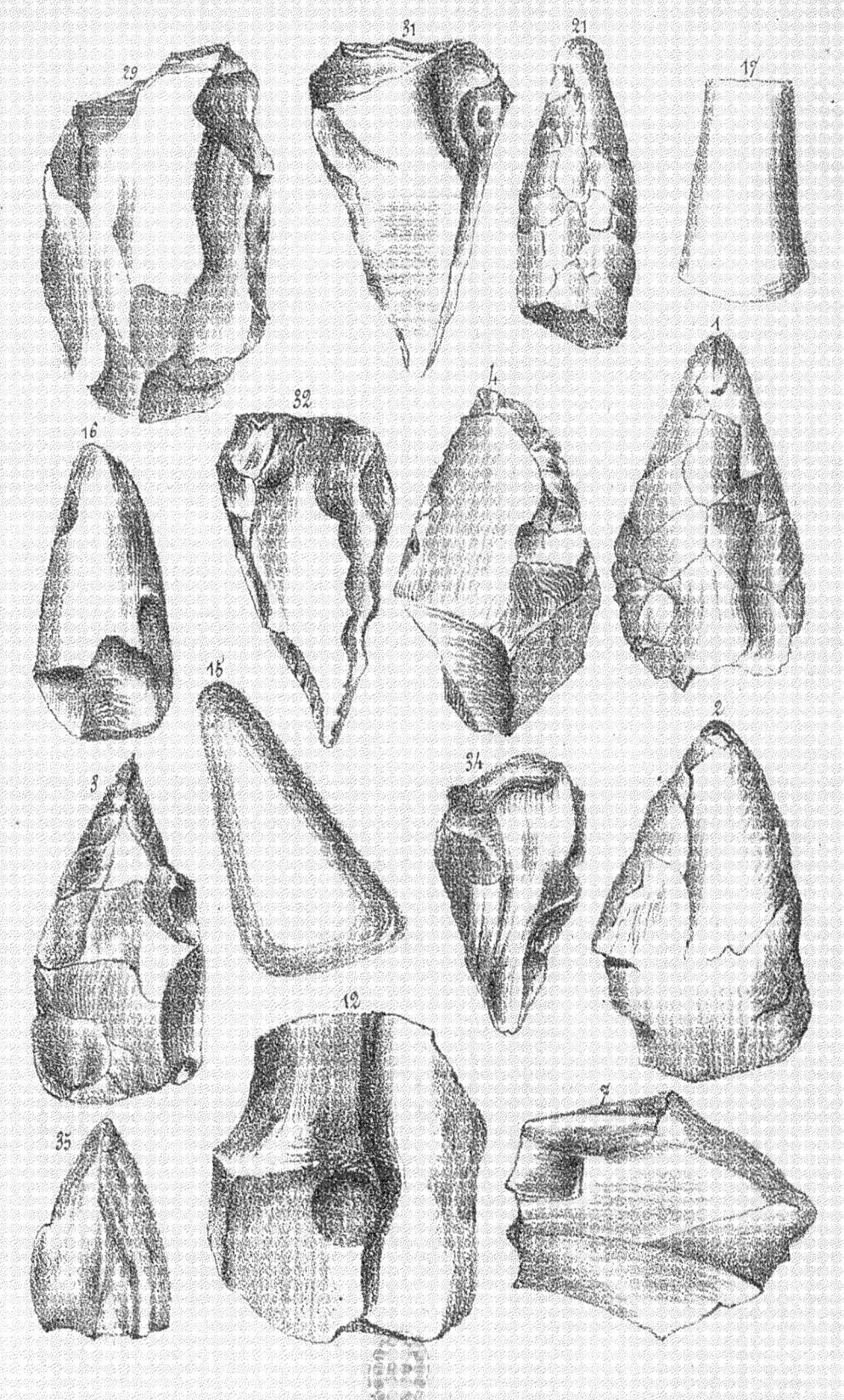

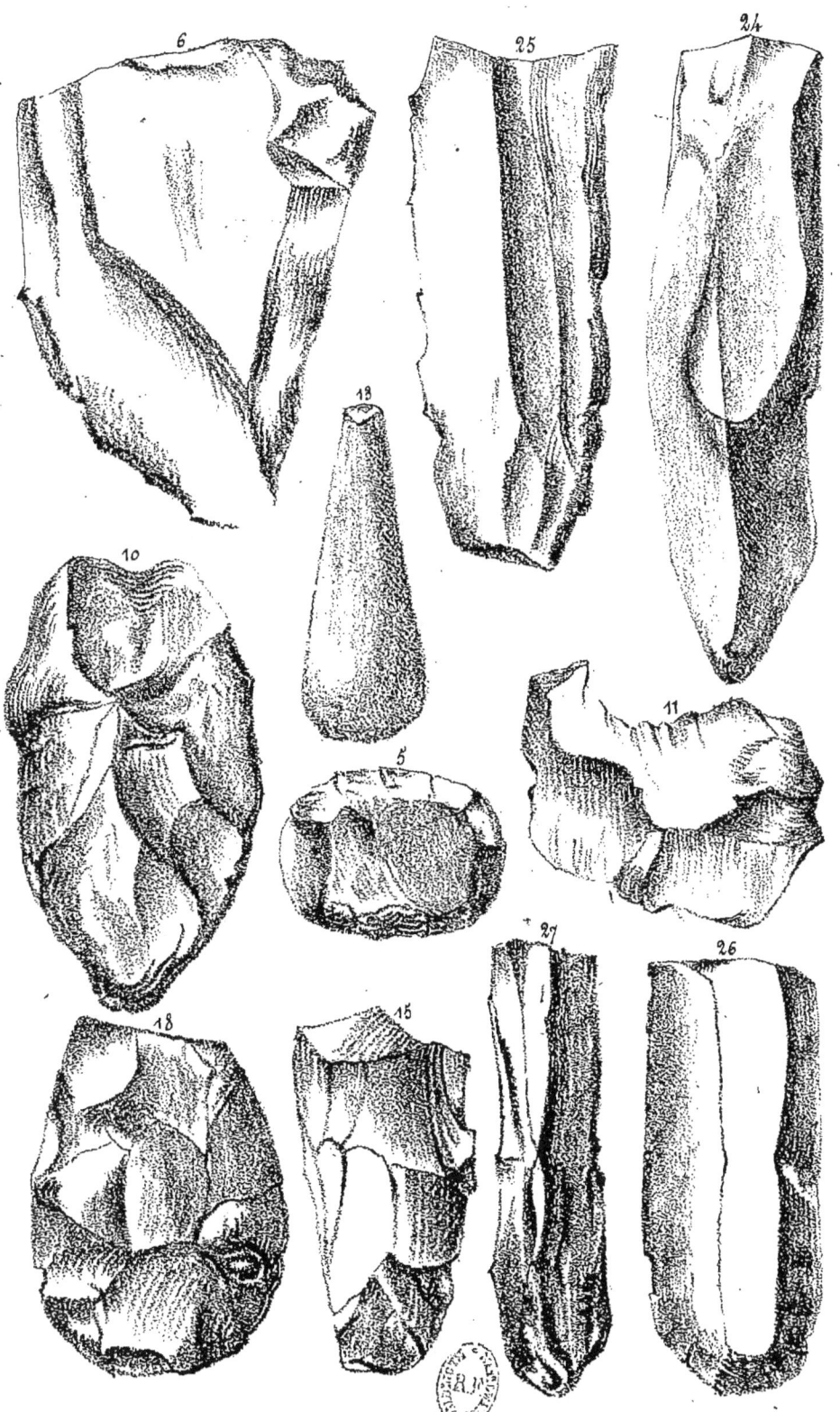

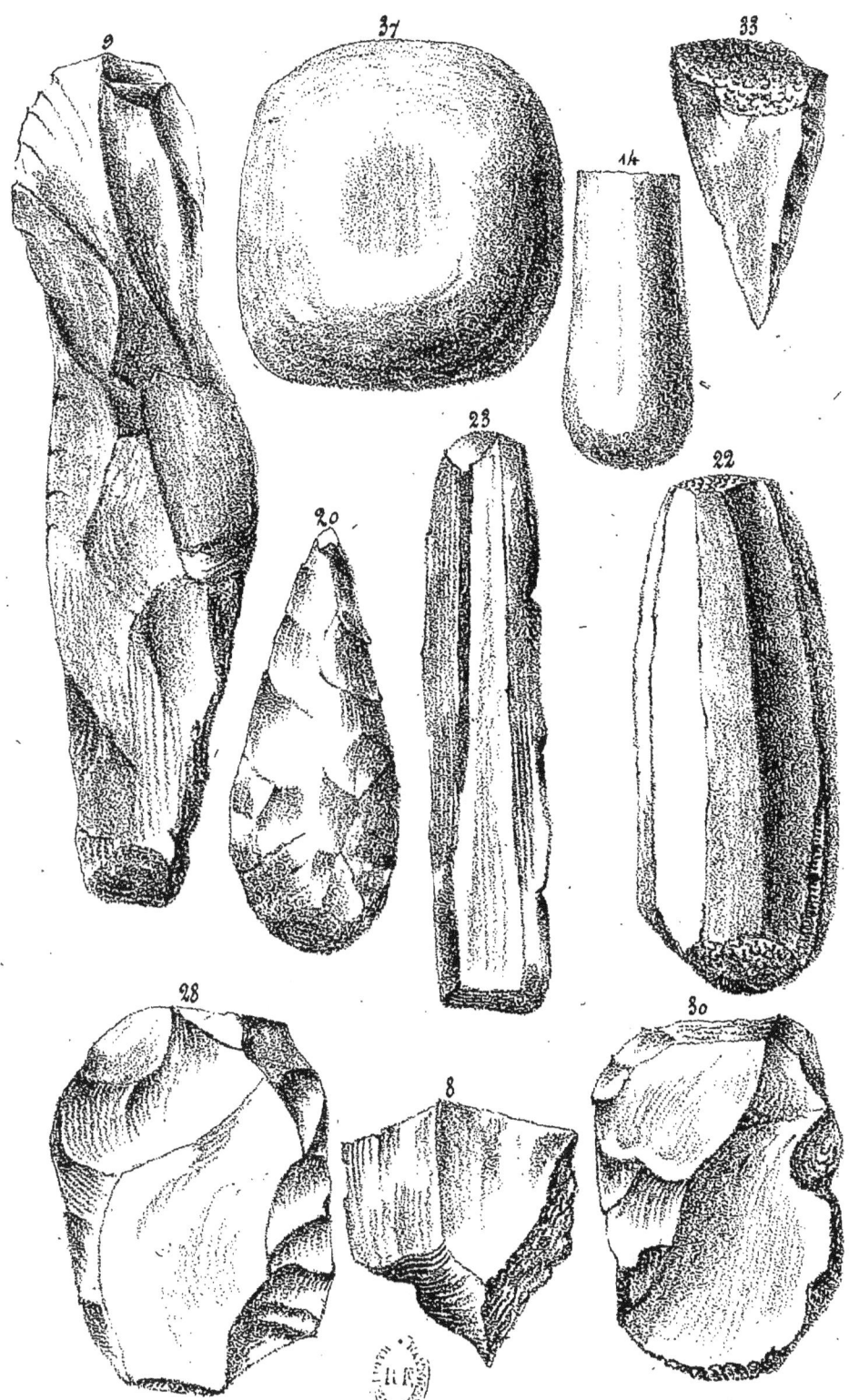

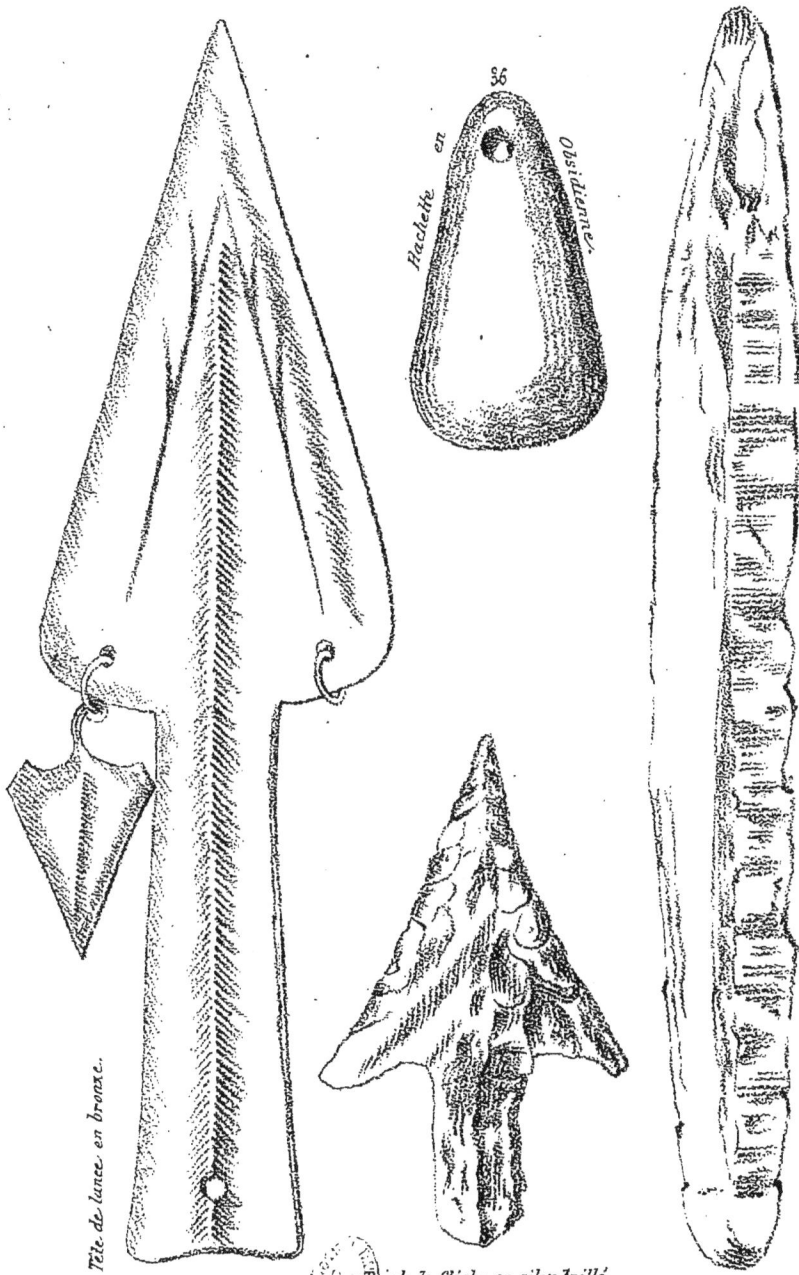

PERSONNAGES

DONT IL EST PARLÉ DANS CE VOLUME

Achopart, 196.
Aisne (Robert d'), 196.
Albret (Jeanne d'), 31, 45, 158, 175.
Aliénor d'Amy, 118.
Ancelot, 336, 337.
Anginiard, 457.
Angoulême (duc d'), 221.
Anjou (Ch. d'), 138.
Anne d'Autriche, 32, 41, 214, 220, 221.
Antoine, 445, 455.
Apremont (d'), 156.
Aubert Jean, 196.
Aumont (d'), maréchal, 238.
Autancourt (d'), 461.

Babeuf, 375, 419, 420.
Bachollot, 244.
Bailleul (Chrestienne de), 91.
Bar (H. de), 30, 91, 107, 121.
— (J. de), 36, 136, 137.
— (Ph. de), 129.
— (Robert de), 29, 30, 36, 122, 124, 125, 129.
Barthélemy de Bosmont, 75.
— de Vire, 57, 74, 82, 98.

Barthélemy Guillaume, 192.
Bataille J., 99.
— R., 413.
Batteux, 355, 356.
Bazilly (de), 229.
Beaujeu (de), 242, 246, 249.
Beaumetz (Marg. de), 116.
Beaurain, 380, 457.
Beauvais (G. de), 107.
Beffroi (Mlle), 414.
Behaine (Jean de), 101.
Bélème, 55, 60.
Bellejame (de), 208.
Berge, 331.
Berlancourt (J. de), 25.
Bernard, 363, 432.
Berthoult, T., 182, 185, 186, 192, 198, 200, 208.
Bertrand, 188.
Béthune (de), 36, 315, 336, 360, 424, 425.
Beuvelet, 262.
Bisson, 152, 153, 375.
Birtelle, 478.
Blangy (de), 32.
Blasset, 196.
Bocquillard, 238.
Bonnevie (de), 29, 302, 310.

Bosmont (Guy de), 24.
Boucher, 158, 199, 356, 375, 406.
Bouquet, 364.
Bourbier, 328, 339, 396, 399, 406, 453, 457, 479.
Bourbon (Ant. de), 29, 31, 40, 150, 158, 161.
— (Ch. de), 31, 40, 99, 147.
— (Franç. de), 31, 39, 145, 148, 149.
— Henri IV.
Bournonville (Enguerrand de), 118, 126, 127, 128, 336.
Bournonville (Ad. de), 118.
— (B. de), 129, 185.
Boutroy, 457.
Bove (de la), 75, 183.
— (Enguerrand de), 112.
— (Ferry de), 159.
Brachet, 425.
Brézé (de), 213.
Brimeu (de), 151.
Brissac (de), 153, 158.
Brucelle, 420.
Bruges (de), 357.
Bureau de Puézy, 349.

Caby, 356, 370.
Caignard, 375.
Caillaux Simon, 262.
Caillot, 449.
Caix (Marie de), 196, 197.
Cambronne, 368.
Cardaillac (de), 178.
Carlier, 2, 54, 453.
Carré, 374.
Carton, 406, 407.
Cauchon (F. de), 269.

Chample Herbert, 196.
Chambord (de), 224.
Chamilly (de), 132.
Châtillon (Gaucher de), 107.
— (Gauthier de), 120, 214.
Chollet, 332, 337, 344, 347, 348, 349, 350, 351, 358, 425.
Cilly (Suger de), 93.
Clément Jean, 119, 120.
Clerc Pierre, 29, 101.
Cloquet, 370, 397, 409.
Cochois, 461.
Cochon, 481.
Coignard de Marcy, 301.
Colard de Mailly, 31.
Colard Cécile, 430.
Colet, 371.
Coligny (de), 159, 168, 241.
Comminges (de), 114, 301.
Condé, 164, 197, 223, 224, 237, 240, 242, 251.
Coquelets (des), 219.
Couché, 53, 54, 296, 357, 358, 360, 361, 362, 364, 365, 366, 372, 373, 395, 397, 398, 406, 410, 417, 418, 430, 435, 436.
Coucy (I. de), 30, 121, 122, 206.
— (Jacques Ier de), 44.
— (Jacques II de), 171.
— (Jean de), 97, 112, 113, 118, 169.
— (Thomas de), 24, 26, 28, 34, 95, 98, 103.
— (Robert de), 95.
— (Marie), 30, 31, 121, 122.
Courteville, 425.
Coutant, 423.
Couturier, 275.
Crécy (Guy de), 69, 97.

Crécy (Innocent de), 131.
— (Villain de), 109.
Crémont, 53, 54, 356, 375, 396, 406, 432, 435.
Croy (de), 145, 156.
Crozat, 286, 301.

Dagneau, 133, 182, 185, 187, 188, 204, 210, 212, 375, 467.
Daire (P.), 138.
Damay, 459.
Damerval, 271, 284.
Danthemy, 406, 407.
Danyc, 223.
Daoust, 213, 398, 467.
Debrotonne, 314, 353, 368, 380, 401, 420, 472, 479, 481, 482.
Debry, 435.
Defer, 457.
Degoix, 356, 380, 403, 458.
Dehon, 432, 451, 454.
Dehève, 424.
Delamer, 339, 341, 347, 355.
Delgorde, 457.
Demonceau, 374.
Desains, 453, 458, 460, 466, 476, 479, 480.
Desgardes, 411.
Desmaret, 306.
Desnoyers, 479.
Desponty, 232.
Destrées, 212.
Dhivert, 54, 339, 342, 378, 421, 432, 436, 437.
Doin, 342, 361, 406.
Dom Bugnâtre, 58, 165, 173.
Dom Grenier, 7.
Dom Lelong, 17, 71, 138, 160, 238, 296.

Doné, 288, 289.
Dormicourt (Gobert de), 136.
Drongard, 296.
Du Bec, 207, 212.
Du Bouchet de Courville, 128.
Dubouchet, 51, 190.
Duclos, 329.
Ducrot, 328, 339.
Duflot, 200, 243.
Dufour, 425.
Duhamel, 188.
Du Perron, 326.
Dupuis, 432.
Durin, 299.
Dussart, 457.

Enguerrand Ier (de Coucy), 25, 66.
Enguerrand II, 74, 75, 76, 314.
Enguerrand III, 50, 81, 8h, 93, 94, 95, 96, 157.
Enguerrand IV, 86, 103, 104, 105.
Enguerrand V, 88.
Enguerrand VII, 115, 118, 121.
Enguerrand de Vervins, 95.
Erlach (d'), 226, 232, 238.
Erlon (Gérard d'), 74.
Estoile (Pierre de l'), 172, 173.

Faroux, 339, 342, 346, 373, 377, 420, 421.
Faucheux, 54, 306.
Fauquemont (Sire de), 110.
Fay d'Athies, 48, 284, 312, 336, 374, 382, 383, 404, 425.
Flavigny (P. de), 158.
Fleury Ed., 5, 127, 161, 230, 231, 335, 355, 397, 450.
Follet, 394, 424, 432.

34

Fouant de la Tombelle, 288, 313, 314, 319, 330, 371, 380, 390, 403, 443, 453, 460.
Foucaut, 291, 311, 312.
Franquefort, 209.
Fresnel, 334, 342. 398.
Fresson, 288, 314, 319, 349, 403.
Froissart, 111, 114, 116, 119.

Garde (de la), 309, 310.
Gaulier, 294, 475, 479.
Gassion (de), 207, 209, 210, 211, 225.
Gayant, 452.
Givry, 278.
Gobert, 120.
Gorsas, 346, 347, 349, 354.
Goujart, 459.
Goujon, 133, 458.
Goulet, 283.
Grammont (maréchal de), 226.
Granson, 356, 375, 396, 434.
Grizot, 336, 380, 403.
Grondron, 452.
Groulart, 297.
Growestein, 294, 296, 299.
Guillaume, 88, 109, 112.
Guinet, 48, 131.
Guise (duc de), 160, 164, 168, 170, 177, 185, 217.
Guyard, 188, 213.
Guyon (de), 334, 352, 373.
Guyot, 374, 401.

Hamy, 408, 409, 425, 426, 441, 442, 443, 445.
Hangest (de), 164, 165, 170.
Haution, 319, 320, 367.

Hédouville (de), 297, 298, 344.
Hennequin, 113, 114, 192.
Henri IV, 29, 31, 34, 36, 41, 55, 60, 157, 161, 164, 174, 176, 178, 181, 183, 186, 189, 190, 198, 216, 468.
Henri de Cohartille, 25.
Hocquincourt (de), 234, 251.
Hursa (Jean), 102.

Jeanne d'Arc, 133, 134, 135, 140.
Jésu, 177, 199, 226.
Josbert, 20, 65.
Jumeaucourt, 200.

Laferté-Senneterre, 224, 225, 226, 242, 249, 252.
Lahire, 134, 137.
Lalouette, 7, 312, 342, 356, 406, 413, 422, 461.
Lamarre, 352.
Lamballe (marquise de), 353.
La Porte (de), 42, 58, 229.
La Salle (de), 46, 199.
La Tombelle (Laurent de), 288.
La Tour du Pin, 313, 454.
La Vautière, 102.
Le Basle, 29.
Leclerc, 329, 330, 342, 356, 375, 408, 412, 425.
Le Corgne, 129.
Lefèvre, 55, 120, 193, 319, 380, 406, 443.
Lehault, 53, 54, 208, 213, 225, 235, 237, 239, 242, 249, 250, 251, 320, 328, 358, 393, 399, 406, 460, 466, 484, 485.
Lejeune, 373, 376, 379.
Leleu, 162, 203, 242, 287.

Leredde, 478.
Lequeux, 373, 376.
Lhotte, 370, 478.
Liétard, 65, 66.
Ligne (de), 27, 28.
Longueval (de), 30, 44, 176.
Louvain (de), 24, 27, 28.
Luquet, 334, 355, 398.
Luxembourg (Charles de), 38.
Luxembourg (Jean de), 36, 39, 132, 134, 137, 139.
Luxembourg (Louis), 31, 37, 136, 138, 141.
Luxembourg (Marie), 31, 39, 40, 145, 148, 149, 151, 174.
Luxembourg (Pierre), 31, 39, 58, 279.

Maillard, 328, 336, 338, 339, 453.
Mallet Eustache, 113.
Mancini (Hortense de), 42, 60, 284, 285, 314.
Manicamp (de), 219, 221.
Marchand, 130.
Marcotte, 308, 309.
Marcy (Henri de), 74.
Marfontaine (de), 76, 112.
Marle (de), Ade, 66.
— Antoine, 163.
— Armand, 138.
— Claude, 179.
— Eustache, 97.
— Henri, 25, 75.
— Jean, 102, 213.
— Louis, 200.
— Maistre, 103.
— Pierre, 284.
— Raoul, 93, 98.
— Simon, 107.

Marle (Thomas de), 55, 66 à 74.
Marquette, 191, 275, 276, 325.
Martigny (de), 34.
Matton, 33, 151, 153, 198.
Mazarin, 29, 32, 42, 221, 225, 227, 234, 240, 251.
Mazarin (duc de), 269, 270, 276, 281, 284, 285, 287, 291, 299, 300, 315.
Mélisende, 69, 71.
Melleville, 45, 60, 109, 113, 116, 137, 155, 172, 174 à 176, 186, 195, 320, 329, 356.
Mennechet, 337, 364, 412.
Mennesson Abel, 299, 29.
Meunier, 363, 453,
Meuret, 61.
Monstrelet, 136, 139.
Montluc (Balagny de), 45, 128, 178, 182, 183, 185, 197.
Montmorency (de), 158, 159, 170.
Moreau, 48, 275, 276.
Moura, 459.
Mouret, 460.

Nachet, 108.
Nassau (de), 132, 151, 165.
Neveux, 344, 349.
Neuville (de), 206, 218.
Ney (Maréchal), 451, 452.
Niay, 452.
Noailles (de), 293, 318, 330.
Nogent (Guibert de), 71.

Obry Nicole, 162, 163.
Odent, 449, 484, 486, 487.
Oger, 205, 296, 332, 348, 352, 444.
Olivier, 479.

Orléans (Ch. d'), 124, 139.
— (H. d'), 151, 165, 299.
— (L. d'), 121, 122, 123.

Painvin, 348.
Pamard, 481.
Parent, 54, 243, 339, 344, 349, 352, 360, 363, 373, 375, 378, 425.
Parmentier, 175.
Payen, 188.
Pelletier, 127, 347, 385, 398, 449, 466, 467, 471, 483, 484.
Pérard, 383, 384, 402.
Perponcher (de), 199.
Perrekars, 103.
Philippe-Egalité, 42, 43.
Piccolomini, 208, 223, 231.
Pierrepont (Roger de), 72.
— (Robert de), 81.
Piette, 25, 77, 127, 171, 233.
Pivert, 219.
Poilleveaux, 177.
Poulain, 352, 360, 378.
Praslin (de), 224, 227, 234, 235, 236, 238.
Précy (J. de), 112.
Préseau (de), 270, 311, 312, 314, 376, 377, 430.
Presles (J. de), 103.
— (R. de), 107.
Proisy (F. de), 170, 171.
— (J. de), 149, 277, 278.

Rainaud, 65.
Rambures (de), 217, 220, 222.
Raoul Ier, 76, 77, 78, 93.
Raoul II, 85, 97, 98, 314.
Recourt (de), 202, 233.

Regnaud, 177.
Remy, 337, 344, 390, 403.
Renard, 345, 374.
Reneufve, 425.
Renneval (Raoul de), 116.
Richard, 181, 188.
Richelieu, 214, 216.
Rieux (de), 45, 182.
Riflard de Rougeries, 112.
Robert, 25, 76, 104.
Robersart, 114.
Roche (de la), 139.
Roger, 273.
Rohan (de), 143, 144, 209, 310.
Roillières (de), 89.
Roucy (E. de), 81.
— (H. de), 21.
— (J. de), 112, 113.
— (R. de), 75.
Roux, 374, 379.
Roye (de), 91, 286.
Roze, 235, 238, 273.
Rozoy (de), 114.
— (N. de), 24.
— (R. de), 24, 57, 78, 94, 95, 100.

Sablonnière (de la), 246, 247.
Saint-Brémond (de), 205.
Saint-Germain (de), 26.
Saint-Gobert (R. de), 97.
Saint-Pol (de), 115, 122, 136, 137.
Saint-Simon, 225, 285.
Sanguin, 159, 271.
Sarrazin, 425.
Sendron, 305, 307, 389.
Sérurier, 395, 396, 397, 479.
Sfrondate (de) 235, 236.

Signier (Al. de), 46, 206, 243, 244, 293, 336, 425.
— (Cl. de), 273, 292, 293.
— (H. de), 47.
— (P. de), 45, 46, 185, 235, 236.
Simon, 273, 432, 449.
Sons (Fr. de), 174.
— (G. de), 93.
Sully, 186.

Tassart, 227, 228.
Tavannes, 237, 240, 247.
Tavaux (G. de), 196.
Tellier, 363, 456.
Terrien, 363, 411, 479.
Thierry, prieur, 77.
Tilorier, 54, 55, 271, 272, 299, 315, 329, 330, 342, 344, 453, 467.
Tisserand, 389.
Tiret, 126.
Torcy (de), 336, 339.
Topin, 454.
Turenne, 224, 225, 235, 242, 246, 247, 249.
Turpin, 292, 293.

Vairon, 31.
Vaudemont (de), 29, 190.
Vermandois (Raoul de), 70, 71, 74, 75.
Vervins (de), Jacques Ier, 170, 171.
— — Robert, 79.
— — Thomas, 100, 115.
Viéville, 161, 336, 479.
Villain, 269.
Villars (de), 291, 292, 294.
Villeroi (de), 223, 227.
Vinchon, 395.
Vinoy, 485, 486.
Vitu, 380, 390, 403.

Wallon, 44.
Wardes (de), 205, 206.
Warnet, 48.
Wateau, 478.
Watigny (de), 409, 425.
Waudin, 305.
Werth (de), 208, 231.
Wiart, 177, 204.
Willot, 411, 465.
Wittemberg (de), 245.

TABLE ALPHABÉTIQUE DES MATIÈRES

Abbaye de Bucilly, 10, 20, 73, 97, 151, 219, 283, 296.
— Clairefontaine, 75, 110, 208.
— Compiègne (Saint-Corneille), 16, 119, 191.
— Fesmy, 16, 57, 78, 98, 103.
— Foigny, 73, 76, 80, 83, 95, 98, 101, 102, 105 110, 123, 194, 206, 304.
— Longpont, 84, 87, 101, 323.
— Montreuil, 101.
— Nogent, 70, 71, 75, 76, 77, 92.
— Ourscamp, 84, 90.
— Prémontré, 70, 73, 75, 79, 88, 89, 122, 124.
— Saint-Antoine, 98, 99, 302.
— Saint-Denis, 35, 77, 99, 103, 107.
— Saint-Hubert, 21, 65, 165.
— Saint-Jean de Laon, 34, 80, 107, 119, 204, 205, 279, 302, 320, 341, 357.
— Saint-Martin de Laon, 72, 95, 100, 101, 102, 146, 316.

Abbaye de Saint-Michel, 20, 110, 152, 160.
— Saint-Nicolas-au-Bois, 25, 86, 170.
— Saint-Prix, 25, 34.
— Saint-Remy, 321.
— Saint-Vincent, 25, 34, 36, 67, 70, 74, 75, 88, 99, 103, 178, 184, 191, 215, 243, 348.
— Sauvoir, 87, 104, 305, 320.
— Thenailles, 75, 76, 78, 79, 82, 102, 124, 136, 144.
— Val-Saint-Pierre, 82, 238, 246, 290, 294, 314, 315.
Agence, 470, 481.
Agnicourt, 100, 188, 240, 249, 271, 307.
Allemands, 110, 238, 483.
Alexandre Ier à Marle, 448, 450.
Amiens, 40, 68, 69, 73, 74.
Amis de la Constitution (Société), 349, 350, 351, 354, 365, 369, 370, 379, 384, 385, 386.
Anglais, 87, 90, 91, 110, 111, 112, 114, 116, 117, 118, 122, 129, 130, 132, 133, 134, 135, 138.
Arbre de liberté, 369, 370, 427, 428, 435.

532   HISTOIRE

Archives, 23, 30, 444.
Armagnacs, 123, 124, 125, 129.
Arras, 215, 223.
Assis-sur-Serre, 29, 33, 35, 122, 125, 141, 142.
Atelier de salpêtre, 367.
Attencourt, 103, 191, 215, 341.
Aubenton, 132, 148, 150, 169, 194, 204, 206, 225, 480.
Autremencourt, 7, 8, 109, 183, 199, 247, 250, 271, 341, 482, 518.
Autreppes, 218.
Autrichiens, 447.
Avesnes, 111, 143, 159, 206, 223, 229, 238, 246, 250, 280, 352.
Bail, 64, 304, 313, 330, 331, 342, 369, 370, 378, 383, 410, 415, 419, 437, 464.
Bailliage, 185, 193, 194, 199, 204, 210, 217, 243, 277, 297, 298, 299, 302, 303, 306, 308, 317, 319, 325, 327, 336, 337, 341.

Barenton, 10, 104, 240.
Barenton-Cel, 480.
Batailles d'Azincourt, 129.
— Bouvines, 83, 95.
— Cassel, 110.
— Courtrai, 104.
— Crécy, 90, 112.
— Malplaquet, 291.
— Mansourah, 85.
— Marignan, 148.
— Mons-en-Puelle, 107, 104.
— Morat, 143.
— Nicopolis, 91, 128.
— Patay, 133.
— Pavie, 149.
— Poitiers, 114.

Beaurepaire, 33.
Beaurevoir, 135, 183.
Beaurieux, 182.
Beautor, 222.
Beauvois, 188.
Behaine, 16, 29, 33, 103, 104, 282, 314, 315, 323, 378, 389, 341, 346, 406.
Berjaumont, 5, 322, 432, 196.
Berlancourt, 33, 329, 330, 332, 334, 336, 337, 363, 425.
Berry-au-Bac, 118, 232, 296.
Bibrax, 8.
Bloc (rue du), 217, 319, 345.
Bohain, 37, 136, 152, 153, 183.
Bohéries, 110, 152.
Bois-Fay, 17.
Bois-les-Pargny, 4, 283, 288, 328, 457, 475, 478.
Bombardement, 487, 488.
Boncourt, 108, 109, 188.
Bosmont, 11, 18, 108, 112, 132, 158, 167, 181, 190, 209, 232, 235, 249, 250, 251, 295, 313, 341, 349, 352, 461.
Bourguignons, 123, 125, 126, 129, 134, 135, 136, 139, 143.
Bournonville, 15, 23, 29, 31, 32, 33, 128, 190.
Boves, 66, 69.
Brazicourt, 152.
Bruyères, 101, 104, 306.
Bucilly, 10, 283, 296.
Bucy-les-Pierrepont, 143, 240, 295, 300, 303.
Buis (le), 246, 472, 473.
Buironfosse, 110, 111, 360.
Buissancourt, 102.

Cahier des doléances aux Etats-Généraux, 201.

Caillaumont, 75.
Caisse d'Epargne, 465.
Calais, 113, 114, 117.
Cambrai, 86, 89, 139, 178.
Câtillon-du-Temple, 108.
Caumont, 325.
Chaillevet, 14.
Chalandry, 33, 152.
Chambry, 104, 163, 248.
Champaubert, 447.
Champcourt, 7, 82.
Champ de bataille, 5.
Champ de l'or, 8.
Chantrud, 72.
Chaourse, 5, 24, 99, 117, 188, 295, 300, 447.
Chapelle du Château, 56, 98, 195, 323.
Charleville, 214.
Charte communale, 77, 491.
Château, 20, 49 et suiv., 154, 187, 189, 197, 284, 302, 315, 378, 381, 386.
Château-Thierry, 88, 171, 173, 333, 340, 450.
Châtelains, 23 et suiv.
Châtelet, 5, 186.
Châtellenie, 23.
Châtillon-les-Sons, 4, 16, 33, 190, 197, 237, 241, 244, 253, 254, 282, 297, 323, 333, 341, 363, 389, 407, 409, 432, 475.
Chauny, 136, 156, 179, 202, 205, 222, 269, 283, 298, 308, 333, 340.
Chemin de fer, 483.
Chemin de Rougeries, 466.
Chéry-les-Pouilly, 33.
Chéry-les-Rozoy, 374.
Chevaliers de Rhodes, 108.

Chevennes, 14.
Chevresis, 174.
Chivres, 240, 244.
Certeaux, 310, 311, 352, 455.
Cilly, 10, 16, 34, 182, 209, 211, 235, 249, 250, 251, 254, 284, 315, 341, 352, 363, 389, 409, 425, 481.
Clastres, 71.
Clermont-les-Fermes, 11, 145, 188, 196, 214, 316, 317, 443.
Cohartille, 12, 18, 29, 34, 80, 152, 240, 295, 341, 407, 425.
Collège, 363.
Comice agricole, 463.
Comité permanent, 374.
Comité de surveillance, 365, 373.
Comté de Marle, 30 et suiv.
Comtes, 36 et suiv.
Compiègne, 112, 134, 139, 205.
Condé-en-Brie, 83, 87.
Conseil général, 351, 360, 361, 363, 367, 408, 416, 443.
Conseil municipal, 351, 418, 420, 421, 422, 423, 426, 427, 429, 437, 438, 440, 454, 456, 459, 483, 484.
Corbeny, 143, 198, 299, 321.
Cormicy, 253.
Coucy-le-Château, 12, 66, 70, 71, 74, 78, 81, 82, 83, 87, 91, 121, 122, 131, 140, 146, 202, 278, 281, 311.
Coucy-les-Eppes, 129, 179, 200, 284.
Craonne, 253, 470.
Crécy-sur-Serre, 16, 17, 23, 25, 69, 79, 80, 90, 92, 93, 104, 110, 118, 130, 131, 158, 161, 164, 172, 174, 180, 181, 200, 222, 229, 232, 234, 245, 248, 252,

Crécy-sur-Serre, 253, 257, 273, 294, 203, 306, 350, 367, 458.
Crépy, 12, 130, 131, 154, 165, 179, 232.
Crèvecœur. 86.
Croates (les), 157, 247.
Croisette, 6.
Croix-Bannissoire, 162, 312, 472.
Cuirieux, 8, 142, 151, 188, 240, 295, 325, 341, 352, 437, 443.

Danizy, 226.
Dercy, 12, 23, 25, 34, 112, 132, 135, 164, 172, 188, 203, 229, 232, 243, 244, 253, 303, 359, 386, 415.
Dizy-le-Gros, 145, 164, 172, 174, 188, 232, 300, 325.
Dormicourt, 76, 103, 243, 284, 311, 363.
Doyenné, 185, 187, 188, 286, 300, 301.
Dunkerque, 135, 348.

Ebouleau, 295, 343, 344.
Echevinage, 183, 193, 194, 198.
Ecole communale, 464.
Eglise Notre-Dame, 58, 120, 127, 185, 194, 197, 235, 271, 274, 275, 279, 287, 288, 293, 297, 298, 312, 320, 324, 337, 343, 344, 355, 357, 358, 361, 363, 367, 380, 390, 395, 397, 400, 401, 411, 413, 414, 432, 446, 449, 455, 459, 460, 467, 474, 477, 482, 484.
Eglise Saint-Martin, 49, 57, 241, 288, 298, 357, 412, 420, 449.
Eglise Saint-Nicolas, 241, 365, 367, 373, 377, 408, 413.
Eparcy, 206.
Eraucourt, 341.

Erlon, 4, 34, 47, 67, 70, 74, 103, 104, 160, 164, 180, 195, 229, 232, 244, 253, 257, 280, 303, 320, 321, 359, 341, 342, 363, 409, 432, 472, 518.
Espagnols, 160, 161, 171, 172, 207, 208, 209, 235, 236, 247, 248
Essigny-le-Grand, 160.
Etréaupont, 34, 118, 142, 143, 149, 206, 233, 246, 249, 273, 288.
Etuves, 11.
Evergnicourt, 21, 65, 185.

Famine, 144, 151, 153, 186, 233, 236, 250, 264, 276, 280, 283, 287, 301, 334.
Faubourg Saint-Martin, 61, 102, 110, 135, 150, 208, 234, 252, 320, 353, 380, 382, 449, 482, 487.
Faubourg Saint-Nicolas, 12, 62. 110, 120, 135, 150, 157, 162, 174, 183, 186, 193, 208, 210, 222, 231, 240, 252, 270, 272, 314, 339, 353, 370, 371, 411, 444, 453, 458, 462, 482.
Faucouzy, 174.
Favières, 72.
Fay, 72, 141, 348.
Fère-en-Tardenois, 140, 153,
Feux de Saint-Jean, 262, 263.
Flamands, 110, 119.
Floyon, 246.
Folembray, 83, 104, 122.
Fontaine-les-Vervins, 8, 34, 79.
Fortifications, 61 et suiv.
François Ier à Marle, 151, 154.
Fossés, 63, 313,
Franqueville, 120, 244, 255.

Froides-Rives, 12, 157, 311.
Froidmont, 3, 12, 23, 29, 34, 52, 154, 157, 286, 341, 425, 435.
Fronde (la), 232 et suiv.
Garde Nationale, 350, 352, 354, 355, 359, 360, 369, 378, 386, 395, 402, 411, 427, 428, 433, 435, 439, 456, 477, 478, 484.
Gaulois, 3 à 9.
Gendarmerie, 428, 433. 435, 439.
Gercy, 14, 29, 34, 84, 89, 122, 125, 132, 142, 155, 192, 290.
Guerre de Cent-Ans, 110 et suiv.
Goudelancourt, 188, 295, 296.
Gouverneurs, 43, et suiv.
Grande Rue, 453.
Grandlup, 141, 152, 203, 237, 295, 344.
Grand Pont, 448.
Grenier à sel, 125, 143, 145, 166, 171, 182, 202, 287, 297, 378.
Gronard, 35, 36, 302.
Gruerie 45, 176, 286.
Guise, 37, 90, 113, 121, 131, 135, 136, 138, 148, 153, 155, 173, 180, 192, 194, 197, 209, 223, 235, 246, 250, 255, 294, 295, 298, 340, 375, 446, 486,

Ham, 39, 148.
Hannapes, 132.
Hary, 191.
Haudreville, 9, 13, 15, 78, 102, 109, 131, 136, 169, 223, 238, 246, 253, 305, 322, 323, 358, 380, 462.
Haudreville (rue du Petit), 398, 467.
Haute Bonde, 5.
Hautes-Bornes, 4.
Haution, 191,

Hirson, 131, 203, 217, 234, 245, 462.
Homblières, 153.
Hongrois, 20.
Honnecourt, 216.
Hôtel-Dieu, 244, 282, 283, 284, 297, 320, 341, 362, 366, 369, 386, 401, 411, 422, 427, 446, 449, 480, 484.
Houry, 35, 244, 251, 293, 303.
Housset, 187, 190, 197.
Huguenots, 162, 164, 165, 166, 169, 170, 173, 177, 305.
Huguenots (Fosses des), 12, 156, 308.

Incendies, 150, 183-185, 208, 210, 234, 249, 255, 274, 320, 329.
Impériaux, 151-153, 157.

Jacquerie, 91, 115.
Juifs (rue des), 12, 156, 475.
Justice de Paix, 420, 427, 430, 452.
Juvigny, 13, 25, 82.

La Bouteille, 5, 33, 194, 246.
La Capelle, 46, 153, 154, 159, 185, 189, 203, 205, 206, 207, 208, 212, 218, 233, 234, 237, 245, 246, 248-251, 252, 254.
La Fère, 21, 29, 35, 67, 74, 78, 82, 83, 87, 88, 89, 90, 92, 94, 109, 111, 121, 122, 125, 145, 153, 157, 158, 160, 170, 174, 175, 179, 185, 186, 192, 193, 194, 197, 200, 203, 204, 216, 221, 223, 228, 240, 248, 254, 256, 269, 278, 303, 379, 333.
La Ferté-Billiard, 78.
La Flamengrie, 110, 111,

La Hérie, 313.
La Motte (Place de), 51, 55, 60, 190, 312, 318, 361.
Landifay, 206, 223, 294.
Landouzy-la-Cour, 194, 206, 286, 292, 293, 317.
Landouzy-la-Ville, 76, 79, 98, 155, 277, 408, 443.
Landrecies, 44, 153, 197, 211, 212, 225, 380.
La Neuville-Bosmont, 16, 48, 104, 105, 219, 247, 250, 305, 309, 315-318, 323, 333, 336, 341, 348, 352, 354, 360, 382, 404, 425, 437, 454, 508.
La Neuville-Housset, 244, 330.
La Neuville-sous-Marle, 9, 16, 55, 96, 406.
Laon, 2, 8, 11, 12, 17, 18, 21, 22, 38, 45, 46, 71, 85, 101, 110, 113, 115, 119, 120, 124, 126, 128, 130, 133, 134, 135, 137, 138, 141, 144, 148, 153, 154, 155, 158, 160 à 165, 170, 172, 173 à 184, 188, 202 à 209, 222, 224, 227, 228, 236, 253, 269, 271, 277 à 280, 307, 319, 322, 324, 325, 326, 332, 340, 343, 352, 353, 356, 358, 359, 362, 364, 365, 371, 377, 378, 388, 481, 485, 486, 488.
La Patte d'Oie, 366.
La Tombelle, 7, 10, 29, 31, 102, 120, 207, 274, 277, 314, 315, 322, 329, 330, 339, 342, 344, 346, 460.
La Vallée-aux-Bleds, 190.
La Ville-aux-Bois, 188.
Le Cateau-Cambrésis, 75, 153, 161.
Le Catelet, 189, 207, 209, 233.
Lemé, 155, 191, 304.
Le Nouvion, 110.

Leschelles, 211, 306.
Lesquielles, 321.
Liesse, 126, 141, 153, 154, 158, 160, 162, 165, 170, 173, 181, 186, 209, 236, 281, 285, 300, 307, 415.
Ligueurs, 165, 170, 177, 178, 180, 182, 184, 187.
Lislet, 188.
Logny-les-Aubenton, 149.
Louis XIII à Marle, 214.
Louis XIV à Marle, 254, 261, 281.
Lugny, 13, 35, 251, 256, 293, 336, 342.

Machecourt, 240, 295.
Madeleine (la), 195, 388, 453, 474, 483.
Maladrerie, 244, 246, 260.
Malaise, 101, 482.
Mals, 18.
Marchais, 158, 162, 209.
Marché-franc, 170, 200, 389, 391, 399, 427.
Marcy, 7, 8, 12, 16, 19, 33, 35, 46, 47, 79, 101, 103, 104, 109, 206, 215, 223, 229, 232, 237, 238, 243, 251, 253, 271, 273, 280, 282, 287, 290, 293, 305, 315, 321, 322, 324, 358, 363.
Marfontaine, 7, 112, 149, 208, 256, 275, 319, 329, 330.
Marle (origine, étymologie), 1, 18, 21.
Marle (chef-lieu de canton), 340.
Martines (Les), 311, 491.
Maubeuge, 160, 411.
Mauconseil, 130.
Ménagerie (rue de la), 20, 409.
Mission (de la), P. P., 237, 249, 250, 266, 308.

Missy-les-Pierrepont, 180, 181.
Mons-en-Laonnois, 2, 14, 163, 164.
Montaigu, 68, 72, 81.
Montcornet, 12, 21, 29, 92, 112, 121, 123, 125, 141, 142, 145, 154, 160, 169, 172, 186, 188, 190, 217, 224, 236, 245, 286, 325, 352, 362, 367, 374, 395, 404, 408, 409, 425, 432, 441, 442, 445.
Montigny-le-Franc, 12, 100, 172, 174, 188, 214, 291, 314, 322, 341, 344, 368, 389, 456.
Montigny-Lengrain, 6.
Montigny-sous-Marle, 29, 123, 154, 282, 299, 314, 337, 363, 378, 432, 461, 462, 472, 479, 481, 509, 518, 519, 520.
Montigny-sur-Crécy, 190, 196.
Montloué, 295.
Montmirail, 83, 84, 87, 88, 91, 109, 175, 447.
Mortiers, 64, 226, 232, 244, 256, 283, 294, 325.

Napoléon Ier à Marle, 451, 517.
Nesle, 156.
Neufchâtel, 132, 206, 296.
Nizy-le-Comte, 81, 104, 165.
Normands (les), 19.
Nouvion-l'Abbesse, 69, 164.
Noyon, 134, 156, 420.

Oisy, 83, 89, 125, 132.
Origny-en-Thiérache, 192, 208.
Origny-Sainte-Benoite, 92, 111, 121, 144, 283.

Parfondeval, 218.
Pargny, 244, 323.

Peste, 113, 142, 144, 151, 161, 172, 186, 203, 205, 210, 226, 236, 245, 269, 323, 331.
Picardie, 118, 214, 217, 221.
Pierres levées, 4.
Pierrepont, 3, 19, 20, 81, 101, 112, 113, 116, 142, 151, 152, 159, 160, 162, 164, 165, 170, 173, 178, 194, 203, 245, 248, 266, 295, 300, 307, 337, 454,
Place du Marché, 205, 408, 410, 415, 424, 476, 478.
Planchettes (les), 311, 491.
Plomion, 110, 219, 246, 299.
Pompiers, 458, 483.
Pont-Morbo (le), 311.
Pont-Rouge (le), 383, 444, 448.
Pont-à-Bucy, 89, 160.
Pontséricourt, 100, 158, 172, 196, 240, 249, 250, 280, 348.
Pouilly, 160, 164, 303.
Porte Marie, 62, 122, 458.
Porte Notre-Dame, 52, 62, 63, 102, 235, 317, 360, 402.
Porte Saint-Martin, 55, 61, 195, 313, 352, 359, 360.
Poste aux lettres, 483.
Poterne, 64, 308.
Prieuré (rue du), 249.
Prisces, 35, 191, 251.
Prise de Marle par les Anglais, 118; par les Impériaux, 150; par les Espagnols, 45, 235.
Processions blanches, 173.
Proisy, 134, 294.
Protestants, 155, 183, 192, 203.
Prussiens, 363, 446, 447, 452, 486.
Puisieux, 84, 107, 120.
Puits, 287, 317, 371.

Rary, 125, 302, 341.
Ribemont, 90, 136, 137, 165, 178, 182, 233, 234, 283.
Richemont, 105, 271, 299, 309, 310, 311, 332, 348, 352, 363.
Rocroy, 160, 218, 219, 256, 257.
Rogny, 15, 29, 35, 46, 47, 135, 149, 243, 250, 293, 322, 336, 342, 425.
Roucy, 81, 124, 129.
Rougemont, 144.
Rougeries, 7, 330.
Roye, 156, 282, 419, 420.
Rozoy, 14, 117, 160, 224, 238, 280, 329, 335, 397, 464, 487.
Ruelles du Repentir et des Soupirs, 474.
Ruellette (la), 317.
Russes, 446 à 452.

Sains-Richaumont, 205, 256, 273.
Saint-Algis, 255.
Saint-Aubin, 83, 122.
Saint-Barthélemy (la), 168.
Saint-Etienne, 311.
Saint-Gobain, 2, 40, 70, 75, 83. 87, 111, 149, 158, 216, 225, 278, 318.
Saint-Gobert, 13, 25, 35, 79, 190, 244, 251.
Saint-Lambert, 70, 82, 120, 231.
Saint-Michel, 245.
Saint-Pierremont, 10, 35, 98, 99, 126, 195, 240, 246, 293, 295, 302, 332, 336, 348, 352, 389, 391, 409, 425, 432, 444, 508.
Saint-Quentin, 81, 111, 136, 137, 140, 148, 159, 160, 161, 165, 202, 203, 223, 226, 252, 301, 340, 419.
Samoussy, 72, 218, 283.

Sartiaux, 102, 105.
Sceaux, 106, 109, 189, 361.
Séchelles, 271, 482.
Sedan, 214, 216, 485.
Sépultures mérovingiennes, 14.
Seraucourt, 103, 168.
Sissonne, 3, 117, 118, 152, 160, 180, 286, 296.
Sœurs (les), 282, 364, 420, 468, 477.
Soissons, 9, 109, 124, 126, 133, 134, 140, 143, 145, 154, 161, 164, 170, 172, 180, 202, 203, 222, 269, 280, 299, 331, 340, 397, 440, 450, 452.
Sons, 4, 29, 35, 174, 187, 244, 253, 294, 298, 323, 330, 341, 363, 379, 407, 409, 425, 432, 433, 437, 446, 457, 475, 476, 481, 483.
Souterrains, 3, 59, 157.
Subdélégation, 146, 316.

Tannerie, 466.
Tavaux, 21, 99, 100, 158, 172, 192, 196, 217, 235, 240, 249, 250, 280, 295, 307, 374, 411, 482.
Télégraphe, 483.
Templiers (les), 103, 107, 108.
Thiérache (la), 11, 13, 15, 17, 18, 19, 20, 89, 105, 107, 110, 112, 117, 126, 139, 159, 160, 186, 216, 223, 246, 269, 277, 289, 294, 296, 314, 317, 333, 362.
Thiernu, 13, 15, 36, 89, 101, 135, 139, 233, 250, 251, 270, 311, 313, 314, 315, 318, 322, 341, 346, 363, 376, 377, 389, 399, 425, 462, 481.
Toulis, 29, 36, 152, 191, 196, 215, 229, 240, 247, 250, 283, 290, 316, 341, 432, 450.

Tour du Mutte, 61.
Tournai, 98, 112.
Trébuchet (rue du), 62.
Tribunal de commerce, 342.

Vaux-sous-Laon, 110, 252, 257.
Vendeuil, 78, 271.
Vermandois, 216, 271, 312.
Vervins, 12, 13, 44, 46, 75, 76, 78, 79, 82, 87, 100, 111, 130, 135, 142, 143, 152 156, 159, 162, 163, 171, 182, 189, 193, 206, 207, 208, 209, 210, 211, 214, 217, 234, 245, 247, 249, 253, 255, 256, 270, 290, 294, 296, 301, 307, 309, 315, 316, 335, 352, 353, 354, 375, 397, 435, 441, 447, 479, 486.

Verziau de Gargantua, 4.
Vesles-et-Caumont, 95, 152, 177, 215, 240, 248, 336, 337, 475, 482.
Vignes (les), 8, 186, 240.
Vigneux, 307.
Villers-Cotterêts, 169, 299.
Vincy, 188.
Voharies, 7, 36, 251, 273, 319, 330.
Voies romaines, 11.
Voulpaix, 36, 190, 191, 206, 217.
Voyenne, 10, 12, 14, 23, 29, 67, 80, 118, 119, 123, 180, 184, 186, 196, 204, 215, 227, 229, 232, 241, 253, 257, 279, 282, 341, 346, 379, 399, 400, 421, 432, 454, 458, 480, 481, 488.

TABLE DES CHAPITRES

CHAPITRE PREMIER

La Ville de Marle. — Son origine. — Epoque préhistorique, Gallo-romaine et Franque.................................... 1

CHAPITRE II

Châtellenie de Marle. — Châtelains. — Comté. — Comtes. — Gouverneurs. — Château. — Fortifications................... 23

CHAPITRE III

Les Seigneurs de Marle... 65

CHAPITRE IV

Les habitants de Marle prêtent serment à Philippe-Auguste. — Bataille de Bouvines. — La reine Blanche. — Croisades....... 93

CHAPITRE V

Défaite de Courtrai. — Les habitants de Marle soutiennent le roi contre le Pape Boniface. — Bataille de Mons-en-Puelle. — Froid intense. — Les Templiers. — Guerre de Cent-Ans. — Jacquerie. — Prise de Marle................................. 105

CHAPITRE VI

La Ville de Marle passe des sires de Coucy au duc d'Orléans, puis à la maison de Bar et de Luxembourg. — Bataille d'Azincourt. — Lutte des Armagnacs et des Bourguignons — Peste — Famine. 121

CHAPITRE VII

Règne de François I". — Bataille de Pavie. — Calvinisme. — Impériaux. — Prise de Marle — Désastres. — Peste. — Famine. — Le comte de Rœux. — Le roi à Marle. — Henri II. — Batailles. — Etats généraux. — Processions blanches. — Les Huguenots....... 147

CHAPITRE VIII

Henri IV. — Désordres de Marle. — Guerres. — Espagnols. — Incendies. — Garnisons. — Peste. — Famine.. 190

CHAPITRE IX

Guerres de Louis XIV et de Louis XV. — Pestes et incendies. — Puits publics. — Disette et famine. — Un partisan hollandais. — Protestants. — Bataille de Malplaquet. — Epoque révolutionnaire. 286

CHAPITRE X

Histoire contemporaine............................... 444

Pièces justificatives................................. 491
La Tombelle.. 509
Planches de silex............................ 521
Personnages dont il est parlé dans le volume.............. 523
Liste alphabétique des matières............................. 531

FIN DU VOLUME

Compiègne. — Imprimerie A. MENNECIER, rue Pierre-Sauvage, 17.